政府绩效与公共管理丛书

包国宪　主编

基于平衡计分卡
的公共部门绩效管理

张定安　著

中国社会科学出版社

图书在版编目（CIP）数据

基于平衡计分卡的公共部门绩效管理/张定安著. —北京：
中国社会科学出版社，2009.7
（政府绩效与公共管理丛书）
ISBN 978-7-5004-7870-6

Ⅰ. 基… Ⅱ. 张… Ⅲ. 行政管理－研究 Ⅳ. D035

中国版本图书馆 CIP 数据核字（2009）第 090255 号

责任编辑　郭晓鸿（guoxiaohong149@163.com）
特邀编辑　王冬梅
责任校对　郭　娟
封面设计　格子工作室
技术编辑　戴　宽

出版发行　中国社会科学出版社
社　　址　北京鼓楼西大街甲 158 号　　邮　编　100720
电　　话　010－84029450（邮购）
网　　址　http：//www.csspw.cn
经　　销　新华书店
印　　刷　北京君升印刷有限公司　　装　订　广增装订厂
版　　次　2009 年 7 月第 1 版　　印　次　2009 年 7 月第 1 次印刷
开　　本　710×1000　1/16
印　　张　21.25　　插　页　2
字　　数　381 千字
定　　价　40.00 元

总　　序

20 世纪 90 年代以来，包括政府绩效管理在内的一系列公共管理理论、方法、工具以及相关的公共管理实践活动被大量地介绍到我国。中国学者从我国体制改革和公共管理学科建设需要出发，在吸收消化基础上，进行了创新性的研究，取得了丰硕成果。

中国的体制改革是从经济体制改革开始，由承认生产者经营自主权切入。在农村实行家庭联产承包责任制，在工商企业和城市经济中，实行多种形式的承包经营责任制和资产租赁经营责任制。当时把这一系列的改革形式叫做放权松绑。这不仅仅是经营形式的调整，而且意味着政府与企业、政府与农业生产单元——家庭的关系在发生着深刻变革。改革的深化使市场机制的作用越来越大，在商品市场成长完善的同时，要素市场也发展起来。建立社会主义市场经济体制成为我国改革的目标，要求政府在市场配置资源这一基础作用下发挥作用、履行职能，并界定政府与市场的关系。

面对这一新型关系，政府面临着严峻的考验与挑战。政府职能需要转变，角色需要重新定位，政府体制改革提上了议事日程。建设服务型政府成为这一改革的目标。政府的成本与绩效、政府的职能架构与职责、政府的行为与价值取向、政府的工具与能力等重大理论问题需要解决。

行政管理体制改革的重要成果就是对政府有了全新的认识，就像当年对市场的认识一样，我们得出一个基本结论：政府不是万能的，也不需要万能的政府。因为随着政府与社会、政府与市场关系的调整，政府使命的重新界定，它在社会治理和公共管理中的角色与作用需要重构。一是公共管理的主体由一元向多元发展，在公共管理中，一个包揽一切的无限政府完成了它的历史任务；二是政府管理向公共治理转变，政府既是公共管理的重要主体，同时与其他主体构成了伙伴关系，共同承担管理公共事务的职责；三是在这个主体结构中，政府的行为方式在发生变化，由计划、命令式向合作、协商、协同等方式转变。与此相适应，非政府组织在蓬勃发展，公民社会在兴起。公民自我意识的觉醒为政府体制的创新和行为的理性回归创造了条件。这种互动关系的形成，可以说既是行政管理体制改革的重要成果之一，更是公共管理体制创新的重要任务。

公共管理学科建设首先基于人才培养的需要。从 20 世纪 80 年代末在大学开设行政管理专业，1997 年我国开始单独设立管理学门类，到 1999 年教育部决定进行 MPA 教育试点，公共管理教学体系和学科体系逐步趋于完善。与之相适应的学术研究也从学科的基础问题向理论和实践更广泛的领域拓展。

由兰州大学中国地方政府绩效评价中心的专家、教授完成的《公共管理与政府绩效管理丛书》适应了公共管理实践和学术研究的需要。一方面以政府绩效管理为主线选题，突出特色；另一方面又选取了目前公共管理学术研究领域的热点问题，显现出内容的丰富广泛性。丛书包括包国宪教授的《中国地方政府绩效评价的组织模式与管理研究》、高小平教授的《政府生态管理》、沙勇忠教授的《政府危机管理的信息问题研究》、吴好教授的《理想中的城市——建设生态与循环型城市的理论与政策》、焦克源教授的《西部农村社会救助制度研究》、王海鸿教授的《土地资源管理与政策》、李少惠教授的《行政文化与公共精神》、王浩权的《公共项目管理：理论、方法与案例》、张定安博士的《基于平衡计分卡的公共部门绩效管理》和 2006 年 9 月 23 日在兰州大学召开的全国政府绩效管理研究会成立大会暨首届"政府绩效评估与行政管理体制改革"研讨会上的优秀论文结集而编的《政府绩效评价与行政管理体制改革》等 10 部著作。

本丛书得以出版，得到了国家自然科学基金委管理科学部的支持和兰州大学国家"985 工程"计划的资助，也得到了很多领导和专家的支持帮助。他们是兰州大学党委副书记兼副校长甘晖教授、兰州大学发展规划办主任张正国研究员、副主任李兴业同志、兰州大学西部经济社会发展哲学社会科学创新基地负责人杨建新教授、聂华林教授、兰州大学科研处常务副处长霍红辉同志、以及中国社会科学出版社责任编辑郭晓鸿博士。在此表示由衷的感谢！

包国宪

2007 年 7 月 19 日于兰州大学

序

高小平

20 世纪后期以来，人类在社会治理方面遇到了许多挑战，不仅企业和其他社会组织由于市场的风云变幻而感受到巨大的压力，政府也因为经济社会的复杂性和不确定性增加而感受到一种空前的压力，这种压力必然要转化为变革的动力，要求进行全面性的变革。在将近三十年的时间内，世界各国都在积极地致力于探索社会治理变革的方向，不仅学者们提出了各种各样的新方案，而且在社会治理的实践中也不断有新尝试被提出来。绩效管理就是在改革中出现的一种新的探索，现在应当说也是一项被广泛采用的管理工具。

绩效管理首先是在私人部门中得到了广泛应用的一种适应变革时代要求的管理方式，后来被新公共管理运动推荐给了政府，从而在政府的自身管理以及对社会的治理过程中推广开来，现在，绩效管理已经成为一种相对成熟的管理工具而被广泛地运用于公共部门和私人部门。研究这个问题，并进一步探索改进的方向，是我们这个时代所提出的创新管理以及社会治理的要求，是有着理论和实践意义的。张定安的这本《基于平衡计分卡的公共部门绩效管理》，从绩效管理的核心技术层面即平衡计分卡入手，对绩效管理进行了系统的考察和分析，提出了自己的构想和设计思路，是有着积极意义的。

从管理工具的角度来认识绩效管理和绩效评估，会让我们想起经典作家的一个基本观点。马克思主义认为，生产工具决定了生产力甚至生产方式的性质。推而广之，在作为社会治理主体的政府这里，我们也可以说，行政能力和行政管理方式在很大程度上也取决于管理工具。单向经验式、手把手作坊式的管理工具标志着农耕文明时期的"全能行政"；双向沟通式、技术文官的管理工具意味着工业文明时期的"技能行政"；360 度考评、绩效评估等管理工具则让我们看到了信息化时代"智能行政"的曙光。

从我国行政发展的现实来看，绩效管理，特别是绩效评估，是与服务型政府建设联系在一起的。张定安是我的同事，我清楚地知道，他的这部著作是在张康之教授指导下完成的，是在其博士论文的基础上修缮而成的。谈到张康之，我们所熟知的是他提出的一个解释框架，现在我国学术界已经广泛地接受了他的这个框架，那就是把人类的社会治理以及政府管理分为三种类型：统治型的、管理型的和服务型的。如果在这个解释框架中来看管理或治理工具的话，则可以看到，统治型的政府单纯运用权力来管理社会的问题，而管理型政府在自身以及对社会的管理上，则要求不断以技术进步作为支持。所以，根据管理型政府发展的逻辑，会走向绩效管理这个方向上来。但是，绩效管理能否成为服务型政府建设的切入点呢？在我们看来，这完全是可能的，而且，读了张定安的这部著作，也可以清楚地看到，他是在服务型政府建设的理论目标下来探讨绩效管理的问题的，这部著作的基本立意就是要通过绩效管理的理论以及实践考察去发现走向服务型政府的路径。

此外，还应看到，管理型政府的性质决定了它的工作内容主要是管制，政府与社会的关系是管理主体与被管理客体的关系，政府业绩主要取决于上级机关、行政首长。在这种条件下，去推行绩效管理是存在着一个逻辑上的悖论的，因为，作为绩效管理核心部分的绩效评估并不是单纯由上级机关和行政首长作出的，绩效管理是一整套制度化的管理工具，绩效评估的主体也是多元的。这一点恰恰契合了服务型政府的基本特征。所以说，可以把绩效管理的研究看做是走向服务型政府的积极探索。当前，服务型政府的主要功能是被定位在提供公共服务上的，政府与社会关系是服务与被服务的关系，政府既是管理和服务的主体，又是被管理的对象，社会也成为管理的主体。这样，衡量公共部门工作好坏，就需要有一套评估体系和机制，而绩效管理和评估是能够满足这一要求的。

阅读张定安这部书稿，可以看到，他主要是从平衡计分卡的角度去探讨绩效管理的问题的，而且集中在对绩效管理体系构建的研究上。他认为，平衡计分卡是公共部门实施绩效评估的重要方法，要求把平衡计分卡引入到绩效管理中来，让组织投入、个人能力素质、业绩与组织目标的实现能够得以整合，变战术式管理为战略化管理。根据这样一个思路，实际上是使绩效管理得到了提升，在一定程度上，可以说已经超越了管理工具的定位了。这无疑是一项积极的探索，也是一项有益的建议，是可以给理论研究以及实际工作以启发的。

　　显然，如果把平衡计分卡作为一种科学的战略管理理论和方法的话，无论是在企业还是公共部门，它的应用都能够大大提升绩效管理的品质。鉴于目前中国公共部门绩效管理中存在着的诸多问题，比如绩效评估的科学化程度不高、系统性不强、考核方法单一、考核指标与组织目标脱节、考核过程不够开放等，本书的研究能够推动我国绩效管理实践的改善，相信本书的出版将为我国公共部门绩效管理制度的设计和实践提供可资借鉴的思路。

　　中国政府是与中国社会的改革开放同行的，中国的公共部门也迅速地发展和逐步地走向成熟，特别是进入 21 世纪后，我国公共部门的改革呈现出"百花齐放"的景象。然而，在公共部门的改革中，始终贯穿着一条主线，就是引入绩效管理，仅仅从文献检索中，就可以清楚地看到这一点，比如，以"政府绩效"为关键词进行文献检索，从 1999 年到 2009 年 3 月，检索显示中国期刊网收集的此类论文已达 1700 余篇，数量之多、增长速度之快是非常惊人的。在实践上，全国各地都纷纷采用绩效管理去刷新政府的社会治理和公共服务供给。可以相信，在未来相当长一段时间内，绩效管理都是一项极佳的管理工具，不仅它的科学性能够得到越来越多的人认同，而且它在服务型政府建设方面的意义也是不容低估的。我倾向于认为，作为一种技术性的因素，绩效管理虽然是管理行政发展的必然结果，但它可能又是终结"管理型行政"的元素和具有象征意义的符号。在此意义上，当它终结了管理行政的时候，也就为服务型政府建设提供了良好的技术支持。在人类社会的发展中，技术总是推动人类进步的杠杆，对于行政管理的发展而言，绩效管理这项技术，也会起到相同的作用，从管理行政向服务行政的转变，也需要在绩效管理的研究和广泛应用中实现。正是基于这一认识，我乐意为张定安的这部书作序，把它推荐给中国的行政管理、公共管理学界以及从事公共管理的实践者们。

目　　录

总序 ·· (1)

序 ·· (1)

导论 ·· (1)

　第一节　研究的背景和意义 ·· (1)

　　一　公共部门绩效管理研究的时代背景 ························ (1)

　　二　平衡计分卡研究的现实意义 ······························ (2)

　第二节　国内外研究综述 ·· (5)

　　一　国外研究综述 ·· (5)

　　二　国内研究综述 ·· (8)

　第三节　基本研究思路和方法 ····································· (14)

　　一　本研究的技术路径 ····································· (14)

　　二　主要研究方法 ··· (16)

　第四节　研究的主要内容和可能的创新点 ························· (17)

　　一　可能的创新与不足 ····································· (17)

　　二　主要研究内容和框架 ··································· (19)

第一部分　理论基础　模型构建

第一章　基本概念和理论框架 ······································ (23)

　第一节　平衡计分卡理论体系 ····································· (23)

　　一　平衡计分卡的缘起 ····································· (23)

　　二　平衡计分卡的一般构成要素 ……………………………（26）

　　三　平衡计分卡的四个维度 …………………………………（27）

　　四　平衡计分卡体系的内在逻辑关系 ………………………（30）

　　五　平衡计分卡的方法论 ……………………………………（32）

第二节　平衡计分卡在商业企业中的应用 …………………………（33）

　　一　平衡计分卡在企业中的应用情况分析 …………………（33）

　　二　制定平衡计分卡的主要流程——美孚案例的

　　　　分析和拓展 ………………………………………………（36）

　　三　成功实施平衡计分卡的关键因素 ………………………（44）

第三节　平衡计分卡与绩效管理 ……………………………………（46）

　　一　绩效管理：管理学和哲学的考察 ………………………（46）

　　二　绩效管理的前沿理念与方法 ……………………………（48）

　　三　平衡计分卡：一种战略性的绩效管理方法 ……………（52）

第二章　用平衡计分卡提升公共部门绩效管理 ……………………（56）

第一节　公共部门绩效管理的理念及特点 …………………………（56）

　　一　公共部门绩效管理的理念形成过程 ……………………（56）

　　二　公共部门绩效管理：基本内涵与功能界定 ……………（58）

　　三　公共部门绩效管理的战略框架 …………………………（61）

第二节　公共部门绩效管理过程 ……………………………………（63）

　　一　战略规划 …………………………………………………（64）

　　二　年度绩效计划 ……………………………………………（70）

　　三　绩效计划执行和日常监管 ………………………………（75）

　　四　年度绩效评估和结果运用 ………………………………（78）

第三节　平衡计分卡是有效的公共部门绩效管理工具 ……………（79）

　　一　平衡计分卡的精髓与公共部门绩效管理价值

　　　　取向之间的内在切合 ……………………………………（79）

　　二　全球公共部门平衡计分卡的应用现状和功能分析 ……（81）

　　三　平衡计分卡在美国公共部门中的实践与创新 …………（84）

　　四　基于平衡计分卡的公共部门绩效管理框架 ……………（90）

第二部分　建构公共部门平衡计分卡绩效管理体系

第三章　公共部门的战略：平衡计分卡绩效管理体系的核心 …………（97）

　第一节　公共部门战略：使命、愿景与价值 ……………………（97）

　　一　公共部门需要战略思维 ……………………………………（97）

　　二　战略的核心概念 ……………………………………………（99）

　　三　公共部门的使命陈述 ………………………………………（101）

　　四　公共部门应建立的价值观 …………………………………（102）

　　五　编制愿景陈述 ………………………………………………（103）

　第二节　公共部门的战略规划 ……………………………………（104）

　　一　战略规划的基本理论 ………………………………………（105）

　　二　战略规划方法和流程 ………………………………………（106）

　第三节　用战略图来描述组织战略 ………………………………（111）

　　一　战略图的含义 ………………………………………………（111）

　　二　用战略图来阐释组织战略的方法 …………………………（112）

第四章　基于平衡计分卡的绩效计划编制 ………………………（115）

　第一节　确定战略性绩效目标 ……………………………………（115）

　　一　公共部门平衡计分卡维度分析和选择 ……………………（115）

　　二　根据所选维度进行 SWOT 分析 ……………………………（118）

　　三　为每个维度设定绩效目标 …………………………………（119）

　　四　绩效目标陈述分析 …………………………………………（123）

　第二节　制定关键绩效指标 ………………………………………（125）

　　一　公共部门绩效的基本指标 …………………………………（126）

　　二　公共部门绩效指标制定分析 ………………………………（128）

　　三　为每个维度的绩效目标设置衡量指标 ……………………（130）

　　四　提炼绩效指标 ………………………………………………（133）

　第三节　制定目标值和行动方案 …………………………………（135）

　　一　制定绩效指标合理的目标值 ………………………………（135）

　　二　制定行动方案 ………………………………………………（137）

第四节　分级制定平衡计分卡绩效计划 ……………………… (138)

　　一　部门和业务单元平衡计分卡 …………………………… (138)

　　二　个人平衡计分卡 ………………………………………… (141)

第五章　平衡计分卡绩效管理系统：支持系统与运作流程 ……… (144)

第一节　平衡计分卡绩效管理体系的支持系统 ………………… (144)

　　一　组织架构、岗位职责与任职资格 …………………………… (144)

　　二　平衡计分卡与预算制度支持 …………………………… (145)

　　三　平衡计分卡与组织内部运作机制支持 ………………… (145)

　　四　获取高层领导和智力资源的支持 ……………………… (147)

第二节　平衡计分卡绩效管理运作系统 ………………………… (148)

　　一　绩效执行与控制 ………………………………………… (148)

　　二　绩效评估 ………………………………………………… (150)

　　三　绩效激励 ………………………………………………… (151)

第三节　总结与思考 ……………………………………………… (152)

　　一　明确平衡计分卡绩效管理的目的和原则 ……………… (152)

　　二　平衡计分卡绩效管理体系与行政文化和伦理 ………… (154)

　　三　平衡计分卡绩效管理体系的维护与改进 ……………… (154)

第三部分　让平衡计分卡在中国公共部门运转起来

第六章　中国公共部门平衡计分卡的实践 ……………………… (159)

第一节　中国香港公共部门平衡计分卡的实践 ………………… (160)

　　一　香港邮政署借由平衡计分卡评估业务表现 …………… (160)

　　二　基于使命和抱负的战略 ………………………………… (161)

　　三　香港邮政平衡计分卡结构分析 ………………………… (162)

　　四　经验总结和展望 ………………………………………… (164)

第二节　中国台湾公共部门实施平衡计分卡研究 ……………… (166)

　　一　中国台湾基层行政机构利用平衡计分卡理论

　　　　实施绩效管理计划 …………………………………… (166)

　　二　台湾当局行政机构平衡计分卡制定方法和策略 ……… (168)

第三节　平衡计分卡在深圳税务系统的实践 …………………… (171)

一　平衡计分卡结构分析 ……………………………………… (172)

二　平衡计分卡绩效管理系统的特征 ………………………… (173)

三　问题与思考 ………………………………………………… (173)

第四节　平衡计分卡在青岛创建高绩效机关中的运用 ………… (174)

一　奠定推行平衡计分卡思想的认识基础 …………………… (175)

二　青岛市直机关工委实施平衡计分卡的过程分析 ………… (177)

三　运用平衡计分卡取得的成效 ……………………………… (198)

四　运用平衡计分卡的体会 …………………………………… (200)

第五节　经验的总结和分析 …………………………………… (200)

一　港、澳、台地区的借鉴意义 ……………………………… (200)

二　中国公共部门平衡计分卡理念萌芽的提炼与总结 ……… (202)

第七章　将平衡计分卡嵌入中国公共部门的管理变革中 ……… (205)

第一节　平衡计分卡与创建"顾客"导向的服务型政府 ……… (205)

一　服务型政府模式导入了"顾客"理念 …………………… (205)

二　平衡计分卡绩效管理体系将促进服务型政府建设 ……… (207)

第二节　平衡计分卡与预算会计制度改革 …………………… (209)

一　公共部门的财务问题与绩效管理 ………………………… (209)

二　平衡计分卡与权责发生制预算会计制度 ………………… (210)

三　平衡计分卡与中国的预算会计制度改革 ………………… (212)

第三节　平衡计分卡与创建学习型组织 ……………………… (215)

一　学习型组织的特点 ………………………………………… (215)

二　中国公共部门创建学习型组织的实践 …………………… (217)

三　以平衡计分卡模式实现学习型组织变革 ………………… (218)

第四节　平衡计分卡与政府流程再造 ………………………… (220)

一　流程再造的基本理论 ……………………………………… (220)

二　政府业务流程再造的方法和作用 ………………………… (221)

三　中国政府业务流程再造的基本内容 ……………………… (223)

四　以平衡计分卡推进内部流程再造 ………………………… (227)

第八章　反思与展望 …………………………………………… (229)

第一节　反思:需要克服的困难 …………………………………………（229）
　　一　对平衡计分卡绩效管理体系的反思 …………………………（229）
　　二　我国公共部门开展绩效管理的问题分析 ……………………（232）
第二节　展望:抓住机遇　勇于实践平衡计分卡绩效管理体系 ……（236）
　　一　绩效管理是中国公共部门改革的新的价值取向 ……………（236）
　　二　中国公共部门绩效管理变革需要战略思维 …………………（237）
　　三　科学发展观和政绩观呼唤新型的绩效管理体系 ……………（240）
　　四　当前政府部门实践平衡计分卡的有利条件 …………………（242）
　　五　政府机关推行平衡计分卡的思路和方法 ……………………（242）
　　六　黑龙江省海林市推行平衡计分卡流程图表演示 ……………（246）

结语 …………………………………………………………………（255）

附录一　政府部门绩效评估研究报告 ……………………………（257）

附录二　武汉市绩效管理暂行办法 ………………………………（268）

附录三　深圳市政府绩效评估指导书(试行) ……………………（274）

附录四　杭州市政府绩效综合考评发展情况 ……………………（290）

附录五　福建省关于开展政府及其部门绩效评估的工作方案 …………（298）

参考文献 ……………………………………………………………（306）

后记 …………………………………………………………………（319）

图索引

图　导　研究技术路径 ……………………………………… (15)

图 1—1　平衡计分卡框架 …………………………………… (25)

图 1—2　平衡计分卡内部经营程序价值链 ………………… (29)

图 1—3　学习与成长评估手段框架 ………………………… (30)

图 1—4　平衡计分卡的应用情况 …………………………… (34)

图 1—5　平衡计分卡描述战略：美孚经验 ………………… (37)

图 1—6　财务维度目标 ……………………………………… (40)

图 1—7　客户维度评价 ……………………………………… (41)

图 1—8　内部流程维度分析 ………………………………… (42)

图 1—9　平衡计分卡与绩效管理系统设计流程 …………… (54)

图 2—1　公共部门战略性绩效管理模型 …………………… (62)

图 2—2　绩效管理的环节、要素和流程 …………………… (63)

图 2—3　绩效管理的周期 …………………………………… (64)

图 2—4　美国能源部采购部的平衡计分卡 ………………… (86)

图 2—5　得克萨斯州审计处运用平衡计分卡评价使命 …… (89)

图 2—6　公共部门平衡计分卡框架 ………………………… (91)

图 2—7　基于平衡计分卡的公共部门绩效管理模式 ……… (92)

图 3—1　平衡计分卡转化使命、价值观、愿景与战略 …… (100)

图 3—2　公共部门利益相关者分析 ………………………… (108)

图 3—3　夏洛特市战略主题 ………………………………… (110)

图 3—4　通过平衡计分卡进行战略转化 …………………… (111)

图 3—5　夏洛特市战略 ……………………………………… (112)

图 4—1　公共部门顾客关系 ………………………………… (117)

图 4—2　分层制定平衡计分卡逻辑 ………………………… (139)

图 4—3　夏洛特市警察局分级制定平衡计分卡流程……………………（141）

图 4—4　夏洛特市战略主题城中城主题计分卡……………………（142）

图 5—1　预算驱动平衡计分卡实现图……………………（146）

图 5—2　平衡计分卡绩效计划执行与控制图……………………（149）

图 6—1　青岛市直机关工委使命愿景和价值观……………………（178）

图 6—2　机关工委推行费用支出情况……………………（179）

图 6—3　机关工委战略地图……………………（179）

图 6—4　市直机关工委平衡计分卡及行动方案……………………（180）

图 6—5　施政成本指标分解……………………（181）

图 6—6　机关工委战略框架……………………（182）

图 6—7　机关工委组织结构图……………………（184）

图 6—8　部室之间的协同……………………（186）

图 6—9　机关工委各部室与上级部门的联系……………………（187）

图 6—10　机关工委战略目标分解……………………（189）

图 6—11　年度岗位考核表现……………………（190）

图 6—12　年度考核工作日志……………………（191）

图 6—13　在高绩效管理平台中提升九种能力的界面……………………（191）

图 6—14　提升能力平台示意图……………………（192）

图 6—15　绩效信息管理界面……………………（193）

图 6—16　工委月例会文档管理界面……………………（194）

图 6—17　工委周例会文档管理界面……………………（194）

图 6—18　实施平衡计分卡专项支出……………………（195）

图 6—19　机关工委培养专家型机关干部的五年规划……………………（196）

图 6—20　知识文档管理平台界面……………………（197）

图 6—21　机关工委战略办公室职责分工……………………（197）

图 6—22　工委取得的战略执行成果……………………（198）

图 6—23　机关工委接到受理范围内的投诉变化……………………（199）

图 7—1　服务型政府平衡计分卡设计基本框架……………………（208）

图 8—1　黑龙江省海林市委市政府战略地图……………………（247）

图 8—2　黑龙江省海林市环保局战略地图……………………（250）

表索引

表1—1 平衡计分卡的财务维度主题 ……………………………………（27）

表1—2 平衡计分卡顾客维度指标 ………………………………………（28）

表1—3 美孚平衡计分卡 …………………………………………………（38）

表1—4 实施平衡计分卡之关键成功因素 ………………………………（45）

表2—1 美国运输部高速公路交通安全目标 ……………………………（71）

表2—2 美国政府部门使用平衡计分卡清单 ……………………………（84）

表3—1 战略思维流派主张 ………………………………………………（106）

表3—2 战略与员工工作联系图 …………………………………………（113）

表4—1 夏洛特市交通部门的平衡计分卡 ………………………………（129）

表4—2 夏洛特市整体层面平衡计分卡指标样本 ………………………（136）

表6—1 香港邮政相关服务承诺绩效指标 ………………………………（163）

表6—2 工委计划预算控制表 ……………………………………………（181）

表6—3 机关工委宣传部行动方案 ………………………………………（183）

表6—4 机关工委组织部重点工作安排和指标分解 ……………………（185）

表6—5 个人工作日志 ……………………………………………………（188）

表8—1 组织实施平衡计分卡可能遇到的问题 …………………………（231）

表8—2 黑龙江省海林市委、市政府平衡计分卡 ………………………（248）

表8—3 黑龙江省海林市发改局平衡计分卡 ……………………………（249）

表8—4 个人平衡计分卡 …………………………………………………（251）

表8—5 个人计分卡和行动方案 …………………………………………（253）

表8—6 平衡计分卡指标进展情况监控表 ………………………………（254）

导　论

第一节　研究的背景和意义

一　公共部门绩效管理研究的时代背景

伴随着世界范围内政治、经济、社会和科学技术的变化与发展，公共行政的内外部环境正经历着剧烈的变化。国际竞争不断加剧，不确定因素日益增多，财政赤字居高不下，民众对官僚低效和缺乏回应性的公共行政体系失去信心，许多国家的政府遭遇合法性危机，各国政府均面临着新的、严峻的挑战。无论是作为公共服务供给者的公共部门还是作为服务对象的外在公众，都对改革政府运作方式，增强民众回应，提高公共部门绩效呼声强烈。为了应对这些挑战，从 20 世纪 70 年代开始，西方国家进行了一场以市场化为取向，旨在推行绩效管理和强调公众利益至上的政府改革运动，即"新公共管理运动"。以市场或顾客为导向，实行绩效管理，落实政府责任以及考评和改进公共部门管理已经成为政府管理与变革的重要价值取向和人们的共识。

建设高效政府也是 20 世纪 80 年代以来中国政治生活和行政管理发展的主旋律。改革开放以来，中国经历了从计划经济到市场经济、封闭社会向开放社会的转型，传统的公共管理理念、管理模式、管理手段等越来越不能适应不断变化的新形势，公众需要一个适应社会主义市场经济发展需要的、强有力的、精简高效的公共管理体系，对公共部门特别是政府机关的绩效提出了前所未有的高要求。

目前我国公共管理和政府绩效水平不高的一个重要原因，就是管理理念滞后，管理手段单一，管理方法陈旧，组织绩效与职能目标和使命缺乏有机联系。而我国目前的行政改革更多地着眼于宏观的"体制层面"和"结构层面"，局限于政府机构数量的增减和政府职能的转变与调整，关注的重点聚集在机构改革、政府职能转变以及政府与企业、政府和社会的关系等问题上，对于微观层面的政府内部"管理问题"很少予以直接的关注和深入的研究。正是由于政府的内部管理问题没有与政府体制创新、机构改革、职能转变有机结合起来，缺乏一种有效的方法来评价政府管理的水平和改革的效果，缺乏对政府机构职能完成和使命实现状况的评定与管理，导致政府缺位、错位、越位现象严重，大量胡作为、不作为存在，改进和提高政府能力和管理水平流于形式。近两年来，党中央和国务院在一系列重要文件中多次强调用"科学的发展观和正确的政绩观"指导政府工作，这标志着中国政府改革和管理理念的巨大变革，但如何将"科学的发展观"真正落实在政府的日常行动中，如何用正确的政绩观引导政府管理和创新，提高公共部门的绩效，不仅需要对政府官员进行思想教育，更需要进行制度上的设计。这就迫切需要一整套与市场机制相适应的公共管理的理论、原则、方法及技术，并构筑起新的公共管理新模式。建构充分承载这一理念的绩效管理体系，是当前公共管理实践界和理论界共同关注的焦点。

平衡计分卡的出现将提供一种改变这种状况的理念和方法。私营部门利用平衡计分卡理论进行战略管理和绩效评估的成功经验为公共部门绩效管理改革提供了极好的借鉴，西方国家尤其是美国进行了大量的将平衡计分卡引入公共部门的改革尝试，效果显著。作为一种科学的战略管理理论和方法，无论是在企业还是公共部门，平衡计分卡的应用都大大提高了绩效评估与管理的效率和质量。鉴于目前中国公共部门在绩效管理中存在着的诸多问题，比如绩效管理技术的科学性较低、系统性较差、考核方法的单一性、考核指标与组织目标的分裂、考核过程的封闭性等，研究并应用新的绩效管理体系来改善这种状况成为本书选题的初衷。而西方国家特别是美国对平衡计分卡的青睐和尝试以及我国的行政改革进程，为我国公共部门绩效管理制度的再设计提供了可资借鉴的丰富理论和实践经验。

总之，国内外公共部门绩效管理改革的实践和探索，为能承载这种价值诉求的平衡计分卡从私营部门进入中国公共领域的研究提供了有利条件。这正是本书研究中国公共部门绩效管理的切入点。

二　平衡计分卡研究的现实意义

本书研究的意义首先体现在为公共组织绩效管理提供战略性的理论框架和操作工具。平衡计分卡指标体系是公共组织绩效评估的重要参数，并为沟通和应用评估结果进行管理提供可行性。公共部门传统的绩效评估制度给绩效管理提供了一个很薄弱的、非战略性的框架，经常是带有主观判断的评估方法，容易受到管理者和员工个人关系的影响。而平衡计分卡使用比较量化的目标，再加上一些定性的评估，使个人能力素质、业绩与组织目标的实现能够实现很好的整合，对组织绩效的战略化管理起着巨大的驱动作用；另外，平衡计分卡还是实施战略的重要工具。平衡计分卡强调了绩效管理与组织战略之间的紧密关系，能够有效实现组织战略目标的管理。制定战略与实施战略之间往往存在着差距，组织的战略目标和任务是非常笼统和概括的，不进行一定的转换是无法实施的。平衡计分卡指标体系将战略性的绩效目标转化分解为分阶段的、具体的、可操作的运作目标，从而使得高级管理人员和每个职员对自己的任务、组织的绩效目标非常明确，并清楚达到长期战略目标的关键要素。目前，在公共部门中进行战略设计与选择成为公共管理的重要改革趋向，平衡计分卡的理论研究与实际应用，将给如何实施绩效管理提供新的思路。

本书研究的意义还体现在平衡计分卡工具对中国公共部门管理可能产生的变革上。考虑到中国公共部门改革和运行过程中出现的种种问题，对平衡计分卡的讨论和研究意义深远。平衡计分卡的理念和方法在公共部门的引入无疑将引发一场新的革命。从平衡计分卡本身所涵盖的领域来看，它的影响将涉及管理理念的转变、管理技术选择、组织再造乃至国家与社会关系的变革等多个层面。

（一）平衡计分卡将推动公共部门新的预算和会计制度改革。健全而透明的预算和会计制度建设是良好的公共部门治理的基石。平衡计分卡的引入，使财务层面的指标将成为公共部门绩效管理的重要方面。财务层面的指标对于大多数公共部门来说，核心是部门预算，集中体现在会计信息和资料上。要提高公共部门的绩效管理水平，最根本的要求是使这些部门承担管理受托责任。平衡计分卡的财务指标考评，主要体现为一种权利责任机制，体现在将预算与绩效和责任挂钩。开发和应用权责发生制会计和预算信息，正是明确政府部门承担相应的责任，形成与私人部门信息系统中相同的激励机制。而这些正是公共部门绩效管理的目标和方向，也是平衡计分卡指标体系的功能和作用。平衡计分卡将帮助公共部门落实权责发生制会计和预算理念，建立以绩效考评为目标的管理信息系统，进而达到实现公共资源优化配置、控制财政支出、有效评价政府绩效、防范财政风险和提高政府持续发展能力的目标，对提高我国政府竞争力有十分重要的意义。

（二）对公共部门组织学习与成长的引导和推动。平衡计分卡把组织战略目标和学习/成长这个角度连接起来，使得学习/成长成为组织成功执行战略和管理绩效至关重要的因素。中国公共部门管理以前往往把重点放在了组织制度的设定、组织程序的严格控制上，面临的许多挑战都因为没有将组织战略与组织学习和成长连接起来。平衡计分卡的引入将对中国公共部门创建学习型组织起到巨大的推动作用。事实上，明晰战略和使命，定义目标，制定指标，并讨论目标之间的战略性关联的整个过程本身，就是管理者一个学习和创新过程；另外，平衡计分卡还通过战略设定来收集相关绩效的数据，深化组织的学习。

（三）平衡计分卡将改进和完善公共部门的内部运行机制。平衡计分卡方法是公共部门协调组织和消除壁垒的润滑剂，是持续巩固整合的黏合剂。平衡计分卡的战略导向，连接组织、部门、个人三个层面的目标，为实现组织使命、战略和达到绩效目标提供激励，这样就减少了上下级摩擦；平衡计分卡在不同部门建立相互关联、相互支持的目标体系；通过改进工作流程，加强跨部门的信息或材料交流等，这在一定程度上消除了部门隔阂、减少了跨部门摩擦。

（四）重塑公共组织的文化。在公共部门中引入平衡计分卡，将建立全新的公务人员行为评价标准，以目标、产出成果和绩效的评估代替了传统的投入和程序控制，这意味着以组织提供服务的实际成果、业绩和公众的满意度，来界定组织存在的价值、规模和预算数量，这样，政府组织和官员行为的指示器就发生了根本的变化，必将形成一种新型的组织文化。另外，平衡计分卡的很多技术本身就包含着与传统组织文化完全不同的管理理念，比如对组织学习的强调、对顾客指标的重视以及对组织流程的重新设计，都是传统组织文化变迁的重要方向。平衡计分卡是变革组织文化的重要工具，它的引入将在全新的意义上在政府组织内部不断创建着新型的组织文化和官员行为规范。主要表现在：将"做正确的事与正确地做事"的思想内化到官员的观念和实际行动中，使官员在组织目标上达成理解与共识；界定了公共组织的顾客群体，倡导"顾客导向"与积极回应顾客多样化服务需求的理念；通过团队与学习型组织的构建，发展官员相互学习、团队合作的精神和共同承担责任的意识；运用了更加公平和富有弹性的组织激励措施，保障团队和官员的贡献与报偿相平衡。平衡计分卡也意味着政府与公众之间的新的关系模式，传统的政府管理，往往漠视公众需求，政府内部运作具有非常大的封闭性，平衡计分卡的实施，实质上在公共部门的绩效考核体系中引入内部参与、公众参与，这样的一个开放性体系将打破政府与公众之间的隔阂，引导政府与公众的关系向着更加平等和更多互动的方向发展。

另外，平衡计分卡的应用还会对创建服务型政府，对学习型政党、机关建设以及公共部门人力资源的开发和管理等方面产生深远影响，可以这么说，平衡计分卡理念和方法将有利于提高政府能力，把党中央提出的科学发展观和正确政绩观以及提高执政能力战略部署落实到政府的改革进程和实践中。

第二节　国内外研究综述

一　国外研究综述

1990 年美国诺顿研究所进行了一项题为"衡量组织的未来绩效"的研究，美国哈佛大学的罗伯特·S. 卡普兰教授（Robert S. Kaplan）和美国复兴方案公司总裁戴维·P. 诺顿（David P. Norton）参与其中并提出一整套用于评价企业经营业绩的财务与非财务指标体系。紧接着，卡普兰和诺顿于1992 年、1993 年和 1996 年先后在《哈佛工商评论》杂志上发表了题为《平衡计分卡：提高效绩的衡量方法》、《平衡计分卡的应用》和《将平衡计分卡用于战略管理系统》等论文，并在此基础上结合美国一些企业应用平衡计分卡的实践经验和新的研究进展，分别出版了《平衡计分卡：一种革命性的评估和管理系统》和《战略中心型组织》两本专著，系统阐述了平衡计分法的中心原理。[①]

对平衡计分卡的研究大多集中在商业企业领域，主要为企业战略实施、绩效考核、组织流程再造等具体管理实践。与此相比，如何将平衡计分卡进入公共部门的研究尚处于起步阶段，但理论界对私营企业中新兴起的这种绩效管理工具表现出浓厚的兴趣和极大的信心。下面就是近年来国外学者有关的研究。卡普兰和诺顿（1996）在美国联邦政府的采购部门评估研究中发现平衡计分卡提供均衡的观点，领先指标与落后指标并重，具有防患于未然的

---

① Kaplan, R. S., and Norton, D. P., (1996a), "Using the Balanced Scorecard as a Strategic Management System": *Harvard Business Review*, January-February, pp. 75－85.

作用，并非只是事后的检讨；以顾客为导向，整合各功能部门，使整个组织成员都动起来，非上级的指令而是发于自身的意念，达到政府再造的目标；卡普兰和诺顿（1996）在美国地方政府与残障运动协会的绩效衡量制度改善研究中发现平衡计分卡可协助政府机构或非营利组织澄清其组织战略目标，并将战略目标转化分解为具体的衡量指标，与营利事业机关相异的地方，是更注重对顾客与员工的引导与驱动；Corrigan（1996）以澳洲空军基地为例，研究发现平衡计分卡在各部门管理资讯的整合上，具有特殊的价值；Wise（1997）以美国联邦政府的资讯部门为例进行研究，发现平衡计分卡可澄清战略目标，通过绩效指标的因果关系引导，可更具体地落实战略；Arveson（1998）以国防武器研发机构为例研究发现平衡计分卡可协助国防武器研发机构澄清并展开组织的战略目标，增进管理资讯的实用性，让管理者作最好的资源配置，以达成机构战略性目标；Jackson（1999）以政府公共部门的绩效管理为例研究发现平衡计分卡可协助政府公共部门避免因加强民众服务而导致预算或财务收入不足，能在活动及成果间取得平衡发展，并连接到组织的长期战略目标。美国管理咨询专家（Paul R. Niven，2002，2003）根据多年在企业咨询领域的经验，结合公共部门一些特点，对平衡计分卡在政府和非营利部门中的应用进行了较为系统的探讨，提供了一些模板和概念界定，他的著作《平衡计分卡：战略经营时代的管理系统》和《政府及非营利组织平衡计分卡》介绍了美国政府和非营利组织运用平衡计分卡的一些情况，认为平衡计分卡可以将组织的战略宏图转化成具体的运营目标和执行指标，以帮助政府及非营利组织显著提高运营效果和财务效果，更好地满足利益相关者的要求。[①]尼文几乎采用了与商业企业相同的方法来构建公共部门平衡计分卡，所以这两本书的结构基本一致。关于公共部门平衡计分卡的基本框架和思路，尼文、卡普兰和诺顿的论述基本一致，顾客是核心，以实现组织使命为目的，都修改了平衡计分卡的基本架构，将顾客维度取代财务维度成为核心，将使命和长远的目标放在最上端。[②] Yee-Ching Lilian Chan（2003）在全面分析加拿大城市政府绩效评估现状的基础上，认为平衡计分卡尽管还未被这些城市政府完全采用，但平衡计分卡是其最为需要的方法和管理工

---

　　① ［美］保罗·R. 尼文：《政府及非营利组织平衡计分卡》，中国财政经济出版社 2004 年版；《平衡计分卡：战略经营时代的管理系统》，中国财经出版社 2003 年版。

　　② Robert S. Kapan, Balance Without Profit, *Financial Management*, January, 2001, p. 23.

具。① Paul Arveson 在论及美国众议院办公厅、美国国防部以及其他美国联邦政府机构之所以采用平衡计分卡作为其核心的战略管理框架时认为，GPRA（绩效评估法案）提供了一个法律框架，要求各机构必须提供战略计划和绩效目标；PMA（总统管理日程）和 OMB（管理和预算办公室）要求各机构评估项目绩效，提供实际案例，并以此来修正各机构的预算；Clinger-Cohen 法案要求各机构建立和保持企业机构标准等，平衡计分卡正好适用了这种要求，不管谁担任政府首脑，平衡计分卡的理念都将在未来很长一段时间越来越多地被采用、修正和研究。② Gambles（1999）认为作为一种外部的报告工具，平衡计分卡对于缺乏竞争的政府机构具有更大的适用性，因为它能够提高透明度和责任意识。他认为在私营企业，平衡计分卡只是一种管理报告体系，局限于内部管理，而对于公共部门，不仅能够为决策者提供信息，也能够帮助公众和纳税人获取更多的信息。William N. Zelman，George H. Pink，& Catherine B. Matthias 等对平衡计分卡在健康保护领域的运用进行了系统研究，认为平衡计分卡与健康保护相关，但必须修改以反映这类组织的特性。已经在健康保护领域各种组织中广泛运用，应用的效用已大大超过了战略管理的范畴。这些改变包括保护的质量、结果和可获取性。增加了有效性、广泛性和及时性信息。包含一系列的分析、目的、方法、数据和结果。③ John Griffiths（2003）在系统分析新西兰三个使用平衡计分卡的公共部门案例后认为，平衡计分卡更多的是作为战略管理工具应用，是战略分解和执行的工具，能够为组织的战略和每年的工作项目架起一座桥梁，进行绩效评估的作用还在发展中，平衡计分卡经常被用做分解外部责任的工具，但几乎还没有作为外部报告义务的一部分。④

关于公共部门应用平衡计分卡的研究，从实践和研究领域两方面来看，国外学者更多地还是把它作为公共部门战略管理的工具，主要用于分解和沟通战略目标以及执行战略规划，也有将平衡计分卡作为绩效评估的工具，但将它作为一个完整的绩效管理体系的论述还只是散见于一些研究报告和文章

---

① Yee-Ching Lilian Chan, *The benefits of Balance*, CMA Management, January, 2003, p. 48.

② Paul Arveson, The Convergence of Strategy, Performance and Enterprise Architecture in the US Federal. Government, http://www.balancedscorecard.org/bscit/prm.html1, 2003.

③ Use of the Balanced Scorecard in Health Care, Health Care Finance, 2003, 29（4）1—16.

④ John Griffiths, Balanced Scorecard Use in New Zealand Government Departments and Crown Entities, Australian Journal of Public Administration, 62（4）: 70—79, December, 2003.

中，系统思考的还不是很多，毕竟，在公共部门开展绩效评估和管理绝非易事，不可能仅仅依靠一个科学的理论和方法就能解决所有的问题。但平衡计分卡的功能和作用已逐渐显露出来了，平衡计分卡的价值获得了研究者的充分肯定。

二　国内研究综述

（一）关于在公共部门导入平衡计分卡的研究

彭国甫、盛明科等人认为通过对平衡计分卡按公共部门的战略逻辑进行修正和改造，可将平衡计分卡引入公共部门，构建合理、科学的评价指标体系来评价地方政府公共事业管理绩效水平。[①] 吴建南围绕绩效目标的实现，对平衡计分卡在地方政府管理中的应用进行了一些探讨性分析。[②] 本人通过对平衡计分卡理论特点以及国外公共部门使用平衡计分卡的案例分析，探讨了将平衡计分卡引入公共部门绩效管理的可行性，并对平衡计分卡理论体系对中国公共部门治理和变革可能产生的影响进行了预测性分析。[③] 刘亚林等人分析了平衡计分卡在公共部门中运用的意义，认为平衡计分卡能有效地帮助公共部门走出绩效评估的困境。[④] 焦雅林以平衡计分卡因果分析的思路模式研究西安地税稽查系统管理，将地税稽查管理战略目标转化为顾客、财务、内部过程、学习与成长等四方面可衡量的指标，科学合理地评价地税稽查系统的运行状况，认为可提高地税稽查系统的管理水平和竞争力。[⑤] 周军兰探讨了平衡计分卡在图书馆中的应用，[⑥] 丁晓筠对国外非营利组织中运用平衡计分卡的情况进行了总结，分析营利与非营利两种组织运用平衡计分卡的差异以及非营利组织平衡计分卡设计的思路和可能遇到的问题。[⑦] 胡玉明编著的《平衡计分卡是什么》一书中有一章对国外政府和非营利机构平衡计

---

① 彭国甫、盛明科、刘期达：《基于平衡计分卡的地方政府绩效评价》，《湖南社会科学》2004年第5期。

② 吴建南、郭雯菁：《绩效目标实现的因果分析——平衡计分卡在地方政府中的应用》，2004年厦门全国绩效管理大会论文。

③ 张定安：《平衡计分卡与公共部门绩效管理》，《中国行政管理》2004年第6期。

④ 刘亚林、刘一凡：《平衡计分卡在公共部门管理中的应用》，《人力资源》2004年第6期。

⑤ 焦雅林：《平衡计分卡在西安地税稽查系统中的应用》，《西安财经学院学报》2004年第3期。

⑥ 周军兰：《平衡计分卡在图书馆中的应用》，《图书情报工作》2004年第6期。

⑦ 丁晓筠：《平衡计分卡在非营利组织中的运用》，《事业财会》2004年第5期。

分卡进行了介绍，并对中国公共部门引入平衡计分卡进行了预测，认为平衡计分卡在中国的运用前景十分广阔，关键在于我们如何积极探索平衡计分卡理念在中国的运用途径并加以创造性运用。[①]

中国台湾地区的公共部门非常注重对平衡计分卡的吸收和借鉴，有一些学者用平衡计分卡的有关理念对公共部门的具体管理制度进行理论设计和改造，比如吴安妮教授 2002 年受"台湾行政院"的委托，研究了如何用平衡计分卡来改造会计作业制度问题[②]，高惠松《平衡计分卡之规划与设计——以基隆港务局为例》，周传震《平衡计分卡制度应用于国防科技研发机构之研究》，林珮琪《高科技产业研究发展绩效衡量之研究——平衡计分卡观点》等。台湾当局行政部门还利用平衡计分卡理论来推进绩效薪酬计划的实施。我国香港特别行政区政府有关部门（比如邮政署）已经采用了平衡计分卡进行绩效管理；澳门特别行政区相关部门（行政暨公职局）正在研究，实施方案已在起草中。

在中国大陆的企业管理领域中，关于平衡计分卡的理论研究和应用已经越来越多，就笔者在中国期刊网上的检索范围而言，国内关于平衡计分卡的理论介绍和研究兴起于 2001 年，截至 2005 年 2 月，从中国期刊网的查询结果看，以"平衡计分卡"为探讨主题的学术论文多达 320 篇，就研究的范围和层次而言，主要有三个内容：一是对平衡计分卡理论的综合介绍，包括其起源、技术操作和应用前景的探讨；二是对平衡计分卡在企业的各个管理环节中应用的可能性和前景的探讨，主要包括战略管理、绩效考核、人力资源管理、审计制度等，以及平衡计分卡对上述管理环节带来的变革意义及具体的变革操作；三是探索平衡计分卡在具体的业务领域中的应用，包括商业银行、电信行业、治理服务业、基金会管理业等各个行业。[③] 关于平衡计分卡的著作主要有三本：毕意文、孙永玲的《平衡计分卡中国战略实践》，系统介绍了企业实行平衡计分卡的理论，并将其延伸到协调组织体系、流程改进、人力资源系统等领域。[④] 秦杨勇主编的《平衡计分卡与绩效管理》，主要

---

① 胡玉明：《平衡计分卡是什么》，中国财政经济出版社 2004 年版。

② 吴安妮：《公务机关实施"平衡计分卡"及"绩效管理"制度之探索：以主计会计作业小组为研究对象》2002 年 3 月。

③ 因为上述各行业、各管理环节的概括是从中国期刊网上的 300 多篇文章中总结出来的，所涉及的文章太多，不在此一一列举。

④ 毕意文、孙永玲：《平衡计分卡中国战略实践》，机械工业出版社 2003 年版。

介绍中国企业平衡计分卡操作实践步骤、方法。林俊杰的《平衡计分卡导向战略管理》将平衡计分卡应用在战略管理中，特别是针对战略成型和战略性指标的用法，填补了平衡计分卡在此方面的空白。[①] 但就公共部门的应用而言，还没有专著问世。但就笔者掌握的资料而言，有的地方政府部门已经开始了"平衡计分卡"的应用尝试，比如深圳国税局，山东青岛市直机关工委，黑龙江海林市委组织部等政府部门，应该说，就"平衡计分卡在中国公共部门的应用"领域而言，实践已经走在了理论研究的前面。

国内关于公共部门运用平衡计分卡的研究基本上还处于介绍和探索阶段，这与中国当前的公共部门应用平衡计分卡的实践是相吻合的。尽管在很多传统的公共部门如银行、电信和一些大型国营企业采用平衡计分卡思想的已经超过百家，但真正应用于政府机构的还很少，将平衡计分卡与公共部门绩效管理结合起来的研究也才刚刚起步，笔者也只是在进行探索性的研究。

（二）关于公共部门绩效管理的研究

尽管关于平衡计分卡在公共部门运用的直接研究还很少，但我国学术界对公共部门绩效管理的研究日益重视，并取得了一系列可喜成果。这里主要介绍国内一些关于绩效管理和评估的研究情况，其中不乏萌芽状态下的平衡计分卡思想，因为这是构建中国特色绩效管理体系的知识和制度基础。

1. 对国外绩效管理实践和理论成果的介绍

来自各个领域的学者从各自特有的角度出发，观察和思考当代西方蓬勃发展的公共部门绩效评估与管理运动，研究特定国家的公共部门绩效管理的改革实践。如周志忍、王庆兵和卓越对英国公共部门绩效评价实践的研究；吴志华、刘靖华和宋世明对美国公共部门绩效评价实践的研究；薛凯对新西兰公共部门绩效管理实践的研究等。即使同样是对单个国家公共部门绩效管理实践的介绍和分析，学者们也采取了不同的角度和方法，如王庆兵侧重于对英国公共服务领域政府提高绩效的最新发展趋势进行介绍。刘靖华着重介绍了美国政府如何通过信息化技术提高公共部门绩效。周志忍以英国政府的绩效评价的发展为对象进行研究。邢传等对西方公共部门绩效评价的发展趋势进行研究。蔡立辉对西方国家政府绩效评价理论进行研究等。卓越主编的《公共部门绩效评估》一书对英、美、新西兰、澳大利亚、荷兰以及加拿大

---

① 林俊杰：《平衡计分卡导向战略管理》，华夏出版社 2004 年版。

公共部门绩效评估进行了较为系统的介绍和分析。① 陈振明分析探讨了西方
公共部门绩效评估的理论和实践，认为随着公共行政改革的蓬勃展开，绩效
评估作为一项有用的管理工具在当代西方各国公共管理中受到广泛研究和运
用。随着政府成本意识的强化和公民监督意识的加强，各国都致力于建立以
绩效为导向的公共管理体制。绩效评估作为改进公共管理的关键一环，成为
一项重大的政治活动而蓬勃展开。加强和完善公共部门绩效评估，无疑是公
共部门职能转变的一个强大而有效的推动力。② 国家行政院校联合会 2000 年
年会在公共部门绩效管理研究方面取得了许多成果，与会专家认识到必须重
视对承担公共服务提供的各类组织的协调和管理，要加强对政府的绩效评
估，加强财政预算管理。同时还在公共行政的教育培训及行政绩效的价值选
择、政府绩效评价机制等方面做了实质性的讨论。张燕君对美国公共部门绩
效评估进行了系统介绍，认为美国公共部门绩效评估的一些实践情况，结合
我国公共部门绩效评估中的不足，可以从中得到一些有益的启示，推动我国
公共部门绩效评估走向制度化、科学化和规范化。③ 财政部财政科学研究所
《绩效预算》课题组编译了《美国政府绩效评价体系》，系统介绍了美国《政
府绩效与成果法案》及其立法报告、美国国家绩效评价委员会关于绩效问题
的报告以及 2004 财年联邦政府机构绩效与管理评价等政策法规和文件，为
我们系统研究美国行政机构绩效管理提供了丰富的资料。④

2. 对公共部门绩效管理性质和价值取向的研究

1999 年初，中国行政管理学会与有关部门成立了联合课题组，课题组研
究了公共部门绩效评价的国际实践及其特点和发展趋势，总结了我国政府机
关绩效管理的发展现状，将我国各地在绩效评价方面的探索归纳为目标责任
制、社会服务承诺制、效能监督和效能建设四种形式，并对每一种形式都进
行了详细介绍和比较分析。⑤ 张成福等在《公共管理学》一书中专门论述了
"公共服务的绩效管理"，分析了绩效管理的性质与意义，探讨了绩效指标，

---

① 卓越：《公共部门绩效评估》，中国人民大学出版社 2004 年版。

② 陈振明：《公共管理学》，中国人民大学出版社 2003 年版。

③ 张燕君：《美国公共部门绩效评估的实践及启示》，《行政论坛》总第 62 期。

④ 财政部财政科学研究所《绩效预算》课题组：《美国政府绩效评价体系》，经济管理出版社
2004 年版。

⑤ 中国行政管理学会课题组：《关于政府机关工作效率标准的报告》，《中国行政管理》2003 年
第 3 期。

分析了公共部门绩效管理存在的问题和改进之道。[①] 吴权伟认为，20 世纪 90 年代中期以来，对行政效率的研究进入了观念整合和转型阶段。一是行政活动效率的价值内涵凸显，"公共性"的凸显是对 20 世纪 70 年代以前行政效率研究的一个反思；二是研究范畴发生了转变，即研究主体的更新（由探讨"行政效率"转向"政府效率"，将政府作为研究对象）和研究客体的更新（由"效率"转向"绩效"、"业绩"、"质量"）；三是研究方法的更新，"投入—产出"的分析框架被"成本—收益"所替代，经济学理论特别是公共选择理论成为政府效率的主要研究方法。[②] 彭国甫对政府绩效评估的性质如何界定、政府绩效评价的功能如何定位、政府绩效评价的发展如何把握、政府绩效评价主体如何确定四个基本问题进行了系统反思，提出了一些建议。[③] 彭国甫还对行政效率、行政效能和行政效益的内涵及其相互关系做了系统分析，并对行政效益与经济效益、社会效益、行政效率的关系进行了比较深入的分析。[④] 刘旭涛认为，可以通过一些研究方法，如技术效率研究方法、行为研究方法、配置效率研究方法、制度效率研究方法和综合研究方法等来提高组织效率。[⑤] 马春庆认为："效率"理论混淆了不同社会政治制度条件下管理活动的本质区别；不包含价值判断，忽视了政府活动应体现的正义和善治，不能解决效率与公平的关系问题，单纯强调效率容易导致组织内部关系冷漠化，使机构僵化，缺乏活力。他通过介绍效能概念和目前的效能建设情况，说明行政效能建设优于行政效率建设。马玉成从政治哲学角度综合分析了有关学者在这方面的研究成果，并概括出人们共存的几个基本价值取向——增长、公平、民主、秩序。鉴于此，在选择公共部门绩效价值标准上，应该在坚持增长这个价值标准的前提下，以公平作为内在的必要约束。凌文辁从社会转型的角度提出政府职能的合理定位是政府绩效的基本价值选择，满足公众需求是政府绩效的根本价值选择，公共服务质量的好坏是衡量政府绩效的重要标准，廉洁、高效、公正是政府绩效的价值追求。徐邦友指出满意原则是行政绩效评价的最终尺度，并指出了要处理好满意度评价中的

① 张成福、党秀云：《公共管理学》，中国人民大学出版社 2001 年版。

② 吴权伟：《我国改革开放以来行政效率性质研究综述》，《福建行政学院学报》2001 年第 4 期。

③ 彭国甫：《对政府绩效评价几个基本问题的反思》，《公共行政》2004 年第 7 期。

④ 彭国甫：《行政效益再探索》，《湘潭大学学报》（哲学—管理学专刊）1998 年。

⑤ 刘旭涛：《政府绩效管理：制度、战略与方法》，机械工业出版社 2003 年版，第 15 页。

几对关系。此外，李静芳对当前地方政府绩效评估的价值取向进行了研究和分析，2004 年 6 月，中国行政管理学会主办的"公共部门绩效管理学术研讨会"在厦门隆重召开。会议就公共部门绩效管理的理论、方法以及在我国的实践和应用，如何提升公共部门绩效等方面展开了热烈讨论，取得了良好的效果。专家们一致认为公共部门绩效管理是当代世界各国行政改革的潮流，对于发展中的中国来说，尤其具有重要的意义。公共部门绩效管理不仅是提高行政管理效率的基本途径，是建设效能政府的必经之路。同时又是明确行政责任归属、推行行政责任制度的重要环节，是建设责任政府、法治政府，保证行政有效运行机制的前提。

3. 对公共部门管理绩效考评方法的研究

唐任伍结合公共部门绩效评价指标选择的思路，设计了一套测度中国省级政府效率的指标体系，该体系由政府公共服务、公共物品、政府规模、居民经济福利四个因素及其子因素组成，共计 47 个指标。[①] 李军鹏对政府公共供给指标体系进行了一些研究，徐双敏撰文探讨了如何建立政府绩效评估机制，胡宁生、周志忍等对公共组织绩效评价做了研究，他们对绩效评价的历史发展、含义、程序做了详细阐述，对于绩效指标设计的基本程序（操作环境分析、绩效示标的具体化、整合过程、评价与修正）、绩效评价的内容（经济测定、效率测定和效益测定）及方法和绩效评价要注意的问题等进行了深入细致的研究，为我国绩效评价的发展做了理论铺垫。[②] 卓越等人则通过对地方政府的具体分析，对公共部门绩效评价的过程控制做了深入研究。他们把绩效评价的过程划分为六个阶段：第一阶段：建构绩效评价指标体系；第二阶段：设计绩效评价指标的权重系数和等级标准；第三阶段：建立绩效评价和管理机构；第四阶段：选择和确立绩效评价的主体；第五阶段：安排绩效评价的实施程序；第六阶段：绩效评价结果的运用。[③] 周仁标从经济学的视角，运用投入—产出方法对评价方法进行了研究。作者对行政效益测量的基本内容、客观标准、基本方法做了分析。[④] 彭国甫和李树丞、吴建南、盛明科从管理科学与系统工程的角度对地方政府绩效信息处理、指标权

①　唐任伍：《2002 年中国省级地方政府效率测度》，《中国行政管理》2004 年第 6 期。
②　胡宁生等：《中国政府形象战略》，中央党校出版社 1998 年版，第 1030 页。
③　卓越、杨浙闽：《公共部门绩效评价的过程控制》，《天津行政学院学报》2003 年第 8 期。
④　周仁标：《浅析行政绩效评价》，《行政论坛》2001 年第 9 期。

重确定、评价信度与效度检测的方法做了初步的探讨和分析。① 福建省厦门市思明区政府与卓越教授率领的课题组合作，组成项目开发小组开展了公共部门绩效评价的探索。课题组汇集了管理学、经济学、数学、统计学、计算机等多个学科的研究人员，构建了公共部门绩效评价模式，设计出评价的完整程序和步骤，并成功开发出了一套公共部门绩效评价软件。评审专家、领导对该项目成果给予了高度评价，认为该项目研究在国内具有创新意义，为解决公共部门管理的瓶颈问题提供了新的路径。② 周志忍以实证研究的方法介绍并分析了以英国、美国、日本为代表的西方国家 20 世纪 80 年代以来的绩效管理变革历程。③ 孙柏瑛从治理理论起源的角度探讨了治理思想的发展及其在地方政府管理中的发展，将当代地方政府治理的绩效评价体系分为政府绩效目标、经济绩效目标和社会发展绩效目标。④

在中央提出科学发展观和正确政绩观以来，关于政府绩效管理和评估的研究成果层出不穷，这里不再一一列举。毫无疑问，学术界和实际工作部门都在热切呼唤着绩效管理深层次的研究成果。本书在对平衡计分卡引入中国公共部门进行相关制度设计和分析时还会论及相关研究成果。

第三节　基本研究思路和方法

一　本研究的技术路径

要实现私营部门的平衡计分卡和公共部门绩效管理的有机融合，本书在研究中主要选择了以下几个研究思路：一是研究路径（参见本书研究技术路径图），沿着绩效管理和平衡计分卡两条主线，将平衡计分卡与绩效管理不断融合，遵循从商业企业到政府公共部门，从国外到国内，从商业企业战略性绩效管理模式到基于平衡计分卡的公共部门绩效管理模式。并以此为基础，通过对国内外公共部门实施平衡计分卡绩效管理的问题分析和经验总结，探讨将平衡计分卡引入中国公共部门的制度基础和策略。二是研究内容，在构建公共部门平衡计分卡体系的过程中，将制定平衡计分卡的流程与

---

　　① 彭国甫等《基于 DEA 模型的政府绩效相对有效性评估》，《管理评论》2004 年第 8 期；彭国甫、盛明科：《用元评估检验政府绩效评估偏差》，载《湘潭大学学报》（自然科学版）2004 年第 1 期。

　　② 郑云峰、卓越：《21 世纪行政发展的新亮点》，《中国行政管理》2003 年第 2 期。

　　③ 周志忍：《当代国外行政改革比较研究》，国家行政学院出版社 1999 年版，第 31—34 页。

　　④ 孙柏瑛：《当代地方治理》，中国人民大学出版社 2004 年版，第 116—119 页。

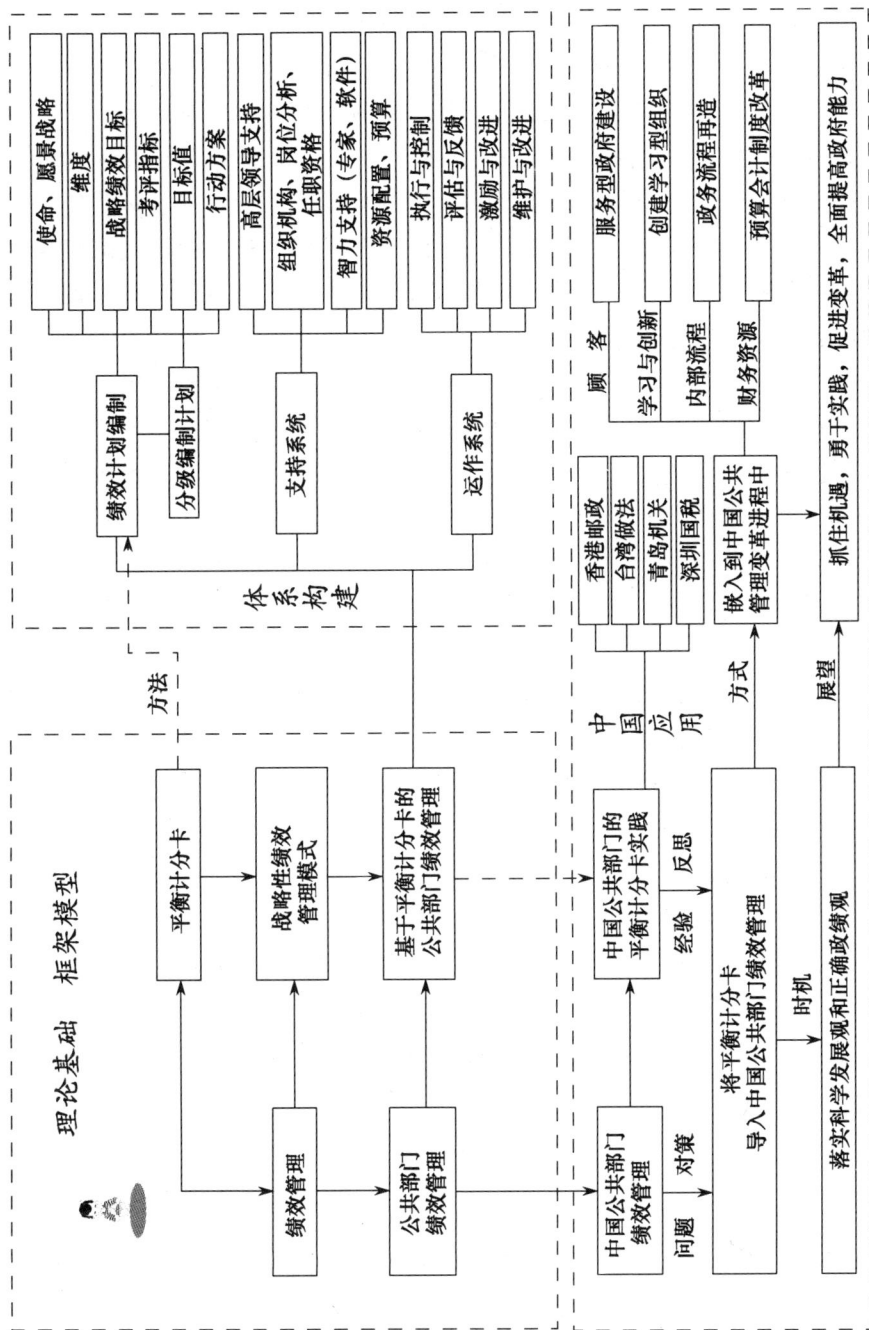

图　导　研究技术路径

公共部门的绩效管理流程结合，将平衡计分卡的主要内容转变为绩效管理的基础和平台，将平衡计分卡模式转变为实施绩效管理的制度和工具。在研究中国问题中，既研究中国的公共部门绩效管理存在的问题，也注意总结中国的平衡计分卡实践和萌芽状态的平衡计分卡绩效管理的方式和方法，结合中国的行政改革实践，论述将平衡计分卡嵌入中国公共部门变革进程的可行性。三是论述方式，注意将理论阐释和实践分析紧密结合，既有理论阐释和推导，也有实践经验总结和问题分析，从国外的实践经验中提炼出战略性绩效管理框架和基于平衡计分卡的公共部门绩效管理模式，再以此理论模式来指导中国公共部门绩效管理变革的实践。

为完成上述研究目的和内容，笔者进行了三个方面的资料收集和知识积累：首先是对私营企业实行绩效管理和平衡计分卡的理论和应用状况进行系统的梳理，从中把握平衡计分卡的理论精髓和操作实践；其次是收集国内外公共部门中应用平衡计分卡的典型案例，获取在公共部门中成功实施平衡计分卡的方法和经验；最后是对公共部门绩效管理的实践材料和研究资料进行收集，以期对公共部门绩效管理的薄弱环节和我国的具体实际有深刻的理解和把握。

本书所需资料收集采用以文献调查为主，以个别访谈为辅的方式，在综合掌握理论、案例和管理现状的基础上，推导出能体现公共部门管理发展趋势并兼具实用性与技术可行性的绩效管理体系和制度变革方法。

二　主要研究方法

文献研究法。查阅有关的理论文献、学术论著和期刊文章，特别是平衡计分卡创始人卡普兰和诺顿的奠基性的理论文章和两本集大成专著，美国绩效评估委员会的专题报告以及美国公共行政学会平衡计分卡兴趣小组研讨会报告，了解相关理论及专家学者的观点与看法，作为理论与实践分析的根据。

制度研究法。本书将对公共部门现行的许多绩效管理及绩效评估制度进行分析，作为绩效指标和管理流程设计的参考。对制度的研究主要集中在国内绩效评估和管理方面，不仅分析了当前绩效管理制度中的问题，还总结分析了我国部分地区平衡计分卡的制度构建过程以及萌芽状态下的平衡计分卡实践，从而为构建和导入中国公共部门平衡计分卡绩效管理体系创造条件。

个案研究法。个案分析，可使研究事项更加具体明确，因而有助于理论的验证与深入。本书选择了许多特定的个案加以分析，以了解其背景及实施方法和经验。本书案例的选择主要来自平衡计分卡名人堂和平衡计分卡研究所罗列的案例清单，充分利用网络资源，层层搜索，直至找到相关案例的实际运作流程，从一个个生动的案例分析中，把握平衡计分卡的精髓和操作过程以及经验与教训，从而验证平衡计分卡绩效管理的有效性和可操作性。

本书采用理论与实践相结合的方法，不仅选题来源于实践，也尽可能地运用实践材料说明理论观点，力求使平衡计分理论与中国公共部门绩效管理实践相结合，推动公共部门改革。规范研究和实证研究相结合也是本书主要的研究方法，本书的目的是想构建一个比较完整和科学的公共部门绩效管理体系，必然要用规范分析的方法，探讨平衡计分卡和绩效管理的基本理论、基本范畴，同时为了分析和验证这种新的评估与管理理论和方法，还实地调查，收集第一手资料，在资料收集阶段，跟随中国行政管理学会课题组对青岛市目标管理、厦门市绩效评估、成都市流程再造、运城市新效率工作法、苏州市效能监察进行了实地调研，还利用在美国国家生产力研究中心学习的机会，参加了美国行政学会平衡计分卡兴趣小组的会议，对新泽西州爱迪生（Edison）、新布朗斯韦克（New Bruswick）市政府的相关部门工作人员进行了访谈，获取了许多第一手的信息和资料，笔者力求把规范研究和实证研究结合起来。由于本书还将探讨公共部门的绩效评估问题，定量分析与定性分析不仅是平衡计分卡理论的一大特色，也是本书的主要研究方法，公共管理毕竟不同于工商管理，由于其产出的无形性和间接性甚至是滞后性，目标和指标的多维性以及评价信息的稀缺性，使公共部门的绩效通常难以量化，本书在构建公共部门绩效评估指标时，采取了定量指标与定性指标相结合的办法。

第四节　研究的主要内容和可能的创新点

一　可能的创新与不足

鉴于国内公共部门中实施绩效管理的困境、难点以及应用研究的缺乏，笔者认为，本书以"平衡计分卡"为基础对公共部门绩效管理体系的全面思考与设计，不仅具有理论创新意义，而且具有实用价值。主要体现在以下几个方面：

一是提供了一个新的视角与方法来反思和整合我国公共部门绩效管理的现状。学者们从不同的角度对目前公共部门绩效管理存在的问题和未来的发展趋势进行了很多探讨，从战略管理、使命实现和职能完成的角度进行思考和体系构建的尚不多见，本书构建的平衡计分卡绩效管理模式具有开创意义。

二是本书将绩效管理与管理流程和基本制度联系起来，强调公共部门绩效管理与具体管理制度相结合，将战略规划与实际行动相结合，为绩效管理在实践领域中的应用提供全面的理论指导和操作步骤。

三是本书将平衡计分卡运用与实现公共部门管理变革结合起来。平衡计分卡与服务型政府和创建学习型机关、学习型组织基本理念一致，基于平衡计分卡的绩效管理模式将大大推动和实现公共部门的这些变革进程；平衡计分卡体系积极倡导流程再造理念和权利责任机制等，将成为实现中国公共部门改革价值诉求的制度载体。

四是本书的研究与中国当前落实科学发展观和正确政绩观的施政策略相联系。科学发展观立足于长远发展，是一种战略性的发展观，中国公共部门在制定发展规划时经常不知如何下手，不知如何平衡长远的发展导向与近期的一些发展目标，本书倡导的平衡计分卡绩效计划制定流程正好提供了这样一种方法和理念，不仅能帮助制定战略性的绩效目标，还有相应的考评指标和行动方案，从而将科学的发展观落实到政府绩效计划中，通过整个绩效管理流程，将科学发展观落实到政府的实际工作中，从而为落实科学发展观和正确政绩观提供了一种机制。

当然，本书也不可避免地会存在一些理论研究上的限度。比如，由于平衡计分卡在公共部门的引入和推广刚刚兴起，应用案例的文本资料十分有限，实证经验的搜集受到很大限制，国内公共部门的经验研究资料和第一手资料的取得相对更为困难，难免有不周之处，这就对本书诸多结论的得出以及具体制度的设计提出了很大的挑战；再比如，将企业界的先进管理制度引入公共部门时，进行相关制度设计的前提是笔者对企业管理制度与技术、公共部门绩效管理的独特属性与技术困境等都有比较深入与全面的了解和把握，充分阅读大量文献以将这两领域知识熔为一炉，对笔者而言这也是一种能力和精力上的挑战；而如何在公共部门中构筑和阐释平衡计分卡指标体系四个维度的内在逻辑关系更是本书研究的难点。由于时间、精力及所学的有限，在分析上无法全然顾及，在设计绩效管理流程时，更多集中在绩效计划的制定过程，而对其他几个步骤的论述略显简单，关于绩效管理理论探讨部分，仅仅论及理论之基本观念及精神。

二 主要研究内容和框架

本书主要分为三部分研究。第一部分是研究的基本概念和理论框架，主要内容是介绍平衡计分卡与绩效管理的基本理论和方法，包括平衡计分卡的构成要素、框架结构、方法论、构建流程、成功要素以及绩效管理流程、方法和功能，力图建立平衡计分卡与绩效管理的内在联系，认为平衡计分卡是一种战略性的绩效管理方法，本部分另一个重要内容是根据公共部门绩效管理的特点和要求，以国外的实践经验和创新研究为基础，设计出了一个基于平衡计分卡的公共部门绩效管理模型。

本书的第二部分是研究如何建构公共部门平衡计分卡绩效管理体系。这是第一部分所创新的理论模型的具体应用。这一部分首先论述了公共部门平衡计分卡绩效管理的核心概念和理念以及公共部门的战略问题，因为它是平衡计分卡的起点，也是绩效管理的目标和方向；接着从绩效管理的流程和支持系统两个方面论述绩效管理体系的构成。本部分最后论述的是公共部门绩效计划的制定问题，根据平衡计分卡思想和理念，系统介绍了在公共部门构建平衡计分卡的方式和方法，认为平衡计分卡既是制定绩效计划的工具，本身也是一个完整的绩效计划（包含绩效目标、考评指标和行动方案）。这部分还阐释了绩效管理流程的其他运作过程，比如绩效计划的执行与控制、评估和反馈、绩效结果和绩效激励，以及平衡计分卡绩效管理体系的维护和改进，使得基于平衡计分卡的公共部门绩效管理成为一个完整的回环。本部分最后还分析了平衡计分卡绩效管理体系得以推行和成功运作的支持系统，事实上，如果没有完善的组织体系、内部管理机制以及组织领导和专业人士智力的支持，平衡计分卡很难推行，如果没有合理的资源配置方式，没有将预算和激励制度与平衡计分卡结合，以及如果没有合理的职位分析和任职资格认定等支持环节，平衡计分卡即使开始推行也不会长久，更不用说发挥积极效用了。

本书第三部分主要研究如何将平衡计分卡导入中国公共部门，用平衡计分卡理念和方法重塑中国公共部门绩效管理的问题。要将平衡计分卡引进中国，必须研究平衡计分卡在中国实施的可行性，本部分集中介绍了平衡计分卡在中国（包括香港、台湾、澳门、深圳、青岛等）公共部门的实践经验和成果，还分析总结了各地萌芽状态下的平衡计分卡绩效管理方式和方法，认为平衡计分卡在中国公共部门推行具有可操作性；本部分还探讨了在中国公共部门推行平衡计分卡绩效管理的途径，认为将平衡计分卡嵌入中国公共管理的发展和变革中，将平衡计分卡与构建服务型政府（顾客维度），政务流程再造（内部流程维度），创建学习型组织（学习与成长维度），预算和会计制度改革（财务维度）紧密结合，将大大推动中国行政管理改革，而且这些变革本身的发展也会大大促进平衡计分卡的推行和实施。本部分最后对中国的公共部门导入平衡计分卡绩效管理体系进行了反思和展望，尽管平衡计分卡绩效管理体系还存在着这样那样的缺陷和不足，而且实施平衡计分卡绝非易事，但平衡计分卡的魅力和效用，中国公共部门的改革和实践，特别是科学发展观和正确政绩观的提出和落实，热切呼唤新型的绩效管理模式和方法的出现。文章在结语中认为中国公共部门应该抓住机遇，勇于实践平衡计分卡绩效管理理念和模式，积极促进公共部门管理变革和全面提升政府能力。

第一部分

理论基础 模型构建

第一章　基本概念和理论框架

第一节　平衡计分卡理论体系[①]

一　平衡计分卡的缘起

众所周知，在 20 世纪的最后 20 年里，全球经济气候引发了无数的不确定性，顾客需求多样化，市场对产品质量、性能的要求越来越高，产品更新换代加速；生产模式由大批量生产转向多品种小批量生产，信息技术和通信技术的发展使得竞争日益变得全球化。面对这些不确定性，许多美国公司开始意识到，它们需要在满足客户需求的同时提高工作效率和业绩，而把重点放在财务数字上的传统方法往往使其失去方向性，因为公司越来越倚重于创造和利用无形资产，例如客户关系、员工知识与技能、信息技术，以及鼓励创新、注重解决问题和不断改善组织的文化等。尽管无形资产已经成为竞争优势的主要来源，但很难描述这些资产以及它们能够创造的价值，主要的困难在于，无形资产的价值通常与组织环境和公司战略紧密相关。例如，以增长为导向的销售战略可能会需要很多因素的支持，比如相关的客户信息、销售人员的附加培训、新的数据库与信息系统、与以往不同的组织结构，以及建立在激励机制上的薪酬方案等。在新的环境下，企业如何制定业绩评价体系，如何通过业绩评价体系把组织和人员的行为引向企业的战略目标，成为艰巨的任务。

1990 年美国诺顿研究所进行了一项题为"衡量组织的未来绩效"的研究，参与此计划的 12 家公司包括制造及服务业，其中有高科技、重工业等

---

① 本章对平衡计分卡的探讨主要是以商业企业为主，主要因为平衡计分卡理论来源于企业，发展于企业，在企业中更能体现平衡计分卡的理论精神。在随后的章节中我们将在对私营部门平衡计分卡认识基础上探讨其在公共部门的应用。

产业。美国哈佛大学的罗伯特·S. 卡普兰教授（Robert S. Kaplan）和美国复兴方案公司总裁戴维·P. 诺顿（David P. Norton）参与其中。此研究计划为期一年，主要探讨组织未来之绩效评估制度，以使企业的营运绩效能同时获得企业股东、员工及顾客的认同。在该项计划中他们发展出一套强调将战略转化为行动，将战略指标化的管理工具，也就是平衡计分卡。它是一套能落实连接组织战略与目标，且同时重视结果与过程的全方位绩效评估制度。紧接着，卡普兰和诺顿于 1992 年、1993 年和 1996 年先后在《哈佛商业评论》杂志上发表了题为《平衡计分卡：提高效绩的衡量方法》（*The Balanced Scorecard——Measures That Drive Performance*）、《平衡计分卡的应用》（*Putting the Balanced Scorecard to Work*）和《将平衡计分卡用于战略管理系统》（*Using the Balanced Scorecard as a Strategic Management System*）等论文，并在此基础上结合美国一些企业应用平衡计分卡的实践经验和新的研究进展，分别出版了《平衡计分卡：一种革命性的评估和管理系统》和《战略中心型组织》两本专著，将过去十多年平衡计分卡在各类组织中的应用做了个盘点，系统地阐述了平衡计分法的中心原理，论述了其作为战略管理工具对于企业战略实践的重要性，阐释了平衡计分卡作为战略与绩效管理工具的框架，在《战略中心型组织》一书中，两位作者指出，企业可以通过平衡计分卡，依据企业战略来建立企业内部的组织管理模式，要让企业的核心流程聚焦于企业的战略实践，该著作的出版标志着平衡计分卡开始成为组织管理的重要工具，标志着这一理论的成熟。

在十多年的时间里，平衡计分卡在理论方面有了极大的发展，在实践领域也得到了越来越多的认可。《平衡计分卡：化战略为行动》一书出版以来已经被翻译成 21 种语言，市场上的平衡计分卡软件已超过百种，日益显示了其普遍的吸引力和应用价值。图 1—1 为平衡计分卡的基本框架。平衡计分卡提供了一种全面的评价体系，它分别从财务、客户、内部流程和学习增长这四个维度视角向组织内各层次的人员传递组织的战略目标以及每一步骤中他们各自的使命，最终帮助组织达成其目标。如果仅仅在一个或者几个方面投入资源，而不是面面俱到，就可能会导致整个战略的失败。价值并不存在于任何一种单独的无形资产中，它来源于所有的资产以及把这些资产维系在一起的商业战略。平衡计分卡能使组织管理层有效地跟踪财务目标，同时关注关键能力的进展，并开发对未来成长有利的无形资产，以达到将财务指标描述历史的准确性、完整性与未来财务绩效驱动因素保持平衡。之所以称为"平衡计分卡"（Balanced Scorecard），不仅在于其包含着平衡四个维度之间的关系：平衡外部压力（外部人员）和内部需求（内部人员）、平衡长远发展（战略管理）和近期目标（经营管理），而且还关注组织发展的财务指标和非财务指标、动因（前置）指标和结果（滞后）指标、定量指标与定性指标之间的平衡。计分卡（Scorecard）是翻译而成的，根据笔者理解，并无直接的计算分数的意义包含其中，尽管在评估过程中会涉及指标权重和绩效分数；当然也可以理解为绩效分数，从字面上把它直接理解为平衡性的绩效计划卡片可能更切合平衡计分卡体系的意义。

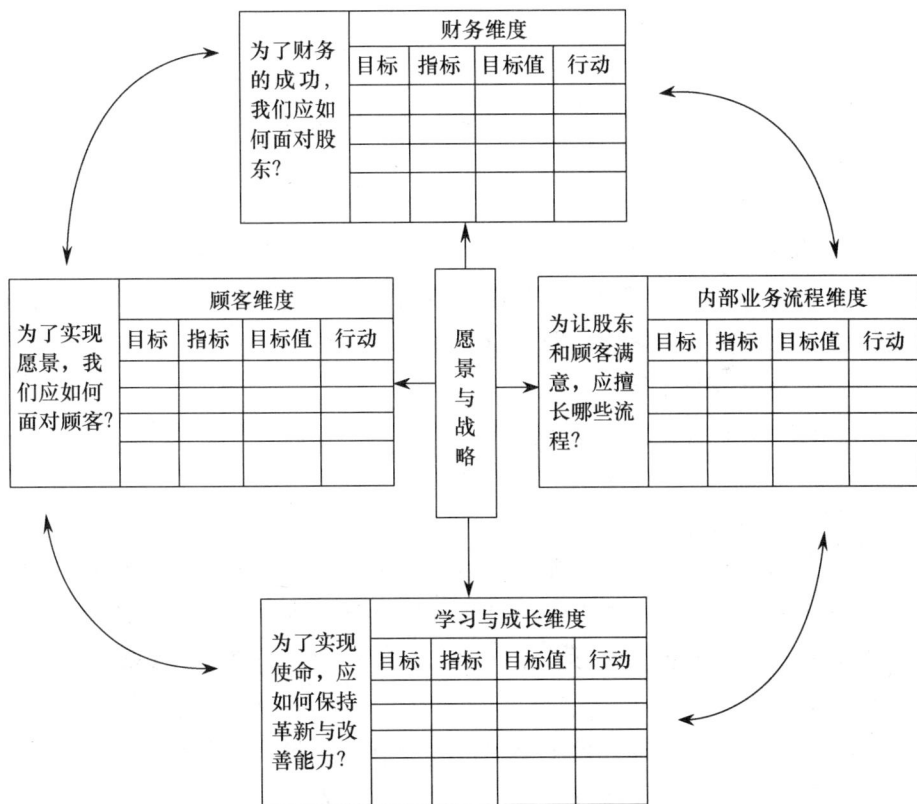

资料来源：卡普兰、诺顿（1996）。

图 1—1 平衡计分卡框架

平衡计分卡被《哈佛商业评论》评为近百年来最具影响力的管理学说。根据 Gartner Group 的调查，到 2000 年为止，在《财富》杂志公布的世界前

1000 位公司中有 70％的公司采用了平衡计分卡系统。① 最近在 William M. Mercer 公司对 214 个公司的调查中发现，88％的公司提出平衡计分卡对于员工报酬方案的设计与实施是有帮助的，并且平衡计分卡所揭示的非财务的考核方法在这些公司中被广泛运用于员工奖金计划的设计与实施中。它在西方世界大受欢迎，现在越来越多的亚洲企业正在使用或计划使用平衡计分卡，以改善组织管理能力和水平，中国内地已有将近 100 家公司和组织在使用平衡计分卡理论作为它们的管理工具，中国电信、中国移动、平安保险、海信集团、联想集团、小天鹅等大型国有企业已经引入这一理论。平衡计分卡已经发展成为一种组织战略实施、绩效评估和管理工具。

二 平衡计分卡的一般构成要素

在平衡计分卡实践中，平衡计分卡的表现千差万别，但构成的要素基本一致。主要包含以下几个方面：

维度

维度体现了公司战略的基本关注点。一般来说，在进行公司战略的利益相关者分析时可以确认。卡普兰和诺顿最初创建平衡计分卡的时候，将平衡计分卡定义为财务、顾客、内部运营和学习与创新四个维度。

战略目标（战略主题）

这里的战略目标是从战略重点分解、细化出来的关键性战略目标。每一个战略重点都应当至少分解出一个战略目标。

指标与指标值

指标是由设定的关键性战略目标推导出来的，一个战略目标有可能对应一个或一个以上的指标。指标不只是指标的具体要求，也是评价指标实现与否的具体尺度。指标值是指标的量化值，是衡量指标的完成情况的标准。

行动计划

行动计划是支持平衡计分卡每个指标的具体项目计划，它包含了若干个特定的行动，其目的主要是为了指标与指标值的实现。

有些研究者还添加了一个基本要素：任务。认为任务是执行战略行动方案过程中的特定行为。②

---

① 王化成：《平衡计分卡：化战略为行动》译校序，广东经济出版社 2004 年版。
② 毕意文、孙永龄：《平衡计分卡中国战略实践》，机械工业出版社 2003 年版，第 23 页。

平衡计分卡的上述各个要素都是一一对应相互支持的。目标反映了公司战略的重点与驱动要素，它明确了公司的努力方向；而指标与指标值则是对战略目标的衡量方向和标准，是公司战略目标落实的重要载体；而行动计划则是实现指标和指标值，从而最终保证战略目标实现的重要保证，它将引导公司全体员工在行为上与战略保持高度的一致性。

三　平衡计分卡的四个维度

卡普兰和诺顿所发明的平衡计分卡是从财务、顾客、内部流程及学习与成长四个互相关联的维度来平衡定位和考核组织各个层次的绩效水平的。

（一）财务维度

表1—1　　　　　　　　　　平衡计分卡的财务维度主题

		战略主题		
		营收成长和组合	成本降低/生产力改进	资产利用
事业单位的战略	成长	市场区隔的营收成长率来自新产品、服务、顾客占营收的百分比	员工平均收益	投资占营收的百分比 研发占营收的百分比
	维持	目标顾客和客户的占有率 交叉销售 新应用占营收的百分比 顾客和产品线的利用率	相对于竞争者的成本 成本下降率 间接开支占营收的百分比	营运资金比率 现金周转期 主要资产类别的资本运用报酬率 资产利用率
	丰收	顾客和产品线的利用率 非获利顾客的比率	单位成本每种产品、每个交易	回收期间 产出量

资料来源：卡普兰、诺顿（1996）。

平衡计分卡保留了财务方面的指标。财务绩效衡量方法显示企业的战略及其实施和执行是否正在为最终经营结果的改善作出贡献。财务方面的评价虽然具有局限性但已经很成熟，在绩效管理过程中，要从股东及出资人的立场出发，树立"企业只有满足投资人和股东的期望，才能取得立足与发展所需要的资本"的观念。企业生命周期可简化为三个时期：成长期、维持期与丰收期，无论企业处于何种阶段，从财务的角度看，公司包括"成长"、"保持（维持）"及"收获"三大战略方向；与此相配合，就会形成三个财务性主题："收入成长及组合"、"成本降低—生产力改进"、"资产利用—投资战略"。企业应针对其所处生命周期之不同阶段，采取不同的战略方向及战略主题，进而确定财务策略并决定适合的财务衡量尺度。如当公司立足于"成长"战略而追求"收益与组合"的主题时，其重视的指标就应当为"新产品（服务）及新顾客的收益百分比"。当重视生产力的提高时，可能选用的指标为每位员工创造的收益（收益/员工）。常见的指标包括：资产负债率、流动比率、速动比率、应收账款周转率、存货周转率、资本金利润率、销售利税率等。

（二）顾客维度

在顾客方面，平衡计分卡充分体现出"顾客造就企业"（彼得·德鲁克，1990）的思路。在市场经济条件下，企业的成果取决于顾客，即由顾客决定企业的努力是转化为成果还是白白地耗费资源。顾客价值主张代表企业通过产品与服务所提供的属性，目的是要创造目标区域中的顾客忠诚度与满意度。

表1—2　　　　　　　　　　平衡计分卡顾客维度指标

市场占有率	反映一个事业单位在既有市场中所占的业务比率（以顾客数、消费金额或销售量来计）
顾客争取率	衡量一个事业单位吸引或赢得新顾客或新业务的速率，可以是绝对或相对数目
顾客延续力	记录一个事业单位与既有顾客保持或维系关系的比率，可以是绝对或相对数目
顾客满意度	根据价值主张中的特定绩效准则，评估顾客的满意程度
顾客获利率	衡量一个顾客或一个区隔，扣除支持顾客所需的特殊费用后的纯利

资料来源：卡普兰、诺顿（1996）。

而几乎所有产业的价值主张都有一个共同的属性，其中产品与服务的属性包括功能、品质、价格与时间，顾客关系涉及对顾客的响应与交货时间，以及顾客向企业采购时的感受，形象反映企业吸引顾客的无形因素，每一方面都有其特定的衡量指标。顾客因素在平衡计分卡中占有重要地位，因为如果无法满足或达到顾客的需求时，企业的愿景及目标是很难实现的。这些衡量包括顾客满意度、旧顾客维持率、新顾客开发率、获利能力和市场占有率等，考察顾客获利率、顾客忠诚度、库存周转率、账款回收率、账款回收天数、坏账率、顾客抱怨率，可驱动产品利润率等，如图1—2所示。

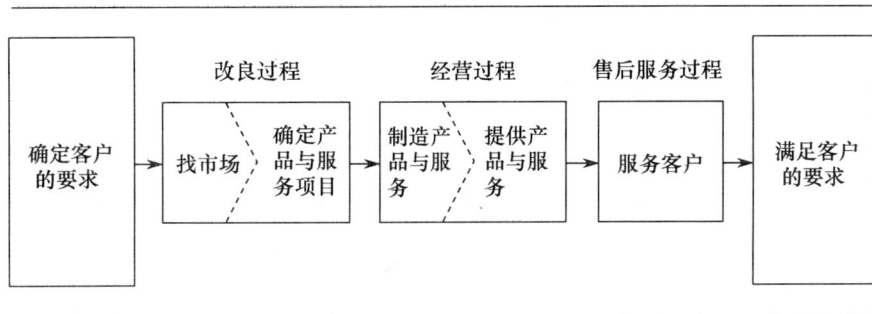

资料来源：卡普兰、诺顿（1996）。

图1—2 平衡计分卡内部经营程序价值链

（三）内部流程维度

平衡计分卡方法把革新过程引入到内部经营过程之中，企业因资源有限，为获得长期的财务成功，应力求创新产品和服务，确认其创造顾客价值的程序与有效地运用和发挥内部资源的过程，满足股东和目标客户的需求与期望，推动企业的财务绩效。内部流程应该是该企业表现得最为卓越的部分，通常说来，企业内部流程包括创新和改良流程、经营流程与售后服务流程三大流程，创新流程是企业产品差异化的源头，相关指标是产品上市时间、收支平衡时间或产品初次设计即完全符合规格的比例、产品初次设计至生产的变更设计次数、专利数量等；营运流程是从接获订单到出货的部分，指标包括退货率、成本下降、交期的准确、每百万个产品的不良率、最后良率、直通率、废料率、废品率、重工率、机器故障率、制造周期效能等；售后服务流程之目的就是为维护顾客满意度，故其滞后的指标通常为故障响应速度周期时间或是顾客提出要求至问题完全解决所需时间、衡量产品或服务递交后到顾客付清尾款的时间等。

（四）学习与成长维度

和"顾客即企业"一样，"知识即企业"。由于"物化产品和服务不过是顾客的购买力与企业知识交换的媒介物"（彼得·德鲁克，1989），所以知识对于企业也是至关重要的。而知识不能独立存在，只能存在于员工的思想当中。这一思想在平衡计分卡的学习和成长方面得到阐明。平衡计分卡前三个维度（财务、顾客和内部流程）能顺利达成，并实现企业长期成长之目标，必须仰赖于学习和成长维度。组织的学习和成长有三个主要的来源：人才、系统和组织程序。企业必须投资，以使员工获得新的技能，加强信息技术及系统，并理顺组织的程序和日常工作，将企业的员工、技术和组织文化作为决定因素，分别衡量员工保持率、员工生产力、员工满意度的增长等指标，以考核员工的才能、技术结构和企业组织文化等方面的现状与变化，通过员工能力之增强、信息系统能力之增强、激励及授权一致性之增强等原则来构建学习与成长维度的绩效指标。相关指标包括人事费用率、劳动分配率、劳动生产力、员工生产力、人力耗损指数、员工留任率、员工离职率、人机时效率、员工满意度、员工技能评鉴合格率、员工平均培训时数、人才投资率、平均招聘时间、员工出勤率；在信息系统建设方面主要衡量第一线员工由信息系统中获得工作支持的比率、工作对信息系统的依赖程度、职能化信息系统的健全比率与信息系统的整合比率等。

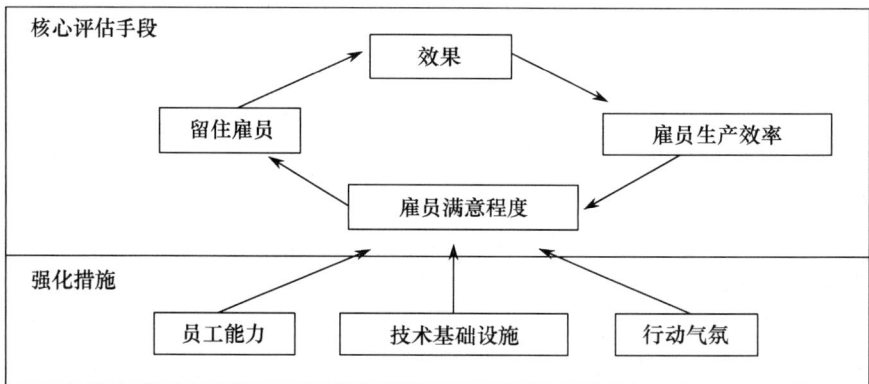

资料来源：卡普兰、诺顿（1996）。

图1—3　学习与成长评估手段框架

四　平衡计分卡体系的内在逻辑关系

卡普兰与诺顿（1992，1996）指出平衡计分卡包括过去经营结果的财务维度，以及促成这些财务结果的非财务维度（顾客、企业内部流程及学习与成长）。其基本的逻辑是公司的财务指标要想达成，必然要使目标顾客满意与忠诚，然而顾客为何会满意与忠诚，因为我们拥有表现非常卓越的内部流程以支持与服务我们的内外部顾客，当然，所有的流程都是经由人（员工）在实际操作，员工的学习与成长及资讯信息系统的支持程度对内部流程的精确掌握有着必然的因果关系。组织如何才能获得客户的青睐呢？举例说明。对客户偏好的分析结果可能会显示，客户很重视产品按时交付和高质量。因此，准时交付率和质量的提高预计将导致客户青睐度的上升，准时交付率和质量指标被纳入计分卡的内部经营过程。而要提高准时交付率，企业合理高效的内部流程是产品的高质量按时交付和售后服务的保证，这需要在企业内部经营过程方面进行一系列的改善，包括对于各种流程的重组与优化，采用计算机信息系统等。要提高质量只需要加强全面质量管理，而要从根本上提高准时交付率和质量，有赖于企业高素质的职员的努力工作。而要想得到高素质的职员必须使员工不断地学习和参加培训。这样，通过平衡计分卡，提高质量和准时交付率的各种方法成为一种制度或者形成员工自发行为。

平衡计分卡的关键目的之一是通过公司高级管理层对达到重要具体目标的方法作出设想来清晰地描述该公司的发展战略。这些设想可以辨别重要的目标和各角度中不同目标之间的联系。通过对多个重要因素"如果，那么"进行因果关系的分析，管理层的设想就会逐步明确。这种因果关系分析是平衡计分卡系统建立的基础。平衡计分卡力图勾勒出企业战略设想中的因果关系。这些设想是可以测试验证的，方法是把适当的滞后（结果）指标结合于驱动业绩结果的领先（前置）指标。在每一个角度的每一个目标内都应确定一个或几个绩效指标。成功的平衡计分卡应当全面反映企业的战略，把经营单位战略的结果（滞后指标）和绩效使然因素（先行指标）恰当地结合起来。平衡计分卡确认与阐明评价结果和这些结果的绩效使然因素之间的因果关系，被选中列入平衡计分卡绩效评价体系的每一项评价方法都是因果关系链的组成部分，该链条把经营单位的战略的含义传达给企业各级组织，光有衡量结果而没有绩效使然因素，则无法说明怎样才能取得结果以及组织战略是否正在成功地实施；如果只有绩效使然因素，虽然可能会使经营单位实现短期操作上的改进，却不能显示这些改进是否已被转化为对现有和新客户业务的扩大，并最终转化为财务绩效的提高，即达到既定的目标。例如：利用资本回报率可以是财务方面的一项计分卡衡量方法，这一方法的使然因素可能是现有客户重复购买和购买量的增加，而这又是由于客户青睐程度高，因此，客户满意度被纳入平衡计分卡的客户方面，因为预计它将对资本回报率产生很大影响。

平衡计分卡也是一套具有很强的操作指导意义的指标框架体系。其四个层面的指标体系紧密相连，具有深层的哲学含义和内在关系，即学习与成长解决企业长期生命力的问题，是提高企业内部管理能力的基础；企业通过管理能力的提高为客户提供更大的价值；客户的满意导致企业良好的财务效益。平衡计分卡将定量指标与定性指标结合，有利于克服定量分析的不足。平衡计分卡将财务指标与非财务指标结合，强调了对非财务性指标的管理，有利于从影响企业经营成功的主要方面，全面、正确地评价经营业绩。通过平衡计分卡报告，能使管理者及时正确地了解、掌握企业经营成功的关键因素和失败的原因。

五　平衡计分卡的方法论

平衡计分卡提供一个框架，一种语言，以传播使命和战略。平衡计分卡模式能将公司的愿景与策略转化成一套环环相扣的绩效衡量指标体系，并强调唯有同时兼顾财务、顾客、企业内部流程以及学习与成长四大构面，才能帮助企业确保生产与提供有价值的商品和服务，创造并维持竞争优势。它利用衡量结构来把驱动当前和未来成功的因素告诉员工。通过阐明组织想要获得的结果和这些结果的使然因素，企业管理者能够汇集全组织的员工的能力本领和具体知识来实现企业长期的目标。计分卡的四个方面使一种平衡得以建立，这就是兼顾短期和长期目标、理想的结果和结果的绩效驱动因素、硬的客观目标和较软的主观目标。过去，通过财务回报来评价业绩只能提供截止到评价时为止的公司运营的信息，现在，可以预测企业将来的业绩，并且可以用正确的行动来制造理想的未来。

平衡计分卡来自业绩评价领域，又高于业绩评价，如果仅将其看成评价工具，则没有真正认识到它的长处。平衡计分卡制度会成为一个企业管理制度的基石，是因为它不仅同企业重要的过程有着联系，同时也支持这些重要的过程；再进一步，通过把平衡计分卡融入日常管理安排，所有的管理过程都可以同实施企业的长期战略挂钩，确保企业始终以战略目标为方向而不会误入歧途。根据管理循环程序，平衡计分卡可协助企业达成下列目的：

（1）澄清战略并建立员工对战略的共识；（2）将战略传达至组织的每一个角落；（3）使个人和部门的目标与战略一致；（4）让战略目标与长期的指标、年度预算联结；（5）判别和校准执行战略的行动方案是否合适；（6）对战略进行定期和系统化的检讨；（7）借助平衡计分卡的回馈资料，让企业与员工做进一步的学习和改进。[1]

平衡计分卡作为一种分析技术，分析那些完成企业使命的关键成功因素以及评价这些关键成功因素，将一个组织的目标和战略从财务、客户、内部经营过程和学习与成长四个方面进行分析并将其转变成一系列特定的、可量化的目标，根据完成目标的情况来监测组织的绩效，并不断检查审核这一过程，通过绩效评价促使企业完成目标。平衡计分卡财务分析，这一最传统的业绩指标，包括运营成本和投资回报等度量的评价；客户分析看客户的满意度和保持力；内部分析看生产和革新能力，使现有产品利益最大化，并为将来的生产能力跟踪这些指标；最后，学习与成长分析根据雇员满意度和保持力，还有信息系统的业绩来探测管理的效力。

平衡计分卡的实施是一项改革。因为它的实施要涉及观念、方法、思想认识、内部流程、外部力量、内部员工、竞争、目标、战略、沟通、因果关系等多项因素，需要摒弃传统的观念和方法，从整体上对企业进行变革。在改革的过程中，管理者首先要调整自己的心态，转变自己的管理作风。管理者需要确保全体员工接受改革，将改革的阻力化为改革的动力。为了实现改革的目标，管理者在企业内部必须大力加强沟通与交流。总之，如果企业与市场实现了内外部的动态平衡，改革就能成功。

第二节　平衡计分卡在商业企业中的应用

一　平衡计分卡在企业中的应用情况分析

由于平衡计分卡所具有的强有力的理论基础和便于操作的特点，一经提出，便迅速在美国，然后是整个发达国家的企业中广泛应用。平衡计分卡在美国乃至全球的企业得到广泛的认同，今天当人们谈及企业绩效管理时，经常都是以平衡计分卡为主的体系。美孚（Mobil）石油的北美区行销暨炼油

---

[1]　黄超吾：《策略性绩效管理系统——平衡计分卡》，http：//www. rbsc. com. cn/lw/index. htm。

事业处在导入平衡计分卡后的第二年（1995），获利由产业的最后一名蹿升至第一名，此后连续四年皆蝉联第一的宝座。1995 年加拿大 AT&T 公司的营业亏损超过 3 亿加币，几乎无法偿还贷款，由于平衡计分卡的导入，在1998 年底就完全弥补了先前的亏损而开始有盈余，顾客人数也呈双倍成长，员工平均年营收在 3 年内增长 37％，员工满意度调查也比北美地区前 10％的企业高出 50％。有关统计数字显示，美国财富 500 强企业已有 60％左右实施了绩效管理，而在银行、保险公司等所谓财务服务行业，这一比例则更高。平衡计分卡与美国企业在 20 世纪 90 年代整体的优秀表现不能说毫无关系。2003 年 Balanced Scorecard Collaborative Pty Ltd. 的调查统计显示：在全世界范围内有 73％的受访企业正在或计划在不久的将来实施平衡计分卡；有 21％的企业对平衡计分卡保持观望态度；只有 6％的企业不打算实施平衡计分卡。[①] 参见图 1—4。

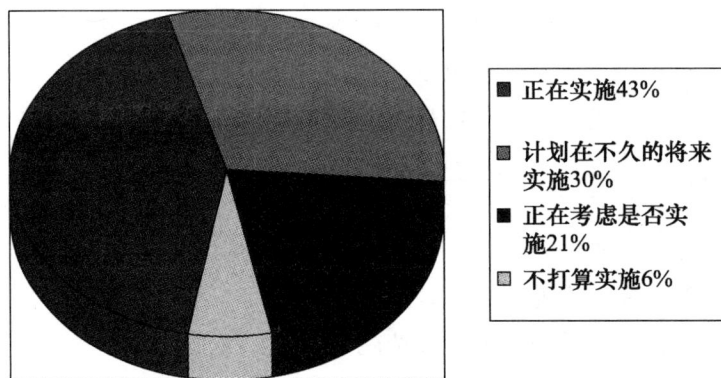

正在实施43%

计划在不久的将来实施30%

正在考虑是否实施21%

不打算实施6%

资料来源：Balanced Scorecard Collaborative Pty Ltd.，*Clobal BSC Treods－2003Clobal Survey Results.*

图 1—4　平衡计分卡的应用情况

平衡计分卡更多地应用于企业，也是在企业的管理实践中不断发展和完善的。现代企业要谋求长远和更大的发展，不能仅仅作为追求利润的主体，而是要成为一个向客户、员工、社区乃至整个社会提供价值的主体，必须对那些对企业长期经营业绩产生影响的因素如客户满意度、员工素质、社会认

---

① 秦杨勇：《平衡计分卡与绩效管理》，中国经济出版社 2005 年版，第 18 页。

可度、组织信息系统等予以关注，对相关过程因素进行梳理。平衡计分卡的出现正好适应了这一价值需求，为企业这种需求提供了一个框架和切实可行的操作流程，来帮它实现这种价值平衡和发展。

平衡计分卡方法是对企业传统绩效衡量和绩效管理手段的扬弃，做到了多个方面的平衡。具有以下作用和特点：（1）平衡计分卡为企业战略管理提供强有力的支持。随着全球经济一体化进程的不断发展，市场竞争的不断加剧，战略管理对企业持续发展而言更为重要。平衡计分卡的评价内容与相关指标和企业战略目标紧密相连，企业战略的实施可以通过对平衡计分卡的全面管理来完成。（2）平衡计分卡可以提高企业整体管理效率。平衡计分卡所涉及的四项内容，都是企业未来发展成功的关键要素，通过平衡计分卡所提供的管理报告，将看似不相关的要素有机地结合在一起，可以大大节约企业管理者的时间，提高企业管理的整体效率，为企业未来成功发展奠定坚实的基础。（3）注重团队合作，防止企业管理机能失调。团队精神是一个企业文化的集中表现，平衡计分卡通过对企业各要素的组合，让管理者能同时考虑企业各职能部门在企业整体中的不同作用与功能，使他们认识到某一领域的工作改进可能是以其他领域的退步为代价换来的，促使企业管理部门作出决策时要从企业长远发展出发，慎重选择可行方案。（4）平衡计分卡可用于建立企业的激励机制，扩大员工的参与意识。传统的业绩评价体系强调管理者希望（或要求）下属采取什么行动，然后通过评价来证实下属是否采取了行动以及行动的结果如何，整个控制系统强调的是对行为结果的控制与考核。而平衡计分卡则强调目标管理，鼓励下属创造性地（而非被动）完成目标，这一管理系统强调的是激励动力。因为在具体管理问题上，企业高层管理者并不一定比中下层管理人员更了解情况、所作出的决策也不一定比下属更明智。所以由企业高层管理人员规定下属的行为方式是不恰当的。另外，目前企业业绩评价体系大多是由财务专业人士设计并监督实施的，但是，由于专业领域的差别，财务专业人士并不清楚企业经营管理、技术创新等方面的关键性问题，因而无法对企业整体经营的业绩进行科学合理的计量与评价。（5）平衡计分卡可以使企业信息负担降到最少。在当今信息时代，企业很少会因为信息过少而苦恼，随着全员管理的引进，当企业员工或顾问向企业提出建议时，新的信息指标总是不断增加。这样，会导致企业高层决策者处理信息的负担大大加重。而平衡计分卡可以使企业管理者仅仅关注少数而又非常关键的关联指标，在保证满足企业管理需要的同时，尽量减少信息负担成本。

二　制定平衡计分卡的主要流程——美孚案例的分析和拓展

美孚北美营销与精炼公司通过战略图实施平衡计分卡①。

（一）顾客和利益相关者分析，形成使命、愿景和战略

1995年，美孚的美国营销与精炼分公司美孚北美营销与精炼公司（Mobil North American Marketing and Refining，以下简称美孚）是美国第五大炼油厂商，它拥有五家现代化的炼油厂，有7700多个挂着美孚标牌的服务站。历史上，美孚和其他石油公司一样，试图通过向所有顾客提供全面的产品和服务来保持规模和增长。这项没有重点的战略最终失败了，并导致美孚公司在20世纪90年代初的财务表现不尽如人意。经过市场调研，美孚发现在购买汽油的公众中存在着五个不同的顾客细分市场。行路族（18%）；忠诚族（1%）；3F族（25%）；家庭团体（21%）；而对价格敏感的顾客仅仅占汽油购买者的（20%），通过调查还发现，如果加油站服务快捷、员工友善，并且附设很好的便利店，那么，近60%市场的消费者都有可能在购买汽油时支付相当高的额外费用。了解这些信息之后，美孚决定采用"差异化的价值主张"，对价格敏感但忠诚度很低的"看价购买者"不花太多气力，而瞄准那些愿意支付额外费用的顾客群体，集中于前三个细分市场（占汽油购买者的59%），向他们提供以下价值：直接取用的油泵，每个泵都有自动收费功能，安全、明亮的加油站，干净的洗手间，摆放着新鲜优质商品的便利店，友善的工作人员等。这样，一个在市场细分基础上的新战略形成了。新战略的形成基于这样的一种假设：如果你在高速公路上开车，开了四五个小时之后，到一个加油站之后除了加油还想什么？休息一下，还有就是去卫生间，还有就是吃点东西，喝点饮料。如果这样的话，可以在全国的加油站设一个便利店，卖吃的东西，而且休息间比别人大一点，人家的厕所是臭的，我们的是香的，这样的战略一出来别人说不行，我们是卖油的不是卖食品的。后来一想，其实卖油利很薄，但是卖食品利很厚，这样就双赢。我的营销商可以赚钱，又可以吸引我的目标客户，这是很好的事情，他们定了二十几条服务规则，使他们跟他们的竞争对手区分开来。这样一来战略有了。美孚公司宣称的战略与

---

①　本案例改编自卡普兰和诺顿的《战略图》、《战略中心型组织》。

愿景是："高效率地为客户提供前所未有的价值，力争成为美国最好的精炼—营销一体化企业。"公司的最高财务目标是在三年内将资本回报率提高至少 6 个百分点。这个愿景应该清晰地描述公司的总体目标，而战略则详细说明到达最终目标的逻辑过程。

（二）利用战略图描绘和沟通战略

但是如何在 7700 多个加油站实行这个战略？而且要求两万多员工都理解它也是个很难的工作。美孚决定用平衡计分卡战略图来描述战略，并且让员工看了以后很快明白公司的新战略（参见图 1—5 所示）。

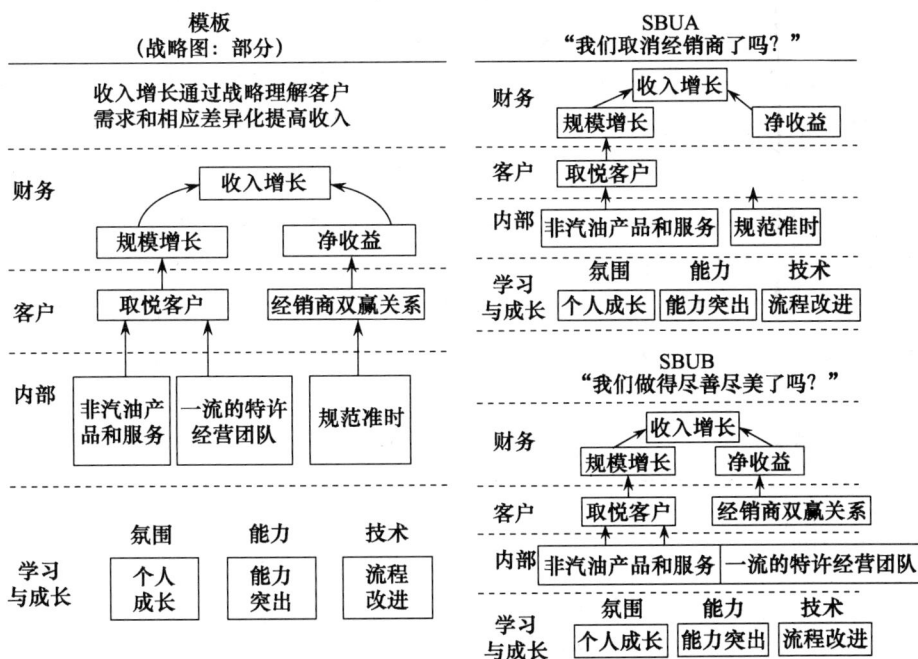

资料来源：卡普兰、诺顿（2000）。

图 1—5 平衡计分卡描述战略：美孚经验

（三）组建平衡计分卡团队，制定绩效指标

1994 年美孚开始了它的平衡计分卡之旅，它们请来了平衡计分卡的创始人之一戴维·诺顿来协助其进行设计和规划。一个高层推动委员会为该项目提供长远规划和指导。该委员会由马库尔、贝克、所有职能部门的副总裁、审计长，以及下属业务部门的财务分析经理组成。在戴维·诺顿的帮助下，美孚召开了若干次研讨会，对新战略进行充分研究讨论，要求主管们将战略具体化为四个方面的战略目标，逐渐理清了人们对新战略的认识，为制定各种目标和测量指标奠定了基础。这些目标与测量指标分别涉及平衡计分卡的四个方面，即财务、顾客、内部业务过程以及学习和增长。在三个月内人们基本上达成了初步共识。1994 年 5 月，项目小组开发出了一套试验性的平衡计分卡。在这一阶段，他们吸收了更多的管理人员进来并且分成了八个小组来改进战略目标和测量指标。这些小组包括一个财务小组（由分管战略计划的副总裁领导）；两个顾客小组，一个着重于经销商，另一个着重于普通消费者；一个制造小组，主要关注在改进和加工成本方面的测量指标；一个供应小组，关注存货管理和运输成本；一个环境、健康和安全小组；一个人力资源小组；以及一个信息技术小组。每个小组负责确定其相应领域中的目标和测量指标。截至 1994 年 8 月，八个小组已经为平衡计分卡的四个维度制定了特定的战略目标，并初步选定了一套相应的测量指标。各小组在对战略目标和测量指标进一步改进期间，推动委员会审查了平衡计分卡的每个维度并确定了一两个关键的战略主题。项目小组同时编写了一个小册子，用以和 11000 名雇员沟通这些战略主题。1994 年 8 月，美孚发布了其最初的平衡计分卡，参见表 1—3。

表 1—3 美孚平衡计分卡

	战略主题	战略目标	战略衡量指标
财务	财务增长	F1 资本收益 F2 现有资产利用 F3 获利能力 F4 产业成本带头者 F5 利润增长	· ROCE · 现金流 · 净利润排名（与竞争对手相比） · 总成本/加仑（与竞争对手相比） · 与行业相比规模增长率 · 高附加值产品比率 · 非汽油收入和利润
客户	取悦客户 双赢经销商关系	C1 不断取悦目标客户 C2 与经销商建立双赢关系	· 主要目标市场份额 · 神秘购买者评价 · 经销商总利润增长 · 经销商调查

续表

战略主题		战略目标	战略衡量指标
内部	建立特许经营 安全和可信赖 有竞争力的供货商 质量 好邻居	I1 产品和服务创新 I2 在特许成员中做得最好 I3 优化绩效 I4 存货管理 I5 产业成本带头者 I6 合规，准时 I7 提高 EHS	• 新产品 ROI • 新产品接受比率 • 经销商质量得分 • 产出差额 • 意外停工 • 存货水平 • 缺货比率 • 与竞争对手相比的经营成本 • 生产中断 • 秩序良好 • 环境事件次数 • 旷工天数比率
学习与成长	被激励的 熟练劳动力	L1 行动氛围 L2 核心能力和技术 L3 获取战略信息	• 雇员调查 • 个人平衡记分卡（％） • 拥有战略能力 • 战略信息可用

资料来源：卡普兰、诺顿（2000）。

（四）平衡计分卡的四个维度建构

美孚的平衡计分卡是围绕战略地图展开的。制定战略地图是从目的地开始，然后再画出通往目的地的路径图。

财务维度。美孚的战略地图一共总结了四种财务战略，其中两项针对增加收入，另外两项针对生产率。收入增长战略要求美孚把销售业务拓展到除汽油之外的其他领域，例如，向消费者提供便利店里的商品与服务、辅助性的汽车服务（汽车清洗、机油更换以及简单的修理）、汽车产品（机油、防冻剂以及供雨刷使用的清洗液），或一些普通的零部件（比如轮胎和雨刷的刮片）。此外，公司认为还应该向顾客出售更多的高级产品，并且使销售增长速度高过业界平均水平。在生产率方面，美孚希望把出售每加仑油品所产生的营业费用降至行业内的最低水平，并进一步提高现有资产的利用率，例如，减少炼油厂的停工时间并提高工厂的产量。在这两项战略之间求得平衡，也有助于确保压缩成本和提高资产利用率的举措不至于妨碍公司发展客户、谋求增长。

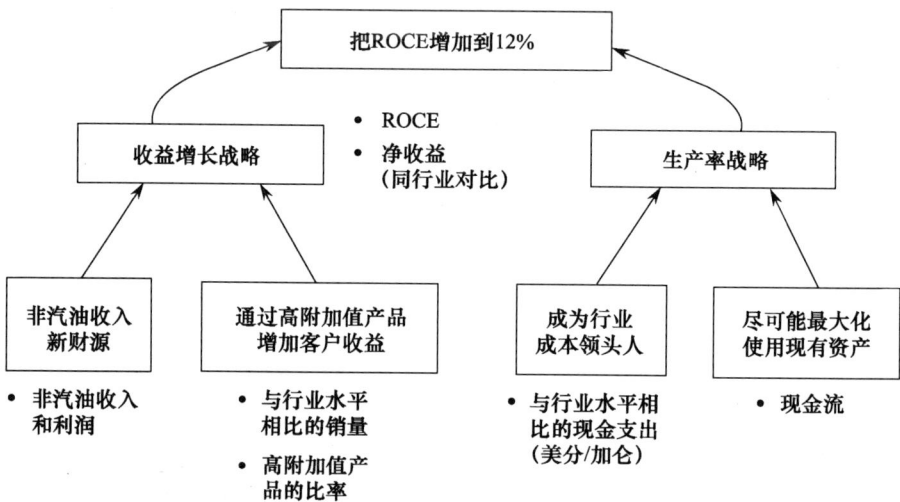

图 1—6 财务维度目标

客户维度。在美孚的战略地图中，客户角度方面的目标并不是"客户满意度"这类笼统而没有针对性的目标。与此相反，这些目标都是具体的，并且专门针对公司的战略。然而，美孚并不是把商品直接卖给消费者的公司，美孚的直接客户是那些拥有加油站的独立业主。美孚分析确认了本企业有两种类型的顾客：一类直接的顾客当然是从美孚购买汽油和石油产品的特许经销商的网络，这些特许零售商从美孚公司买进汽油和其他产品，然后在挂着美孚招牌的加油站将这些商品出售给消费者；另一类顾客是成千上万的个人消费者，他们从独立的经销商和零售商处购买美孚产品。鉴于这些零售商在新战略中的重要地位，美孚又在它的客户角度中引入了两项新的衡量指标：零售商利润率与零售商满意度。这样一来，美孚的整个客户战略便能激励独立的零售商尽量给消费者提供完美的购物体验，从而吸引更多的目标客户。这些消费者将以溢价购买产品和服务，从而给美孚和零售商都带来利润，这些利润又会进一步激励零售商继续提供完美的购物服务。

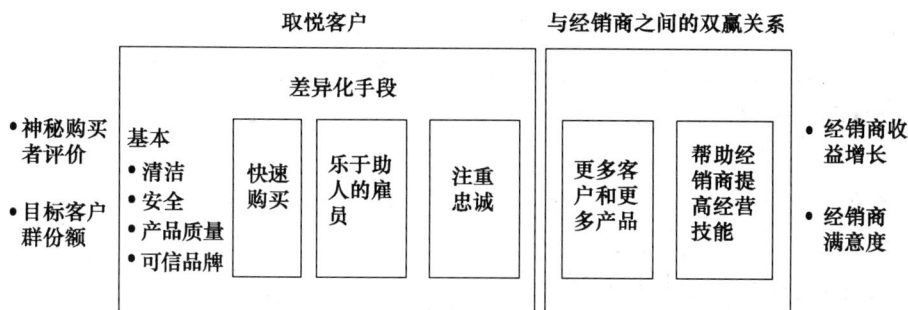

图1—7 客户维度评价

内部流程维度。美孚的内部流程目标包括；通过开发新的产品和服务来拓展业务，例如，提供便利店服务来获得收入；通过把零售商培训成更好的管理者并帮助他们从非汽油类产品和服务中获得利润，来提高客户价值。该计划的目的在于，如果零售商能够从非汽油类产品中获得更多的收入和利润，那么他们就会较少地依赖于汽油的销售。这样，美孚在把汽油卖给零售商时，就能获得更高比例的利润。因为美孚不向消费者直接出售产品，所以它必须重点培养一流的特许经营零售商团队。但是美孚在客户服务上的差异化只能体现在零售商的工作场所中，而不是自己的场所中，美孚自己的场所基本上只生产商品（汽油、民用燃料油和喷气燃油）。如果在基本加工或分销过程中发生更多的开销，美孚是不可能向它的零售商开出更高的价格以获得补偿的。因此，公司不得不把大量的精力放在整条运营价值链的卓越运营上。

作为它的卓越运营和企业公民主题的一部分，美孚希望消除环境与安全事故。公司管理层认为，如果在工作中容易受伤或发生其他事故，那么员工很难对自己的工作做到全神贯注。有意思的是，美孚还花了相当大的力气来提高它在精炼和分销这些基础运营活动上的水平，以达到降低运营成本、减少设备停工时间、提高产品质量和增加准时交货次数等目标。

学习与成长维度。学习与成长维度是所有战略地图的基础，它定义了支持组织战略所需的核心技能、技术和公司文化。这个角度的目标可以使公司把自己的人力资源和信息技术调整到与战略保持一致。具体地说，组织必须决定它将如何满足关键内部流程、差异化价值主张和客户关系的各种要求。美孚公司认为，它的员工必须了解营销和精炼业务的方方面面。此外，它还要培养经理们阐明公司愿景和发展员工所必需的领导才能。美孚公司还确定了它需要发展的关键技术，包括监测炼油过程的自动设备，以及用于分析消费者购物体验的各种数据库和工具。

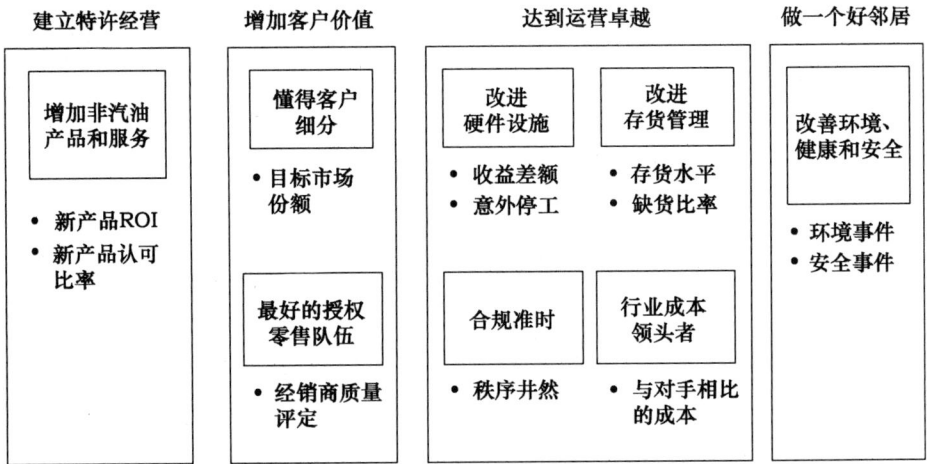

图 1—8 内部流程维度分析

（五）分级制定平衡计分卡，将战略转化为部门、业务单位和员工的实际行动

1994 年 4 月，在美孚平衡计分卡仍在开发阶段时，项目组就开始试验开发业务单位使用的计分卡。最高管理层期望各业务单位按照美孚的战略主题运作，并将其转化为本地的、能够反映每个业务单位特定机会和竞争环境的目标和测量指标。业务单位的主管学会为其业务单位的战略承担责任，这是马库尔的信念之一。艾德·刘易斯在咨询人员的协助下，下到各个业务单位去，与各业务单位的人员一道对计分卡开发过程加以复制，举办研讨班，基本上用了六周左右的时间开发出了一个二级单位的计分卡。美孚以总计分卡作为引路灯，业务单位开发了它们自己的计分卡。而且元工业利用相同的办法，将自己的行动和日常工作与部门和总公司的战略目标挂钩，制定出个人计分卡和行动方案。

（六） 将平衡计分卡与奖酬挂钩

因为有平衡计分卡指标可以利用，美孚要求将分配与绩效挂钩。所有工薪雇员都包括在美孚公司的奖励计划中。这一奖励计划以美孚与其七个主要竞争对手的相对绩效为基础。相对绩效主要用两个财务指标来反映：占用资本回报率和每股收入增长。该奖励计划规定，如果美孚在 ROCE 和 EPS 的增长上排第一的话，将支付 10％的奖金。马库尔在美孚内部导入了另外一个计划，各业务单位经理的奖金提高到了 20％。下属部门雇员的奖金中，30％以美孚的绩效为基础，70％以下属单位的绩效为基础。服务公司雇员的奖金也是 30％以美孚的绩效为基础，20％与其他业务单位挂钩，50％与服务公司的平衡计分卡挂钩。管理者们相信测量指标很好地表达了他们的努力，因此他们接受以计分卡为基础的薪酬计划。

（七） 实施成果和应用拓展

平衡计分卡为沟通提供了一种通用的语言，一个良好的基础。它可以让战略在整个组织中得到宣传和沟通，帮助美孚各级经理明白什么是战略，什么是先行指标和滞后指标，教会他们如何考虑组织全局，而不是只考虑自己的部门职能，它促使经理们去了解自己不熟悉的问题，并且理解它与组织的其他部分的联系。员工开始谈论超出他们直接责任以外的事情，这对公司整体发展是一个巨大的推动力。平衡计分卡不仅是一种非常好的沟通工具，而且是一种很好的学习工具。

由于全体员工都朝着新战略努力，美孚北美营销与精炼公司在不到两年的时间里就扭亏为盈，并从 1995—1999 年末与埃克森（Exxon）公司合并，始终在行业内保持着利润领先者的地位。这个事业部的资本回报率从6％升至 16％，每年的销售增长比业界平均水平高出 2％以上，现金开支下降了 20％，1998 年的营业现金流与实施新战略的前一年相比，多了十多亿美元。这些不寻常的财务成果源于战略地图上各个部分取得的进步：神秘顾客打出的分数和零售商的服务质量年年提高；使用 Speed Pass 的消费者平均每年增加 100 万；环境与安全事故下降了 60％～80％；因系统停工而导致的炼油厂产量损失降低了 70％；员工对公司战略的理解和承诺状况改善了 3 倍以上。

卡普兰和诺顿总结美孚成功经验主要有五条：把战略转化为操作指令；改变组织适应战略；使战略成为每个人的日常工作；动员高级领导层来促进

变革。[①] 平衡计分卡的制定开始于企业战略，所以它反应的是企业高级主管班子的集体智慧和能力，如果没有高级主管的积极参与，就不应该制定平衡计分卡。在企业高层就制定平衡计分卡达成共识，这是建立平衡计分卡的关键和前提。总结各地企业实施平衡计分卡的成功实践和经验，平衡计分卡的实施一般流程如下：

1. 简洁明了地确立公司使命、愿景与战略。

2. 成立实施团队，解释公司的使命、愿景与战略。

3. 在企业内部各层次展开宣传、教育、沟通。

4. 建立财务、顾客、内部运作、学习与成长四类具体的目标体系及评价标准。

5. 数据处理。根据指标体系收集原始数据，通过专家打分确定各个指标的权重，并对数据进行综合处理、分析。

6. 将指标分解到企业、部门和个人。并将指标与目标进行比较，从而发现数据变动的因果关系。以部门层面的平衡计分卡作为范例，各部门把自己的战略转化为自己的平衡计分卡。在此过程中要注意结合各部门自身的特点，在各自的平衡计分卡中应有自己独特的、不同于其他部门的目标与指标。

7. 预测并制定每年、每季、每月的绩效衡量指标具体数字，并与公司的发展计划和预算相结合。

8. 将每年的报酬奖励制度与经营绩效平衡表相结合。

9. 实施平衡计分卡，进行月度、季度、年度监测和反馈实施的情况。

10. 不断采用员工意见修正平衡计分卡指标并改进公司战略。

三　成功实施平衡计分卡的关键因素

卡普兰与诺顿（1996）、Lingle 与 Schiemann（1996）、Ittner 与 Larcker（1998）及 Olvetal（1999）等多位学者对于企业实施平衡计分卡成功的关键因素进行了研究，结果汇总如表1—4所示。

企业内部必须就公司的愿景与战略达成共识，愿景和战略力求简单明了，并对每一部门均具有意义，使每一部门可以采用一些绩效衡量指标去完成公司的愿景与战略。企业高层达成共识后，应该确定能够担当起平衡计分

---

① 卡普兰、诺顿：《战略中心型组织》，人民邮电出版社 2004 年版，第 63 页。

表 1—4	实施平衡计分卡之关键成功因素

文献汇总建议

1. 最高阶层主管的全力支持。

2. 公司有明确的愿景及策略目标。

3. 奖励制度与平衡计分卡绩效结果相配合。

4. 公司各项衡量指标（财务、顾客、内部流程、员工学习与成长四个构面）皆能够具体化。

5. 公司各项衡量指标（财务、顾客、内部流程、员工学习与成长四个构面）皆能反映公司策略。

6. 适量的衡量指标（20—25 个为适当）。

7. 定期举办策略复核检讨会议，适度修正衡量指标及策略目标。

8. 高度发展信息支持系统。

9. 由项目负责人员推动及管理。

10. 遵循平衡计分卡的观念。

11. 充分的训练与沟通。

12. 员工参与程度高。

13. 项目涵盖范围仅限于直接影响策略目标项目成员。

资料来源：叶兰娇（2001）。

卡总体设计的人选，成立平衡计分卡小组去解释公司的愿景和战略。另外设计人员必须确定出适宜于实行最高级别的平衡计分卡的业务部门，最初的平衡计分卡过程最好从一个具有战略意义的业务部门开始。要充分利用企业内部各种不同的沟通渠道加强企业内部的沟通与培训，让各层管理人员和一般员工知道企业的愿景、战略、目标。在充分交流和沟通的基础上，从平衡计分卡的四个方面围绕战略和目标确定各种指标，要注意绩效衡量指标的时效性和可操作性，注意各类指标间的因果关系、驱动关系与连接关系。对于每个目标设计选择能够最佳实现和传达这种目标意图的评估手段；对每一种评估手段，找到必要的信息源和为获得这种信息而采取的必要行动；对于每个目标的评价体系之间的相互影响以及与其他目标的评价体系的影响进行评估。制定实施方案。成立实施小组，各实施小组确定平衡计分卡的目标里程碑（每年、每季、每月指标的具体数字），并制定实施计划。把评估手段同数据库和信息体联系起来，负责在企业内部传播平衡计分卡，并帮助下一级下放权利的部门制定实施平衡计分卡，直至完全建立一个全新的执行信息制度，把平衡计分卡融入企业的日常管理制度中并使其发挥作用。确定每年、每季、每月的业绩衡量指标的具体数字并与公司的计划和预算相结合，将员工每年的报酬奖励制度与平衡计分卡绩效指标挂钩，将员工的日常工作与平衡计分卡所描述的战略挂钩。

第三节　平衡计分卡与绩效管理

一　绩效管理：管理学和哲学的考察

雷蒙德·A. 诺依等（1999）人将绩效管理定义为管理者为确保雇员的工作活动以及工作产出能够与组织的目标保持一致的这样一个过程。绩效管理也是为了达成组织的目标，通过持续开放的沟通过程，形成组织目标所预期的利益和产出，并推动团队和个人作出有利于目标达成的行为。绩效管理可以看成一种途径，是"利用绩效管理、绩效标准、奖励和惩罚来激励公共组织。奖惩可以是财政性的，也可以是准经济性的，或者还可以是纯粹心理上的"[①]。经过多年发展，绩效管理的理论和工具都已比较成熟。绩效管理是一种全新的管理技术，合理的目标设定、前瞻的规划、实效的运作、完善的决策、精确的控制、有效的考评和全面的评估，帮助主管人员全面完成一系列管理指标，提升组织管理水平和绩效。科学的绩效管理是强化组织价值的引擎，是实现人力资本增值的动力，是制定具有竞争力薪酬的基础。绩效管理可以帮助组织获得竞争优势和完成使命，实现组织价值。

从管理学的角度单独来看，有效的绩效管理系统应该能够对下面五个方面的内容进行有效的管理：组织的愿景目标；组织的战略、规划、过程和活动；组织绩效指标和水平；组织的激励制度以及保证组织学习的绩效控制机制。[②]绩效管理系统着眼点和最终目的是组织的愿景目标，这些愿景目标不仅仅局限于财务目标，还应该包括所有利益相关者所关注的、对组织未来的整体成功至关重要的所有目标。当然，对组织本身来说，相关利益者的重要

---

① 戴维·奥斯本、彼得·普拉斯特里克：《摒弃官僚制：政府再造的五项战略》，中国人民大学出版社 2002 年版。

② 参见《绩效管理取向》，HR 管理世界转载于《人力资源开发与管理》。

性是不同的，不同目标的重要性也有所不同。绩效管理系统更应该关注组织为了实现愿景目标所采取的战略和规划。这些战略和规划的实现必须依赖于特定的过程与活动，组织对这些过程与活动的测量和评价是绩效管理系统的重要内容。在绩效管理系统中，有了特定的战略和规划以及采取的相应的过程与活动，组织必须为这些过程与活动设定科学合理的绩效指标和应该达到的绩效水平，这是对组织活动进行控制的基准。根据设定的基准，绩效管理系统能够评估出组织内各部门和员工是否达到了相应的绩效水平，然后根据这些评估结果对部门和个人进行相应的奖惩（主要是薪酬制度和员工职业发展规划等），因此相关人力资源制度也是绩效管理系统非常重要却常常被忽视的内容。绩效管理系统最重要的功能是绩效控制能力。绩效管理系统对组织活动过程中产生的信息进行收集、处理，不断调整、改进绩效管理系统的战略规划、绩效指标以及相应的激励机制，比如建立学习型团队、强化员工参与等，以确保组织在不断总结经验教训中改善绩效水平，达成预先设定的目标。

　　绩效评估（Performance Measurement）是绩效管理不可或缺的组成部分之一，单独的绩效评估不能构成完整的绩效管理体系。正如 Michel J. Lebas（1995）所说，绩效评估是绩效管理的一个中心环节，绩效评估的结果表明了组织行动的结果是什么，它是一种管理手段，而绩效管理是一种由绩效评估手段支持的管理理念，它为绩效评估提供了评估内容和对象，并在绩效评估的基础上进行决策和改进，绩效管理先于绩效评估并且紧随绩效评估之后。因此，在一个重复进行的循环中，绩效管理和绩效评估是不可分割的，它们互为先行或者互为后续，绩效评估和绩效管理的这种关系要求组织的目标能够被分解成可测量和评估的指标与活动内容，战略和活动与组织的目标有着内在联系，在对这些战略和活动实施有效的绩效管理的基础上，实现组织的目标。绩效管理是一个完整的过程，绩效管理的过程通常被看做一个循环，这个循环的周期通常分为四个步骤，即绩效计划、绩效实施与控制、绩效评估、绩效反馈和改进，一个绩效管理过程的结束，是另一个绩效管理过程的开始，通过这种循环，个体和组织绩效得以持续提高和发展。

　　绩效管理是一种方法、一种工具，也是一种观念、一种哲学。绩效管理更多的是向管理层和员工传达一种观念，传达基于绩效而管理、基于绩效而发展的观念，绩效管理是一种绩效导向的管理思想，可以帮助组织实现其绩效的持续发展，促进形成一种绩效导向的文化，形成具有激励作用的工作气氛，增强团队凝聚力，改善团队绩效。实践证明，绩效管理是提高组织绩效的有效途径，绩效管理将业务管理、部门职责和组织战略有机结合在一起，从而确保各业务单位和部门的个别利益与组织整体战略保持高度一致，这样，组织的战略、目标、资源、业务和行动有机结合构成了一个完整的管理体系。从这个认识出发，组织更应该把绩效管理作为一种管理哲学，所有的管理决策和实践都应从绩效出发，再回归到绩效，一切管理都应围绕绩效管理开展。绩效管理再造是组织管理变革的核心，只有高质量的绩效管理再造，才能打造出组织新的、高品质的管理模式与运作机制，从而使组织在一个全新的平台上获得超强的竞争优势和得到长足发展。

二　绩效管理的前沿理念与方法

绩效管理发展至今天，绝非仅是组织领导者或管理者个人的责任，也非短时间之内即可看到成效的管理方法。绩效管理思想是不断发展的，纵览绩效管理的发展历程，绩效管理的着眼点已由传统的只重视评估转为多层面多因素系统分析，考察组织是否达成良好绩效的目的亦转变为发展提升组织绩效的战略管理。战略性绩效管理系统，在理念上与传统绩效考核有根本的区别，最终目标是组织战略，而不是员工个人，主要特点表现为：寻求组织成员的参与合作；重新组织运作的流程再造；重视资源的整合与分配；重视其他非财务面的影响因素；认为改善绩效的关键在于持续地反馈与学习；依照组织战略需要加强绩效管理。

这些年来有大量的、类似的、成熟的理论出现并且应用于实践。比如关键业绩指标法（KPI）就是衡量企业战略实施效果的关键绩效指标，其目的是将企业战略转化为内部过程和活动，建立一种不断增强企业核心竞争力和持续取得高效益的机制，KPI可以使部门主管明确部门的主要责任，并以此为基础，明确部门人员的业绩衡量指标，使业绩考评建立在量化的基础之上。建立明确的切实可行的KPI指标体系是做好绩效管理的关键；目标管理法（MBO）作为一种成熟的绩效管理模式，迄今已有几十年的历史。目标管理的贡献不仅在于绩效目标的确定，还强调了管理的概念，从而将绩效管理与绩效评估区别开来，目标管理是追求结果的一项管理方法，是一项全面性的管理工作，包括组织总目标及单位目标的制定，问题的解决，人事考核及训练与发展。目标管理乃是一种强调参与的管理哲学，目标的实现者同时也是目标的制定者，用总目标指导分目标，用分目标保证总目标，形成一个目标手段链。目标管理注重成果，强调下放权力，可以使组织的成员亲自参加工作目标的制定，实现自我控制，并努力完成工作目标。全面质量管理（TQM）也是围绕组织发展的总目标进行的，也是战略导向型的绩效管理方法，是一种由顾客的需要和期望驱动的管理哲学，是以质量为中心，建立在全员参与基础上的一种管理方法，其目的在于通过让顾客满意和本组织所有成员及社会受益而达到长期成功的管理途径。和以上几种方法相比，平衡计分卡（BSC）融合了它们的精髓，即要求将绩效指标的设置落实到企业的战略上，又强调绩效的日常管理，还明确提出了科学的指标体系框架，四个或多个维度的内在逻辑关系，平衡了组织的当前和长远、内部和外部、财务与非财务等方面的发展关系，将战略导向绩效管理推到一个新的阶段。其他绩效管理如标杆管理（Benchmarking），是一个甄别和引进最佳实践，以提高绩效的过程——包括那些使标杆管理具有独特性和有别于程序改进活动的理念和方法。绩效管理的这些理论和方法是互通互补的，不是相互取代的关系，有些方法是一致的，只是侧重点不同而已，可以互相借用。

（一）目标管理（Management By Objectives，缩写为 MBO）

目标管理是 20 世纪 50 年代中期出现于美国，以泰罗的科学管理和行为科学理论（特别是其中的参与管理）为基础形成的一套管理制度。1954 年美国管理学家德鲁克在《管理的实践》一书中首先提出了"目标管理和自我控制"的主张。他认为，一个组织的"目的和任务，必须转化为目标"，如果"一个领域没有特定的目标，则这个领域必然会被忽视"；各级管理人员只有通过这些目标对下级进行领导，并以目标来衡量每个人的贡献大小，才能保证一个组织的总目标的实现；如果没有一定的目标来指导每个人的工作，则组织的规模越大，人员越多，发生冲突及浪费的可能性就越大。因此，他提出，让每个工作人员根据总目标要求自己制定个人目标，并努力达到个人目标，就能使总目标的实现更有把握。

可见，目标管理既融合了泰罗的科学管理学说，又掺入了梅奥的人际关系学说，是一种根据工作目标来控制每个工作人员行动的新的管理方法。其目的就是通过目标的激励，来调动广大工作人员的积极性，从而保证实现总目标；其核心就是强调成果，重视成果评定，提倡个人能力的自我提高；其特点就是以"目标"作为各项管理活动的指南，并以实现"目标"的成果来评价其贡献大小。

　　目标管理的理论依据是心理学中的目标论。目标论的主要论点是：任何一个组织，系统地层层制定目标并强调目标成果的评价，可以改进组织的工作效率和工作人员的满意度。实行目标管理，能创造一个培养和锻炼管理人员领导能力的管理环境，使他们逐渐具备真正的领导能力，不是单凭职务、权威、地位和尊严去领导下级，而是相信群众、依靠群众来实现领导，也就是采用"信任型"的领导方式。因此目标管理在管理方式上实现了从"命令型"向"信任型"的过渡，也就是从以往的由上级发布命令，下级只是服从的传统管理方法，转移到下级自己制定与上级目标紧密联系的个人目标，并由自己来实施和评价目标的现代管理方法上来。

　　目标管理的基本内容是动员全体工作人员参加目标制定并保证目标的实现。具体地说，就是由本单位主要负责人根据上级要求和本单位的具体情况，在充分听取广大工作人员意见的基础上制定出整个组织的总目标，然后层层分解，层层落实，要求下属各部门负责人以至每个工作人员根据上级的目标，分别制定个人目标和保证其措施，形成一个全单位的、全过程的、多层次的目标管理体系。

　　（二）全面质量管理（Total Quality Control 或 Total Quality Management，缩写为 TQC 或 TQM）

　　最早提出全面质量管理概念的是美国通用电气公司质量管理部的部长菲根堡姆（A. V. Feigenbaum）博士。1961 年，他出版了一本著作，该书强调执行质量是公司全体人员的责任，应该使全体人员都具有质量的概念和承担质量的责任。因此，全面质量管理的核心思想是在一个企业内各部门中作出质量发展、质量保持、质量改进计划，从而以最为经济的水平进行生产与服务，使用户或消费者获得最大的满意。1986 年，国际标准化组织 ISO 把全面质量管理的内容和要求进行了标准化，并于 1987 年 3 月正式颁布了 ISO 9000 系列标准，这是全面质量管理发展的第三个阶段。因此，我们通常所熟悉的 ISO 9000 系列标准实际上是对原来全面质量管理研究成果的标准化。全面质量管理的代表人物，除菲根堡姆外，还有戴明（PDCA 循环对全面质量管理的发展有着十分重要的意义）、瑟夫·朱兰、菲利普·克罗斯比，以及日本的石川馨、新卿重夫等。

　　全面质量管理的基本内容——"三全"，即：1. 对全面质量的管理；2. 对全过程的管理；3. 由全体人员参与的管理。上述"三全"是系统科学中"全局观点"和"全局最优"原则的反映。全面质量管理的八大原则：

1. 以顾客为中心；2. 领导的作用；3. 全员参与；4. 过程方法（即必须将全面质量管理所涉及的相关资源和活动都作为一个过程来进行管理，PD-CA 循环实际上是用来研究一个过程，因此必须将注意力集中到产品生产和质量管理的全过程）；5. 系统管理；6. 持续改进；7. 以事实为基础；8. 互利的供方（合作）关系。

（三）标杆管理（Benchmarking）

标杆管理也叫基准化，最早是由施乐公司的一个工程师提出来的，后经美国生产力与质量中心系统化和规范化，与企业再造、战略联盟一起并称为20 世纪 90 年代三大管理方法，是西方发达国家企业管理活动中支持企业持续学习和创新的最重要的管理工具和管理方法之一。随着新公共管理运动的兴起，标杆管理也被公共部门和政府部门用来改进绩效。

1989 年，罗伯特·坎普（Robert Camp）出版《标杆管理：寻求导向更优绩效的最佳行业实践》（*Benchmarking: The Search for Industry Best Practices that Lead to Superior Performance*）一书，该书是第一本正式介绍标杆管理、观念及步骤的专著。标杆管理就是认识和引进最佳实践，以提高绩效的过程。即：发现其他组织更高绩效水平的过程，并尽量了解它们是如何达到那种水准的，以便使产生那种水准的做法和程序应用到自己的组织机构中来，并在模仿的基础上有所创新和发展。

标杆可分成战略标杆、绩效标杆，内部标杆、外部标杆等。举例说明，就像我们设立人生目标一样，想以后成为什么样的人，这就是战略标杆；想赚多少钱，可以认为是绩效标杆；向本单位的同志学习，这可以说是内部标杆；向外单位的同志学习，这就是外部标杆。

实施标杆管理的一般程序：1. 确立标杆——谁是我们的榜样？要根据工作需要，明确需要确定的标杆是内部标杆还是外部标杆。同时，要通过广泛深入的调查研究，找出真正的标杆、适合自己的标杆。2. 找出与标杆的差距并确定自己的目标。在与"标杆"的比较过程中，绩效落差越大，所形成的势能就越强，激发的动力就越强，值得学习的角度、层次、手段、方法等就越多。而衡量绩效落差，首要的是明确"标的物"的优势所在，同时尽可能地把"标"的指标加以量化，不能量化的用几个档次加以区分。3. 制定实现目标的具体计划与方案。这是实施标杆管理的关键。4. 执行方案并追踪考核。按照持续改进的原则，在每一轮目标完成时，需要重新检查和审视标杆研究的假设和标杆管理的目标，以不断提升实施效果。通过不断考核重定标杆，在持续学习中进入下一个周期循环，每一次的重复都是绩效更高水平、更深意义上的提高和升华。

（四）360 度反馈（360 degree feedback）

360 度反馈被认为是 20 世纪 90 年代最引人注目的管理创新，自产生以来，得到了广泛的应用。财富 500 强所有的企业都已经采用了这种评价方法。目前，国内的许多企业也开始采用这种评价方法。360 度反馈评价，也称为全方位反馈评价或多源反馈评价。该方法由被考评人的上级、同级、下级和（或）内部客户、外部客户甚至本人担任考评者，从多个角度来反映员工的工作，结果更加客观、全面和可靠。

关于 360 度反馈的主要目的，是立足于员工的长远发展还是用来管理考核，各路专家众说纷纭。但多数专家认为，应该是用于员工的发展，而不是对员工进行行政管理，如提升、工资确定或绩效考核等。

360 度反馈的基本步骤：

1. 设计问卷

360 度反馈评价一般采用问卷法。优点是成本比较低，实施比较容易。（1）问卷的形式：A. 等级量表，即给评价者提供 5 分、7 分或者 100 分等级的量表，让评价者选择相应的分值；B. 开放式问题，即让评价者写出自己的评价意见。C. 上述两种综合采用。（2）问卷的内容：可以是与被评价者的工作情景密切相关的行为，也可以是比较共性的行为，或者两者的综合。

2. 选择和培训评价者

为了提高评价结果的准确性和公正性，在进行 360 度反馈评价之前，应对评价者进行选择、指导和培训。

3. 结果反馈

360 度反馈评价最后能不能改善被评价者的业绩，在很大程度上取决于评价结果的反馈。通过反馈，帮助被评价者分析在哪些方面做得比较好，哪些方面还有待改进，该如何来改进。还可以比较被评价者的自评结果和他评结果，找出评价结果的差异，并帮助被评价者分析其中的原因，制定改进措施。

三　平衡计分卡：一种战略性的绩效管理方法

平衡计分卡要求将组织的使命、愿景、经营战略及竞争优势，转化成组织员工的绩效指标,将员工每天的工作与组织的战略挂钩,以帮助企业落实组织的发展目标和方向,这种精神与绩效管理是相通的。在平衡计分卡中,兼顾了长期与短期、财务与非财务、滞后与前置指标、外部与内部业绩指标,既强调了绩效结果,也对获得结果的动因、过程进行了分析,事实上,平衡计分卡已经成为一个非常实用的绩效管理工具,其四个维度、相互关联的指标体系以及内在的运作机制,就构成了一个面貌全新的、能够全面实现绩效管理的有机整体,它从功能角度描述绩效管理系统的管理职能和作用流程,提供一种能够从整体角度全面管理和提高组织绩效的思维框架。正如卡普兰、诺顿(1996)指出的,平衡计分卡不只是一个新的绩效衡量系统,企业更可把它作为流程管理的中心架构,使组织上下能同心协力专心一致地实施长期战略,同时可视其为组织适应信息时代的管理基础,因此平衡计分卡本身就成为一个具整合性与回馈性的战略性绩效管理系统。

平衡计分卡将公司的战略与绩效管理结合起来,平衡计分卡以组织的使命和战略为出发点,把组织发展战略转化为可衡量的绩效目标,通常从财务、客户、内部经营过程和学习与增长四个角度确定组织的绩效目标;每个目标都有一个或多个量化的指标,每个指标又设有目标值,实现每个关键目标都要有一个行动方案。其策略和操作流程是自上而下地和组织战略目标任务进行沟通、分解与平衡管理。再将这些组织目标变成一个个绩效指标,逐层落实到下级部门,直至个人的具体工作,下属部门和个人的平衡计分卡设置都要体现出实施组织战略的构想。平衡计分卡要求定期跟踪各部门绩效以及指标的进展和完成情况,并根据结果对部分目标、指标和行动方案做适当调整,通过实施检验并做调整最终使组织的战略部署得以实现。平衡计分卡方法还可以和业务流程改进项目联系起来,以便公司更好地进行战略的实施。平衡计分卡系统要求将员工能力素质开发和浮动薪酬系统连接,以激励员工共同努力,在完成个人和部门绩效指标的同时完成组织战略和使命。

平衡计分卡咨询专家秦杨勇认为,平衡计分卡与绩效管理系统设计的要点是将平衡计分卡融入绩效管理的流程环节之中,以落实战略并持续跟踪监控,确保组织战略目标的实现。主要包含了两个方面的设计内容:一是设计出能够真正体现公司战略的绩效计划体系;二是设计出平衡计分卡与绩效管理的日常运作系统。① 设计日常运作系统是实现组织平衡计分卡与绩效管理正常运作的必要保证，它主要由三个方面的内容构成：一是平衡计分卡与绩效管理流程设计，二是平衡计分卡与绩效管理制度设计，三是平衡计分卡与绩效管理表单设计（参见图 1—9）。平衡计分卡与绩效管理的实际运作是按照一定的流程规则来执行的，它是日常运作系统的核心。

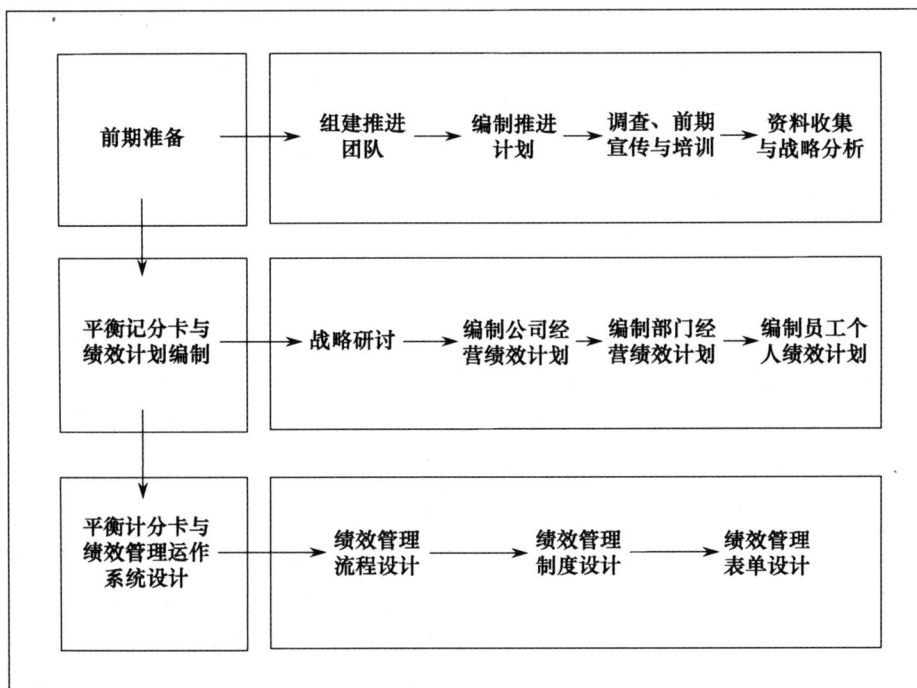

资料来源：秦杨勇（2004）。

图 1—9　平衡计分卡与绩效管理系统设计流程

笔者认为，平衡计分卡模式可以称为绩效管理系统的基本架构，但不一定是一个绩效管理的固定模型。平衡计分卡理论从最初作为一个组织绩效衡量方法，进而成为企业整合和沟通的工具，最终成为战略管理工具，这种演变实际折射出业界在这方面的实践和发展。要将平衡计分卡转变为一种完整的绩效管理体系，还必须将平衡计分卡融入绩效管理的日常运转体系中，比

———————

① 　秦杨勇：《平衡计分卡与绩效管理》，中国经济出版社 2004 年版，第 39 页。

如分级制定绩效计划（通过分级制定平衡计分卡），将平衡计分卡与组织结构、薪酬制定、预算分配、人力资源管理以及绩效的前馈指导与后馈控制制度挂钩，还必须将平衡计分卡融入日常的管理活动中，只有这样，组织绩效管理和提高才能成为可能，平衡计分卡才能最终成为一种科学的绩效管理系统。

第二章 用平衡计分卡提升公共部门绩效管理

上一章主要探讨了平衡计分卡和绩效管理的基本理论、功能以及方法和流程，并分析了在商业企业的管理实践中平衡计分卡与绩效管理的结合点，认为平衡计分卡可以演变成为战略性的绩效管理工具。在本章中，笔者将进一步分析和探讨平衡计分卡与公共部门绩效管理的契合点，力图在公共部门平衡计分卡实践经验和在前人研究成果的基础上，设计出基于平衡计分卡公共部门绩效管理框架模型。

第一节 公共部门绩效管理的理念及特点

一 公共部门绩效管理的理念形成过程

公共部门绩效管理是在 20 世纪七八十年代以后政府管理改革的实践中形成的，其基本做法就是将公共组织目标分解为下级组织与成员的职责和任务，并与资源的配置和整个组织系统的控制、评估相结合，以提高组织绩效和实现组织目标与使命。公共部门管理绩效理念的树立和绩效管理的形成有着深层次的原因。一方面，随着社会的发展，公众在各方面对政府的需求日益增加和提高，使得政府的角色越来越重要，政府承担的社会管理职能日益扩张，社会管理和公共服务职能不断加强，政府管理成本日益攀升，形成公共财政压力和预算赤字；而随着民主化的进程，公众又要求政府以最经济的手段，花最少的钱，以尽可能快的速度，提供更多更好的服务。各地的公共部门都发觉自己在期望值不断提高和财务状况紧张的夹缝中生存。公民的需求越来越高，而由于经济挑战造成的财政压力约束着政府的调遣能力，这样，在不断增长的预算赤字、财政压力和公众的要求下，提高绩效就成为政府管理中必须首先解决的一个大问题。公共部门是与公众联系最为紧密并受压最为直接的部门，其绩效理念及绩效管理正是这种需求的集中体现。另一方面，随着公共管理社会化改革的不断推进，人们对公共部门管理规律的认识逐渐深入，公共产品理论尤其是准公共产品理论逐渐形成和发展，以新型的公共产品生产和服务提供方式为基础，包括政府和各种非政府组织在内的多元管理主体系统开始形成。多元化主体的介入要求有充分的信息来对成本和绩效进行核算、评估和比较，要求实现与传统公共产品和服务供给部门的可比性。并且，由于大众传播媒介的普及和介入，导致了这种评价的"鱼缸效应"——政府和公共部门的活动就像鱼缸中的金鱼一样无时无刻不在受到大众的审视和评判。政府绩效不再仅仅是一个经济的范畴，社会调查、民意测验结果经常被采用作为对政府绩效评价的依据，对此，政府部门只能不断地完善自己，认真而诚实地去提高政府绩效。公共部门绩效的评估和管理随之成为必须。①

　　从 20 世纪 70 年代开始，西方国家进行了一场以市场化为取向，旨在推行绩效管理和强调公众利益至上的政府改革运动，即"新公共管理运动"。英国政府从 1979 年的"雷纳评审改革"到 1991 年的"公民宪章"以及"竞争求质量"运动，历时 20 年建立起了一整套政府再造计划。美国政府 1973 年颁布了"联邦政府生产率测定方案"，1993 年国会通过的《政府绩效与结果法》和 NPR 的《戈尔报告》，将政府绩效评估实践推向了新的高潮。澳大利亚的"服务宪章"计划，通过制定公共部门服务标准的方式促进了公共部门服务质量的改善。西方"新公共管理运动"的兴起和发展，使新公共管理思想逐渐取代了我们熟悉的行政管理思想，而成为政府改革的全新理念。新公共管理运动涉及的内容非常广泛，其核心价值是在政府领域内引入商业企业文化，把市场化的运作机制和管理手段引入公共管理中来，主张以市场机制改造政府，提高公共服务品质；主张以市场或顾客为导向，实行绩效管理，提高服务质量；使科学界定、测量和评估政府绩效逐渐成为人们的共识。各国在政府内部管理体制改革中一方面吸引私营部门的管理人才到政府部门任职或兼职，一方面大力引进私营企业的管理技术和方法，如绩效评估、全面质量管理、标杆管理等，以提高政府部门的行政效率和整体绩效。以绩效预算和绩效评估为主要内容的绩

---

① 　张定安：《平衡计分卡与公共部门绩效管理》，《中国行政管理》2004 年第 4 期。

效管理是被运用得最为广泛的政府内部管理方法。特别是英国将绩效管理运用于对执行机构的控制和管理，通过对各执行机构确立明确的绩效指标，定期对执行机构的绩效状况进行评估并将评估结果公布于众，从而不仅成为政府对执行机构进行有效监督的手段，也成为推动执行机构绩效状况改善的有效方法。

二　公共部门绩效管理：基本内涵与功能界定

（一）绩效管理的概念

一般认为，绩效管理是运用科学的方法、标准和程序，对公共部门的业绩、成就和实际工作作出尽可能准确的评价，在此基础上对公共部门绩效进行改善和提高。绩效管理可以看成一种途径，是"利用绩效管理、绩效标准、奖励和惩罚来激励公共组织。奖惩可以是财政性的，也可以是准经济性的，或者还可以是纯粹心理上的"。[①]

国际绩效问题专家帕特里克·史斯达和欧盟绩效管理专家马克·多索认为，绩效管理是欧盟国家首先采用的一种克服官僚主义、实现高效率行政的模式。它借鉴企业管理思想，变结果管理为过程、结果双重管理，通过对过程的监控和矫正，得到有效率的结果，使公共部门行政处于最优状态。美国国家绩效评估中的绩效衡量小组曾对此下过一个经典的定义[②]，所谓绩效管理，是利用绩效信息协助设定统一的绩效目标，进行资源配置与优先顺序的安排，以告知管理者维持或改变既定目标计划，并且报告成功符合目标的管理过程。

"绩效"用于对政府行为效果的衡量，反映的是政府绩效，包含政府在社会经济管理活动中的业绩、效果和效率，是政府能力的基本体现。因此，政府绩效是指政府在社会经济管理活动中的结果、效益、效能，是政府在行使其功能、实现其意志的过程中体现出的管理能力。政府绩效管理是以实现政府管理的四"E"——经济（economy）、效率（efficiency）、效益（effectiveness）和公平（equity）——为目标的全新的政府管理模式。可以从三个方面来理解政府绩效管理的内涵：在微观层面，绩效管理是对政府工作人员

---

① ［美］戴维·奥斯本、彼得·普拉斯特里克：《摒弃官僚制：政府再造的五项战略》，中国人民大学出版社2002年版。

② 张成福、党秀云：《公共管理学》，中国人民大学出版社2001年版。

工作业绩、贡献的认定；在中观层面，是政府各分支部门即特定的政府机构，如何履行其被授权的职能、服务的质量等；在宏观层面，是整个政府的绩效测评，政府为满足社会和民众的需求所履行的职能，具体体现为政治的民主与稳定、经济的健康与发展、生活水平的提高与改善、社会的公正与平等，精神文明的提高等方面。政府绩效还可分为政治绩效、经济绩效、文化绩效和社会绩效等方面。政府绩效管理是全新的政府管理模式，主要通过缩小政府管理人员规模、降低行政管理的成本、改革行政管理系统（公务员系统、政府采购制度、预算系统等）、改革政府机构文化、提高服务质量、提高政府机构实际工作的效率（再造基本工作程序，以更低的成本获得更高的政府生产力）等途径实现。[①]

（二）绩效管理的作用和功能

1. 激励功能

——目标设定的激励作用：人们都期望在工作中表现出色，设立可行而又具有挑战性的目标可以激发雇员的积极性和创造精神。

——绩效测定和反馈的激励作用：由于人们都期望在工作中表现出色，即使不直接和奖励挂钩，绩效状况的测定和及时反馈也可以改进绩效水平。

2. 沟通功能

——通过沟通实现内部的协调与整合。

——通过沟通实现外部的协调与整合。

3. 绩效管理的启迪和诊断功能

——启迪功能：持续进行结果导向的绩效评估可以揭示哪些可行、哪些不可行，使组织更多做那些有助于目标实现的事，减少和摒弃那些不利于目标实现的事。

——诊断功能：即使绩效评估没有揭示绩效差距的原因，它也可以展示绩效差距往往在哪里出现和什么时候出现，促使组织探询差距的成因和改进绩效的机会。

4. 绩效管理增进民主的功能

——提高民主协商过程的质量：通过民主协商确立政府部门的工作重点和优先次序是民主的体现和要求，设立明确的绩效目标并公开报告绩效的进

---

① ［美］布坎南、塔洛克：《同意的计算——立宪民主的逻辑基础》，中国社会科学出版社2000年版，第36页。

展状况，不仅有助于调动公众参与协商的积极性，而且通过提供充分的信息，有助于提高民主协商过程的质量。

——提高民主选择结果的质量：公共部门具有追求多样化且往往相互冲突的目标，而履行职责的资源往往有限，这使得工作重点和优先目标的选择十分必要。绩效管理解决不了目标冲突和资源稀缺的问题，但可以通过提高民主协商过程的质量，保证部门工作重点、优先目标与公民期望之间的一致性和合理衔接。

（三）绩效管理实践的基本原则

公共部门绩效管理和企业绩效管理具有相似的学术渊源和经验基础，同时又反映出公共部门管理的独特历史和实践经验。美国"卓越政府委员会"主席兼首席执行官帕特丽夏·麦克吉尼斯指出，以《政府绩效与结果法》为基础的政府绩效管理是许多早期管理改革的延伸和结晶。这些政府管理改革可以追溯到 20 世纪 50 年代的胡佛委员会，历经约翰逊时期的"规划—项目—预算系统"，尼克松时期的"目标管理"，卡特时期的"零基预算"，里根时期的"格莱斯委员会"等。绩效管理与上述政府改革具有一些共同点，目的都是提高政府部门的效能和效率，相似措施包括目标设定和绩效计划，向公众报告绩效，改进资源配置、项目设计和管理，注重项目评估等。但早期政府改革和创新措施存在一些内在缺陷，因而多数难以避免昙花一现的命运。在她看来，美国绩效管理的最大不同之处在于，《政府绩效与结果法》为其奠定了坚实的法律基础，受到行政和立法机关的共同支持，从而能够确保改革的连续性和政府绩效的持续性改进。

绩效管理与前期管理技术创新特别是目标管理之间的区别在于：

——绩效管理具有坚实的法律基础，有助于确保改革规范化、连续性和政府绩效的持续性改进；

——绩效管理淡化目标管理自上而下的集权特征，强调管理各环节中的雇员参与，强调雇员与管理者之间平等对话、协商和相互学习；

——绩效管理是一种共识基础上的契约式管理，强调绩效协议对上下级、管理者和雇员的双向约束；

——绩效管理是日常管理活动的一个组成部分，而不是其他部门强加给管理者的额外工作或额外负担，直线主管在绩效管理中起主导作用；

——绩效管理强调团队精神，在关注个人绩效的同时更注重组织绩效，重视公共部门组织绩效的评估，且把个人绩效奖励与所在组织的总体绩效水

平密切挂钩;

——绩效管理是发展为导向的管理,突出"人本主义"的管理哲学,注重雇员个人的职业发展和知识、素质、能力的提高。

上述几点既是绩效管理不同于前期改革和管理技术的主要特征,又是绩效管理在实践中应遵循的基本原则。

绩效管理在公共管理中的功能和作用具体体现在绩效管理有利于促进民主政治的发展;绩效管理有利于提高公共部门的绩效;绩效管理有利于明确公共部门的现状;绩效管理有利于强化激励机制;绩效管理有利于资源的有效配置;绩效管理有利于改善公共部门的形象。绩效管理讲究结果导向,注重组织绩效,重视动态管理,强调战略管理,关注系统管理。绩效管理的目的并不是纯粹为了进行对个人绩效的评估,它更深层的目的是为了有效推进个人的行为表现,引导组织全体人员从个人开始,以至个别部门或事业部,共同朝着组织整体战略目标迈进。其优点是:它与每个人的切身利益密切相关,可以充分激发个人积极性和主动性,尤其是地方政府,其管理的事务多是比较具体、可量化的工作,故而绩效管理的成效更是立竿见影。不足之处在于:绩效指标的量化比较难,其可行性也是有待检验的,绩效的基本资料来源是否可靠也会在很大程度影响管理的成效。

三 公共部门绩效管理的战略框架

美国公共行政学会责任与绩效中心经过多年研究,提出了一个战略性的绩效管理框架,可以帮助我们加强对公共部门绩效管理的认识。参见图2—1。

将绩效管理提高到战略高度并非美国公共行政学会的创造,从前面关于绩效管理的分析中我们可以看到,现行的主要绩效管理方法都是战略导向性的。事实上,商业企业中不同的绩效管理方法都在公共部门中采用过。以社会保障组织为例,由于面临着巨大的挑战,世界各国社会保障部门充分利用各种绩效管理手段和方法,在服务质量、财务效率和总体价值方面都取得了进步。根据调查,社保机构经常使用的绩效管理手段有:动态成本法、平衡计分卡、流程再造和标杆管理。92%的单位至少使用了上述管理方法之一,其中,流程再造和标杆管理用得最多。被调查的社保机构中,77%使用了前一种方法,76%使用后者;其次是平衡计分卡,有60%的单位使用;约50%的单位使用了动态成本法。上述手段对业绩产生

我们现在的位置？	内/外部环境分析	● 情形清单 ● 环境审视 ● 寻找标杆
————————	使命（mission）和原则 （principles）	● 陈述组织的意图 ● 确立核心价值
我们想要到哪儿？	愿景（vision）	● 组织的独特性 ● 组织未来蓝图
————————	目的（goals）和 目标（objectives）	● 确认总的最终目的 ● 特定的和可测量的标的
我们如何到达那里？ ————————	行动计划 （action plans）	● 确认战略 ● 详细的工作计划
我们如何测定进程？	绩效测量 （performance measurement）	● 确保责任落实和持续改进
————————	监控和跟踪 （monitoring & tracking）	● 建立监控系统 ● 收集和汇总管理信息

我们如何和何时能

知道是否到达目的？

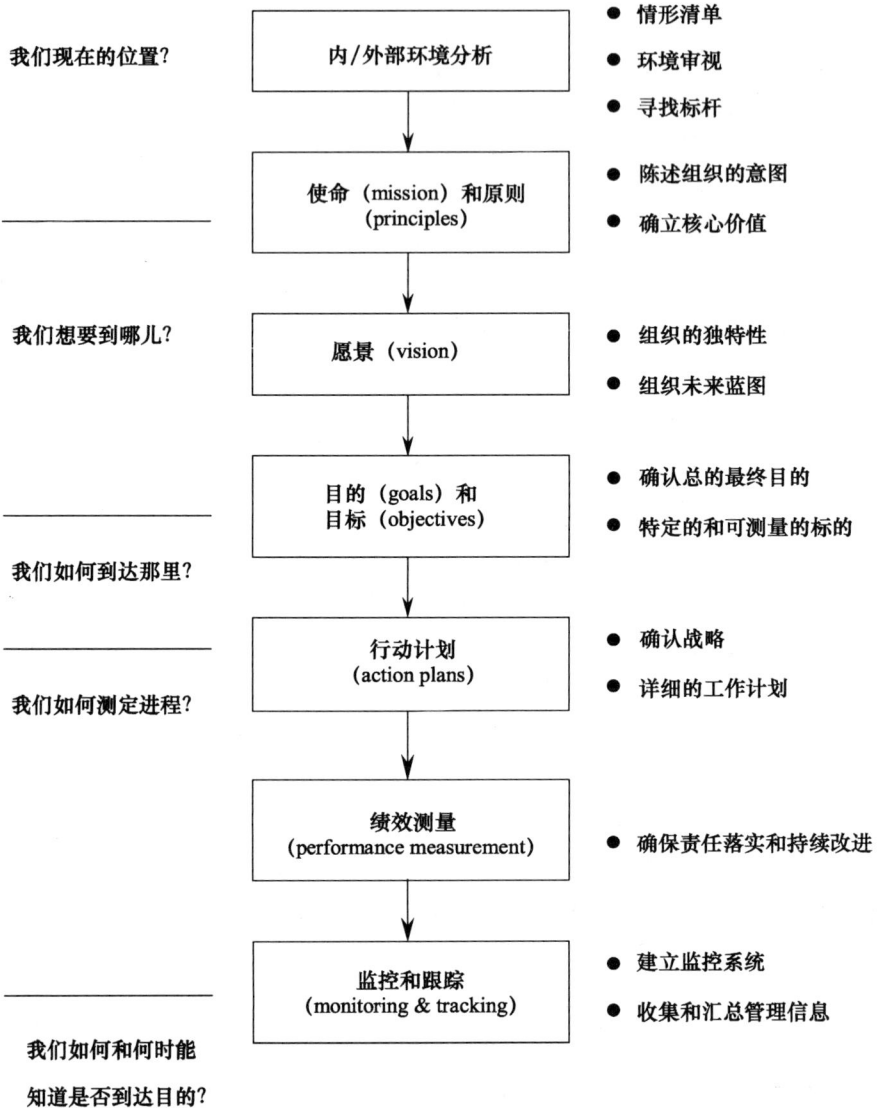

资料来源：CAP（2000）（Washington D. C.；ASPA），p. 9.

图 2—1 公共部门战略性绩效管理模型

的积极影响：平衡计分卡的影响最大，80％以上的单位反映使用平衡计分卡，产生了很大的影响。其次是流程再造，75％的单位反映说影响很好，再次是动态成本法，有70％的单位使用。最后是标杆管理，有60％的单位使用。①

第二节 公共部门绩效管理过程

绩效管理是一个由多种环节、要素和操作技术构成的过程，各个要素和环节相互联系，形成一个有序的链条。迈克尔·阿姆斯特朗认为，绩效管理包括以下基本环节和要素：明确组织的战略、使命和价值；制定绩效协议；制定绩效计划；绩效的监测、阶段性评估和反馈；绩效的正式评估与分析；奖惩和雇员的培训发展。整个过程见图 2—2 所示：

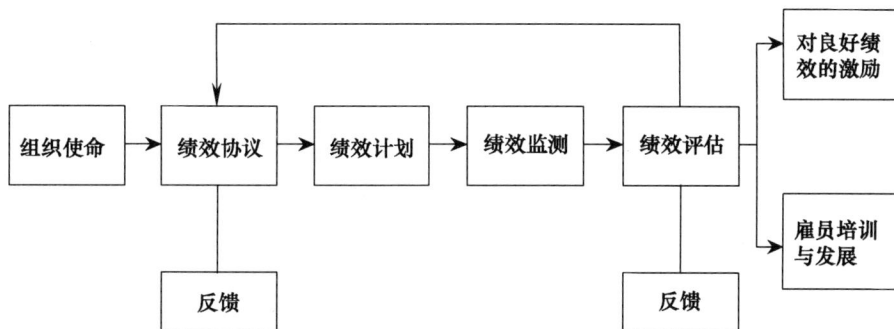

图 2—2　绩效管理的环节、要素和流程

阿姆斯特朗强调，绩效管理不是一个一次性的过程，而是为改进绩效而进行的持续不断的努力。一个绩效管理周期的终结标志着下一个周期的开始，由此形成了循环往复的绩效管理活动（见图 2—3 所示）。

作为一个过程的绩效管理形成于 20 世纪 80 年代后期。虽然被公认为管理中的新技术，但绩效管理并非凭空出现，而是有其学术渊源和实践经验基础。在阿姆斯特朗看来，绩效管理脱胎于业绩分等、绩效考评、目标管理等曾经盛行一时而今已"失去信用"的管理技术，是这些旧技术废墟中飞出的一只金凤凰。

---

① 国际社会保障协会第 28 届全球大会报告三《通过社会保障管理部门的绩效管理创造价值》2004 年 9 月 17 日。

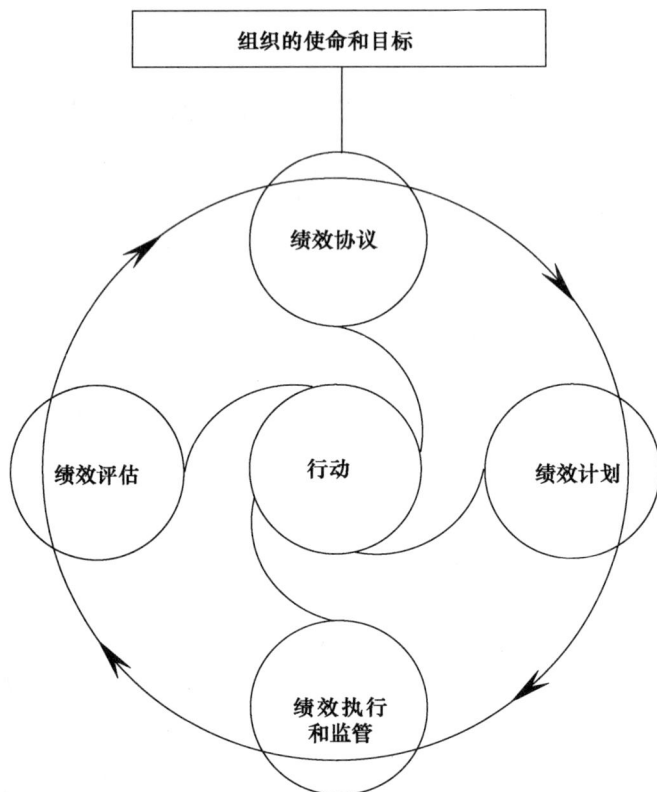

图 2—3 绩效管理的周期

一 战略规划

绩效规划是绩效管理的第一个环节或步骤，也是绩效管理其他环节的基础和依据。规划的重要性可用一句格言来概括："疏于规划无异于规划着失败。"

在英国，绩效计划主要体现在三个层次：政策和部门发展战略，主要形式是政策白皮书和部门发展战略报告；三年期的"公共服务协议"（Public Service Agreement-PSA，主要内容是确立公共服务的目标体系）和"服务供给协议"（Service Delivery Agreement-SDA，侧重于目标体系的具体化与实现目标的手段和策略）；年度绩效计划。美国不同层级政府的绩效计划有所不同，但对联邦政府来说，按照《政府绩效与结果法》的规定，绩效规划明确区分为战略规划和年度绩效计划两种类型。

美国的《政府绩效与结果法》对战略规划应包含的基本内容做了明确的规定：

——系统的部门使命陈述；

——覆盖主要职能和运作领域的部门长远总目标，包括与结果相关的目标；

——部门实现既定目标的手段和策略的阐述，包括运作过程，技能和技术投入以及实现目标所需要的人力、资金、信息等方面的资源需求；

——阐明年度绩效目标与总目标之间的有机联系；

——确认对部门目标实现具有重大影响但部门又无法控制的关键外部因素；

——明确说明目标设定和目标调整所使用的项目评估技术，并列出项目评估实施时间表。

可以认为，战略规划阶段的主要产出有四个方面：使命陈述，确立目标体系，实现目标的手段和策略描述，影响目标实现的外部关键因素的分析。

（一）组织使命、愿景和价值观

所谓"使命"（mission），可以简要概括为组织所肩负的历史责任或工作力求实现的终极目标，它是组织存在的前提和根本理由。使命无疑以组织的功能或职责为基础，但其关注的焦点却是组织为什么要履行既定职责，履行这些职责想要达到的最高目标是什么。

与使命密切相关的一个概念是组织"愿景"（vision）。从语义学角度看，按照美国传统词典的界定，使命接近于"天职"，即"追求一种活动或实现一种职责的内心召唤"；而"愿景"则是所期望的情景，是对未来理想状态的想象或憧憬。在绩效管理中，使命说明组织"为什么存在"，愿景则描绘组织实现其使命后的理想社会状况。但在实践中使命和愿景并不是那么泾渭分明，不同公共部门对这两个概念的使用也不尽一致。

"使命陈述"是对组织使命的文字说明，是战略规划阶段的第一个产出。使命陈述没有固定的格式，但集中、简洁、使用明白易懂的语言是其基本要求。英国剑桥大学的使命是"通过世界一流的教育、学习和研究为社会作贡献"。美国得克萨斯州政府银行管理局遵循集中于关键结果领域的原则，把原来长达两段的使命陈述精简为一句话："创造稳定健康的金融环境，为公众提供便捷、安全和具有竞争力的金融服务。"

除使命和愿景外，部门使命陈述在实践中还会涉及价值观和核心能力。"价值观"是组织履行职责、实现使命应该遵循的最重要的行为准则，如质量优位、顾客第一、团队精神、人本管理等。

西方公共部门使命陈述凡例

英国威尔士卫生管理局（使命和价值观）：
 	
（1）作为管理者和服务提供者为公共健康作最大贡献。
 	
（2）对人的价值和公民作为个人的充分尊重。
 	
（3）在所有层次和单位实现有限资源的有效利用。
 	
美国空军：
 	
    使命：通过对天空与外空的控制和探索来保卫美国。
 	
    愿景：为美国建立令全世界敬畏的天空和空间力量，全球化权力和部署能力。
 	
    核心能力：开发、培训、维护与整合天空和空间力量的多种要素，创立
 	
      ·天空和太空优势
 	
      ·全球打击能力
 	
      ·全球快速部署能力
 	
      ·精确打击能力
 	
      ·信息优势
 	
      ·灵活高效的战场保障能力
 	
    核心价值观：
 	
      ·完整性
 	
      ·献身精神
 	
      ·追求卓越
 	
美国劳工部职业安全与健康管理局：
 	
    使命：促进和保障工作场所的安全与健康，减少疾病和伤亡。
 	
    愿景：全美每一个雇主和雇员都意识到，职业安全和健康对美国商业、工作场所与工人生命
        具有重大价值。
 	
美国联邦人事管理局：
 	
    使命：提升联邦政府雇佣最佳雇员把工作做得最好的能力。
 	
    愿景：依赖雇员的高素质和敬业精神，使联邦政府能满足并常常超越公民的期望。
 	
      ·领导——领导联邦机构对人力资源管理制度进行改革，以有效录用、发展、管理并保
        持高素质、多样化的雇员队伍。
 	
      ·保护——保护法律中体现的基本价值，包括功绩制原则和退伍军人的优惠措施。
 	
      ·服务——通过技术服务、就业信息、工资和福利提供，向联邦机构、雇员、退休人员
        及其家庭、公众提供高质量服务。
 	
      ·保障——管理雇员信托基金。

（二）目标体系的确定

确定目标是战略规划的第二个重要任务。如果说使命和愿景表明了努力的根本方向，目标体系则类似于指路牌和里程碑，是组织在不同阶段的行动指南。

按照《政府绩效与结果法》的规定，战略规划阶段的任务是确定总目标。在实践中，绝大多数部门在确定总目标的同时还确定了"战略目标"。战略规划阶段的目标因此又形成两个层次。美国管理和预算办公室对总目标与战略目标之间的关系做了如下说明："总目标"（General Goals）针对特定的项目、特定的政策或者特定的管理职能，明确特定部门在一定时期如何实现自己的使命；"战略目标"（Strategic Goals）则是使命和总目标之间的一个组织层次，几个内容相近的总目标组合，就构成一个战略目标。这就是说，战略规划中的"总目标"并不是特定部门追求的整体目标，而是部门实施的特定项目、政策或管理职能追求的总目标。因此，虽然名为"总目标"，但由于属于具体职能或管理领域，它们是比战略目标低一个层次的目标。

美国海岸警卫队的使命与战略目标

使命：保护美国人民、环境和海岸线的安全

战略目标：

- 安全——杜绝海洋运输、渔业、游船娱乐业的人身伤亡和财产损失。
- 自然资源保护——杜绝与海洋运输、渔业、游船娱乐业相关的环境破坏和自然资源损害。
- 流动性——促进海上商务活动，破除货物和人员流动的障碍，确保游船娱乐业最大限度地利用并充分享受水资源。
- 海防线安全——制止毒品、非法移民和其他违禁品通过海路入境；防止非法捕鱼；打击海岸线其他违法行为。
- 国防——作为美国第五大武装力量保卫国防，利用独具的相关知识和能力落实国家安全战略，促进地区稳定。

战略目标是组织使命的延伸和具体化，确保战略目标与使命的有机链接最为重要。美国海岸警卫队的目标体系设定被公认为"标杆"或最佳实践样板，其特点之一是战略目标和使命的紧密联系，且部门职责、战略目标、组织使命之间的关系明确清晰。

与使命陈述一样，战略规划阶段目标体系的确定可以多样化，但必须遵循一些基本精神和共同要求。在其战略规划审查指南中，美国总审计署就目标体系的审查提出了六个关键问题：

1. 目标体系是否涵盖了机构的主要职能和活动领域？如果不是，哪些职责和活动领域被忽视了？目标体系是否和组织使命之间存在内在的逻辑联系？

2. 目标体系是充分体现了结果导向（如降低犯罪率或减少工伤事故），还是更关注产出（如工作场所巡查次数）？如果更关注产出，为什么？

3. 如果总目标没有达到"定量或可直接测定"，其表述方式是否有利于机构自身和国会对目标的实现程度进行客观评判。

4. 机构确定的目标和工作重点是否与国会的目标和工作重点一致？如果存在不一致，原因是什么？能否得到解决？

5. 机构确定的目标是否和从事相似活动的其他机构的目标相似？如果是这样，这些目标体系之间是相互补充还是简单重叠？

6. 对所追求的结果而言，结构是否拥有适当的控制或影响力（这条并不适用于所有机构）。

（三）实现目标的手段和策略描述

确定实现目标的手段和策略（means and strategies）是战略规划的第三大任务。按照《政府绩效与结果法》，手段和策略包括"运作过程，技能和技术投入以及实现目标所需要的人力、资金、信息等方面的资源需求"。手段和策略陈述的核心是资源、活动、结构和流程等与目标的调协（align-ment），从而确保组织使命的实现。美国公共行政研究院政府绩效改进中心主任克里斯·怀伊指出，"调协"可以有多种理解，但"根据主要组织目标实现的需要，合理组合每一项资源、活动和工作程序，从而形成一个结果导向的责任链条"最接近这一词的本意。同时，应在整个组织范围内形成一种责任感，使得整体大于部分之和。

需要注意的问题（以美国总审计署战略规划审查指南中提出的关键问题为例）：

——实现目标的手段和策略有哪些？它们与组织目标和雇员的日常活动之间是否存在有机的逻辑联系？是否和资源发展的历史趋势相一致？

——部门将采取哪些步骤调协日常活动、核心流程、人力资本和其他资源，以确保目标和使命的实现？

——实现目标需要哪些资源（人力、资金、信息）？落实资源保障是否需要制定新的规则、更大的灵活性、实施用户收费，或需要新的立法？

　　——部门采取什么措施保证管理者拥有实现目标所需要的权威？是否确定了管理者对结果负责的机制？是否确定了促使管理者和雇员努力实现目标的激励机制？

　　——管理者是否具备实现目标所需要的知识、技能和能力？如果不是，将采取哪些具体措施加强能力建设？

　　——有效实施管理策略是否需要技术进步和发展？如果是，这些技术进步和发展可能采取什么形式？

　　——手段和策略确定过程中是否考虑过其他可能的选择？

　　——为了保证目标实现，是否需要设立、终止或调整一些项目和活动？

（四）外部因素和风险分析

　　影响目标实现的外部关键因素分析是对部门战略规划的法定要求。在美国联邦政府绩效管理的实践中，部门在外部因素分析的同时还进行内部因素和管理风险分析，而且这些分析实施于战略规划和年度计划两个阶段。

美国海关外部因素与风险分析

　　美国海关是历史最悠久的联邦机构，其使命是确保人员和货物进出美国时严格遵守相关法规，同时促进人员和货物的合法流动。长期存在的管理问题威胁到这一机构适应急剧变化的需求的能力。海关战略规划过程集中于急剧变化的内外环境分析，在此基础上确定机构的应对策略。

　　在 1993 年的战略规划过程中，海关根据近年来国际贸易环境的急剧变化，确认这些变化给组织带来的挑战。最明显的变化是工作负荷的急剧增加且没有减缓的迹象。例如，从 1986—1995 年，货物进口量增加了 242％，入境人数增加了 42％。海关预测这种势头会持续下去。1995 年的货物进口值高达 7610 亿美元，随后 10 年中年均增长率为 10％。随着发展中国家工业化进程的加速，美国公司向外部市场的持续扩展，贸易障碍的进一步清除，以及美加自由贸易协定、北美自由贸易协定等国际协定的扩展，货物贸易和人员往来将会急剧增加。

　　从内部看，减少联邦预算赤字的公众压力会持续下去，海关的预算不可能有实质性增长。此外，海关雇员流动会加剧，相应带来重要专业知识和技能的流失。到 1998 年底，将近 10％的雇员（2000 人）达到法定退休年龄。

　　这些内外因素迫使海关认真审视其活动、结构和流程。目前海关正在以 301 个出入境口岸为基础，启动自下而上的重大结构调整。总部工作人员将会减少，充实口岸第一线。按照重组计划，地区分部先前拥有的部分权力将下放给口岸主管。通过内外环境的分析，海关认识到履行使命的传统方式已经行不通，需要进行重大变革。

二 年度绩效计划

年度绩效计划是战略规划的具体化，计划的制定必须以战略规划为基础和依据。《政府绩效与结果法》中明确规定，"部门年度绩效计划应该与其战略规划保持高度一致。对战略规划没有覆盖的预算年度，其年度绩效计划不必提交"。

《政府绩效与结果法》对年度绩效计划提出了以下要求：

——设立绩效目标（performance goals），明确各项目、活动所应达到的绩效水平；

——绩效目标表述应客观、定量并易于测定，特殊情形经授权，可以采用其他表述方式；

——简要说明部门实现年度绩效目标的手段和策略，包括运作过程，技能和技术投入以及人力、资金、信息等方面的资源需求；

——设立绩效标示，用以测定和评估各类项目活动的相关产出、服务水平与实际效果；

——构建一个基础平台，以便比较既定绩效目标与项目活动的实际结果；

——说明核实绩效信息和检验测定效度的技术手段。

可以从上述要求中归结出年度计划的三个要素或产出：（1）绩效目标体系，要求做到客观、定量并易于测定，以便比较既定绩效目标与项目活动的实际结果；（2）实现年度绩效目标的手段和策略描述；（3）绩效信息核实和效度确认的技术手段的说明。在实践中，部门年度计划中还包括了外部因素和风险分析。此外，按照管理和预算办公室与总审计署的要求，近年来普遍增加了一项"跨部门活动"（cross-cutting activities），旨在避免破坏性竞争，推动团队精神和跨部门合作机制的建立。

（一）目标体系及其分解

年度计划中目标体系的确定既要以战略规划中的目标体系为基础，同时又必须是后者的进一步具体化。绩效目标的具体化在实践中主要有两种方式：第一，当战略规划中的目标体系比较笼统时，年度计划的目标体系要具体到一系列绩效指标上。第二，当战略规划中的目标体系直接表述为绩效指标时，需要把跨年度的长期指标具体化为阶段性的年度指标。

这是绩效目标具体化的第二种方式。年度绩效计划中这一总目标的具体结果可见表 2—1 所示。

表 2—1 　　　　　　　　　　美国运输部高速公路交通安全目标

绩效测度		绩效指标（Targets）					
		1999 年	2000 年	2001 年	2002 年	2003 年	2004 年
总事故死亡率 （单位：/亿）	计划数	1.6	1.5	1.5	1.4	1.4	1.38
	实际数	1.55	1.53	1.51	1.5		
大型卡车事故死亡率 （单位：/亿）	计划数	无	无	无	2.32	2.19	2.07
	实际数	2.7	2.6	2.45	2.4		
酒后驾驶造成的死亡率 （单位：/亿）	计划数	无	无	无	0.55	0.53	0.53
	实际数	0.59	0.63	0.63			
前排乘员系安全带比率 （单位：/100）	计划数	80	85	86	75	78	79
	实际数	67	71	73	75		

　　把总目标具体化为年度绩效指标是年度计划阶段的核心任务之一。目标体系确定之后，年度计划的下一步是目标的分解。分解的核心是多层次的目标体系与多层次、多样化的行为主体之间的匹配，从而保证每个目标都有相应的主体负责，每个主体都为总目标的实现承担责任。目标分解属于部门内部管理，所以《政府绩效和结果法》没有对此提出明确的要求。从实践看，它是年度计划的重要组成部分，是绩效管理成功的因素之一。正如哈佛大学执行官研讨班在其公开备忘录中指出的那样："绩效目标向任务团队、组织单位和合作伙伴的分解无疑是一个艰巨的任务。但如果逃避这一挑战，许多人将会接受目标而不会为目标实现付出努力，因为他们不了解对自己的具体要求。"

（二）跨部门合作机制

　　《政府绩效与结果法》没有把跨部门合作机制明确列为绩效规划的要素，但确定了一个基本精神：追求相同或相似目标的联邦项目之间应该高度协调，以确保目标之间的内在一致性和项目活动之间的相互增强。在重塑政府伙伴委员会、管理和预算局、总审计署的努力下，跨部门合作机制日益受到重视，不仅成为年度绩效计划的重要组成部分，而且在许多部门的战略规划中得到反映。

重塑政府伙伴委员会对跨部门合作机制的意义做了如下阐释：在公共组织中，目标的实现往往需要全体雇员的共同努力，这意味着一些人要对他们无法完全控制的结果负责。一线管理者和雇员一样，往往抵制对自己控制范围之外的结果承担责任。因此，绩效计划中管理者不应该停留在确定绩效目标上，也不应该要求单个管理者对目标的实现负责。目标实现必须通过团队合作，必须建立与其他部门的伙伴关系。根据部门经验和"最佳实践"，总审计署把年度计划中的跨部门合作机制归结为三大构成要素。

1. 确认跨部门关系、共同目标和各自贡献

首先，确认实施相似项目的其他机构，明确相互间的关系和相近目标。

其次，协调项目活动，在追求的目标和手段、策略方面尽量与其他伙伴机构保持一致。

再次，与合作伙伴一起，开发共同的目标、测度和指标体系以及数据收集程序，明确各自的角色和责任。

最后，尽量明确各伙伴机构对共同目标实现的具体贡献，明确这些贡献的共性及其独特性，在资源配置计划中考虑其他机构的活动。

2. 在目标相同的工作领域明确领导角色，承担协调相关活动的职责

部门在实践中发现，如果缺乏某种领导机制，"平等"伙伴之间的跨部门活动很难完全成功。出路之一是建立联合领导机构，如美国海关和移民规划局建立的"边境协调联合办公室"，专门负责协调两个部门间在西南边境上的活动，共同打击毒品走私、人员非法入境和其他违法活动；出路之二是按照在目标实现中的作用，在多个合作伙伴中明确一个牵头机构。比如，食品和药品管理局的食品安全督察中心在食品安全方面承担主要责任，又与其他联邦部门和州相关部门有活动交叉。

3. 开发适当的工具，促进伙伴机构之间的信息共享

这方面有两个要点：一是通过文献回顾、专门研究和相互磋商，保证机构间在基本概念界定、数据统计方法、信息解释等方面的一致性，以利交流、比较和标杆管理；二是建立伙伴机构之间的信息共享机制。

下面是总审计署"年度计划审查指南"中关于跨部门合作的问题清单：

——部门在多大程度上明确了需要跨部门努力（包括外部和内部机构）才能实现的绩效目标？

——如果部门确定了跨部门目标，计划中是否确认了相关且相互补充的

绩效测度？有关单位是否对这些测度有一致的认识？

——计划中是否说明了跨部门活动的协调方式？

——本单位对跨部门目标计划贡献的独特之处，计划中在多大程度上做了说明？

——如果部门提出了一个新项目，计划中是否做了充分说明，为什么新项目追求的目标无法通过现有项目实现？

（三）信息核实和效度确认的方式

绩效信息核实和效度确认方式的说明是对年度计划的法定要求。按照总审计署的年度计划审查指南，"效度确认"（validation）是一种系统化努力，以避免数据中出现系统错误或系统偏差，确保实际测定是想要测定的东西。

绩效信息是预算配置和部门管理决策的重要依据，其完整性、准确性、内在一致性等尤为重要。但是，数据的收集和处理是要支付成本的。按照信息经济学的基本定理，当边际成本等同于边际收益时，理性行为者会终止信息搜集活动。因此，受收集成本制约，绩效信息的完整和准确程度不可能非常理想。鉴于这一点，总审计署要求各部门认识并说明绩效信息的局限性，从而"构成适当的背景，帮助国会更好把握和评价部门的绩效水平与成本，评价部门测定绩效的能力，包括收集、处理和分析数据的能力，并探索改进的途径"。这样，年度计划中有关绩效信息的说明包括了三个方面的内容：效度确认方式说明，信息核实手段说明，信息局限性的说明。

（四）绩效协议

如果说绩效规划是一个过程的话，那么绩效协议则是这一复杂过程的最终产品。绩效协议又称绩效合同，是上级和下级、管理者和雇员之间就职责、任务、目标、工作条件等达成的一致性看法或具有约束性的契约。

当代政府管理改革中最早系统应用绩效协议的是英国和新西兰。美国政府应用绩效协议是仿效英国和新西兰。1993 年美国国家绩效评鉴委员会在一份报告中提出，总统应和部长之间签订绩效协议，集中于少量值得总统关注且体现部门特殊职责的重要目标，明确双方在资源和管理自主权方面达成的谅解。

关于绩效协议的内容，经济合作发展组织在其《政府绩效管理》中提出了基本要求：明确"谁对什么事情负责；他们的自主权有多大；工作所要达到的目标是什么；履行职责和实现目标需要哪些资源；用什么样的控制机制来检验他们是否实现了目标"。按照新西兰财政部的规定，绩效协议的前提是明确"战略结果领域"（Strategic Result Areas-SRAs，类似于美国的战略目标）和"关键结果领域"（Key Result Areas-KRAs，类似于美国的绩效目标以及实现目标的手段与策略），在此基础上包括九个方面的内容：协议适用条件；产出描述；产出成本；绩效测度和标准；有关绩效报告的要求；奖励与惩罚；协议修正程序；争端处理程序。

美国退伍军人卫生管理局绩效协议文本（节选）

第一部分：核心能力

    1. 人际关系能力：建立和保持良性人际关系的能力，有效的谈判协商和解决冲突的能力，发展工作中合作关系的能力。成功主管应表现出对雇员需求的敏感性，善于授权给下属，并具备良好的文字和口头沟通技能。

    2. 灵活性和适应性：迅速把握变化并根据新情境调适的能力，同时处理多种投入和多样化任务的能力。成功主管能与不同层级和类型的人有效合作，善于接受并鼓励不同意见，实现有限资源的最大化利用。

    3. 技术能力：对组织程序、标准、方法和技术有充分理解，具备履行职责与评价组织绩效的知识和技能。

第二部分：特别关注领域

    1. 病人安全

      • 所有相关单位都参与"国家病人安全中心"组织的"病人安全文化、态度调查"。

      • 每个相关单位都配置一个分析专家，按照国家病人安全中心确定的程序实施分析。

      ……

第三部分：绩效指标

    1. 预防指数（Prevention Care Index）

      • 达标——全年平均预防指数达到85％。

      • 优异——全年平均预防指数达到90％以上。

    2. 等待时间（从预约到实际接受治疗）

      • 达标——全年平均45天以内。

      • 优异——全年平均30天以内。

      ……

综合服务网主任签字：   日期：

局主管主任签字：   日期：

主管助理部长签字：   日期：

三　绩效计划执行和日常监管

绩效协议签订之后，绩效管理就进入了绩效执行和日常监管阶段，即持续性管理的阶段。这一环节的重要性不言而喻：从绩效管理的单个周期看，绩效规划是其起点，正式绩效评估是其终点，执行和监管则贯穿于过程的始终；这个阶段也被有些专家概括为日常绩效督查考核和持续改进阶段。此外，与传统目标管理相比，重视持续性改进管理被认为是绩效管理的特色和优势之一。

虽然计划执行和监管贯穿绩效管理的整个周期，但这一阶段的任务和操作技术与正式绩效评估和信息利用阶段有许多相似之处。此外，这一阶段属于组织内部的日常管理，涉及诸多细节，部门之间实践上的差异比较大，其过程与产出不像绩效规划和评估报告那样高度公开，这无疑给资料收集和系统描述带来了很大的困难。

绩效执行和日常监管阶段的主要任务可以概括为四个方面：绩效状况的监测和反馈；绩效差距确认与改进；人力资源管理的调整与改进；绩效目标的调整。

（一）绩效状况的监测和反馈

绩效监测与反馈实质上是日常绩效信息的收集和传输过程，它是持续性绩效管理阶段许多重要决策的基础和依据。

绩效监测首先要回答两个最基本的问题，一是信息收集的范围或广度，二是信息收集汇总的频度。从理论上说，信息越全面、准确、及时越好，但受收集成本的制约，绩效信息的完整性、准确性和及时性不可能完全理想。

除成本和收益的权衡外，绩效信息收集广度与频度的确定还要考虑其他因素。（1）绩效信息服务于什么目的。如果是向公众或民意机关汇报绩效水平，作为官员问责或部门预算决策的一部分，信息报告频度一般比较低。如果是为部门内部的日常管理决策服务，信息收集的频度一般比较高。（2）部门在整个组织体系中的层级。一般而言，高层级单位信息收集的范围比较广而频度相对较低，低层级单位与此相反。（3）绩效目标或结果的可测量程度。定性类绩效目标信息收集频度一般低一些，定量类目标的收集频度相对比较高。（4）相关事件发生的频率。

反馈就是绩效监测信息的传输过程，对象包括组织单位，也包括履职者个人，目的是根据反馈信息来采取行动。下面是以履职者个人为对象，反馈时应遵循的几个原则：

——及时反馈原则：反馈应该成为工作任务的一个组成部分，特定情况或情境出现时应及时提供反馈信息；

——针对实际事件的原则：提供的反馈信息应针对绩效目标实现具有直接影响的具体的事件、结果或可观察的行为，而不是传递个人的感觉和印象；

——描述事实而非判断的原则："我接到某位顾客的投诉，说你态度粗鲁，请对此做一解释"属于事实描述，而"你对顾客态度恶劣，这种行为是不能接受的"就属于判断，它会招致雇员的抵触情绪；

——解决问题而非追究责任的原则：绩效管理过程中的反馈针对的是具体事件，多数不会造成严重的后果，所以，反馈的着眼点是提醒任职者出现的问题并寻求解决的方法，而不是追究其责任；

——提问启发的原则：提出问题而不是下结论或提要求，如"你认为这件事为什么会发生？""回过头来看，你觉得是否还有其他途径来处理这件事？""将来类似事件发生后，你认为应怎样去处理？"

——正面反馈为主的原则：对任职者取得的成绩和进步应给予及时的关注与充分的肯定；

——选择关键问题的原则：在提供负反馈时应选择主要问题，事无巨细会挫伤任职者的自信，甚至使其认为管理者出于偏见吹毛求疵，改进绩效的目的就难以达到；

——关注改进余地的原则：监测和信息反馈应集中在任职者有能力改进的工作领域，把注意力集中在超越任职者控制范围之外的工作领域或方面是一种浪费。

（二）绩效差距确认与改进

绩效监测是一个持续性的信息收集和传输过程，目的是为日常管理决策提供依据。根据监测信息发现问题和绩效差距，及时采取矫正行动，是持续性绩效管理阶段的核心任务。在 2000 年向总统管理委员会提交的一份报告中，美国"跨部门绩效管理小组"把及时采取矫正行动的意义归结为三个方面：（1）有助于职责和任职者之间的最佳匹配；（2）有助于动态整合资源从而获取最好的结果；（3）有助于目标实现的成本最小化。

首先，确认绩效差距并及时采取行动需要相应的制度安排，包括组织制度和工作制度；其次，确认绩效差距需要一定的分析技术；最后，需要依据绩效差距及其成因采取行动。

（三）改进人力资源管理

人力资源管理的调整和改进是绩效差距确认与改进的一个组成部分。也就是说，当任职者个人因素被认为是绩效差距的主要成因时，相应采取一系列改进措施。

绩效执行和监管阶段的人力资源改进主要包括三个方面的内容：雇员能力发展，人力配置的调整，对雇员的激励和对绩效欠佳者的惩戒。

首先是雇员能力发展。雇员能力发展的方略和主要措施在绩效规划阶段已经明确。在持续性绩效管理阶段，除按计划实施培训发展项目外，管理者还要提供个性化的指导，实践中的主要形式是充当或为雇员安排“教练”（coach）或“导师”（mentor）。用我们熟悉的语言来解释，这就是制度化的“传、帮、带”。

其次是人力配置的调整，实现职责岗位和任职者之间的合理匹配。根据履职需要和雇员素质、能力进行人力配置的调整是管理者的内在职责，需要关注的是履行职责面临的约束，即管理者在这方面享有多大的自主权。实践中的典型范例是英国的“执行机构”和美国的“以绩效为基础的组织”，机构主管在机构编制、人员录用标准和程序、工资级别和待遇、内部组织结构、财务管理等方面享有充分的自主权。

最后是雇员激励和对绩效欠佳者的惩戒。激励和惩戒主要针对雇员的工作态度而不是能力。惩戒是一种负向的激励。

（四）绩效目标的调整

绩效管理要经历一个较长的周期。在这一过程中，随着新的社会需求的出现和新技术的发展，预先确定的绩效目标和行动计划可能会出现不适应的情况。此外，环境的急剧变化或其他外部的不可控因素都可能使得目标无法实现。这时就要考虑对目标本身进行调整。

对私营企业而言，绩效目标的适时调整是持续性绩效管理阶段的任务之一。但对公共部门特别是政府机构，目标调整则受到多重约束。年度计划中的目标是对公众的承诺，经过民意机关的审批并且和资源配置挂钩。所以，如果出现目标未实现的情况，需要在年度报告中进行解释和说明，目标调整在下一个绩效管理周期（即制定下一个年度绩效计划）进行。

四　年度绩效评估和结果运用

年度绩效评估和结果运用是绩效管理的最后阶段，也是两个绩效管理周期之间承上启下的重要环节。经历了比较完备的战略规划、年度绩效计划和日常监管流程后，绩效评估就是一件非常容易的事，因为绩效目标清晰，措施清晰，目标值早已确立，年度绩效如何各个部门自己一清二楚，而这些信息收集经过日常监管措施已经制度化，不论谁来考评，都会非常有效。鉴于绩效评估的内容和技术已为大家所熟知，前面也介绍了很多方法和理念，此处不再做专门介绍。这里重点讨论一下年度绩效评估报告的表现形式和结果运用。

（一）年度绩效报告

依据《政府绩效与结果法》中的有关规定，美国白宫管理和预算办公室在 A—11 号通知中列出了绩效报告的几大要素：

——部门实际绩效水平与年度计划中绩效指标的系统比较；

——当特定绩效目标没有实现时，对此作出合理的解释；

——描述实现未尽目标的行动计划和时间表，或者当认定原目标不切实际无法实现时，建议采取哪些行动（如停止使用该绩效指标，或者降低绩效指标）；

——根据绩效报告覆盖年度的实际绩效水平，对当前的年度绩效计划进行评估；对报告中绩效数据的完整性和可靠性作出评价；

——提供连续四年的实际绩效水平的数据和信息。

（二）绩效评估结果的运用

绩效评估结果运用是绩效评估和绩效报告的落脚点。结果运用的主体多元，利用的具体形式也呈现出多样化。这里主要从管理者角度讨论绩效信息的利用。

1. 绩效奖惩

虽然被学术界批评为"粗俗的泰勒主义"，工资奖金依然是各国对管理者和雇员进行奖惩的主要手段，强化报酬与绩效的挂钩依然是发展的基本趋势。

2. 责任与灵活性交易

责任与灵活性交易也可译为"责任换取灵活性"（flexibility in return for accountability），其含义是，管理灵活性（即自主权）取决于为结果承担的责任的大小，高绩效组织可以拥有更大的管理自主权。这是绩效激励的一种特殊方式，适用对象为组织而非个人。美国国家绩效评鉴委员会在其重塑政府报告中指出，责任与灵活性交易是《政府绩效与结果法》的重要原则之一，体现了结果导向和分权化管理等新理念。

3. 诊断与指导

诊断和指导，即深入总结分析导致差距的原因和症结，在此基础上提供切切实实的指导和帮助。在学术研究中，绩效评估的"三D模式"——即诊断、发展和设计（diagnosis，development and design）日益受到推崇。

正式绩效评估是特定绩效管理周期的终点，绩效规划是下一绩效管理周期的起点，绩效评估结果的系统运用则发挥着承上启下作用，把两个周期有机连接起来，由此形成循环往复的绩效管理和持续性改进过程。

第三节　平衡计分卡是有效的公共部门绩效管理工具

一　平衡计分卡的精髓与公共部门绩效管理价值取向之间的内在切合

平衡计分卡更多地应用于企业，也是在企业的管理实践中不断发展和完善的。现代企业要谋求长远和更大的发展，不能仅仅作为追求利润的主体，而是要成为一个向客户、员工、社区乃至整个社会提供价值的主体，必须对那些对企业长期经营业绩产生影响的因素如客户满意度、员工素质、社会认可度、组织信息系统等予以关注，对相关过程因素进行梳理。平衡计分卡的出现正好适应了这一价值需求，为企业这种需要提供了一个框架和切实可行的操作流程，来帮它实现这种价值平衡和发展。平衡计分卡在企业绩效管理中获得的巨大成功，引起了许多政府机构和公共部门的密切关注，人们开始尝试在这些机构和部门中引入平衡计分卡来加强管理。

平衡计分卡的精髓是追求在组织长期目标和短期目标、结果目标和过程目标、先行指标和滞后指标、组织绩效和个人绩效、外部关注和内部诉求等重要管理变量之间的微妙平衡，追求过去的经营结果考核与将来业绩评价之间的平衡，外部组织满意程度和客户满意程度之间以及内部的经营过程、激励机制、职员知识的学习和产品服务增长之间的平衡。追求这种平衡对现代人和组织而言，不是可有可无，而是生死攸关的。对于政府部门和其他公共组织来说，对多种价值的平衡和对使命及组织战略的关注，更是不言而喻的事实。公共部门绩效管理的价值取向充分体现了这种平衡。

绩效管理对于公共部门管理的重要价值主要体现在绩效管理是公共部门长远发展规划与实施的重要途径，在提高公共服务的效率和质量、科学评价与引导组织与员工行为以实现组织使命和目标方面具有至关重要的地位与作用。

首先，现代公共部门对绩效的审视是全方位的，超越了传统的效率观，关注组织使命和一些核心价值，比如回应性、责任性、社会公正等，体现了其公共管理的战略导向，这些都将成为绩效管理制度的价值基础。整个绩效指标体系的设计、绩效考核过程的设计都必然以实现公共部门所承载的使命与价值为前提，是一种战略实施和使命完成的途径。这种战略导向，从某种意义上说，是对韦伯意义上官僚制中只重视程序的遵守，不探讨价值的一种修正。

其次，绩效管理最重要的莫过于在公共部门的管理中引入了成本—效益机制，切合了现今公共部门管理的迫切需要。绩效管理不否认程序和规则，但一切必须以公共产品的数量和质量是否满足公众的需求来衡量，以结果为导向来组织、落实和协调管理，从而为减少或克服以往管理的种种弊端开辟了一个新路径。另外，绩效管理是一种责任机制，包含着管理人员的责任落实、资源的优化配置及整个组织系统协调等，在相当程度上，为促进绩效提供了可能。绩效管理是促进公共部门管理绩效提高的重要的管理工具。

最后，绩效管理为科学地评估公共部门的内部管理提供了可能。确定科学的可量化的指标进行管理目标分解和评估是绩效管理的基本方式，随着时代的发展，公众要求政府对公共产品（服务）的生产和提供的总体框架构成负责，并承担起这样一些责任：一是关于公共事业产品生产和提供的组合方式的公共政策制定是否合理；二是公共支出必须获得公众同意并按正当的程序支出；三是资源的配置是有效率的；四是资源必须使用在预定的结果方面。显然，绩效管理在公共部门中的应用，也同时为公众从组织外部正确地认识和评价公共管理的结果提供了可能，同时也成为公众对公共管理部门进行监督、促进公共管理部门提高绩效的有效工具。

公共部门绩效管理发展所体现的使命感、战略导向、结果导向、责任机制以及开放性等价值取向，都对传统的管理理念和方法提出挑战，因为这些目标的实现都超出了传统方法的承载能力。如何应用新的绩效管理理论和技术来实现上述这些价值，成为目前公共部门管理面临的重要课题。平衡计分卡理论与方法无疑将是一个很好的尝试。平衡计分卡理论与公共部门绩效管理的价值取向是一致的，在公共部门中导入平衡计分卡进行绩效管理具有极强的可操作性。[①]

二　全球公共部门平衡计分卡的应用现状和功能分析

（一）国际应用情况概述

除了一些特例之外，将平衡计分卡引入公共部门和引入营利组织是一样的，这些特例包括：公共部门做事的方式；公共部门组织结构；公共部门的内部文化等。[②] 平衡计分卡理论的创始人卡普兰和诺顿认为，平衡计分卡除了适用在一般营利事业机关以外，同时也非常适合非营利事业机关，尤其是政府机关。事实也是如此，平衡计分卡在非营利机构、政府机关以及军事机构获得高度认可。如美、欧等国家政府部门、警察局、国防部门，澳大利亚的布里斯潘、库科博恩、迈立维尔等城市相继建立了平衡计分卡绩效评估体系。[③] 国外学者研究指出，平衡计分卡应用在政府机关确实有其特殊的功效，国际社会保障协会报告认为，被调查的使用绩效管理方法加强社保服务的社保机构中，有60％的单位使用了平衡计分卡；综合比较所有绩效管理手段对业绩产生的积极影响，平衡计分卡的影响最大；80％以上的单位反映使用平衡计分卡手段后产生了很大的影响。[④]

澳大利亚的布里斯潘市实行了一个综合性的全城平衡计分卡计划。2000年初，澳大利亚的库科博恩和迈立维尔市的平衡计分卡绩效衡量系统获得了奖励。澳洲空军基地实行平衡计分卡实践，发现平衡计分卡在各部门管理信息的整合上，具有特殊的价值。澳大利亚政府在1997年成立了一个新组织"Centrelink"，该组织提供诸如信息、助理和支付（如公共安全）等服务。而在此之前，上述服务由大量的政府部门和机构来处理。Centrelink采用平

---

① 张定安：《平衡计分卡与公共部门绩效管理》，《中国行政管理》2004年第4期。

② Brett Knowles：Scorecarding for the Public Sector, the Next Level of Performance Congnos.

③ Kaplan & Norton：Balance without Profit, Financial Management, Jan. , 2001, p. 26.

④ 国际社会保障协会第28届全球大会报告三《通过社会保障管理部门的绩效管理创造价值》2004年9月17日。

衡计分卡作为其检验实现六个高层目标中所取得的进步的衡量机制：与客户部门建立伙伴关系来交流结果和发挥资金价值，帮助客户实现财务独立；增加客户与社区对服务和结果的参与和满意度；使在 Centrelink 工作的人为自己所作的贡献感到自豪，并认为自己确实起到了作用；给澳大利亚政府返还一份效率红利；发展创新和个性化的解决方案，与政府政策保持一致；成为提供服务参照的首选和标准。

瑞典的赫尔辛堡市政府在 1999 年 6 月开始应用平衡计分卡。赫尔辛堡市政府最早应用平衡计分卡的原因在于市政府希望变革原先的政府管理观念，向市场化方向靠拢。这次变革的愿景是既要使赫尔辛堡市成为瑞典最具吸引力的地区，同时还要为这个地区的每个居民终生提供全面和满意的服务。这次变革最重要的指导思想就是要与自然环境高度和谐地相处。为了实现这个愿景，赫尔辛堡市开始努力为商业贸易及工业生产提供良好的基础性平台，同时还加强环境保护，并使它成为一个具有文化与旅游吸引力的城市。它用平衡计分卡来支持这个变革过程。城市管理委员会在 1999 年 6 月通过一项决议，把平衡计分卡确定为整个赫尔辛堡市政府共享的管理平台。

理查德·玛格那斯（Richard Magnus）是新加坡地区法院的首席法官，他参加了哈佛商学院的执行官项目培训，培训结束后就领导地区法院系统建立平衡计分卡。该法院系统有 84 名法官，500 名行政人员，每年有 40 万例案子。首先在小法庭上尝试使用计分卡，这也许是在世界司法领域中最先被使用的计分卡。当计分卡在小法庭上取得成功后，这个概念很快就被基层法院接受了，并成为当地管理系统发展的里程碑。计分卡同时也被其他下级法院和管理部门所采用。

此外，在美国（下一节重点论述）、加拿大、英国、新西兰、日本和韩国等国家，平衡计分卡也大量应用于公共部门，在准公共部门、公营企业中应用的数量就更为庞大了，比如韩国三家大型电信公司都采用了平衡计分卡，而且都取得了很好的成效。我国台湾地区公共行政部门、香港特别行政区的一些部门也都采用了平衡计分卡，据悉，澳门特别行政区一些部门正在酝酿平衡计分的实施方案。

（二）平衡计分卡在公共部门中的功能分析

卡普兰和诺顿（1996）在对美国联邦政府的采购部门评估研究中发现平衡计分卡提供均衡的观点，领先指标与落后指标并重，具有防患于未然的作用，并非只是事后的检讨；以顾客为导向，整合各功能部门，整个组织成员都动起来，非上级的指命而是发于自身的意念，达到政府再造的目标。

卡普兰和诺顿（1996）在对美国地方政府与残障运动协会的绩效衡量制度改善研究中发现平衡计分卡可协助政府机构或非营利组织澄清其企业策略目标，并将策略目标转化为具体的衡量指标，与营利事业机关相异的地方，是更注重顾客与员工的引导和驱动。

Wise（1997）以美国联邦政府的信息部门为例研究发现平衡计分卡可澄清策略目标，通过绩效指标的因果关系引导，可更具体地落实策略。

Arveson（1998）以国防武器研发机构为例研究发现平衡计分卡可协助国防武器研发机构澄清并展开组织的策略目标，增进管理信息的实用性，让管理者做最好的资源配置，以达成机构策略性目标。

Jackson（1999）以政府公共部门的绩效管理为例研究发现平衡计分卡可协助政府公共部门避免因加强民众服务而导致预算或财务收入不足，能在活动及成果间取得平衡发展，并联系到组织的长期策略目标。

Yee-Ching Lilian Chan（2003）探讨在加拿大城市政府中导入平衡计分卡时认为平衡计分卡通过重新构建和改进，可以导入政府部门，它最大的贡献在于将绩效、战略和组织目标有机联系起来，平衡计分卡可以向它在其他类型的组织中表现的一样，帮助政府部门：在政府机构和利益相关部门就战略达成共识；在组织内外就战略进行沟通；协调部门和个人目标与组织战略保持一致；把战略目标、长期任务和每年的预算结合起来；明晰和协调战略任务；能够进行定期和系统检查；可以创造反馈和改进战略的机会。①

Lori Byrd（1998）认为美国交通运输部采购部实行平衡计分卡以后，内部流程处理时间急剧下降，而满意度衡量指标大幅度增加，DOT 的所有机构都认为平衡计分卡是一个重要工具，它有助于文化发展和促进部门内部革新。采购部的平衡计分卡是一个重要的示范项目，得到了其他部门的学习和采纳。采购部的平衡计分卡已经成为处于不同水平和不同项目部门的催化剂。

P. O. Gunnarsson（2000）在讨论赫尔辛堡市的平衡计分卡项目得以成功

---

① Yee-Ching Lilian Chan, The benefits of balance, CMA Management, January, 2003, p. 50.

推进、促进城市管理水平的提高时，形成了如何把平衡计分卡渗透到所有政府工作部门的十点建议：平衡计分卡是我们的管理工具；平衡计分卡是我们管理和控制的工具；每一个人都要明白为什么要应用平衡计分卡——这是每个人的动力所在；必须安排出充分的时间来应用平衡计分卡——传统财务预算的时间要减少一半；每一个人都要加入这个过程，并相互交流沟通——必须进行对话；平衡计分卡不只是一个项目——它是一个长期的变革过程；需要用激情和动力推进这一过程；确保每一个人都投入到平衡计分卡的应用中是城市管理委员会和管理当局不可推卸的责任；需要配置资源（时间和资金）；政治团体必须进行立法工作。①

三　平衡计分卡在美国公共部门中的实践与创新

平衡计分卡在公共部门的应用，成功的案例更多的还是来自美国，下面先对美国政府部门应用平衡计分卡状况做一总体描述和分析，在后面创建平衡计分卡绩效管理的论述中将举例详细说明其实践过程。参阅表2—2美国平衡计分卡研究所列举的一组政府部门使用平衡计分卡的名单。②

表 2—2　　　　　　　　　　美国政府部门使用平衡计分卡清单

联邦政府：国防部　能源部　商务部　交通部　海岸警卫队　退伍军人办公室
州政府：弗吉尼亚　俄爱华　马里兰　波多黎各得克萨斯　明尼苏　俄勒冈　佛罗里达　　　　华盛顿州　犹他州　缅因州
城市政府：圣地亚哥　波特兰　夏洛特　西雅图　奥斯汀等
县政府：蒙若　圣塔克拉若　曼柯兰伯格　法莱范克斯等

　资料来源：Paul Arveson（2003）。

美国行政学会（ASPA）和美国行政科学研究院（NAPA）所属的平衡计分卡兴趣小组（Balanced Scorecard Interest Group – BaSIG）成立于 1999 年

---

①　[美]罗伯特·卡普兰、戴维·诺顿：《战略中心型组织》，人民邮政出版社 2004 年版。

②　Paul Arveson, A Balanced Scorecard For City & County Services, Balanced Scorecard Institute www. balancedscorecard. org/.

9月，正是为了响应公共部门不断采用基于私营部门的平衡计分卡技术的形势，为联邦政府机构提供一个相互学习平衡计分卡技术的场所以及共享实施经验的论坛。美国邮政总局、联邦高速公路管理办公室、能源部采购办公室、国防财政和会计服务中心、联邦行政服务局、专利商标办公室等部门先后分享了它们实施平衡计分卡的历程和经验教训[1]，许多行政学者也积极参与每月一次的讨论会，极大地推动了平衡计分卡在联邦政府中的应用。笔者将在本书的后面章节中论及这些联邦机构的实践和经验。

美国退伍军人办公室的退伍士兵福利管理局（VBA）使用平衡计分卡取得了成功。起先 VBA 成立了一个委员会以决定如何遵守政府业绩与成果法案（GPRA）。委员会的讨论迅速涉及平衡计分卡，以及它能够如何帮助本机构遵守 GPRA 和使运作更有效率。VBA 花了很长时间才在目标上达成了一致意见。由于历史上它的五个下属子单位之间相互差异很大，所以该目标具有很大的挑战性。委员会意识到原有的衡量体系忽略了三个重要组成部分：老兵（受益者）、员工和纳税人。委员会建立了一个简单的平衡计分卡，虽然只有五项衡量指标，但该计分卡为 VBA 的任务和战略提供了一个更为平衡的视点：客户（老兵）满意度；成本（纳税人）；速度；准确性；员工发展。在以前，VBA 办公室只在业务处理速度上做比较。现在计分卡使其可以在五个衡量指标之间进行比较，包括以前未被衡量的客户满意度。[2]

美国能源部采购部（DOEP）的平衡计分卡（参见图 2—4）一开始就为其功能进行了新的定义："在保持公众信任和满足公共政策目标的同时，在及时的基础上，为客户提供最优的产品和服务。"在 1993 年之前，关于采购仅有的两个衡量指标是"你花的钱是否经过授权"和"你是否按规则操作"。平衡计分卡在帮助进行重大文化改革的过程中起了关键作用，使得采购部门变得对客户更加负责——把关注的焦点从服务转到客户的结果上。像其他政府和非营利组织一样，DOEP 把客户透视放在平衡计分卡的顶部。客户满意度由一个新设计的调查来衡量，该调查要求客户对所提供商品和服务的质量，以及采购流程、计划活动和实时交流及时性进行评

---

[1] Jake Barkdoll: Balanced Socrecard Interest Group Celebrates Four Years, PA Times, 2004, July, p. 23.

[2] ［美］罗伯特·卡普兰、戴维·诺顿：《战略中心型组织》，人民邮政出版社 2004 年版。

分。DOEP 的管理层使用这个调查结果作为所有办公室的内部衡量基准。他们把一个得分高的办公室和得分低的办公室放在一起，以实现学习和共享最佳实践经验的目的。这还帮助形成了一种不断学习的气氛。第二个客户目标——创造有效的服务合作伙伴关系同样是通过一些问题调查来衡量的，这些问题与采购部门对客户要求的反应速度和与客户的合作情况相关。

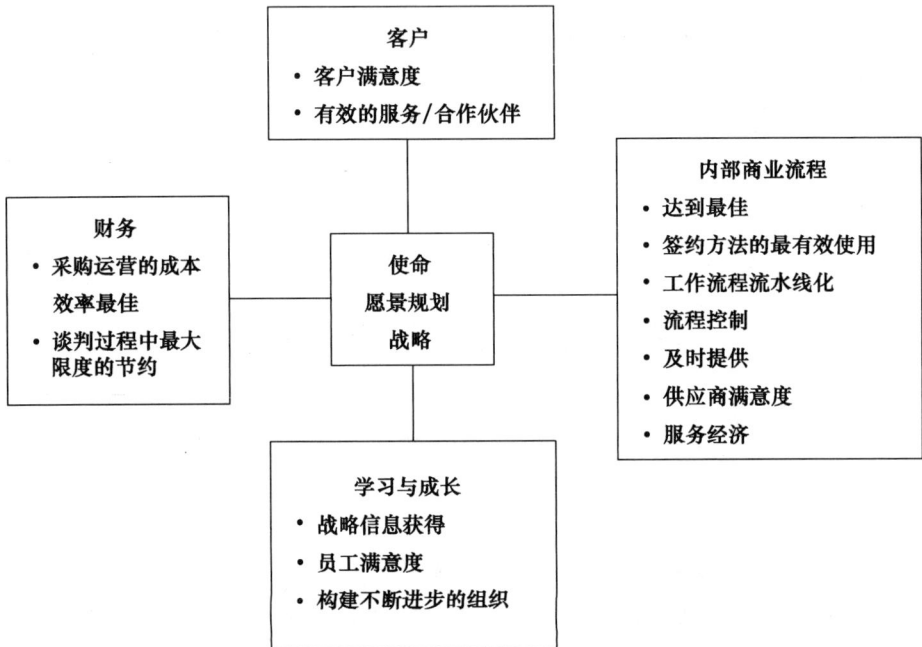

资料来源：卡普兰、诺顿（2004）。

图 2—4　美国能源部采购部的平衡计分卡

许多其他联邦机构，包括联邦航空后勤中心和国家勘测部也采用计分卡来把它们的组织和战略调整一致，以便获得更为可靠的业绩。如同商业企业的例子一样，联邦政府部门的这些平衡计分卡帮助政府服务部门变得更有生产力、对客户需求反应更加迅速，并成为帮助组织达到其战略目标时更有效率的合作伙伴。这些利益的取得与政府补偿没有任何关系，因为在联邦政府的规则之下是不可能取得补偿的。政府机构中的员工都喜欢新的战略。他们的工作现在变得更有意思，他们也有了更多的责任感，同时他们也有了更多的挑战和机遇。这个新方法创造了强烈的内在动力，并且这种行为改变并不一定需要强调财务刺激（外部动力）。[①]

美国地方政府采用平衡计分卡更是走在了联邦政府的前面。从上面的列表中我们也可以看出已经有十几个州政府采用了平衡计分卡；2002 年的一项调查显示，美国 8.3％的城市自治政府使用了平衡计分卡[②]，这个数量现在应该更大些。卡普兰博士和诺顿博士论著中运用夏洛特市的实例来分析平衡计分卡在公共部门绩效管理中的应用途径[③]，夏洛特市副市长领导的平衡计分卡行动对该城的历史发展是一次突破，他们的努力使夏洛特市比其他南方城市拥有了更好的发展前景。他们制定城市计分卡的战略主题是让本市与其他城市相比具有更强的竞争力以吸引投资和居民；开发主题计分卡让市政府更专注于重要的事项，开发部门计分卡为了提高客户/市民对城市及其服务的满意度。伴随着平衡计分卡的导入和资金的支持，夏洛特市各项事业发展实现了良性互动并开始复兴，与其他城市相比具有更强的竞争力，吸引了更多的商业投资和居民迁入，构建了雄厚的税收基础，夏洛特市成为东南部发展最快的城市之一。现今，市政府管理部门已将平衡计分卡融入市政府每年的战略规划及工作计划中，并发展出一套战略性的绩效管理系统，这个系统是一个分八步走的流程循环：年初会议（制定或更新市政府平衡计分卡）——将更新部分与各部门进行沟通——部门用更新的部分来重新确定其工作——部门进行规划和绩效目标的设定——部门根据所设定的目标开始挑选有激励作用的衡量指标—部门报告其成果以及困难——反馈并形成报告——下年度会议的规划和准备。每个部门都以市政府的年度绩效计划为目标来撰写各单位的年度计划，计划中详细叙述达成每年目标的程序、服务内容及行动方案。而后在一整年中，由市政府的预算单位来监督各部门的绩效状况。这其实也是第一个采用平衡计分卡的城市政府，应该说最具代表性。本书在下面的论述中也将经常提起夏洛特市的案例。

---

① ［美］罗伯特·卡普兰、戴维·诺顿：《战略中心型组织》，人民邮政出版社 2004 年版，第 196 页。

② Yee-Ching Lilian Chan, CMA：The benefits of Balance, CMA. Management, 2003, 1, p. 48.

③ R. Kaplan（ed.），City of Charlotte, 9－199－036, Harvard Business School, Boston, 1998.

案例分析

得克萨斯州审计处①：政府部门实施平衡计分卡的一个成功案例

（一）基本情况和背景

得克萨斯州审计处（Texas State Auditor's Office-TSAO）负责核查由州政府提供资金的各级行政部门向 2000 万人提供服务的情况。州审计处的核查与分析，帮助评估部门管理人员在达到预期结果的过程中，如何对资金进行行之有效的管理。除了奥斯汀（Austin），州审计处共有职员237 人，财政预算额为 1400 万美元。下面我们来看看州审计处为什么会转用平衡计分卡、采用的程序、实施过程中技术扮演的角色、从平衡计分卡获得的效益、实施过程中面临的挑战以及成功的关键所在。

州审计处实施平衡计分卡与许多其他的偶然事件一样。有一位叫黛博拉·克尔（Deborah Kerr）的主管，有一天碰巧在《哈佛经济评论》上看到这种观念，她感到印象深刻，想与其他管理人员共同分享。通过一系列"午餐会"，州审计处的平衡计分卡正式进入实施阶段，时间是1998 年后期。虽然州审计处觉得他们很多事情都做对了，但毕竟不可能总是一帆风顺的，就像一位叫弗兰克·维托的管理人员所提到的，"我们厌烦了总要靠运气来管理"。该部门意识到，仅仅是了解什么事情做对了，然后不断地重复并不够，如果同时能够判断什么事情做错了，并作出更正，就可以取得更连贯和持久的效果。平衡计分卡强调使命、战略以及组织学习，恰好与他们的思路吻合。

（二）使命和战略的制定

在州审计处选用平衡计分卡以前，他们已经对未来的审计工作进行过预测，对其在新环境下的角色做了探讨。在对当前环境、外部因素、潜在的变化做了分析后，州审计处认为，有必要制定新的使命和战略，以保证在不远的将来可以在复杂的环境中应付自如。"积极主动向政府领导人提供有助于改善受托责任的有用信息"，成为州审计处简明而有力的新使命。这项使命又再分解成三大战略：

提供保障服务。保障服务的核心就是受托责任。州审计处不仅从事传统的财务和绩效审计，同时提高未来审计工作所需要的技能和手段。未来审计的范围可能涵盖信息准确性和安全性评估，同时提供网络安全保障。

提供管理咨询服务。管理咨询服务的特点是提供帮助。新组建的团队向州政府官员提供帮助和相关信息，以明确存在的缺陷，并制定相关的改进战略，从而降低州政府的总体风险。

提供教育服务。未来使命的运作环境将趋向复杂化，州审计处提供教育服务的目标是使管理人员意识到这些风险，并向他们提出应对风险的建议。

---

① 本案例节选改编自保罗·尼文：《平衡计分卡——战略经营时代的管理系统》，中国财政经济出版社 2003 年版，第 291 页。

续表

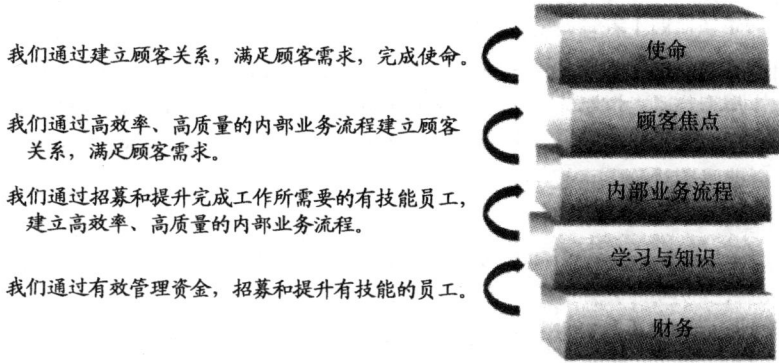

我们通过建立顾客关系，满足顾客需求，完成使命。　　　使命

我们通过高效率、高质量的内部业务流程建立顾客　　　顾客焦点
关系，满足顾客需求。

我们通过招募和提升完成工作所需要的有技能员工，　内部业务流程
建立高效率、高质量的内部业务流程。

　　　　　　　　　　　　　　　　　　　　　　　　　　学习与知识
我们通过有效管理资金，招募和提升有技能的员工。

　　　　　　　　　　　　　　　　　　　　　　　　　　财务

资料来源：保罗·尼文（2003）。

图 2—5　得克萨斯州审计处运用平衡计分卡评价使命

（三）构建平衡计分卡

制定了新的使命和战略之后，州审计处运用平衡计分卡作为评价达到目标工作的手段。他们的第一件事是重新设计平衡计分卡的构造，以适用于公共部门。迎合公共部门的需要，而不是要赚取利润，乃是州审计处首要关注的问题，州审计处构建一个体现平衡计分卡的使命，所有其他绩效指标都直接为使命服务。州审计处用超过 18 个月的时间，采用四步走的程序开发了平衡计分卡。第一步是组织平衡计分卡，定义总体战略优先次序安排及其内容；第二步是为每个战略设计与审计处战略计划相一致的长期计划和平衡计分卡；第三步是为每个下属单位开发一个平衡计分卡支持内部顾客；第四步是为项目和团队成员设计与审计处战略相一致的平衡计分卡。审计处的三个战略目标都有相应的平衡计分卡，并可与该部门的总体平衡计分卡相协调。下属部门同时开发他们的分级平衡计分卡，以展示他们如何满足内部顾客的要求。最后由项目经理和团队成员负责构建与部门战略目标一致的平衡计分卡。这些项目是由审计处负责的具体审计，代表着在审计环境中平衡计分卡的创新性运用。弗兰克·维托解释道，"每一个项目都有特定的目标，如果要把这些目标看做使命的话，那么，运用平衡计分卡，你就可以转化这些目标。有了平衡计分卡后，团队成员开始关注顾客、关键流程以及团队的各种技能。他们把平衡计分卡当做一种管理工具"。SAO 进一步将该目标细化，然后为组织目标区域编排了四种支持平衡计分卡区域，即客户关系、内部过程、员工技能和财务责任。为在这四个区域里追踪组织绩效，显示标准，SAO 系统地设计了九种计量器。[①] 这一管理系统还为提供计量报告的管理者规定了报告责任，每月由责任人在例会上对计量结果进行讨论，由于 SAO 请软件公司做成了计分卡软件，计量信息系统的数据可以被转换为十分直观、操作简单的电子文档，所以很容易根据显示出现的问题及时采取措施加以解决。

①　Deborah L. Kerr，Accounting Journal，June 2003.

续表

平衡计分卡系统在州审计处投入使用后，取得立竿见影的效益。分级使用平衡计分卡，可以使每一个职员都了解自己对最终完成使命所作的贡献，同时也使他们了解自己的积极参与是必要的。审计处明确承诺，将平衡计分卡作为一项战略管理系统实施，旧的管理会议日程被搁置在一边，用平衡计分卡取而代之。按照弗兰克·维托的说法："过去我们关心的是事情的进展如何，又出现了什么问题，哪里又需要救火了。现在我们在会议开始时用屏幕显示出平衡计分卡，关注战略问题。"

（四）案例分析

在州审计处实施平衡计分卡的初期，技术因素起了很大的作用。审计处选择了一种叫 pb views 的软件作为自动化解决方案。弗兰克·维托认为，技术通过提供实时具体的绩效反馈，促进学习与文化变革，为平衡计分卡的成功实施作出了重要贡献，同时使审计处能够将绩效评价扩展到组织的各个层面。

如此重大的变革不可能是一帆风顺的，州审计处同样也在平衡计分卡的实施过程中遭遇了困难。许多管理人员在理论上接受平衡计分卡观念，但一旦要付诸实践设计自己的平衡计分卡时，他们就表现的犹豫不决。有些人埋怨技术难度太大，另一些人则抱怨没有时间。项目主管要花很多时间去解释"红色"（表明绩效低于预期目标）并不是坏事，反倒代表了改善和学习的机会。

SAO 已使用了三年平衡计分卡绩效计量系统，效果很好。SAO 能及时得到关于组织绩效结果和趋势的报告，从而有利于完成组织目标。公共部门对平衡计分卡的开发使用与私营企业确实有着许多共同之处，得克萨斯州审计处的经验也再次证明了这一点。审计处把高层的承诺支持、参与、明确平衡计分卡的责任归属、持续改善、沟通和培训列为成功实施平衡计分卡的关键。2000 年 7 月，政府会计师协会（Association of Government Accountants）为肯定得克萨斯州审计处推行平衡计分卡所取得的成效，向它颁发了最佳实践奖（Best Practices Award）。人力资源管理学会（The Society of Human Resource Management，SHRM）也称赞得克萨斯州审计处的成绩，并将其评为全国成功实施平衡计分卡的四个最优范例之一。

四　基于平衡计分卡的公共部门绩效管理框架

（一）公共部门平衡计分卡模式

综上分析，参照公、私营两种组织实施平衡计分卡的实践，我们基本上可以勾画出一个关于公共部门平衡计分卡的模式（参见图 2—6 所示）。

```
                        ┌─────────────────┐
                        │   使    命       │
                        └────────▲────────┘
                ┌────────────────┴────────────────┐
                │         顾客维度                  │
                ├─────────────────────────────────┤
                │   谁是我们的顾客？我们将          │
                │   如何为他们创造价值？            │
                └─────────────────────────────────┘
```

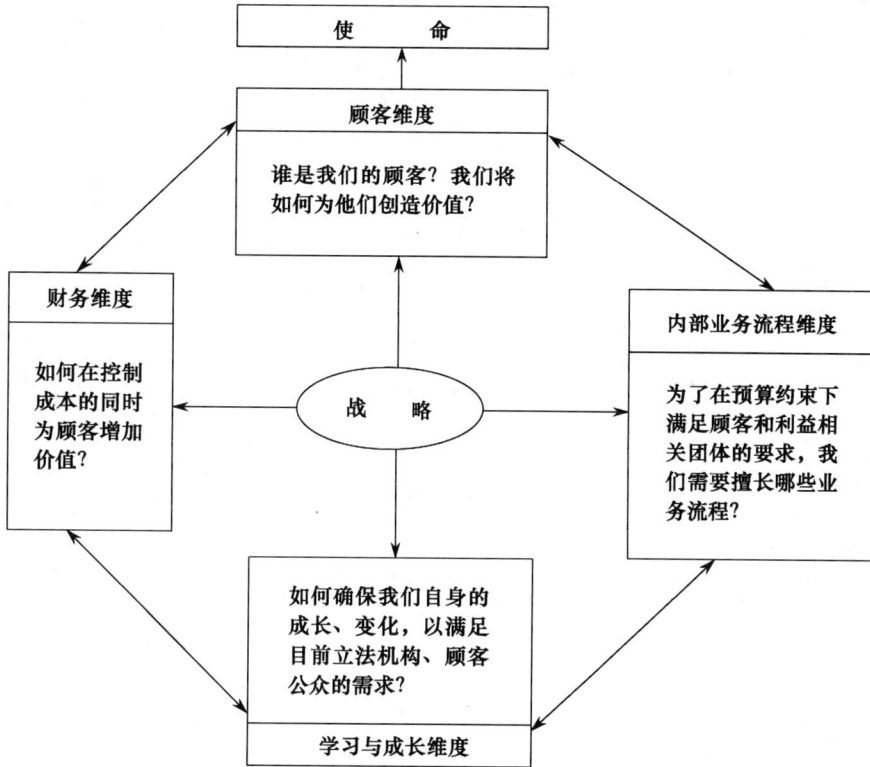

图 2—6　公共部门平衡计分卡框架

　　从上一节关于平衡计分卡的讨论中，我们认识到平衡计分卡是组织实施战略的有效方法，也是商业企业有效的绩效管理工具，这种描述和实施战略的方法能否与公共部门绩效管理制度结合在一起，也就是说平衡计分卡能否在公共部门的绩效管理框架中找到位置？在前面分析公共部门绩效管理特点及其与平衡计分卡理论内在的切合性时，也曾列举了一个美国公共行政学会责任与绩效中心的关于战略性绩效管理的模式，平衡计分卡工具与这个模式是否有冲突？

（二）基于平衡计分卡的公共部门绩效管理框架模型

　　事实上，当我们从战略角度，或者说从组织发展全局角度出发考虑公共部门的绩效管理制度时，我们不难在它的框架中为平衡计分卡找到位置。图 2—7 是本人结合自己的研究心得所设计的基于平衡计分卡的公共部门绩效管理模式图。

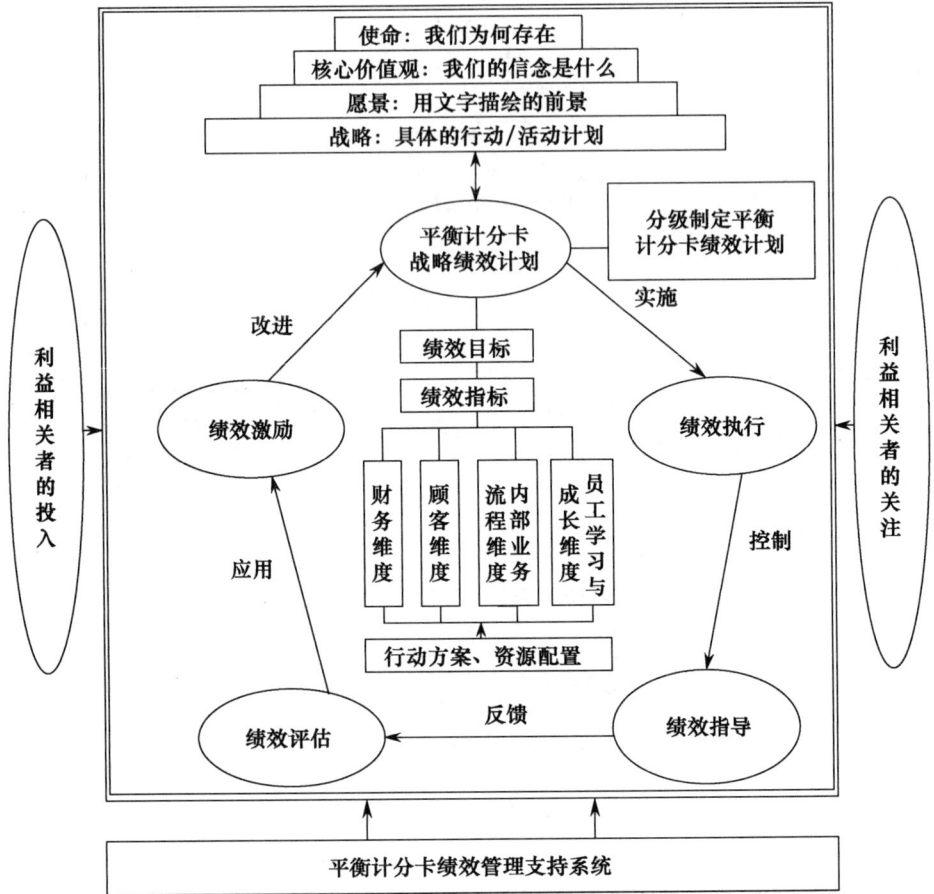

图 2—7　基于平衡计分卡的公共部门绩效管理模式

事实上，当我们今天研究在公共部门引入平衡计分卡进行绩效管理时，已经比我们的前辈容易得多，因为当前在公共部门可供我们参考的成功案例已经很多。这个框架并非只是一个理论模型，它是从众多实行平衡计分卡的公共部门的实践中总结概括出来的，也在美国很多城市政府部门的绩效管理中不同程度地采用着，检验着，完善着。美国加利福尼亚的库拉—维斯达市（The City of Chula Wista，California）几乎完全根据这个框架将行政部门的使命和目标转化成可衡量的指标，发展了一套行之有效的绩效管理体系。该市的每个公共部门（包括所有政府部门），每年的工作报告最后一部分都有一章专门描述本部门使命（Mission Statement）、战略主题（Goals）、绩效目标（Objectives）、绩效考量（Measures）。[①] 而美国其他的采用平衡计分卡的公共部门，其操作思路也基本上与这个框架相一致。更主要的是，这个框架将平衡计分卡与传统的公共部门绩效管理流程进行了结合，因为平衡计分卡体系提供了主要绩效目标、绩效指标、目标值和行动方案，解决了公共组合绩效计划制定和评估标准问题，要完成整个绩效管理流程，还必须关注平衡计分卡绩效计划与资源配置、绩效指导与反馈、绩效评估、绩效激励与改进等方面的内容。

---

① http：//www. chulavistaca. gov/City _ Services/default. asp.

第二部分

建构公共部门平衡计分卡
绩效管理体系

第三章 公共部门的战略：平衡计分卡绩效管理体系的核心

第一节 公共部门战略：使命、愿景与价值

一 公共部门需要战略思维

战略（strategy）源于军事术语，原意指将军指挥军队的艺术或对战争全局的筹划和指导。[①] 战略不同于战术和执行，战略是方向性的、重大的、全局的，是基于未来的谋划，战术是运作时的精算，执行是完成任务的学问。战略正确，战术精准、执行有效，事半功倍；战略失误，战术越成功、执行越有力，越危险。一般说来，战略是指在整个社会生活中，那些事关全局、具有根本意义或长远意义的重大问题的决策或方略。就其广义而言，则是指研究全局性、长远性和根本性认识规律的思维方式，是人们分析和解决宏观性、前瞻性、政策性等重大问题的立场、观点和方法。

战略可以提供发展方向，指导资源配置的优先顺序，强化组织对环境的适应能力，通过设定追求卓越的绩效标准，提供控制和评估的基础。从一定意义上讲，战略是获得未来一段时间卓越绩效计划的一组假设。战略管理的基本特征是：未来导向；较长远总体谋略；寻求成长和发展机会及识别威胁的过程；直觉和理性分析相结合；持续性与循环性；前瞻性思考和由外而内的管理哲学。

战略管理的一般过程是：环境分析，达成初步共识；确认组织的愿景及使命；进行 SWOT 分析，了解优势（strength）和弱势（weakness），把握机会（opportunity），规避威胁（threads）；确认组织所面临的战略议题，进

---

① 王德忠：《企业战略管理》，西南财经大学出版社 1999 年版，第 3 页。

行战略规划；战略实施；战略评估；战略改进。

在传统的公共行政模式中，公共部门是很少关注战略问题的，墨守成规和照章办事是其特点，只关注行政过程和日常管理，很少考虑外部环境、长期目标或组织的未来等问题，战略问题被认为是政治家的工作。当人类社会迈入 21 世纪之后，公共部门所面临的环境越来越具有复杂性、动荡性和多元性特征，公共事务国际化，经济活动全球化，信息技术日新月异，外界环境与公共部门的互动关系越来越深入和广泛，不确定性日益增多，公共组织不可能仅仅关注内部管理问题，还必须分析更加复杂和不确定的国际国内环境，考虑各种政治、经济、社会和文化方面的问题，考虑来自各方面的压力，其中最显著的是来自公众的日益挑剔和不断增长的期望与要求；就政府内部管理而言，其复杂性和不确定性也日渐增强，随着分权化改革以及在公共部门引入竞争机制，公共部门经常面临重组、合并、企业化甚至撤销，公共部门间存在竞争，公共部门有时还被置于同私营部门竞争来提供公共物品和服务的境地。公共部门的决策、管理甚至生存等面临着诸多挑战，不能像过去那样对自身生存、发展和未来高枕无忧了，公共部门的角色正发生着巨大变化，要成为领航者而不能只是划桨者，这样，公共部门就不得不更多关注组织的目标、责任和使命，不得不考虑通过总体战略来促进组织使命的实现。考虑组织所面临的环境（SWOT 分析），考虑组织的长远发展目标和未来，提高自身竞争力成为公共部门管理者最基本的管理任务及内容。[①]"不知谋全局，就不知谋一域；不知谋万世，就不知谋一时"说的就是这个意思。战略日益成为公共部门关注的焦点，战略管理在公共部门的地位越来越重要。另外，商业企业战略管理的成功经验给了公共部门示范性的影响[②]和可资借鉴的实践。其实，在 20 世纪 80 年代，美国学者保罗·C. 纳特和罗伯特·W. 巴可夫等人就开始对公共部门战略进行研究。在西方各国掀起的"新公共管理运动"中，公共部门战略管理是作为其中一个重要组成部分而出现的。战略管理成为公共部门领导者应对挑战，实施变革，提高绩效，实现组织目标与使命的策略和工具，是对其面对不确定的外部环境的一种能动适应，是对几

---

① ［美］保罗·纳特、罗伯特·巴可夫：《公共和第三部门组织的战略管理：领导手册》译者序，中国人民大学出版社 2001 年版。

② 陈振明：《公共管理学——一种不同于传统行政学的研究途径》，中国人民大学出版社 2003 年版。

十年来公共行政实践和范式进行检讨与反思的产物。

　　要的是做正确的事，而不仅仅是正确地做事——这是彼得·德鲁克三十多年前提出的观点，堪称管理思想发展的一个里程碑。正确地做事需要绩效管理这个手段作保证，而战略却是做正确的事的有力保障，任何与战略脱节的绩效管理体系都是失败的体系。伯兹曼和斯特陶斯曼认为，政府部门必须进行战略管理，才能解决公共部门中所发生的问题，提高公共部门的效率。①由于公共部门绩效有着多层含义，而且每个组织本身的管理基础也不尽相同，所以设计和构建的绩效管理方法与模式也不一样，但毫无疑问，公共部门绩效管理需要战略思维。从第一章的有关绩效管理的文献探讨中可以看出，组织绩效的着眼点已由传统的只重视评估转为多层面多因素的系统分析，考察组织是否达成良好绩效的目标亦转变为发展提升组织绩效的管理战略。绩效管理要求一个组织拥有自身的愿景、使命和战略，这已经是一个得到广泛认同的观点（威廉姆斯，2002）。②可以说现行的主要绩效管理体系都是战略性绩效管理系统，它们在理念上与传统绩效考核有根本的区别，最终目标是组织战略，而不是员工。公共部门由于其具有公共性，更关注组织的价值、使命、责任，其绩效因而更应具有战略思考，依照组织战略加强管理、提高绩效是其必然选择。

二　战略的核心概念

　　现在论及组织绩效和绩效管理，常常要论及战略；而制定战略时，就必然都会回到组织之所以为这个组织的原因，也就是组织为什么要存在，这其实就是组织的使命。公共部门由于非营利性的特点，其绩效与组织使命联系更为紧密。平衡计分卡绩效管理体系也是这样，它也有一套与之相关的概念体系。这里我们先认识几个与制定战略密切相关的核心概念，使命、愿景、价值等，这些概念常常相互重叠，互相包含。一般来说在整个绩效管理体系中，层级越多，靠近上面的表述就会越简洁（参见图3—1所示）。

　　使命（Mission）。使命是组织存在的核心目的，反映了组织为什么存在。不同组织对使命的界定不同。美国行政学会责任与绩效中心认为，使命是指对当前组织或项目的主要意图的广泛陈述，一般关注组织做什么，为什

　　①　张成福、党秀云：《公共管理学》，中国人民大学出版社2001年版。

　　②　刘旭涛：《政府绩效管理制度、战略与方法》，机械工业出版社2003年版，第155页。

么这么做以及为谁而做等问题。也有学者认为使命是一个组织特征、身份和存在的理由，可以包括：目标、战略、价值以及行为准则等。尽管表述各不相同，使命的目的在于为组织提供一个方向，并作为行动基础，同时促进某种特定的价值观，作为一种行动指南（威廉姆斯，2002）。[①] 有效的使命应该具有长期性，易于理解和沟通，且能激发变革。

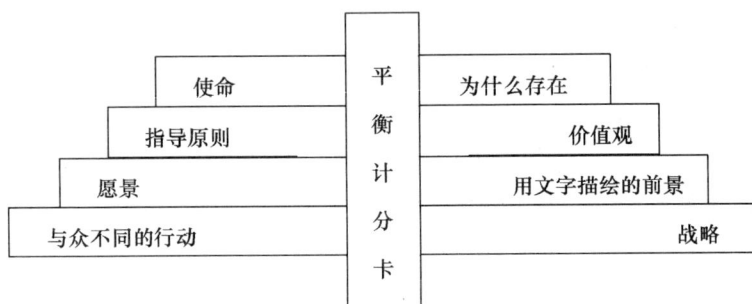

资料来源：保罗·尼文（2003）。

图 3—1 平衡计分卡转化使命、价值观、愿景与战略图

愿景（Vision）。通常用来指组织未来发展蓝图和预期目标。表示组织在未来五年、十年或更长时间里最终想成为什么样子。愿景的陈述一般不是特别抽象，应尽可能描绘希望出现的情形，并为战略和目标提供基础。有说服力的愿景陈述应该具有简洁性，具有可行性、可验证性，能够与使命保持一致，能鼓舞人心，吸引所有的利益相关者，能为组织中的每个人提供共同的精神指导和巨大的动力。愿景有三大作用：指出变革的总方向使得成百上千的具体决定变得简单；激励员工沿着正确方向采取行动；可以使组织中不同的人行动迅速且有效配合。[②] 不具现实性的愿景陈述则可能很危险。

价值观（Values）。很多组织可能很少提及价值观，但是有愿景和使命感的组织应该确立组织的基本价值观，也就是那些确保组织长期发展的基本原则，它是一个组织深层次的信仰并在全体员工的日常工作中表现出来，是一个组织的职业伦理，是组织中每个人的基本立场。价值观不同于惯例，不

---

① 刘旭涛：《政府绩效管理制度、战略与方法》，机械工业出版社 2003 年版，第 157 页。

② John P. Kotter, Leading Change, Boston：Harvard Business School Press，1996.

会随着战略和流程的发展变化而改变,它为组织提供持久的力量和智慧。在公共部门中,由于其握有公共权力且具有非营利的特点,对组织价值观有着更为迫切的要求。

三 公共部门的使命陈述

任何一个公共部门的成立,都会有一个机构职能说明书,其中都会有该组织的职责、职位、人员、经费来源、办公场所、服务对象、工作事项等,该组织的使命毫无疑问会包含在其中。相对于私营部门,公共部门的使命陈述要容易些。但是,由于公共部门具有目标多元性,经常需要执行若干不同性质的使命,制定平衡计分卡时,必须对其加以分析和选择,应该围绕主要使命来设计平衡计分卡。

关于使命陈述,学者们给出了很多答案。鲁迪-朱里安尼认为"询问自己究竟想获得什么成就,它不是你每天的目标,而是总的最后的目标"。[1] "5个为什么"(5 Whys)被认为是有效地进行使命陈述的方法[2],从描述性的陈述开始,如,我们提供某某服务,然后再问 5 次,"为什么这是重要的"。在这个过程中,多问几个为什么,整个的使命就会出现。"6 个问题模式"也是非常有效的使命编制模式,这个模式需要回答以下问题:我们是谁?我们存在是为了满足什么样的社会需要或问题?我们怎样去对这些问题进行识别、预期和反应?我们怎样对主要利益相关部门作出反应?我们的指导哲学和文化是什么?什么东西可以促使我们与众不同?[3] 回答了这几个问题,使命陈述就有了个大概。最简单的陈述模式就是:

我们存在——(回答主要目的,解决问题或提供服务);

为了——(回答主要的客户或顾客);

为了——(回答核心服务内容);

所以——(导致成功的长期效果)。

具体到公共部门,笔者认为首先从其成立时的说明书上去寻找那些阐述其职能、职责、经费来源和服务对象的资料,再根据其当前所处的发展阶段

---

[1] Rudolph W. Giuliani, Leadship (New York: Hyperion, 2002).

[2] Collins and Porras, "Building Your Company's Mission", *Harvard Business Review*, pp. 65—77.

[3] Paul R. Niven, Balanced Scorecard: Step by Step for Governement and Nonprofit Agencies, p. 105, John Wiley & Sons, Inc. 2003.

与可能面临的新情况、新问题进行适当提炼和概括。让所有人员参与使命陈述编制固然有意义，高层的负责人的参与更显重要，领导的高瞻远瞩的思维能力是组织使命最终有力陈述的保证。必要时可以邀请相关专家学者参与，毕竟使命的陈述需要全局观念，需要综合考虑多方因素，需要较高的概括能力和凝练的语言，征求尽可能多的人员意见有益无害。使命陈述力求简洁明了，容易理解和沟通。下面罗列一些组织的使命陈述。

夏洛特市（The City of Charlotte）：夏洛特市的使命是为促进市民的安全、健康和高质量生活提供高质量的服务。我们以顾客为导向，通过以下几个方面回应社区需要：营造和维持有效的伙伴关系；吸引和保持熟练的与积极进取的公务人员；运用战略行动计划。

美国注册会计师协会（AICPA）：为会员提供各种资源、信息和指导，帮助他们以最高的职业水准提供有价值的服务，造福公众、员工和客户。

美国俄勒冈波特兰警察局（Police Bureau of Portland）：波特兰警察局的使命是与广大市民一道维持和提高社区的可居住性，保护生命、财产和人权，促进个体责任和社会和谐。

美国土地管理局（BLM）：为美国现在与将来持续享用健康、丰富多样和多产的土地资源服务。

四　公共部门应建立的价值观

每个组织应该有一套每天得以体现的价值观，但这很难说它一定体现了这个组织的真正本质，或许只是组织领导人一时的倡导。有些组织已有成型的价值观，有的组织还在寻找这种价值观，有些还需要重塑组织的价值观，其实分析价值观的过程就是建立价值观的过程，组织的价值观是所属成员所坚持的原则的总和，最好与员工一起来发掘有利于组织发展的价值观并把它塑造为组织的通用价值观，能招募有相同价值观的员工将是最好的选择。价值观是组织长期发展的原则，有些原则可能在短期内并不能为组织发展带来好处，但它将长期存在。对于公共部门来说，很多原则是公务机关人员的必然选择，是公共部门坚持的当然原则，比如公平、正义、效率以及献身于公用事业等，但这些都是通用价值观，公共部门还必须根据自身实际情况坚持独特而持久的原则来提供公共服务和解决公共问题。看看美国凤凰城（Phoenix City）基于价值和愿景的陈述，以便我们对公共部门特点有一个具体认识。

凤凰城:凤凰城承诺公务人员 24 小时提供无缝隙服务。凤凰城无缝隙服务使命是其城市价值和愿景的一部分。其核心价值包括:我们致力于服务我们的顾客;我们学习、变革和提高;我们注重团队工作;我们以结果为导向;我们尊重多样性;我们尽我们所能工作;我们用正直之心工作;我们要使凤凰城变得更美好。[①]

五　编制愿景陈述

愿景对于不同的人有不同的理解,但每一个有进取心的组织都应该有一个对未来一段时间美好的前景的描述,而这个美好前景具有可验证性,通过努力可以实现,而且能吸引所有利益相关者为其奋斗,并为组织中所有的人描绘出一个都得益的未来。编制愿景有两个非常有用的方法:面谈法和未来法。[②]

其实关于未来一段时间的蓝图,每个人都可以有自己的方法。说到愿景陈述,最为著名的一个可能要推马丁·路德·金著名的演说"我有一个梦想"。他用生动的语言为苦难中的美国黑人阶层描绘出关于未来的美好情景,感人至深,催人奋进。人们在制定愿景陈述时,无疑可以从许多这样的经典中获取营养。有使命感的公共部门理应也为民众描绘一个关于未来的美好愿景。保罗·尼文先生总结了 10 个问题可以帮助公共部门起草愿景[③]:如果我们达到了希望达到的目的,我们周围的世界将发生怎样的变化,在哪些方面改进了?在未来的三年中,哪些服务活动应该由我们继续提供,哪些需要改变,哪些需要开始提供?为了达到我们的目标我们需要怎样的工作人员和激励因素?我们的高层领导(当选官员)和组织高层管理机构如何帮助我们获取成功?哪些资源(包括资金来源)需要发展变化以便我们能够获取成功?我们需要哪些设施和技术改进以确保我们获取成功?哪些基础、制度和交流方法需要改变以便我们获得成功?我们怎样才能高效地提供我们的服务?如果有三种改变可以显著增进我们提供高质量服务的能力,那么这三种变化是什么?什么可以让我们独树一帜?我们的客户或顾客认为什么对我们提供服务最为重要?他们需要从我们这里得

[①]　SEAMLESS SERVICE MISSION, Phoenix city, http://phoenix.gov/visvalue.html.

[②]　保罗·尼文:《平衡计分卡——战略经营时代的管理系统》,中国财政经济出版社 2003 年版。

[③]　Paul R. Niven, Balanced Scorecard: Step by Step for Governement and Nonprofit Agencies, p. 118, John Wiley & Sons, Inc. 2003.

到什么？

说到实例，可以这么说，政府部门从来不乏愿景陈述，每次总统选举时都有一个关于未来施政的描述就是最为生动的例子，同样的情形发生在各级政府部门。拿中国来说，我们也有十多个"五年计划"，还有三步走计划等。下面通过同一个部门的使命、愿景和价值陈述，了解一下三者间的脉络以及愿景的陈述。美国加利福尼亚的库拉—维斯达市（The City of Chula Wista，California）消防部门的使命、价值和愿景。①

使命：用专业、高效的服务体系守护我们多样化的社区，保护环境、生命和财产。

价值：以自豪、尊敬、团队合作精神，安全地提供服务和保护。

愿景：我们力争成为社会的楷模和本专业领域的先导；我们对与我们有联系的组织和个人负责，相互负责；我们承诺以不断改进的培训、教育和装备提供最好的公共服务；我们面向未来思考消防部门，我们尊崇组织内富有成效的团队合作，公开和坦诚的沟通以及参与式的决策；我们以我们的使命、价值作为承诺，献身于我们的消防事业；我们在追求价值、实现使命、成就目标的过程中，以提供花费少、效率好的消防服务为导向。

公共部门使命、愿景的形成，其实较私营企业更为重要，因为公共部门的愿景是衡量非营利组织绩效的基准。但从学理上而言，组织战略或愿景的形成往往是相当主观的，因为它本质上是在从事价值的判断，因此如何降低其主观性往往需要有一套较为完整的程序以达成相对的客观性，从某种角度而言，就是该组织战略规划的过程。

第二节　公共部门的战略规划

公共部门的战略规划和管理兴起于 20 世纪 80 年代，它试图通过对组织内外环境变量、组织长期目标及组织角色与环境的匹配的关注，提高组织实现其使命的内在能力。② 战略规划引入对公共部门具有重要意义，布赖森认为它可以"促进沟通与参与，协调利益与价值差异，推动有序决策

---

① Chula Wista Fire Department Mission，Values & Vision，The City of Chula Wista，California. http：//www. chulavistaca. gov/City _ Services/Public _ Safety/Fire _ Department/.

② 陈振明：《公共管理学——一种不同于传统行政学的研究途径》，中国人民大学出版社 2003 年版。

的制定和开展"。① 奥尔森和伊迪是较早把私营部门的战略规划引入公共部门的倡导者，他们认为战略规划是在宪法规定的范围内，为确定政府行为性质和方向的基本决策所进行的努力。还提出了一个类似商业企业的战略规划过程，即综合任务和目标的描述；环境监测与分析；分析组织内部的概况和可供挖掘的资源；战略制定、评价和选择；战略计划的运行和控制。②

一　战略规划的基本理论

正如美国学者亨利·明茨伯格所说，"战略的形成的整体就像一个大象，通常我们制定战略就像盲人摸象，只是触及大象身体的一部分，或象腿、或象牙、象鼻、耳朵或尾巴——通常从自己方便的角度来演绎现实"。③ 在他与别人合著的《战略历程：纵览战略管理学派》一书中，从复杂性、整体化、通用性、控制问题、集体问题、变化问题、选择和思考等八个方面分析了20世纪90年代以来的战略研究领域的十种不同的战略思维方式或者称为十种战略学派，它们分别是：设计学派、计划学派、定位学派、企业家学派、认识学派、学习学派、权力学派、文化学派、环境学派和结构学派。④ 参见表3—1所示。

其实可以把十种学派当做一个过程⑤，也可以看做是不同战略过程的描述，每一过程倾向于其中一个学派。战略规划可以是一个概念设计过程（设计学派），也可以是一个正规的计划过程（计划学派），或是系统分析的过程（定位学派），或是知觉认识过程（认识学派），也可以是集体学习过程（学习学派），战略制定过程可以由个别领导所推动（设计学派、计划学派、定位学派、企业家学派），也可以由企业文化所推动（文化学派），还可以由外部环境所推动（环境学派）。无论如何，战略的制定和规划必然与组织所处的发展阶段和所面临的问题与挑战相关，必然与其所具备的条件相适应，既要注重理性分析，也要关注行为和非理性的因素，并没有一个统一模式。

---

①　[美] 尼古拉斯·亨利：《公共行政与公共事务》，中国人民大学出版社2002年版。
②　[澳] 欧文·休斯：《公共管理导论》，中国人民大学出版社2001年版。
③　[美] 明茨伯格等：《战略历程：纵览战略管理学派》，机械工业出版社2001年版。
④　文理、许跃辉、肖皖龙：《企业战略管理：原理、实力、分析》，中国科技大学出版社2001年版。
⑤　[美] 明茨伯格等：《战略历程：纵览战略管理学派》，机械工业出版社2001年版。

表 3—1　　　　　　　　　　　　战略思维流派主张

> ＊设计学派：提出制定战略模型，以保持内部能力和外部可能性之间的协调。最为有影响力的学派，是 SWOT（优势、弱势、机遇、威胁）技术的创始者。
>
> ＊计划学派：正规程序、正规培训、正规分析和大量数字是这种方法的特征。设计学派下简单的、不正规的步骤在这里变成了精心设计的程序，按规定生产每一个部件，然后按照图纸将它们装配起来，就得到了战略。
>
> ＊定位学派：认为只有少数关键战略（经济市场中的位置）才是理想的。迈克尔·波特（Michael Porter）的许多做法就属于这种。
>
> ＊企业家学派：战略的形成来自单个领导的洞察力，强调直觉、判断、智慧、经验和洞察力。领导者的"愿景"为战略提供了指导原则。
>
> ＊认识学派：战略确定是战略家头脑中发生的认识过程。在战略家仔细考虑形成其想法的计划、概念和轮廓时，战略就出现了。
>
> ＊学习学派：在人们（个别地或集体地）学习一种情况及了解企业组织面对这种情况的能力时，形成战略。
>
> ＊权力学派：这种方法强调战略的形成是显而易见的影响过程，强调使用权力和政治选择对某个利益集团有利的战略。
>
> ＊文化学派：在企业组织成员共同的信仰和理解基础上，社会的互相影响决定了战略。
>
> ＊环境学派：环境在企业组织面前作为大众的力量，在决定战略的过程中是中心行动者，企业组织必须对此作出回应或被"剔除"。
>
> ＊结构学派：在企业组织采用一种结构去配合某种行为时形成了战略。

资料来源：Henry Mintz, Bruce Ahlstrand, and Joseph Lampel（1998）。

二　战略规划方法和流程

怎样才能既设计出英明的组织战略，又能够保证战略形成后能够很好地实施呢？笔者认为，不论公共部门还是商业企业，以绩效为导向进行战略规划的设计是最为有效的办法，因为这正是组织战略与绩效管理的内在结合点，也是战略能够顺利实施的先决条件。战略规划是一种通过科学的战略分析设计战略，并根据组织内部资源能力状况设计合理战略方案以保证组织战略实现的方法。而以绩效为导向的战略规划设计则是将绩效目标作为组织战略设计的前提，将组织内部资源能力的分配都以实现组织绩效目标为目的的战略规划方法。以绩效为导向的战略规划，首先要科学地制定出组织未来几年的绩效目标，进而根据合理的分析，将绩效目标按照一定的标准进行层层的分解，并最终落实到各个岗位上去，继而再根据各岗位完成目标的需求，对组织的内部资源能力进行科学的分配，以保证在资源有效利用的基础上每个员工都能够完成自己的工作目标。

战略管理最主要的分析工具就是竞争学大师 Porter 所提出的 SWOT 分析,而所谓 SWOT 分析就是针对组织的外在环境,分析其机会(opportunity)和威胁(threat),其次就组织的内在环境,分析其优势(strength)和劣势(weakness)。公共管理中的战略管理主要涉及"通过一个有意识的、理性决策过程使组织形成自己的目标,执行目标并进行监督,当环境和组织条件需要时进行适应。目标是根据组织的资源及其内部的能力与弱点,以及外部环境中存在的机会与威胁而制定的"。[①] 公共部门战略规划必须考虑其所处的特定环境,因为公共部门面临各种限制和影响因素,比如各种国家法律对公共部门本身的限制,政府法规,管辖权限,政治气候,公众审查,目标模糊性,公平公正价值,非营利性等,私营部门的战略规划方法不可能完全适应于公共部门,许多类似的想法可能是错误的,必须把战略规划的一般原则和技术与公共部门的特殊情境结合起来。

布赖森在 1988 年设计的八步骤战略计划模式较好地体现了这一精神。八步骤[②]主要包括:(1)开始制定战略规划过程并取得一致意见;(2)明确组织权限;(3)阐述组织任务和价值;(4)对外界环境进行评价(机会和危险);(5)对组织内部状况进行评价(优势和劣势);(6)确定组织面对的战略性议题;(7)制定战略——处理问题;(8)制定有效的、未来的组织蓝图。这个方法包含了战略计划的一般流程,比如(4)和(5)就是通常对组织的 SWOT 分析;(3)、(6)和(7)与私营部门的战略规划如出一辙,但基本上考虑了公共组织所面临的诸多限制及其特性,是一种较为有效的方法。

笔者认为制定战略需要完成以下步骤:

(一)前期准备。主要工作一是要分析组织现有的行为模式,得出进行战略思考和改进的理由;二是要获取领导层的大力支持,获取相关资源,把制定战略变为组织的一件重要工作;三是要回顾组织历史,获取以往类似变革的经验教训;四是要明确指导思想,战略要围绕组织的使命和愿景,而非一味要发现过去组织的缺陷和错误,树立对立面。

---

① David Garson G. Esamuel. What is Public Management Today? The Search for an Organizing Paradigm [C]. p. 153, Chicago:Books/Nelson-Hall Publishers,1991.

② 陈振明:《公共管理学——一种不同于传统行政学的研究途径》,中国人民大学出版社 2003 年版。

（二）进行利益相关者分析。任何公共部门都必须满足利益相关部门的要求才可能继续存在和履行自己的使命。这是公共部门制定战略的特色。图3—2是公共部门利益相关者分析图。[1] 进行利益相关者分析的目的是要获知利益相关部门对组织的期望以及本组织需要从这些相关部门获取什么支持。对于公共部门来说，有很多正式文件可以帮助组织去了解相关信息，必要的面谈和调查也是有效获取这方面信息的手段。来自美国林业局的一个例子很有意思，大家可以想象参观者进入林区可能需要容易看见的地图和一些游玩机会等，可是经过调研得知，这两点并非不重要，公共更多的抱怨是他们经常遇到的问题是寻找厕所。根据此分析，不难找到提高该组织满意度的方法。通常每个公共部门都有很多利益相关部门，必须从中找到主要利益相关者所关注的焦点，必要时还必须进行平衡考虑。

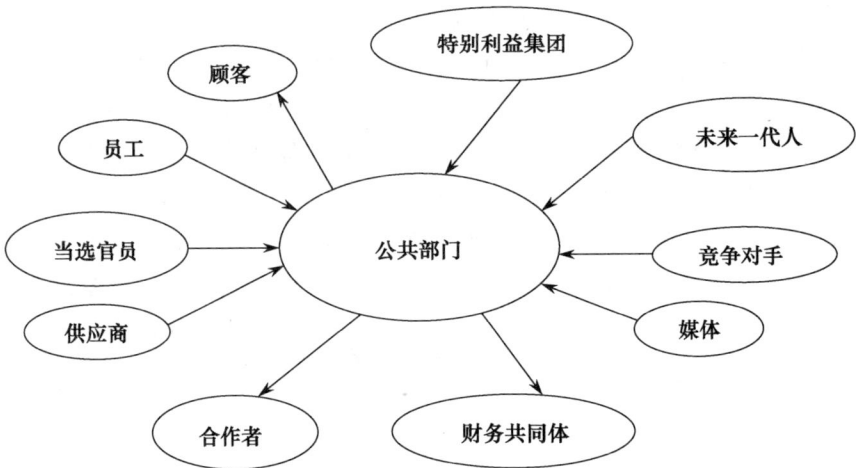

资料来源：John M. Bryson (San Francisco: Jossey-Bass, 1995)。

图 3—2　公共部门利益相关者分析图

（三）进行 SWOT 分析。这是制定战略的一般方法，也是最为重要的一个过程，同样适用于公共部门。内部分析组织的强势和弱点，从中发现自己最为独特且不易为别的部门复制的东西，再分析哪些是为完成使命必须进行

[1]　Paul R. Niven, Balanced Scorecard: Step by Step for Governement and Nonprofit Agencies, p. 136, John Wiley & Sons, Inc. 2003.

改进的弱项；外部分析组织所面临的机遇和威胁，公共部门外部环境经常改变，比如人事调整，服务对象改变，经济的稳定性，立法机构的法律变化，公众舆论的导向甚至竞争和新技术的出现等，有机遇也有挑战。制定战略必须充分发挥自己的优势和利用难逢的机遇，这可能就是突破口。对公共部门进行 SWOT 分析，组织的人力资源开发、文化氛围和制度建设最为重要，这些可能就是其他部门短时间不可复制的部分。

（四）选择战略主题或目标。由于公共部门有着众多利益相关部门，其使命和目标是多元的，是分层次，完成其使命的过程也必然有先有后，必须结合自己的 SWOT 分析，选择突破口和优先发展的主题，否则眉毛胡子一起抓，就不可能称之为战略了。一般说来，公共部门的战略主题有以下几个特点：成为当选官员和组织领导层的议事日程事项；具有长期性；影响整个组织发展；可能需要增添新的职员；主要利益相关部门的关注热点；有新的经费来源；需要新的行动计划和服务形式。要发现这些主题，集体头脑风暴法是一个选择，一组人在一个时间段集中思考，尽可能罗列出所有重要的方面，然后集中讨论予以确定。必须回答所选主题优先发展的原因，而且不发展可能产生的后果。另外一种方法也可以帮助组织获取这方面的信息，挑选组织认为最为成功的事例，分析在取得成功道路上所遇到的困难和障碍，这些障碍大多可能就是战略主题所要解决的问题，另外分析标杆组织的管理也可以帮助我们确定这些战略目标。

夏洛特市市长和市议会根据市政府的使命和发展愿景（成为生活、工作和休闲活动的首选社区），从高级职员提交的 15 个备选战略主题区域中挑了 5 个作为他们首个平衡计分卡战略重点的关键区域。它们是发展本地经济、重组市政府、改善交通运输、提高社区安全、改造和完善老城区（参见图 3—3 所示）。

美国土地管理局根据 GPRA 要求，在向利益相关部门征求意见的基础上，结合对内外部顾客的需求调研，于 1997 年提出了有五个战略主题的战略计划和一系列的评价标准（65 个），这五个方面是：促进合作伙伴关系、组织的效能、人力资源管理。在 1998 年，他们又充分调查了利益相关者和内外部顾客的意见，还在内部进行了充分讨论，也收集了雇员的反馈意见，将战略目标缩减为三个：服务现在和将来的大众、保持健康土地和创建一个具有高效和效能的组织。评价指标也由 65 减为 45 个。

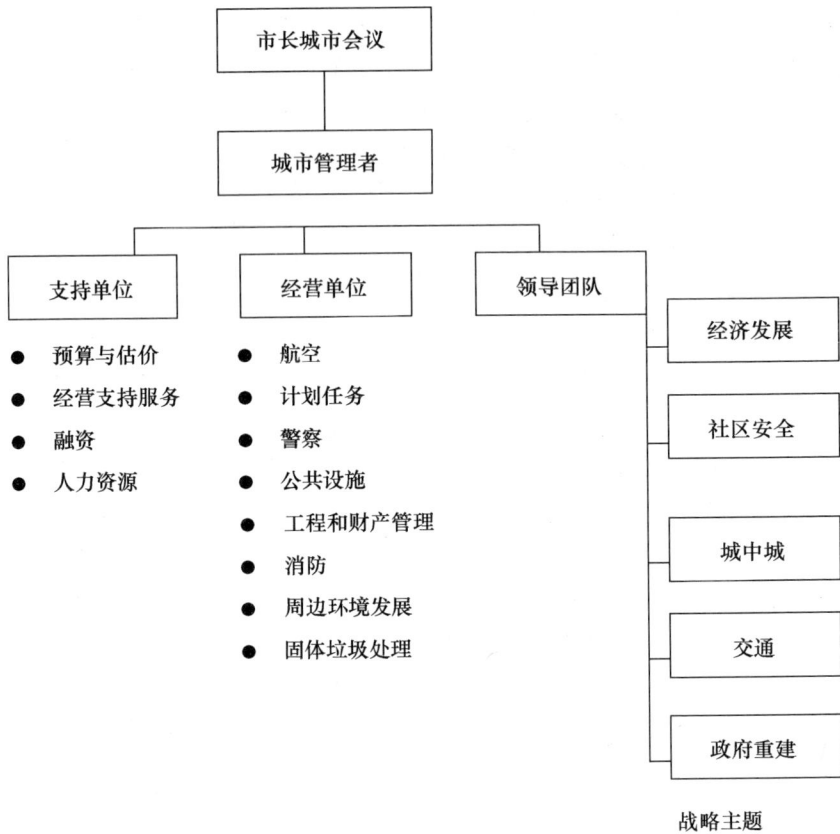

资料来源：罗伯特·卡普兰、戴维·诺顿（2000）。

图3—3　夏洛特市战略主题

（五）形成战略。战略就是根据组织使命，围绕战略主题，解决问题的方法和步骤。

战略给组织的使命、价值观和愿景带来了生命，但战略只有被执行并取得了预想的成果才能显示出它的价值（参见图3—4所示）。战略不仅是最重要的管理，同时，它也是最困难的管理。卡普兰教授统计的数据显示，只有10％的组织实施它们的战略。那么实施战略的障碍在哪里呢？只有5％的人理解战略、只有25％的人享有与战略相关的激励、85％的管理团队讨论战略的时间不足一个小时、60％的组织没有将战略与预算联系起来。这些障碍之所以产生，主要是因为没有一个很好的描述战略、实施战略的工具。由于组织没有很好地描述战略，战略实施的效果就不可能被很好地进行评估，进而也就无法对战略进行管理。平衡计分卡工具的出现,弥补了战略实施的不足,不仅使组织的战略得到了很好的阐述,也使战略成为连续的流程。

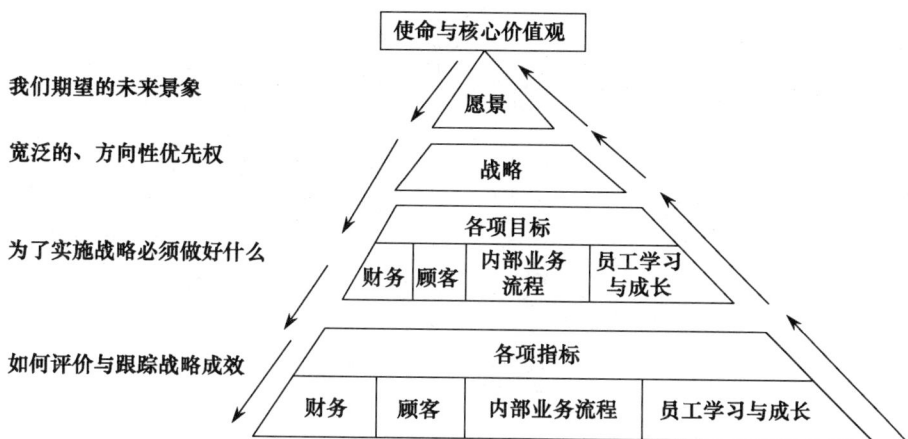

我们期望的未来景象

宽泛的、方向性优先权

为了实施战略必须做好什么

如何评价与跟踪战略成效

资料来源:保罗·尼文(2004)。

图3—4 通过平衡计分卡进行战略转化

第三节 用战略图来描述组织战略

一 战略图的含义

卡普兰教授曾经说过:不能描述的事情就不能测量,不能测量的事情就不能管理。许多战略不能很好执行就是因为缺乏像平衡计分卡这样的执行工具来向员工阐明它们的战略以及有助于该战略实施的流程和系统。如果人们对计划一知半解,又怎么能指望他们完成计划呢?实施战略的关键是让人们理解战略,卡普兰和诺顿1992年提出战略地图(strategy map)能够帮助人们消除对战略的一知半解。自从战略图概念提出以来,已在不同行业上百家组织管理中得以应用。这些组织遍布各个行业,包括保险、银行、零售、健康护理、化工、能源、电信以及电子商务。对于非营利组织和政府机构而言,战略地图同样也非常有用。

战略图,顾名思义就是描述组织战略的地图。通过把组织的战略画在一张图里,可以使管理者对组织的战略一目了然,便于对战略的理解和管理。战略图可以依据平衡计分卡的思想,把组织的战略根据四个维度结构——财务、客户、内部业务流程、学习与创新加以描述。战略图使原本零散的、看似无关的战略行动联系在一起。图 3—5 是夏洛特市战略图的模板。

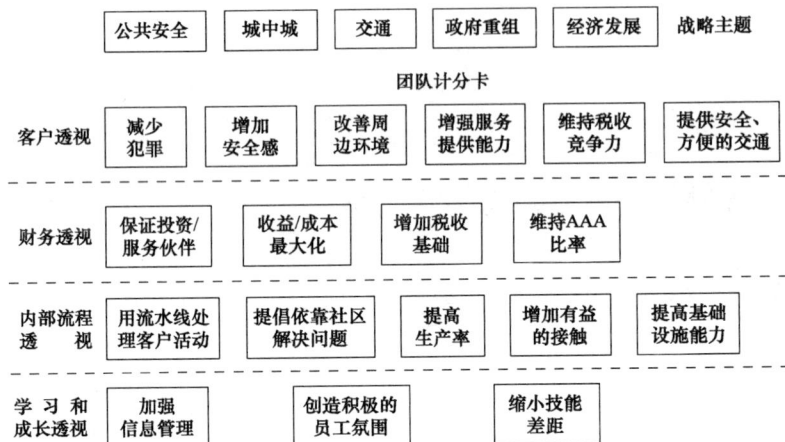

战略主题	公共安全	城中城	交通	政府重组	经济发展

团队计分卡

客户透视	减少犯罪	增加安全感	改善周边环境	增强服务提供能力	维持税收竞争力	提供安全、方便的交通
财务透视	保证投资/服务伙伴	收益/成本最大化	增加税收基础	维持AAA比率		
内部流程透视	用流水线处理客户活动	提倡依靠社区解决问题	提高生产率	增加有益的接触	提高基础设施能力	
学习和成长透视	加强信息管理	创造积极的员工氛围	缩小技能差距			

资料来源：R. S. Kaplan（ed.），"City of Charlotte（A），" 9－199－036（Boston：Harvard Business School，1998），12，重印获 Harvard Business School 许可。

图 3—5　夏洛特市战略

二　用战略图来阐释组织战略的方法

战略图把一个组织平衡计分卡上的不同项目纳入一条因果链内，从而使组织希望达到的结果与这些结果的驱动因素联系起来。它很好地表示了一个组织从学习和创新到内部业务流程，从内部业务流程到客户，从客户到财务，这样一种层层驱动的因果关系。

战略图可以让员工清楚地看到他们的工作与组织的总体目标有何联系，并能使他们在工作中协调合作，朝着组织的既定目标前进。战略地图可以直观地展现关键目标，以及这些目标间的重要联系——正是这些联系驱动着组织绩效提高。战略地图显示了特定改善措施与理想结果之间的因果关系。战略地图可以让组织用通俗清楚的语言来描述或图示该组织的目标（objective）、行动计划（initiative）、目标值（target），用于评估业绩的各种衡量指标（measure），以及这些因素之间的联系（linkage）——这些联系是确定战略方向的基础。[①]

从战略图到计分卡，以计分卡构建战略图，使战略变得可测量，从而可

---

① 孙新平：《从战略图到平衡计分卡》，http://manage.org.cn/column/sunxinping.asp。

以很好地进行管理。通过从组织的战略演化到可衡量的指标，组织可以设定目标值，设定完成的期限，找到责任人，并为完成目标设计相应的行动方案。通过这种安排，使战略真正成为组织的经营行为，得到很好的实施和贯彻。表3—2是平衡计分卡格式的一个简单示意图。从上面的表格可以看出，战略很好地落实到了具体的经营行为，落实到了责任人。真正实现了理念落实，解决了前文提到的战略实施不力的问题，解决了战略的测量问题。

表3—2　　　　　　　　　　　战略与员工工作联系图

战略角度	战略	衡量指标	目标值	行动方案	日期	责任人
财务						
客户						
内部业务流程						
学习和成长						

　　平衡计分卡方法就是这样有效地把组织的战略目标传达给每位员工，正是根据这个框架将组织的使命和目标转化成可衡量的指标与实际行动，不仅被高层管理者拥有，而且被组织中每一个人所掌握，从更广的视角来看，平衡计分卡战略地图还展示了一个组织如何把它的战略规划与各种资源——包括组织文化和员工知识这样的无形资产——转化为实实在在的成果的过程，从而形成了一套行之有效的绩效管理体系。

　　前面我们介绍了大量关于平衡计分卡的概念、术语和基本理论方法，也介绍了在公共部门开展绩效管理的基本理念，还为平衡计分卡在公共部门绩效管理框架中找到了合适的位置。从本质上来说，平衡计分卡方法是一种多维绩效测量与管理的平衡方法，它着重强调组织的绩效管理与战略目标的紧密联系。平衡计分卡理论认为，财务目标对组织的生存发展固然重要，但是组织的生存和发展并不全然依赖于财务目标的实现，还依赖于在顾客、内部流程和长期的可持续能力发展等方面的良好绩效。组织应该从这四个角度分别测量，以评估整体绩效。要准确评估整体绩效，被测量的绩效要素必须全面具体，被测量的绩效要素必须是那些对组织持续成功、至少是生存至关重要的绩效要素。由此分析，组织所采用的战略规划和其选择的绩效要素之间必然存在紧密的联系，其实也就为组织进行绩效管理设定了绩效计划目标。平衡计分卡战略图是解决对组织战略的描述的工具，也是让组织的战略绩效变得可测量可管理的有效方法。从绩效管理的角度来看，制定平衡计分卡的过程就是一个编制组织绩效计划的过程，因为它不仅有绩效目标和评价指标，还含有实现这些指标的驱动型的行动计划和指标，这正是组织绩效计划的主要内容。

第四章　基于平衡计分卡的绩效计划编制

第一节　确定战略性绩效目标

一　公共部门平衡计分卡维度分析和选择

卡普兰和诺顿在论述平衡计分卡四个维度（财务、顾客、内部流程、学习和成长）是否足够时也谈到，"这四个方面应该被看做样板，而不是紧身衣。没有任何数学定理规定这四个方面既是必要的又是充分的，我们尚未见到有哪家企业所采用的少于这四个方面。但是一个或更多的额外方面可能是必要的，具体情况取决于行业状况和经营单位的战略"。[①] 在实践中也是这样，许多企业组织听从了这一建议，在自己的平衡计分卡中添加了诸如创新、研究开发、环境、供应商、领先地位、环保、社区等维度，选择什么维度必须立足于组织的战略。一般说来这四个方面已经涵盖了一个组织发展的大部分内容，增加对于自身发展特别有意义的维度对战略的实现也是很有意义的。

利益相关者分析对确定平衡计分卡的维度相当重要，但是也不能把所有的相关者关注的内容都放进平衡计分卡中，平衡计分卡的一个优点是简洁，通过几个紧密相连的维度、紧密相连的指标描述组织战略是其特点。许多组织设计的"利益相关者平衡计分卡"，其中一些维度无法与其他维度连接在一起，缺乏实施战略的内在联系和动因，这样的维度应该从平衡计分卡中划掉，必须选择组织发展中的主要利益相关者作为分析对象。

具体到公共部门，四个方面的内在联系和驱动关系与商业企业有很大不同，由于其非营利的特点，公共部门不是为利益相关者创造财富，财务指标

---

① ［美］罗伯特·卡普兰、戴维·诺顿：《综合计分卡》，新华出版社 2002 年版。

虽然也重要，但已不是战略目标的核心，只是完成使命和战略的一个基本条件而已。公共部门的使命常常被置放在平衡计分卡的顶端，因为它是公共部门之所以存在的原因，没有使命就不可能有财务来源，当然我们也可以把它视为计分卡的一个维度。而顾客则被置于传统四个维度的核心位置，公共部门之所以存在是因为它要为这些顾客提供服务或公共产品，公共部门是服务于公众的，所以公众就是公共部门的主要顾客，当然不只是单独的一个个公民个体，也包括各种公众团体和组织。说到公共部门的顾客，很多组织发现很难确定究竟谁为公共部门的顾客，是提供经费者还是接受服务者。卡普兰和诺顿等人认为，平衡计分卡并不在意有不同层次的顾客，把所有的相关者都考虑进来并不影响整个架构，不做详细区分也行，通常把一些长远的总的目标置于公共部门平衡计分卡的使命之下，比如消除贫困，减少文盲，改善环境等，用以沟通组织的长期使命。①

　　许多公共部门将顾客维度分为两个层面，一个是利益相关者方面，一个是顾客方面，比如美国海军福利中心纽珀特分局（Naval Undersea Warfare Center Division Newport）制定的平衡计分卡，认为顾客只是那些直接付钱购买服务和产品组织与管理人员，其他的组织被纳入到新的维度——利益相关者。② 然而公共部门的顾客要复杂得多，特别对于一些执法和管制部门，比如监狱里的犯人肯定不可能看做司法部门的直接顾客，受到罚款和其他处罚的违法者也不可能成为这些部门的顾客。很明显，这些部门的顾客应该为广义的民众。公共部门一个重要的顾客是提供经费的权力机构，比如制定预算的部门（财政预算）、批准预算的部门（立法机构）和审计预算执行情况的部门（审计机构），这些部门最终也是服务于立法机构、公民和纳税人的。图4—1是公共部门顾客关系图。

　　鉴于公共部门特殊的使命和顾客群，公共部门有三个高层次的目标必须满足：产生价值；最少成本；发展与经费相关权力部门的持续支持和承诺。③ 从这三个目标出发，公共部门必须进一步明确为完成这三个方面所需的内部流程目标和学习与成长能力建设。公共部门设定平衡计分卡时有着更多的限制和制约。比如公共部门的责任法定化，平衡计分卡的设计必

---

① Kaplan & Norton, Balance without Profit, Financial Management, Jan. 2001, p. 23.

② Paul R. Niven, Balanced Scorecard: Step by Step for Governement and Nonprofit Agencies, P158, John Wiley & Sons, Inc. 2003.

③ Kaplan & Norton: Balance without Profit, Financial Management, Jan. 2001, p. 234.

然要遵守国家的相关法令和要求，不可能单方面改变使命或采取完全不同的运作程序；其职能多元化，或管制，或研究，或守护，或征缴税收等，职能不同，其选定的平衡计分卡的维度及其内在逻辑关系就有很大不同；公共部门很多使命的实现必须仰赖多部门的合作，甚至是中央和地方多层次的合作，一个部门的平衡计分卡维度和指标间的逻辑假定必然是不充分的；还有，公共部门的预算程序与商业企业有着本质不同，好的绩效不一定带来更多的预算，有时却恰恰相反，糟糕的绩效反而帮助某些组织获得了更多的预算。再就是，绩效信息的获取有时可能还要受到相关制度的约束，比如国家保密法或个人隐私法规等的限制。最后一点还必须牢记，公共部门从来就缺乏像私营部门那样的会计和测量制度基础，也可以说缺乏进行绩效评估的能力和动力。

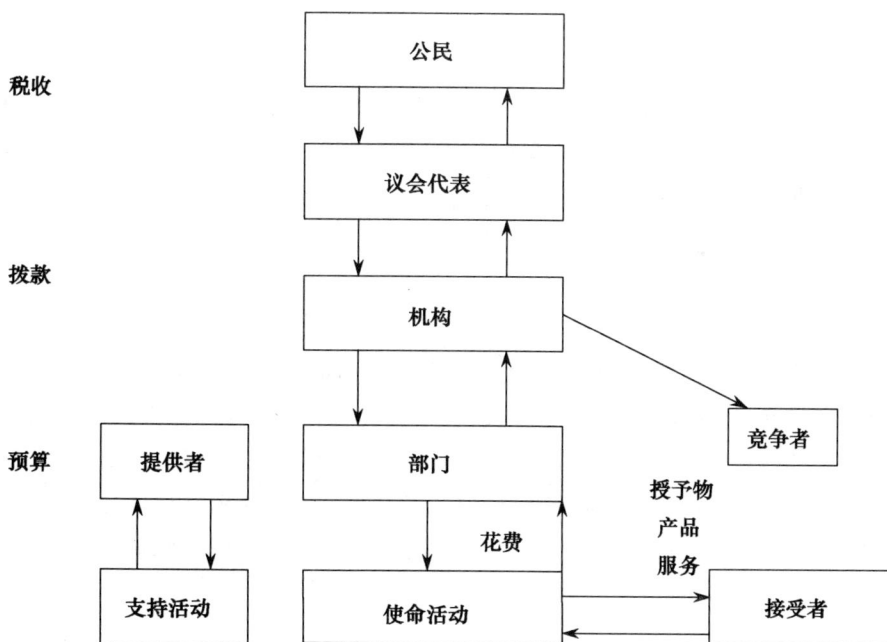

资料来源：Paul Arveson：A Balanced Scorecard For City & County Services, *Balanced Scorecard Institute www.balancedscorecard.org/*.

图4—1 公共部门顾客关系

据调查，采用平衡计分卡的公共部门，大约有三分之二还是采用了传统的四个维度。① 但大多数公共部门还是根据自身特点对四个维度进行了变革，使其有了不同的名称和内容，以符合自身组织的文化和语境。更多的还只是改了名称，比如将"财务维度"改为"预算维度"（budget）或"资源维度"（resourse）、"财政责任"，或将内部流程改为运作（operations）；将学习和成长改为能力建设（people enabler）、未来发展（building for future）或者内部基础（internal infrastructure）。夏洛特市在 2004/2005 财政年度重新命名了平衡计分卡各个维度，使之与市政府内部日常使用的语言保持一致，将"内部业务流程"改为"经营业务"，将"顾客"改为"服务顾客"，将"财务"改为"资源管理"，将"学习与成长"改为"员工发展"，但基本上采用了卡普兰和诺顿的模型，专业术语也基本一致。美国土地管理局（The Bureau of Land Management-BLM）为将自身使命②与每日的工作紧密相连，改变了平衡计分卡传统的四个维度中的"内部流程"以"保持健康的土地"。③ 其四个维度为：顾客满意度、员工学习和成长、财务管理、健康的土地。

笔者认为，传统的平衡计分卡的四个维度还是公共部门计分卡的基础，名称的改变是必要的，特殊行业和部门适当增加一个维度也是很好的思路，但不能增加太多的方面，应该围绕战略的实现进行选择，维度应该有内在的逻辑关系，有利于整个组织主要使命的实现。

二　根据所选维度进行 SWOT 分析

这个分析与前面关于战略规划的 SWOT 分析相比较，虽然在很多方面是一致的，但也有很明显的不同，前者主要是立足于使命的完成，分析的角度可能更全面、更宏观些；后者更关心战略主题的突破和落实，主要围绕平衡计分卡的几个维度，针对性更强，更具体些。这个分析过程非常重要，因为它是将战略和战略主题转化为可衡量的目标并开始实施的最为重要的环节。

---

① Jake Barkdoll, "Balanced Scorecards in the Federal Government", *Public Manager*, Fall 2000, pp. 43—45.

② It is the mission of the Bureau of Land Management to sustain the health, diversity, and productivity of the public lands for the use and enjoyment of present and future generations.

③ Carl Zulick, John Keith: Site Visit Bureau of Land Management, Best Practices in Performance Management, National Partnership for Reinventing Government Balancing Measures, August 1999.

在这个环节，再次回顾研究整个组织发展和变革的相关信息非常有意义，一要展望未来，把握方向。回顾使命陈述、价值原则、愿景陈述（任期施政规划，五年或十年规划等）、战略规划和主题、每年计划等；二要立足现实，增加可行性，要研究相关法律、规定（有些组织还有工作章程），也要分析组织的历史和传统（包括惯例），分析组织产品和服务的承受者（顾客）的需求；三要学习经验，获取智力支持，从相关专家学者论述、行业报告、咨询机构的研究报告中获取变革信息，应该特别关注与自身组织类似的机构成功发展的经验；四要获取高层领导支持，增加动力，增加领导的知识、经验和创造性以及变革的决心和参与的愿望对公共部门制定和实施平衡计分卡尤为重要，向领导汇报沟通并获得其对组织制定平衡计分卡所有环节（从使命陈述到衡量指标的确定）的认可和支持，领导关注的重点一定要包含在平衡计分卡的显著位置。

以上这个回顾和分析过程有个目的和落脚点，那就是将组织的战略主题转化为可衡量的四个（或多个）维度的目标。这个分析包含：从客户维度看，我们的优势、缺点、有无机会和危险；员工学习成长方面，我们在员工能力建设、领导方式、组织文化和氛围以及技术设施方面的优点、不足及改善的机会和挑战；我们的财务状况有无改善或恶化的可能；内部流程方面有无优势，有多少改进空间，进行变革的机遇和挑战又是什么等。

三　为每个维度设定绩效目标

所谓绩效目标，就是实施战略所必须采取的行动的概括。战略必然要说明一个组织如何才能从现在的位置，前进到它盼望达到的未来的位置，因为该组织从未到达过那个未来的位置，所以通向这个位置的道路由一系列互相关联的假设组成。战略规划具体说明了其中的因果关系，让这些假设变得直观而且可以验证。平衡计分卡的几个维度其实就是一个关于战略及其实施的假设框架，是一个关于未来的一个绩效计划。根据这些维度设定绩效目标，就是在界定组织行动、已选择的战略与据以判断整体假设之间设定一套目标链，用以明确实施战略的行动，也就是让组织内部的每一个成员都清楚地了解这些基本假设，让组织内部的所有部门与资源都与这些假设保持一致，各负其责，各尽所能，最终实现组织战略和所期望的绩效计划。

（一）顾客维度绩效目标设定。公共部门的顾客确定相对复杂，因为它们时常有一个顾客链需要分别对待，经费支付者与公共服务接受者往往不是同一方，获得一个好的考量顾客满意度的指标相对较难，甚至制定为顾客服务也是一个困难的过程。以美联邦政府各部门为例，它们除了服务于那些直接顾客外，还必须考虑多个利益相关部门，特别是那些影响它们日常运转的人事管理办公室（OPM）、管理和预算办公室（OMB）以及议会相关部门。对于公共部门，确定客户并不特别容易，何况很多人对把公共部门的服务对象称为顾客有不同看法，但作为一个分析问题的角度和方法，这并不是一个不能解决的问题。回答这三个问题可以帮助公共部门理清一些思路：我们的目标客户是谁？我们的客户需要从我们这里得到什么产品和服务？我们希望为客户优先提供哪一方面的价值满足？从利益相关部门和客户两个方面分析可能有助于了解公共部门的目标顾客。公共部门的顾客角度可能有很多，必须从中选出与战略主题密切相关的客户和利益相关者作为客户主体；第二个问题对于大多数公共部门来说应该比较容易，在制定使命陈述和确定战略主题时我们已经得到了这方面足够多的信息，它随着第一个问题的解决很快就能确定。第三个问题的回答是关键，因为这个问题要充分体现战略的主题和发展方向，也是内部流程和学习成长维度得以确立的关键。为了更好地测量和关注顾客服务，美国平衡计分卡兴趣小组建议尽可能收集关于服务提供的时间评估信息，通过它，公共组织可以较为清晰地获得它们服务的效率。①

　　平衡计分卡理论认为，商业战略的核心部分是客户价值主张，它确定了组织如何在吸引、保留目标客户和深化客户关系方面与竞争对手区别开来。一般而言，价值主张有三种选择：卓越运营，追求卓越运营的组织要能提供富有竞争力的产品价格、丰富的产品选择以及方便快捷的服务，实施者如麦当劳、戴尔电脑公司、沃尔—马特；亲近客户，亲近客户的公司，组织就必须注重客户关系的质量，它包括出色的个性化服务和完备的解决方案，以建立长期融洽的客户关系为目标，实施者如 20 世纪六七十年代的 IBM 和 Nordstrom；产品领先，追求产品领先的公司则关注其产品的功能、特点及总体表现，尤其注意革新产品，目标是提供市场上最好的产品，实施者如英特尔、强生和索尼公司。② 价值主张非常重要，因为它能帮助一个组织将通往更佳业绩的内部流程与客户联系起来。没有重点的战略最终是要失败的，组

---

① Michaline Dobrzeniecki & Barkdoll, Adapting Balanced Scorecard in Federal Agencies, PA Times, August 2004, p. 20.

② Michael Treacy and Fred Wiersema, Customer Value Propositions, The Discipline of Market Leaders, Perseus Books, 1995.

织资源有限，不可能同时满足这三个方面，必须有重点选择。这一点对于公共部门也非常有启示，因为公共部门经费有限，也必须提供让主要客户满意的服务来体现其使命价值与合法性。主要绩效目标应为高质量的公共产品和服务。

（二）内部流程绩效目标设定。在平衡计分卡理论体系中，为了满足客户和利益相关者的要求，必须在哪些内部运作上做得更好？在制定商业企业平衡计分卡时，一旦组织明确了客户与财务角度的内容，就可以决定采用何种方法来实现它的差异化客户价值主张、提高自己的生产率，以实现财务目标，就能为内部流程角度理出关键的组织活动。而在公共部门确实有不同的情形，由于四个维度间的内在联系有了显著变化，内部流程的改进必须立足于使命和战略主题，还必须符合法定的程序，围绕所选定的目标客户并为其创造价值。新的战略目标，创造新的价值，必然要求有新的流程。所以发展内部流程时一定要考虑如何在现有法律框架下创新服务流程，如何设计新的合理先进的流程为客户提供高附加值服务；同时必须创新或者改善客户管理流程，否则会导致组织的战略与战略的评估衡量系统完全脱钩。创新能力的增强和内部关系的改善将持续提高组织的绩效。

（三）学习与成长绩效目标设定。为了获取成功，我们的员工需要怎样的技术和能力？我们是否有获取成功的组织文化和工作氛围？组织是否有员工进行工作和管理的有效工具？学习与成长角度可能是经常被组织制定战略所忽视的，实际上它是所有战略的基础，它定义了支持组织战略所需的核心技能、技术和组织文化。这个角度的目标可以使组织把自己的人力资源和信息技术调整到与战略保持一致。具体地说，组织必须决定它将如何满足关键内部流程、差异化价值主张和客户关系的各种要求。在知识经济迅速发展的今天，没有高素质的工作人员和有效的功力工具，很难想象一个组织能够取得成功。

虽然管理团队早就意识到学习与成长角度的重要性，但通常难以确定相关的目标。一般说来应该从以下几个方面思考这个维度，一是为了创新相关流程，向特定顾客提供高价值的服务，组织需要哪些基础环节？现在需要我们的员工具备怎样的技术和能力？在若干年后又需要他们具有怎么样的技术和能力？为了完成顾客的需要和组织使命，我们的员工有无能力和渠道获得他们需要的信息？我们有无一个强有力的组织文化、共同一致的目标及获取成功的工作氛围？

（四）财务目标。财务目标对任何组织都非常重要，公共部门一样需要基本的经费和资源来维持日常运转，也需要经费提供公共产品和服务来达成其使命。公共部门是非营利导向的，虽然也有一些部门可以进行一些收费服务来获取相应的经费，但都有很多限制和约束，不可能像企业那样运作。公共部门的财务管理必须根据有效的计划和执行预算来完成组织的使命与任务。

要达到财务目标，企业有两条基本的途径可走：增加收入和提高生产率。前者通常包含两个方面内容：一是通过新市场、新产品和新客户来获得收入；二是通过加深关系、多卖出一些产品和服务来增加现有客户的价值。提高生产率战略通常也有两个组成部分：通过减少直接或间接的开支来改善公司的成本结构，通过降低维持一定业务量所需的运营资本与固定资本来更有效地利用资产。而对于公共部门来说，其本身不具有营利性，大多部门经费来源依靠财政预算和拨款，不可能通过多卖产品或服务获取财务增长，第二个思路或许对公共部门有启示，但也不能寄予厚望。公共部门的财务层面有三个方面要考虑，一是本部门是否经济有效地提供了服务？可以通过与其他类似组织的比较获取这方面的信息，如果不经济，肯定有浪费，就有减少开支的余地。二是从更好地完成使命来看，设法获取更多预算或其他经费来源也是一个可以考虑的方面。三是在现有的预算范围之内，能否继续保持现有服务水平或还有提高，这是从组织发展方面挖掘内部潜力、提高生产力的过程，换个角度这也是公共部门减少开支的一个体现。其实公共部门并没有动机去节省开支，因为前一个财政年度的结余不会转移到下一个财政年度，尽管大多数人们都期望公共部门能够尽可能地有效使用经费并力争减少开支。[①] 这里我并没提起在预算减少的情况下维持或提高现有服务，这对公共部门有点难，但我想说的是，实践证明这一点也并非神话，在预算普遍吃紧而期望和责任不断提高的现实世界中，公共部门必须作出选择。事实上，美国联邦政府各部门这些年已经采取了很多实际措施来改变这种状况，改革了预算和财务制度，将目标、人物、绩效考评和他们的使命联系起来。

完成了四个维度目标设计后，公共部门就有了一张初步完整的战略绩效计划图。根据这张图，组织的各个业务或服务部门可以针对各自的运行特

---

① Michaline Dobrzeniecki & Barkdoll, Adapting Balanced Scorecard in Federal Agencies, PA Times, August 2004, p. 20.

点，制定出它们自己的详细计划和行动。当战略在组织的底层实施时，检查各部门内部的战略计划图可以帮助组织洞悉并消除重大的战略缺陷。主管人员还可以把这样的战略规划图当做管理系统的基础，而这样的管理系统有助于有效、迅速地实施组织的绩效计划。

四 绩效目标陈述分析

（一）绩效目标必须具有绩效值或目标值

绩效目标的要义就是通过目标值或绩效值来界定成果。政府部门的绩效目标往往被讥为陈述过高，这似乎是多数国家政府部门的通病。Peter F. Drucker（1980）在一篇名为《公共行政的致命缺点》（The Deadly Sins in Public Administration）的文章中指出政府部门有六大致命缺点，致使行政绩效难以彰显，第一个致命缺点是陈述过高的目标（lofty objective），例如，公共政策方案的目标定为保护健康，照顾弱势群体等，这充其量是一种意见的陈述，是在说明制定该政策的理由，无法说明政府部门真正落实该方案的具体行动。把这种意见陈述当成一个目标，无法有效地完成该职能。因为任何业务或目标一定要有具体、平实并能测量的目标值，否则就无绩效可言。因此，制定绩效目标的第一步必须明辨工作项目与绩效目标的差别，例如，"提高机关公文电子交换增长率"只是工作项目，不是一个完整的绩效目标，因为它欠缺一个可以衡量的目标值或绩效值，对于绩效是否达成，难免各有说法。如果赋予一个目标值或绩效值比如"提高机关公文电子交换增长率为50%"，则大家就会有一个明确的努力目标。

（二）关注绩效目标间的内在逻辑

怎样的绩效评估制度能够提升组织绩效，Arie Halachmi（2002）建议一个制度需能回答两个问题，就是是否做了最正确的事和是否把事做正确了。我们认为一个机关绩效的提升是战略与执行力贯彻的结果。因此绩效目标必须兼具战略与执行两个要素，因此，评估公共部门绩效就应该要求绩效目标能达成管理学上所谓做正确的事和把事情做正确，两项评估性质虽有所不同，但不可偏废。

创建平衡计分卡，确定四个维度的主要目标时还有一个重要原则必须坚持，就是要确保四个维度目标的内在联系，也就是驱动的因果关系，因为没有因果关系链，平衡计分卡就很难发挥应有的作用。对于商业企业来说，平衡计分卡常常开始于确定旨在增加股东价值的财务战略，但对公共部门来说，则通常会开始于它们的客户或委托人（来自公共部门的使命）。公共部门必须以使命的实现作为其终极目标，所以必须根据组织发展愿景，围绕战略主题进行分解，说到底就是必须围绕满足顾客和利益相关部门的要求和期望，提供高附加值的公共产品和服务。

（三）必须区分绩效成果和绩效产出

公共部门绩效目标的设定必须围绕组织的使命和战略的实现，绩效目标应该是工作的"成果"，而不是政府机构的"产出"。成果与产出的不同在于，"成果"就是公众的受益，通过该项活动公共得到了哪些好处；而"产出"则是我们做了哪些工作。政府部门常常将工作"成果"与"产出"相混淆。在绩效目标的制定中片面强调本部门的工作量，而忽略了工作的最终目的，这是一种很普遍的倾向。各国都可以列举不少这方面的典型事例。这些例子可以帮助我们很好地理解"成果"与"产出"的区别。美国爱荷华州的"绩效预算手册"中举了一个修桥的例子，某市有一条河，河上需要建一座桥，以解决交通拥堵的问题。但有关部门将建桥本身作为项目目标。从建桥的方便出发，将它设计在河流最狭窄的地段。这样虽然他们很好地完成了"产出"，工作量完全符合要求，桥按时完工，质量也符合标准，甚至建桥经费也是花费最少的，但绩效评估却只得到很差的结果。因为桥是建成了，但交通拥堵的问题却没有得到很好的解决，没有实现这个公共项目的使命，偏离了根本目标。再以职业培训为例，各国政府都比较重视对失业人员的职业培训，通常的做法是，政府自办或者委托其他机构对失业人员进行培训，财政按参加培训的人数进行拨款，但经常有人经过数次培训仍不能再就业。澳大利亚政府实行绩效预算后，改变了原来的做法，首先劳工部通过公开招标，选择一批信誉好的私营职业介绍所作为政府特约服务商，与其签订购买就业服务成果的协议。由它们对那些年龄偏大、缺乏专业技术的就职困难者提供培训、职业介绍等服务。每成功就业一个人，可以从政府领到相应的报酬。没有就业成功就不付酬。为了防止"水分"，他们还对"成功就业"制定了严格的标准，将服务费用分几次支付。从而使职业培训的工作效率大大提高，政府不再花冤枉钱，有效地减少了财政支出。

（四）绩效目标需具有关键性

每个公共部门目标都会很多，但并非所有的目标都应列为绩效目标，在选定绩效目标时，应把握关键性的原则，关键性的绩效目标应选择足以表现该单位的重要性的业务，应足以代表单位所有主要核心业务，而不应仅挑选少数较有把握达成的业务设定目标，例如，某机关后勤部门罗列的绩效目标高达六十多项，因其中大多为例行性工作，未掌握关键原则，除造成额外文书作业负担外，无助于机关重要绩效的提升和改进。至于为每个维度设计几个目标，真是一个很难回答的问题，总的来说，不宜太多，3—5个即可，平衡计分卡的特点是简洁，反映的是战略问题和战略思路，所以不应设立太多的目标。战略图应该易于理解和沟通，如果绩效目标设定太多，员工能否接受或很好地理解就是问题，沟通的作用就打了折扣。

（五）语言表述要精练

战略性绩效目标的表述非常重要，因为要在一张纸上表示出组织的战略，语言必须简练，两三句话，简明扼要，通常陈述中包含一些动词：增加、促进、减少、提高、称谓、加速、创造、设计、发展、鼓励、维持、协调、超越、帮助、获取、改进等。[①] 目标是激发行动，但目标陈述中不用将其量化，因为在平衡计分卡体系中，具体量化指标是制定绩效指标的工作，下面将论及这部分内容。

第二节 制定关键绩效指标

平衡计分卡是一个战略实施机制，它把组织的战略分解为一整套可衡量的绩效指标，弥补了制定战略和实施战略间的差距，能使组织战略有效地实施。上一节论述的绩效目标是对成功实施战略必须采取的行动的简要说明。为了使组织战略有效实施，我们必须把组织战略转化为财务、客户、内部业务流程、学习与成长四个方面的衡量指标。这些绩效指标，是指用来判断行动是否满足目标的要求并迈向战略成功实施的工具，为员工指明了通向组织总体目标的行动方向，也就是分解绩效目标给下属部门或员工个人。虽然分解绩效目标、设定合理的指标在现实中是很困难的事情，但是对于平衡计分卡在绩效管理上的成功实施至关重要。作为绩效驱动型的战略规划，平衡计分卡要求将组织的战略目标分解为关键岗位的关键绩效指标（KPI），这样，组织每一层面均会有一套自己的KPI被考核。通过透明的KPI管控，容易发现问题根源所在，通过建立组织各层面的绩

---

① Paul R. Niven, Balanced Scorecard: Step by Step for Governement and Nonprofit Agencies, p. 168, John Wiley & Sons, Inc. 2003.

效管理系统，以绩效管理代替"人管人"的情况，可以保证组织的战略能够被很好地落实。

一　公共部门绩效的基本指标

绩效管理中最重要的是建立衡量的指标体系，常用的指标模式是用具体的概念来构建的。公共部门的绩效指标一般有四个基本方面，即 4E：经济（Economic）、效率（Efficiency）、效益（Effectiveness）、公正（Equity）。

（一）经济/成本标准。这一指标一般是指公共部门投入到管理项目中的资源水准，涉及的问题是一个公共组织在既定的时间内，在获取一定的收益或得到一定的产出的情况下，花费了多少钱。这一指标并不关注服务对象的问题，而是关注如何生产既保证既定公共产品的数量和质量，又消费最少的资源的问题。经济指标通常可以用货币的形式来表示。这种衡量只是说明花去了多少钱，或是不是按程序花钱。当然，成本衡量能很好地体现出预算和实际成本之间的差距。然而，成本本身并不能衡量服务效率和效果。因而单一使用成本衡量不能满足绩效管理的要求。

（二）效率/生产力（Productivity）。指为产生特定水平的效益所付出努力的数量。简单地说就是投入与产出的关系。最低成本实现最大效益就是有效率的。[①] 这一指标所要评价的是一个公共组织在既定的时间和预算投入下，产生了何种公共服务结果。公共部门的效率指标通常包括服务水准的提供、活动的执行、服务与产品的数目、每项服务的单位成本等。公共部门的效率包含两个方面的内容：一是生产效率，二是配置效率。效率与经济理性同义，它关心的是手段问题，而且这种手段是以货币方式加以表达与比较的。目前，要从公共管理既必须重视经济效率，更必须注重社会效率的基本要求出发。

（三）效益/质量标准。效益衡量是看"情况是否得到改善"，即用来衡量提供服务的影响和质量，看服务是否达到预期目的，它关心的是目标和结果。效益是衡量公共管理结果的另一个重要指标，通常是以产出与结果之间的关系进行评价的。它关注的问题是：通过实施管理，公共服务的情况是否有了改善。效益可以分为两类：一是现状的改变程度，如国民受教育的状况、环境质量变化程度、交通状况改变程度等；二是行为的改变幅度，如社

---

① ［美］威廉·邓恩：《公共政策分析导论》，中国人民大学出版社 2002 年版，第 306 页。

会犯罪行为的改善幅度等。因此，效益指标在公共管理中亦具有十分重要的地位。

（四）公平。指的是效果（如服务的数量或货币化的收益）和努力（如货币成本）在社会群体中的不同分配，它与法律和社会理性密切联系。公平作为衡量指标时，关心的是接受服务的团体或个人是否都受到公平的待遇，需要特别照顾的弱势群体是否能够享受到更多的服务。公平无法在市场机制中界定出来，因而很难衡量。下列的原则可以指导公平性的衡量。一是帕累托标准，使一个人的境况变好的同时，不能使其他人的境况变坏。目的是保障最低福利。二是卡尔多—希克斯标准，在效益上的净收益者能补偿受损者。目的是保证净福利的最大化。三是哲学家罗尔斯的再分配标准，使处于条件恶化的社会成员的收益增加，则是正义的行为。该标准强调再分配福利最大化。[①]

4E 标准严格来说是所有公共部门运作和管理的基本价值观，也充分体现了公共部门的使命和价值，当然也是制定战略性平衡计分卡公共部门绩效管理四个维度相关绩效指标的指导原则和参照系。评估指标是评估的具体手段，是评估维度和内容的具体表现。评估指标可以因部门不同，设置普适性指标和个性指标。在评估考核指标选择上一般应把握好以下结合关系：内部指标和外部指标相结合；数量指标与质量指标相结合；肯定性指标与否定性指标相结合；技术性指标与民主性指标相结合；支出指标与回收指标相结合；客观指标与主观指标相结合；工作指标与业绩指标相结合；行政成本指标与业务成本指标相结合；个体指标与团体指标相结合。[②]

美国联邦政府员工绩效管理手册曾经以养蜂人采用不同绩效指标导致蜂蜜产量高低有别的例子，说明选择绩效指标的重要性。该例子说的是一位养蜂人衡量每一只蜜蜂所停留的花数，另一位养蜂人评量每一只蜜蜂所带回的花蜜量及该蜂巢的蜂蜜总产出量，结果第一位养蜂人发现蜜蜂所停留的花数确实增加了，但蜂巢的蜂蜜产量却下降了；第二位养蜂人则因为每一只蜜蜂都专注于提升蜂蜜产量，努力地采集更多的花蜜，它们一起寻找含花蜜多的

---

① ［美］威廉·邓恩：《公共政策分析导论》，中国人民大学出版社 2002 年版，第 310 页。

② 罗宏伟：《积极构建公共部门绩效评估的新平台——浅谈公共部门绩效评估的发展机遇与趋势》，运城市政府公众信息网，2004 年 12 月 15 日。

花，想办法快速地储存所收集的花蜜，也帮助产量较低的蜜蜂提升产量。该报告因而指出衡量成果并有所回馈比衡量活动要能改善绩效（U. S. OPM，2002）。

二　公共部门绩效指标制定分析

绩效指标的制定被各国公认为是一个极其复杂的问题，是一项技术性非常强的工作。因为政府的工作不像市场上的各种活动那样都有直接的经济效益。因此各国在衡量财政支出的绩效时，常常借助于企业经常使用的"成本—效益"分析方法。绩效考核指标的设计包括"质"和"量"两个部分。"质"就是最终成果，"量"就是政府做这件事情的效率如何，这通常包括产出指标、效率指标和投入指标三个方面。其中成果指标是最重要的指标。但并不是所有的政府工作都可以找到直接的成果指标。不得已时可以用效率指标进行绩效衡量，其次可以使用产出指标。①

以往也对政府公共部门进行考核，但那种考核往往是以该机构完成了多少工作量为指标，如制定了多少规章制度、出差多少人次等，这样考核的常常是它们的"产出"，而对这些规章制度和出差的作用却不予过问。平衡计分卡绩效管理与此最大的区别就在于，它是从公共部门最终的目标出发，制定规章制度也好、出差也好，最后达到了什么效果。用通俗的话说，就是要为公众办实事，这是制定绩效指标所要遵循的最重要的原则。如果没有达到什么效果，这些规章制度和出差不仅不是政府绩效，而恰恰是应该取缔的资源浪费。从这一原则出发，有些部门虽然花钱很多，但它们办了很多实事，达到了很好的效果，那么，这些财政支出的绩效就很好，这些部门有可能会得到更多的财政预算。而另一些部门虽然花钱较少，也每天忙忙碌碌、辛辛苦苦，但并未达到什么真正的绩效，只是进行一些公文旅行，做些表面文章。这样的财政支出，再少也是不值得的，应该考虑将这些部门取消，或大幅度削减预算。为了能正确地建立绩效衡量指标，国外一些政府常常要先进行民意测验，看公众最需要解决什么问题，从那些最迫切需要解决的问题出发，制定绩效指标。

一个设计精良的指标，不仅能评量工作表现，还能连带衍生改善的对策。在平衡计分卡理论体系中，用于评价组织战略目标的绩效指标体系有两

---

① 《确定绩效指标的基本方法》，《中国财经报》2004 年 2 月 24 日。

类，一类是滞后指标（Lag），一类是前置指标（Lead），滞后指标代表着行动的结果，前置指标则是导致或驱动滞后指标发生的那些指标。平衡计分卡应该同时包括这两类指标，缺乏滞后指标就无法传递如何取得成功的信号，没有前置指标则无法传达组织整体绩效改善的信号。这种区分的意义在于明确了指标间的内在逻辑以及驱动成功的特定行动和流程，其实就是根据指标寻找驱动活动的过程。

　　以夏洛特市交通管理部门为例，了解一下政府公共部门平衡计分卡的指标体系。该部门从城市总体计分卡中找出了那些与它们有直接关系的 16 个高层战略目标作为它们制定部门计分卡的导向，详细分析了每个目标与交通部职能的关系并据此为每个层面的目标设定相关绩效指标，另外还根据本部门特点设定了前期衡量指标和前置指标，共计 32 个指标（参见表 4—1 所示）。

表 4—1　　　　　　　　夏洛特市交通部门的平衡计分卡

维度	目标	前期衡量指标	后期衡量指标
客户	C—1 维护交通系统 C—2 运营交通系统 C—3 发展交通系统 C—4 决定最优的系统设计 C—5 提高服务质量 C—6 加强周边环境	C—1 修理反应：修理反应行动 C—2 行驶速度：在选定路上的平均行驶速度 C—3 巴士准时：公交系统的准时性 C—4 引入项目：新引入的项目、开发或特定项目 C—5 反馈：市民投诉的百分比以及解决的百分比 C—6 问题反馈：对社区交通问题的情况进行分析、定义	C—1 高质量的街道：路面条件评分≥90 C—2 安全：全市的事故发生率 C—3 基本灵活性：交通的易得性 C—4 计划进展：2015 年完成计划百分比 C—5 交通时间：在选定路上的平均交通时间 C—6 社区导向的计划：作为以社区为基础的问题解决结果而实施的项目
财务	F—1 增加非市政融资 F—2 效益/成本最大化	F—2 成本：与其他公用设施和私人领域竞争的成本比较	F—1 融资影响：非市政资源的价值 F—2 新的资金资源：以前所不能获得的资源的价值

续表

维度	目标	前期衡量指标	后期衡量指标
内部流程	I—1 扩大基础设施容量 I—2 寻找资金/服务合作伙伴 I—3 提高生产率 I—4 增加和社区的积极接触	I—1 资本投资：在目标区域所投入的资本量 I—2 利用资金/服务合作伙伴/确定新的资金/服务合作伙伴 I—3 单位成本：平均单位成本 I—3 竞争性分包：预算投标的百分比 I—3 问题确认：原因和解决行动 I—4 客户交流：数量、类型和次数	I—1 容量比率：建筑增长和2015年计划要求的容量 I—2 合作伙伴的数量：合作伙伴的数量 I—3 街道维护成本：每英里街道的维护成本 I—4 客户调查：与服务质量有关的调查结果
学习和成长	L—1 加强信息自动化系统 L—2 加强"现场"处理技术 L—3 消除技能差距 L—4 给员工鼓励	L—1IT 内部结构：在 CDOT 内完成相关的数据库 L—3 技能确认：在战略功能上关键技能的确认 L—4 员工氛围：员工调查的结果	L—1 信息获得：战略信息的易得性和用户需求 L—2 信息工具：战略工具的易得性和用户需求 L—3 技能转化：工作中的技能证明 L—4 员工目标的整合：把培训/职业的发展和任务结合起来

资料来源：罗伯特·卡普兰、戴维·诺顿（2004）。

三　为每个维度的绩效目标设置衡量指标

（一）为财务绩效目标设置衡量指标

财务性指标，是企业绩效的目标和核心，要综合地反映公司业绩，直接体现股东的利益。常用的财务性业绩指标主要有：经营利润率、现金流量、收入增长、项目效益、毛利率、回款率、税后净利润、净现值等。但对于公共部门来说，则是完全不同的一种情形，政府组织的终极目标是完成使命，满足顾客的要求而不是财务方面的成功。这也是为什么在公共部门平衡计分卡框架中将财务性指称置于使命和顾客之后的原因。但财务方面的指标仍然非常重要。无论何种组织，性质如何，在资源有限的情况下，高效率的运转，以低成本创造价值都非常重要，在预算普遍紧缩的情况下，控制成本，提高生产率，减少未来支出很有意义。公共部门获取额外预算和获取其他方面资源并非没有可能。经济和效率指标在财务指标设计中非常重要。从实践来看，公共部门平衡计分卡的财务指标大多相对简单，最主要的是遵守国家财政管理政策和预算制度，承担一种受托责任。每个公共部门可以根据本部门的实际情况，以进一步发展自身完成使命和完成战略绩效计划能力为目标，结合上述几个层面，设定一些指标。考评指标有财政来源渠道、财政预算、财政赤字、成本费用、透明度等。

（二）为顾客绩效目标设置衡量指标

从平衡计分卡理论来看，管理者设计一些衡量指标来追踪组织在目标市场上使客户满意并有较高忠诚度的能力。客户观点通常包括一些与客户忠诚度相关的核心或普通的衡量指标。这些输出指标包括客户满意度、客户印象、新客户需求、客户营利能力和在目标市场上的份额等，但对组织来说，平衡计分卡还要求这些绩效指标的驱动因素——前置指标，应该再进一步分析和设定比如出色的经营、领先的产品以及和顾客的亲密度等方面的指标。具体到公共部门，财务指标已不是最终目标，工作重点已变成顾客，满足了顾客要求就完成了使命。应该说公共部门的每个使命后面都暗含着特定的顾客群体，依据战略重点，满足客户需求，提高公共服务质量和顾客满意度应该成为设计衡量指标的依据。公共部门的特殊性决定了其在确定客户绩效目标时必须分析利益相关者，特别是其上级部门与立法机构对其完成使命工作的要求和进展。顾客指标大多可归到及时性、可取性、选择性和效率几个类别，也可以以顾客满意度、亲密度、投诉率等来考量，应该涉及公共产品的质量、服务的品质、公平和透明度。根据平衡计分卡思想，经常思考"我们的顾客需要或希望我们做什么"可以帮助我们确定一些顾客指标。

（三）为内部业务流程绩效变量设置衡量指标

平衡计分卡中评估组织内部业务流程与传统的衡量指标有很大的差异，传统的方法希望监控和改善现有的业务流程，而平衡计分卡可以建立全新的流程使组织能够满足客户与利益相关者的需求。在商业企业，内部价值链模型提供了一个便利的模型帮助公司制定其目标与内部业务流程的衡量手段。一般的价值链包含创新流程、运营流程和售后服务流程这三个主要的业务流程。平衡计分卡的差异还表现在将创新流程融合到内部流程中，平衡计分卡的内部业务流程可以将创新流程和运营流程的目标与衡量方法结合起来。这些流程强调效率、连贯、及时性。可以从质量、时间、成本等方面制定相关的衡量指标。从内部业务流程角度理出了关键的组织活动，这些活动可以分为四种高级的流程：通过创新产品和服务，以及挖掘新的市场和消费群体，来促进业务的增长；通过加深与现有客户的关系来增加客户价值；通过加强供应链管理，改善内部流程的成本状况、质量水平和时间周期，提高资产利用率等，来实现卓越运营目标；通过与外部利益相关者建立有效的关系而成为一位好的企业公民。运营效率的提高和业务流程的改善可以创造短期收益，而由于客户关系的加强所带来的收入增长则会在中期体现出来。最后，创新能力的增强和内部关系的改善将带来长期的效益。

对于公共部门来说，私营部门在这一维度的指标设定具有很多启示，从内部业务流程角度，管理者必须建立组织活动在实施其战略时所有的重要的内部流程，内部业务流程指标应该关注对客户满意度和完成组织使命目标有重大影响的流程。应该特别注意流程创新、伙伴关系、控制层级数、职能空白以及回应顾客的方式和效率等。

（四）为学习与成长变量设置衡量指标

为了实现公共部门在内部业务流程、顾客维度实现其使命和战略性绩效计划取得成功，政府组织必须在学习与成长方面立指标。有动力的、具备综合技能的员工，运用各种技能和工具在追求持续改善的氛围下工作，是公共部门在财政吃紧的情况下驱动流程改善，从而进一步满足顾客要求并最终实现其使命的关键。组织的学习和成长过程应该都包括三部分：人员、信息系统和程序。人员指标可包括：职工的满意程度、决策参与程度、工作认可程度、创造性的鼓励程度、充分发挥才能的程度以及对组织总体状况的满意程度、职工的稳定性。信息系统的生产能力可以通过及时准确地把关键客户和内部经营的信息传递给制定决策和工作的一线雇员所用的时间来计量。有些指标在公共部门推广可能较困难，但公共部门应该有所创新，应及时研究一些新的指标，包括人力资本（培训、留住人才、连续性等）、信息资本（获取信息的能力、渠道和手段），跟踪一些培训项目的效果，设法增强员工技能，建立信息流以及引导组织良好文化和氛围的形成的指标。

四　提炼绩效指标

（一）制定绩效指标的原则

从绩效管理角度看，绩效指标应该简明，与组织战略绩效目标相关，以及能够度量；具有竞争性，能与过去的绩效表现连接，同时具有同业竞争力；可度量的，绩效指标可以量化的方式计算；可整合的，每一个指标都有明确的定义与评估目的；可沟通的，能够很容易地对内部/外部沟通或解释指标意义与内容；有影响力的，无论是个人或是组织都受到关键绩效指标的引导，努力一致地为目标效力；可定期收集结果，可依规范的周期收集并统计进度。[①] 避免对数据进行扭曲处理，是制定绩效指标和进行绩效评估特别要注意的问题。如何考察警察部门非常有代表性，警察机构可以通过增加逮捕的人数或者交通罚款单的数量来提高其"产出"绩效。警察还能够在周末晚上增加巡逻，逮捕更多的醉汉，以提高其服务水平。同样，犯罪率指标同样可能使实际成果扭曲，比如，警察能够这样做，当减少严重犯罪对他们有利时，他们就尽量减轻案情，以达到较少的严重犯罪率。而当一个地方的犯罪率增高之后预算分配会增加时，他们就增加犯罪的严重程度。

一般说来，公共部门绩效指标应该具有以下特性，也就是要符合SMTABC 评价原则：S（Specific，具体性），要求每一个指标的每一个实施步骤都要具体详尽；M（Measureable）要求每一个指标从成本、时间、数量和质量等四个方面做综合的考察衡量；T（Time，定时），业绩指标需要指定完成日期，确定进度，在实施的过程中，管理层还要对业绩指标作周期检查；A（Achievable，可实现性），员工业绩指标需要和上级领导、部门及组织的指标相一致且易于实施；B（Benchmark，以竞争对手为标杆），指标需要有竞争力，公共部门平衡计分卡应该考虑同业和类似部门的标杆作为指标的参考；C（Customer oriented，客户导向），业绩指标要能够达到客户和利益相关者的期望值。

（二）确定评价指标和因果关系链

围绕一个战略绩效目标可以有许多指标，并非所有的绩效表现都应该受到同等程度的重视，但在平衡计分卡体系中不需要列出所有的指标，必须从

---

① CorVu（科邬）咨询公司：《综合计分卡解决方案：理论向实践的转换》。

中选出与战略议题密切相关的指标，但要确保所选择的指标数量能够追踪战略的事实。要发现绩效表现之间的因果关系，选择那些对战略目标起重要作用的考核指标。如第一个推行平衡计分卡的夏洛特市，其指标体系与商业企业有很大的不同，紧紧围绕城市政府的使命和战略确定指标，在其所有的评价指标中，顾客维度比重最大，为 38%，内部流程占 27%，学习成长占 21%，而财务只占 13%。[①] 对每一项考核因素而言，绩效指标不应过多，在选择绩效指标时，要平衡下面这些关系："顾眼前"和"看长远"，"看结果的"和"看过程的"，"小范围的绩效"和"全局的绩效"，具体来说要达到下列平衡：诉求短期指标与长期指标（学习与创新）的平衡；诉求财务指标与非财务指标（客户满意、流程、学习与创新）的平衡；诉求内部指标与外部指标（客户满意）的平衡；诉求过去指标与未来指标（学习与创新）的平衡；诉求滞后指标与前置指标（客户满意、流程、学习与创新）的平衡。

指标间的内在逻辑关系特别重要，平衡计分卡四个方面的指标并不是相互独立的，而是一条因果链，展示了绩效和绩效动因之间的关系。为完成使命和实现战略目标，必须使公共产品或服务赢得顾客的信赖；要使顾客信赖，必须提供顾客满意的产品和服务，为此改进内部运行和管理过程；改进内部过程，必须对职工进行培训，开发新的信息系统等。通过这些指标间的因果关系链，可以让管理人员从中看出组织的战略实施原委和过程。比如在对警察部门考核中，就不能只以抓了多少罪犯为绩效指标，因为抓住犯罪的数量多并不一定意味着治安环境的改善，它只是手段而非目标。美国加利福尼亚州某市警察局的考核分为三部分：一是治安指标。将犯罪案件按性质和危害程度分类，规定各类的犯罪率和破案率指标。二是交通安全指标。平均行车 100 万英里发生的车辆事故不超过 3.42 起。三是软指标。主要靠居民对警察服务满意程度的打分。这些指标的考核由审计和社会公证机关主持，对议会进行监督。只要这三个方面的指标有了进展，就说明警察部门的目标和使命完成了。再比如，过去环境部门考核的是工作量指标，像每周打扫多少次街道，处理了多少吨垃圾等为考核指标，但这些并没有与这项公共职能的目标紧密结合，完成了这些指标并不意味着街道的干净和环境的美化，纽约市就是这样，结果"肮脏的街道"依然大量存在，后来重新调整了方案，

---

① Charlie Bennett, Origination and History of Balanced Measures Approach, Charlotte, NC, http://govinfo. library. unt. edu/npr/library/papers/bkgrd/charlotte. htm.

对不需要经常清扫的街道，由每天打扫一次改为两到三天一次。对那些肮脏的街道进行重点整治，增加清扫次数。实行这些措施后，"肮脏的街道"的比例由原来的43％下降到4％。而环卫部门不仅没有增加人员，经费也比以前节约，可见以工作量为考核的绩效指标并不一定能达成组织的绩效目标和实现组织使命、战略。

（三）指标的测试

绩效指标是否可以采用，还要经过一系列的测试，以确保关键指标的客观性、相互的兼容性、可以量化等特性，还应保证整个指标体系在成本、质量和时间三个方面的平衡，不过分侧重于某一方面。指标的特性测试主要针对以下八个方面[①]：指标是否容易理解；被考核者是否对该指标所考核的方面具有相当的控制能力；指标是否可以实施；指标所考核的内容，其基本资料的来源是否可信；指标所考核的内容是否可以衡量；指标所考核的内容，其基本资料是否可以以低成本获取；指标所考核的内容是否与战略目标一致；指标所考核的内容是否与整个指标体系一致。这些测试的主要内容大多已包含在指标制定的原则里，这八个方面有几点是这些原则的细化，最主要的就是要确保绩效数据的可获得性、可衡量性、可靠性以及相关性。

第三节　制定目标值和行动方案

一　制定绩效指标合理的目标值

在平衡计分卡里，目标值代表了绩效指标的期望结果。确定了绩效指标之后，还要有绩效评估的标准。将实际的绩效结果和预定的目标值相对比，你将得到充满价值和意义的信息。由于绩效指标一般是数量化的，其评估标准通常是一个数值范围，如果被评估者的绩效恰好在标准范围之内，说明完成了预定的职责；如果被评估者的绩效表现超出标准的上限，则说明被评估者作出了超常的努力，绩效卓越。以路灯修复为例，你所在城市在得到通知的两天内，可以换好一个坏了的路灯，但了解这个事实意义不大，除非你还知道，临近的城市可以在一天内完成，而成绩最好的组织则可以在六小时内完成。有了这些信息，你就可能制定出在通知后三个小时内修复不亮路灯的

---

① 《如何避免绩效管理的误区》，《中国财经报》2004年3月3日。

目标值。有了目标值，就有了指导行动、决策和资源分配的参考。这样，可以加强沟通和改进绩效情况，而不是保持现状。

所以，平衡计分卡要求将所有的战略目标转化为可衡量的指标，这些指标必须有一定的目标值作为评价绩效的尺度（如表4—2所示）。

表4—2　　　　　　　　夏洛特市整体层面平衡计分卡指标样本

维度	目标	指标样本	目标值
顾客服务	改善邻里关系	由生活质量指数评价邻里和睦的数量	102个邻里和睦
经营业务	改善合作的解决方案	整合战略交通和土地计划项目的比率	100%
资源管理	扩大税基和收入	在目标地区税收额的变化比率	税收额增长10%
员工发展	招聘和留住有技术的、多才多艺的员工	城市平均营业额率的比率变化	营业额增长小于5%

资料来源：卡普兰、诺顿（2000）。

目标值是强有力的沟通工具，使整个组织了解取得成功所必需的期望绩效水平。结果，在组织努力改进绩效的时候，指标值促进了持续改进。目标值同时也为组织和顾客提供了评价管理的有效性和加强受托责任的机制。设定目标值对于许多公共组织可能是件新鲜事，难点一般在于不知道从哪里收集有意义的目标值信息。检查过去的数据和趋势，可以使你选出既符合客观实际，又具有一定难度的目标值。国家、地方和行业平均数也是设定目标值的参考资料。许多组织监督政府和非营利组织的绩效，并提供各种绩效变量的现成目标值的可能信息。在美国公共部门，政府会计准则委员会（Government Accounting Standards Board，GASB）和国际城市/县城管理委员会（International City/County Management Association，ICMA）都能提供相关的绩效指标信息。

标杆管理被认为是有效的方法和工具。从绩效管理的角度看，由于标杆的设定向组织提供了绩效改进的信息，因而组织绩效标杆的设计在绩效管理中有十分明显的作用：对一个组织来说，虽然可以在组织内部从完成既定目标来衡量绩效，但从根本上说，绩效的高低或卓越与否，实际上是与其他组织比较而言的，因此，为了真正提高组织绩效，在组织的绩效管理中，可以寻找某些表现优于自己的组织或在某些方面优于自己的组织作为绩效比较的对象，即绩效比较的基准，并以此为参照系，为绩效指标确定合理的目标值。

下述程序模式被认为是比较适合公共管理者的设计：（1）决定哪个单位或流程将会是比较的标的物；（2）找出衡量成本、品质及效率的指标；（3）针对每个标杆，找出表现最好的其他单位；（4）衡量这些表现最好的单位的表现；（5）衡量或界定自己的组织和最好的表现者之间的绩效差距；（6）决定缩小绩效差距的行动方案步骤；（7）根据步骤确定具体指标值。

美国邮政服务总局开发的"顾客完美"绩效管理模式中，制定绩效指标就以芬兰国家邮局国际业务部为标杆，同时也参照本系统内的先进服务机构标准，具有很好的激励作用。[①]

二　制定行动方案

为了使战略和绩效计划得到很好的执行，必须将战略与员工每天的实际工作结合，必须围绕绩效指标和目标值确定一系列行动方案，以实现组织战略目标。在本章中已经讨论了平衡计分卡的许多基本问题，也分析了设计战略绩效目标所需要的步骤，分析了如何将战略目标转化为绩效考评指标，刚刚还讨论了绩效目标值的制定，一个完整的平衡计分卡还必须有一个步骤，那就是将目标值转化为现实——制定行动方案。

行动方案是组织将从事的、有助于实现或超越绩效目标值的具体方案、活动、项目或行动。行动方案的本质可能差异很大，但它们的共同之处是与战略目标、绩效指标和目标值相联系。基本逻辑应该是使命、价值观和愿景总是先出现的，战略紧随其后，勾勒出成功所需要的显著优先权。接下来的是绩效目标和指标，这将告诉我们为了实施战略必须擅长哪些方面以及如何评价我们的进展。目标值提供了应瞄准的靶心，最后才是帮助我们实现目标值的行动方案。无效的行动方案会造成组织资源的浪费，追求实际上没有价

---

① U. S. Postal Service HQ, BALANCED MEASURES STUDY, USPS Site Visit Summary, April 16, 1999.

值的行动方案时，员工的时间和注意力也已经偏离了战略工作。

一般说来制定行动方案主要包括以下几个步骤：一是针对每个层面的战略目标，一一找出其中关键指标的影响因素；二是绘制出影响因素图，确定重要的影响因素同决策之间的联系，从中识别出战略决策需要考虑的核心因素；三是针对不同的核心因素制定相应的决策；四是对每一决策列出一系列的选择，将每一决策的选择结合起来就成为一个战略措施和行动方案；五是评估每一个战略措施方案，最后作出选择。如果行动方案不具备战略标准，则应仔细审查，甚至减少其范围，或完全停止方案。评估的方法包括召开集体讨论会、定性分析和定量分析等。

由于所有行动方案都需要配置资源才能实现，战略措施规划制定完毕之后，就需要根据每项措施的要求为其配置相应的资源。对行动方案所需要的资源预测及配置主要包括三个方面：资本投资需求、资金筹措与投放、人力资源需求与配置。战略规划层面只是对这三个问题提出解决思路，而并非详细的运作计划。至于为达到战略目标以及主要经营业绩指标的策略实施方案、时间表、责任人、每一方案的具体资金需求等，则是行动计划需要解决落实的问题。所以，每个战略措施和行动计划应该包括：负责人员和部门，工作计划日程，资源和经费预算。

第四节　分级制定平衡计分卡绩效计划

只有将组织的绩效目标落实到部门、业务单元及员工个人，才能最终使组织的战略"落地生根"。构建、编制分级的平衡计分卡绩效计划是非常重要的一项工作。

一　部门和业务单元平衡计分卡

平衡计分卡是分层级的。从组织的战略图，制定出总的平衡计分卡，然后再根据总平衡计分卡，分解战略，制定出职能部门和业务单元的平衡计分卡，最后制定出个人的平衡计分卡。这几个层级的平衡计分卡并不是单独存在的，而是由一条主线连在了一起，那就是组织的战略。通过平衡计分卡这种纵向的分解，可以保证组织的每个层面的工作都是沿着战略的方向在努力，从而形成合力，聚焦资源，提高组织绩效。

虽然公共部门与非营利组织并不是基层驱动组织，但当员工了解到他们的日常工作与组织总体目标之间的联系时，组织也将获益匪浅。在公共部门，分级实施将会比可选择的复杂平衡计分卡更为必要。公共部门要达到目标，通常要求大量网络内部协调，经常跨越各层次和各服务部门。职能部门之间、业务单元之间以及职能部门和业务单元之间，通过设置共享的指标，将同一个层级的不同领域的平衡计分卡连接在一起，可以很好地形成战略协同，保证组织使命的实现。

分级实施平衡积分卡是一种协调多数组织学习差异的方法。当在组织的基层创建平衡计分卡时，各职能部门，各种级别的员工都有机会展示其改进结果的行动。同时，当组织在分析这些结果时，领导也将在检查这些结果的活动中受益。这种分析不仅仅局限于整个机构抽象化的少数高层次指标，相反，分级实施平衡计分卡为决策、资源配置和更重要的战略学习提供了绩效数据。

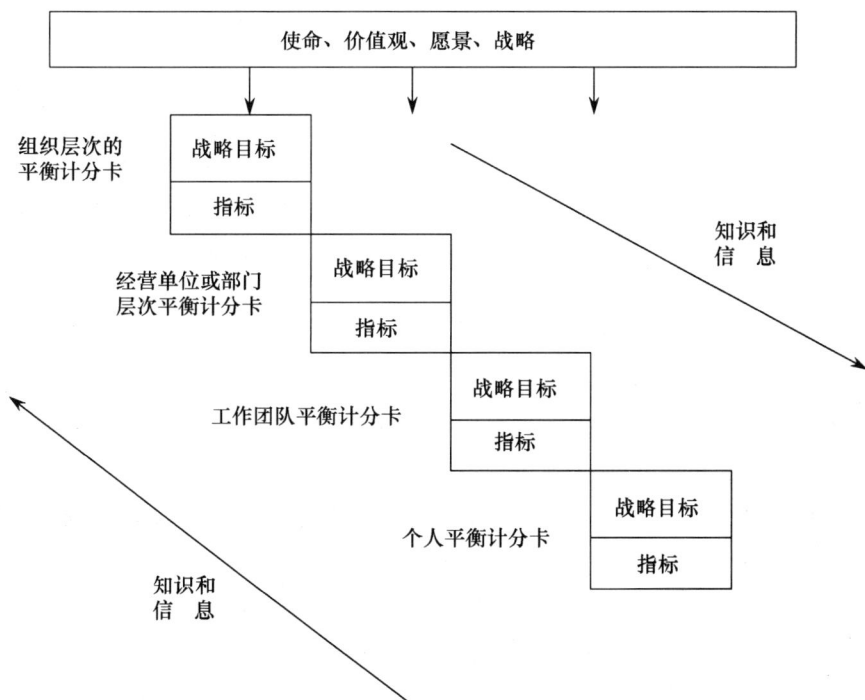

资料来源：卡普兰、诺顿（2000）。

图4—2　分层制定平衡计分卡逻辑图

分级制定平衡计分卡的方法与构建组织总体计分卡思路相同。部门平衡计分卡上的指标首先来自整体平衡计分卡指标体系的分解，特别是关键指标（KPI），分解的重要依据是部门使命与职能对整体指标体系的驱动力；其次通过分解初步获得部门的指标体系后，还需要进行部门需求分析并以此来设置指标，这项工作的重要意义在于加强部门之间的横向协调；最后要对这些指标进行识别，将其与部门职能的指标推导进行对比、修正；随后在部门的指标体系中，分离出两个类别的指标：考核指标和分解指标。考核指标是纳入部门计分卡并可以继续在部门内部分解的指标，而分解指标则是该部门小组或员工的指标。在完成上述工作后，还要结合各个部门的战略重点绘制部门战略规划图，比较直观地表明各个部门年度经营的业绩重点。为了确保部门考核指标的合理性与科学性，对部门指标体系进行监视，并分配权重，确保部门考核指标的精简性。当部门的考核指标确认后，你就可以推进部门平衡计分卡与绩效计划的编制了，年度经营计划与财务预算仍旧是部门平衡计分卡之标志的重要来源依据。将行动计划与指标对接则是为了确保目标能与部门行为对接。

夏洛特市市政府要求相关部门开发它们自己的平衡计分卡。以交通管理部门为例，该部门从城市计分卡中找出了那些与它们有直接关系的16个高层战略目标作为它们制定部门计分卡的导向，详细分析了每个目标与交通部职能的关系并据此为每个层面的目标设定相关绩效指标，另外还根据本部门特点设定了滞后指标和领先指标，共计32个指标（参见表4—1和图4—3）。

平衡计分卡除部门分级制定外，还有一种跨部门的按照战略主题分解组织战略目标的分解模式，夏洛特市市政府计分卡设计出来后，成为进一步制定平衡计分卡的模板，项目组开始针对预先确定的五个战略主题，分别设定了特定的战略目标，以市政府的平衡计分卡为样板，挑选与自身有关的目标来发展各自的平衡计分卡，这些主题计分卡不属于任何一个部门，而是与多个部门有关。主题计分卡为推动各部门讨论如何跨越职能障碍而实现目标提供了一个平台。各部门在专注于自己的职责范围、影响和控制之外，能够同时把重点放在五个战略主题上。市政府为每个战略主题建立了一个小"内阁"，由对该主题有影响的部门经理组成。每个内阁里面的部门领导每月聚一次，讨论主题的进展以及新计划或行动方案，任何重大的市政府计划都需经过每个小内阁的复核并从相关内阁的战略主题的角度来评估。这样，各个部门间也发展为一种良好的伙伴合作关系，使得整个市政府运作获得极大的效益，参见图4—4。

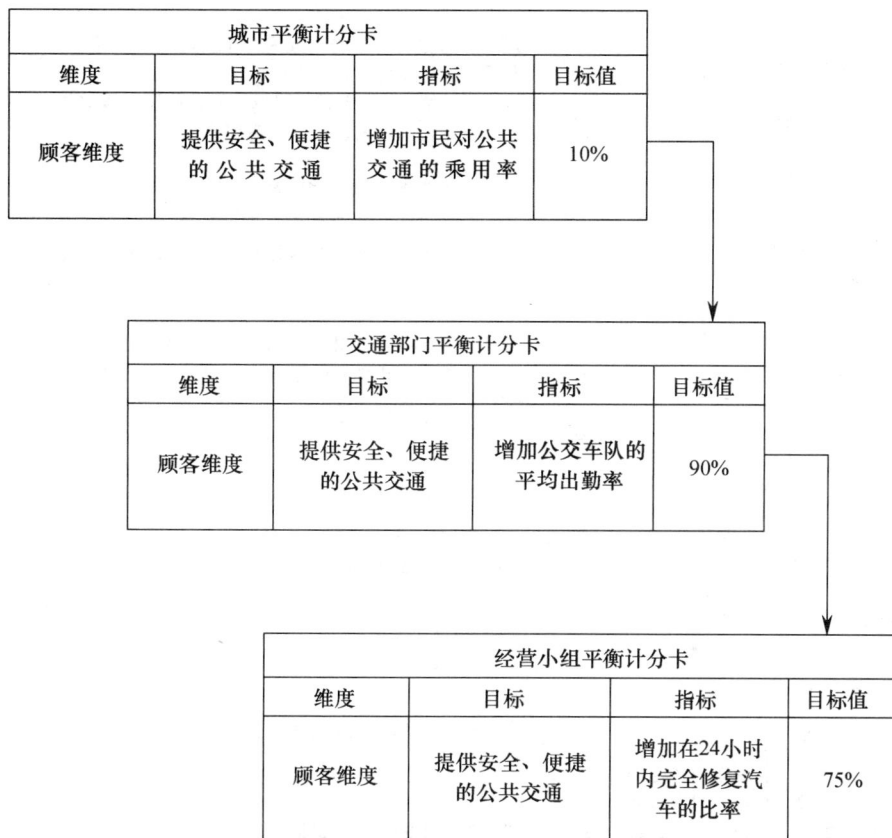

城市平衡计分卡			
维度	目标	指标	目标值
顾客维度	提供安全、便捷的公共交通	增加市民对公共交通的乘用率	10%

交通部门平衡计分卡			
维度	目标	指标	目标值
顾客维度	提供安全、便捷的公共交通	增加公交车队的平均出勤率	90%

经营小组平衡计分卡			
维度	目标	指标	目标值
顾客维度	提供安全、便捷的公共交通	增加在24小时内完全修复汽车的比率	75%

图4—3　夏洛特市警察局分级制定平衡计分卡流程

二　个人平衡计分卡

和组织指标体系分解的工具一样，部门平衡计分卡也要向下分解到执行小组或员工，制定个人平衡计分卡，主要依据就是部门关键指标（KPI）和职位说明书。当完成员工指标的分解后，员工的岗位职责也是进行考核指标修正和补充的依据；员工考核指标权重的设计当然是必不可少的，它反映了员工对各个指标关注程度的不同；在确定员工指标之时，有一点是特别需要关注的，那就是：员工的指标值在很大程度上和其上级指标值有很大关联度，纵向之间必须保持进度的关联。员工的计分卡的指标与目标需要有相应的工作计划来进行保障，工作计划和指标解释、学习发展计划可以共同作为员工个人的绩效计划的重要组成部分。

客户透视

| 加强周边环境 |

最终目标是使夏洛特市成为一个安居乐业的城市，为居民提供住房、好的工作、足够的城市设施、方便的购物环境、教育和娱乐设施，并且使居民能够通过社区组织很好地表达自己的意愿。

社区环境是城市最大的财富。

财务可靠性透视

| 安全可靠的资金合作伙伴 | 税基的增长 |

通过与私人的其他资金资源的合作，能使城市更好地对资源进行利用

通过吸引新商家入驻、保留并鼓励现有企业进行扩张，以增加城市的税收基础，这对城市经济发展来说是非常重要的

内部流程透视

| 提倡依靠社区来解决问题 | 提高基础设施的能力 |

提倡"依靠社区"来解决问题
- 授予居民更多的权利
- 解决问题时减少城市干预
- 减少重复劳动
- 增进服务供给

学习和成长

| 提高知识管理的能力 | 减少技能差距 | 创造积极的员工氛围 |

为了取得成功，我们必须支持对员工进行培训，并提供技术资源

在关注城市的老城区的同时，该问题解决的模型可以运用在城市其他地区以解决相同的问题

资料来源：R. S. Kaplan，"City of Charlotte（A）"，9—199—036（Boston：Harvard Business School，1998），115，重印获 Harvard Business School 许可。

图4—4　夏洛特市战略主题城中城主题计分卡

个人学习发展计划编制的目的是为了确保绩效责任人驱动目标实现的能力与要求相一致，因为只有具备实现目标的能力才能确保目标的实现。而岗位的任职资格与能力素质模型则是衡量绩效责任人是否具备这种能力的"标准"。编制个人学习发展计划，首先要将这个"标准"与绩效责任人现实的知识、经验、能力与职业素养进行对比，寻找差距并制定学习发

展计划；同时考虑绩效责任人职业发展在能力上的培养，学习发展计划还可以和职业生涯规划保持同步，并与培训计划紧密联系起来。但是这些目标实现的前提是：组织有一个合理、科学的任职资格体系与能力素质模型。这也就涉及了平衡计分卡绩效计划体系与组织基本制度和日常管理活动结合的问题。

第五章 平衡计分卡绩效管理系统：
支持系统与运作流程

在前一章中，主要分析了如何在公共部门中创建平衡计分卡，主要是构建了战略性的绩效计划体系，这是平衡计分卡绩效管理体系的核心，但组织实施平衡计分卡是为了实施战略，实现战略性绩效计划，使得战略性绩效计划可衡量，可管理。组织作出平衡计分卡不是目的，目的是用平衡计分卡进行管理，执行战略，管理和提高绩效，实现发展愿景。为了让平衡计分卡制度具体落实于日常的管理活动当中，以确保管理机制能够顺畅地运作，组织需要建构相关的作业规范和流程，并将预算与考核、考核与激励对接，要把平衡计分卡作为绩效管理的主要工具加以应用。所以要将平衡计分卡转变为一种完整的绩效管理制度，还必须设计出平衡计分卡与绩效管理的日常运作系统和支持系统。

第一节 平衡计分卡绩效管理
体系的支持系统

一 组织架构、岗位职责与任职资格

设计平衡计分卡与绩效管理系统需要明晰本组织架构，分析岗位职责与任职资格。组织架构、岗位职责与任职资格体系对平衡计分卡与绩效管理的支持，体现在平衡计分卡与绩效计划设计和日常管理的各个阶段。在进行指标体系分解时，需要有一个指标分解的依据，而这种依据就是部门使命与职能对组织指标体系的驱动力，也只有把部门能驱动的指标分解到部门才有现实的意义，因为如果各个部门指标与其使命与职责毫不相关，就会失去考核的意义，因为如果它们无法驱动就无法控制考核的结果，而判断部门的驱动力的前提就是组织架构的澄清。只有事先对组织架构进行

必要的梳理，明晰各个部门的使命与职能，才能分解出与各个部门密切相关的指标。

同样在进行部门指标体系分解、设计员工考核指标时，岗位的使命与职责是判断任职人员对部门指标驱动力的重要参考依据，只有明晰职位职责才能够设计出真正属于该职位员工的考核指标。同时为了确保各级平衡计分卡目标的实现，在设计绩效计划时，需要根据在职人员和职位任职标准在知识、经验、能力与职业素养上的差距，制定个人的学习发展计划。而了解任职标准"差距"的前提是要有一个"任职标准"，这个任职标准我们把它称为任职资格体系。由此可见任职资格体系是制定学习发展计划的基础、前提，是员工和部门进行绩效管理的基础。

二　平衡计分卡与预算制度支持

在实施平衡计分卡与绩效管理时，全面的预算管理是承接组织战略与经营绩效的重要工具之一。首先，全面预算管理是将既定战略目标通过预算的形式加以量化，以确保组织战略目标的最终实现。全面预算不仅包含传统意义上预算的各个方面，而且还必须包含整体组织与部门的年度经营计划，它将成为形成组织及部门关键绩效指标数据与平衡计分卡指标支持行动计划资金支持的主要来源。参见图5—1所示，很多组织无法成功推进平衡计分卡和绩效管理项目与此有着直接的关系。

其次，全面预算管理在为绩效计划与目标设定提供参照的同时，管理者也可以根据预算的实际执行结果进行指导与反馈，并修正原有的计划与目标，确保计划与目标更加符合实际，真正发挥评价与激励的作用。再次，全面预算管理也是进行绩效考核的基础和依据。良好的预算体系有利于指标值界定精确，只有将各个指标的目标指标值与挑战值制定得合理，才可以在计划期末进行有效的比较、衡量。

三　平衡计分卡与组织内部运作机制支持

平衡计分卡要求改善内部运营。随着平衡计分卡的使用，管理活动的焦点都集中在战略的实施上，而供应链、流程与质量等内部运作的规范化是战略实现的重要保障系统。关注战略就必然要求关注上述内部运作系统，它要求主动去思考为什么要进行变革，在什么时候进行变革，变革对于战略实践的意义是什么。它的真正意义在于有目的地去实现内部运作的规范化，去制

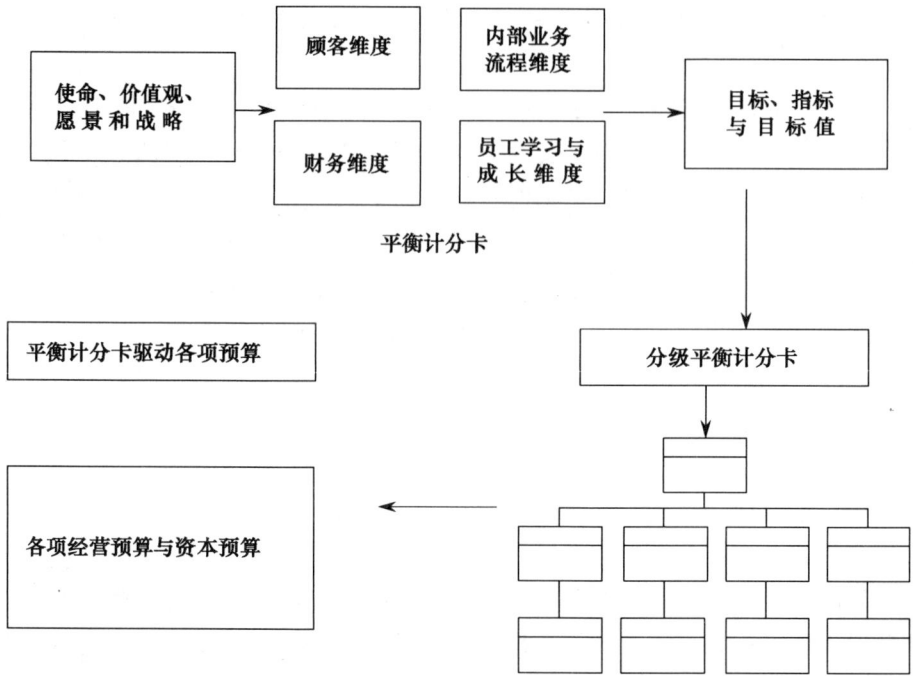

```
┌──────────────┐      ┌──────────┐   ┌──────────┐
│              │      │ 顾客维度 │   │ 内部业务 │
│  使命、价值观、│──→   ├──────────┤   │ 流程维度 │        ┌──────────┐
│  愿景和战略   │      │ 财务维度 │   │ 员工学习与│──→     │ 目标、指标│
│              │      └──────────┘   │ 成长维度 │        │ 与 目 标 值│
└──────────────┘                     └──────────┘        └──────────┘

              平衡计分卡
```

```
┌────────────────────────┐
│ 平衡计分卡驱动各项预算  │
└────────────────────────┘

                                              ┌──────────────────┐
                                              │  分级平衡计分卡   │
                                              └──────────────────┘

┌────────────────────────┐                           │
│                        │  ←──
│  各项经营预算与资本预算 │
│                        │
└────────────────────────┘
```

为了支持整个组织实现平衡计分卡   部门根据对高层目标的影响设计平衡计
目标需要的投资驱动预算编制过程   分卡，每个平衡计分卡包括达到平衡计
                                              分 卡 目 标 所 必 需 的 具 体 行 动

资料来源：卡普兰、诺顿（2000）。

图 5—1   预算驱动平衡计分卡实现图

定综合的、循序渐进的内部运营变革步骤。平衡计分卡帮助改善内部运营，
还体现在它是一个有效的绩效管理工具。平衡计分卡要求你主动根据内部运
营设置考核指标。你可以选择那些能直接驱动战略目标的内部运营的主要方
面作为绩效管理监控点；你还可以通过指标的分解，将这些内部运作关键控
制点的责任落实到与其相关的部门与员工；你还可以通过日常的指导与反
馈、考核来引导组织各个部门与员工的行为，确保他们自觉地按照事先制定
好的运营规则做事。由此可见，通过平衡计分卡的实践，能够驱动组织的员
工自觉地去实现内部运营改善的目标。

平衡计分卡的指标都是根据战略来设定的，所以评估各项指标的完成情
况就是在评估战略的实施效果。平衡计分卡用于组织的战略评估。战略评估
是战略管理的一个重要的环节。战略评估环节的缺失，使战略管理很难形成

一个闭环，使战略管理的效果大打折扣。平衡计分卡可以很好地解决战略评估的问题。

组织通过实施平衡计分卡，可以将平衡计分卡应用于组织的管理会议，提高会议的效率和效果。不同的业务单元、不同的职能部门在汇报自己的工作的时候，可以按照自己的平衡计分卡进行逐项的分析和回顾，业绩的好坏，原因分析，通过一张卡都可以一目了然，避免了会议报告的长篇大论和无效。使组织变得更务实。确保内部运营管理的变革落到实处。

四　获取高层领导和智力资源的支持

尽管平衡计分卡体系是科学的、合理的也是有效的，但如果没有高层领导的参与，平衡计分卡项目就没有开展的必要，因为没有高层领导的大力支持和积极推动根本就不可能成功。在公共部门，层级节制是其最为主要的特点，高层领导掌握着组织的主要资源，对组织的发展方向起着决定性的作用，其管理理念和管理方式影响着组织的管理改革与发展，领导的关注点就是组织的战略重点。而且，组织领导的知识、经验与创造性以及变革的决心和参与对公共部门制定和实施平衡计分卡尤为重要，向领导汇报沟通并获得其对组织制定平衡计分卡所有环节（从使命陈述到衡量指标的确定）的认可和支持，是平衡计分卡得以开展的前提条件。要获取领导的支持，除了汇报沟通外，实施团队应该邀请专业咨询师或相关专家学者出面，向领导灌输相关的知识和理念，并引导领导者了解平衡计分卡的功能、作用、实施的流程以及可能带给组织的变化。特别应注意将领导关注的重点包含在平衡计分卡的显著位置。

同时还要获取智力支持。智力支持主要包括两个方面，一是要组建知识团队，这个团队的组成人员不仅要有基本的理论知识和对公共部门管理体系的深刻认识，还应具有成功实施相关实践的经验，要具有因地制宜地设计平衡计分卡体系的能力，他们要尽可能拿出适宜本组织的行动方案。俗话说，外来的和尚好念经，应该借用外脑，聘请专业咨询公司的顾问或相关研究机构的专家学者。作为外部专家，他们的倡导和宣传容易得到高层领导的首肯，这些人员的专业知识和实践经验也将帮助组织少走或不走弯路，少犯或不犯错误。同时还应培养或引进属于本组织内部的专业人士，特别应吸收组织人力资源、财务部门以及战略规划部门的负责人进入团队，使他们成为平衡计分卡理论的倡导者和宣传人。这样有利于平衡计分卡理念在组织内部的传播，有利于平衡计分卡体系在组织中的推广和应用。

平衡计分卡体系还有一个重要问题就是绩效信息的收集和处理。有效的绩效信息的获取绝非易事，纷繁复杂的信息处理更是难上加难，如能成功引进计算机信息系统收集和处理相关信息将大大促进平衡计分卡的实施与推广。幸运的是，平衡计分卡经过十多年的发展，各种软件已达到上百种，借用外部智力，设计属于自己的平衡计分卡软件系统，必将大大推动公共部门的平衡计分卡绩效管理的进程和实效。

第二节　平衡计分卡绩效管理运作系统

一　绩效执行与控制

绩效计划制定工作完成后，接下来的平衡计分卡绩效管理流程的重要环节就是绩效执行与控制。执行与控制是确保组织各层面的绩效计划得到实施的重要保证手段，因此在平衡计分卡与绩效管理制度中应当对绩效执行和控制的流程及方法进行描述。绩效执行与控制最为主要的方式就是绩效指导与反馈[①]，平衡计分卡体系是进行绩效指导与反馈的重要工具，它能持续地对各个层面的绩效实施监控、实现沟通，以确保整体业绩达成，促进战略目标的实现。事实上，在构建了各个层面的平衡计分卡并编制绩效计划后，下一步所要做的就是将其落实到行动上来。在此过程中，虽然各级人员均对自己所计划的绩效目标负责，但是上级人员对下级人员在日常工作中的跟踪指导，帮助他们完成或超越所制定的绩效目标是绩效管理系统中不可或缺的一个关键步骤。这个步骤我们将其称为绩效的指导与反馈。这一点在公共部门尤为重要，一方面由于公共部门本身的运行机制就是层级节制，上级的指导和控制是其主要的工作机制，下级机关必须时常汇报和反馈工作的进展与绩效成果，这是其基本的绩效沟通方式，只有这样，在绩效结果偏离目标值时，管理层才能知道这些信息，员工才能知道应该采取怎样的行动，这样就能确保公共部门正常运转和获得预期的绩效。

在平衡计分卡与绩效管理的实际运作中，绩效的指导与反馈是通过三种方式来实现的：一是上级对下级（或下级单位，部门）的日常指导；二是建

---

　　① 绩效评估其实也是绩效执行和控制的重要手段，将作为绩效管理的下一个环节在下一节中专门论述，这里主要讲绩效指导与反馈。

立定期的绩效会议制度[①];三是基于平衡计分卡结构绩效指导与反馈(其实主要是一些支持这一活动的文件和表格)。在编制绩效管理制度时,都需要对上述三个方面的内容进行表述,图5—2可以帮助我们更好地理解绩效管理制度中这部分的内容。

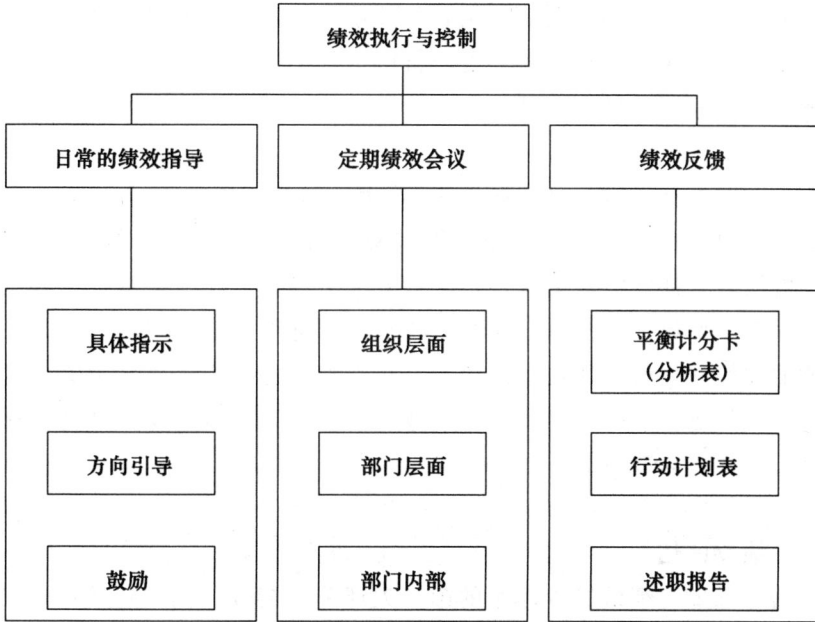

```
┌─────────────────────┐
│     绩效执行与控制     │
└─────────────────────┘
┌──────────┬──────────┬──────────┐
│日常的绩效指导│ 定期绩效会议 │  绩效反馈  │
└──────────┴──────────┴──────────┘
┌──────────┐┌──────────┐┌──────────┐
│  具体指示  ││  组织层面  ││平衡计分卡  │
│          ││          ││ (分析表)  │
│  方向引导  ││  部门层面  ││ 行动计划表 │
│          ││          ││          │
│   鼓励    ││  部门内部  ││  述职报告  │
└──────────┘└──────────┘└──────────┘
```

图5—2 平衡计分卡绩效计划执行与控制图

可以用各种各样的方式收集反馈意见。下面列出了加利福尼亚州圣地亚哥县是如何完成这项工作的。作为美国人口第六大县,他们设计出了一个广泛的绩效管理系统以更好地为市民服务。领导从为健康和人身服务机构(Health and Human Services Agency,HHSA)设计平衡计分卡开始这项工作。健康和人身服务机构拥有10亿美元的预算和5000名员工。考虑到该机构所提供的服务在本质上各异,健康和人身服务机构要求每一个项目都要设计一个能反映其如何成功为顾客服务的平衡计分卡。设计出平衡计分卡后,该团队开始寻找与所有员工分享已取得的绩效的方式并收集反馈意见。他们

---

① 公共部门的很多会议虽不明确说明是绩效会议,但常常围绕绩效改进、绩效报告和绩效问题分析等内容进行。

决定召开"确认会"。在两天的时间里开了四次会议,每次会议都是以团队领导的简短演示开始的,简要地介绍了项目的概况、绩效管理可获得的好处以及还需要做的工作。演示结束后,参与者可自由地在大房间里转悠,参观配有项目团队成员的任何摊位。每个展位以不同的平衡计分卡为特色,可供参加者评论或与小组讨论。同时还要设一个亭子,让员工测试一下用来报告结果的平衡计分卡软件。反馈意见表分发给大家,鼓励大家参加这项讨论和表明看法。这件事非常成功,因为来自机构各个部门的员工有机会参加到绩效指标的设计中,并可看到健康和人身服务机构的其他团队是如何评价其成果的。

在每个期末(通常是月末或季末),都应该把平衡计分卡绩效计划完成情况呈报给组织管理层,书面报告很重要,如果能够现场进行陈述则更好。如果以前没有这样的绩效会议,平衡计分卡可以帮助建立这种沟通和交流机制。很显然,反馈信息提供了组织主要战略目标的完成情况。这也是下一节要介绍的绩效评估的主要信息来源。如果战略目标没有达到,那么,到底是战略方式有问题,还是战略实施有问题,反馈可以告诉组织,并让组织从过去的经验中学习、改进。

二　绩效评估

平衡计分卡与绩效管理体系的第三大环节是绩效评估。绩效评估又称绩效考核,绩效考评,绩效评价,是对绩效结果进行衡量、评价和回顾的过程,是平衡计分卡与绩效管理实际运作规则描述的重要内容之一。

平衡计分卡体系本身就是一个评估体系,其内部构成就包含了绩效目标以及考核它的绩效指标。从平衡计分卡的创建过程中我们知道主要的战略目标和指标都有一个目标值。由于事先有了目标值,管理人员就很容易看到是否达到目标值,使绩效评估过程简单易行。关键是要员工明白绩效考核指标的真正含义,明白在执行过程中需要为这些绩效考核指标提供一些有用信息,这时绩效考核指标才能发挥应有的作用。

假如没有达到目标值,管理层就应该花时间讨论一下绩效偏离的原因,这种原因有时显而易见,可能不一定需要采取什么措施,有时可能就需要做进一步分析,发现存在的问题,采取行动,有时可能很难发现偏离原因,需要进行更深入的调研。或许可能会涉及平衡计分卡和战略规划深层次的设计问题,有可能就是结果考核指标与前置指标之间缺乏内在的驱动因素,在这种情况下就需对战略规划中的因果关系进行重新设计，对因果联系进行调整，使两者之间建立起真正的联系。

依据考核的对象不同，我们可以把绩效考核分为组织考核（如总体绩效与部门绩效考核等）与员工个人考核，两者之间有着密切的联系。在通常条件下，组织绩效考核常常由组织的计划管理部门组织；员工个人的绩效考核通常由人力资源部负责组织。事实上，绩效考核的目的不应该是仅仅给出一个分数，更为重要的是通过充分的沟通，使得组织或员工获得持续不断的绩效改进。绩效结果偏离平衡计分卡预先设定的目标值，不可避免地要在管理层和员工中引发一些讨论和思考，经过讨论和分析，或许就会捕捉到建设性的改进方法，并通过相关制度，将这些想法落实为具体行动和方案，改进组织绩效。

上述评估方法，可以归结为一种目标管理法，但对于业务相同或相近的部门，除了上述的基本绩效评估外，组织内部或许还有一个相互的考评问题。这就需要一些其他的考核方法，分出优劣和档次，要求绩效低下的部门进行反思和改进。关于这些绩效考核方法，在很多管理书籍中都有专门的介绍，等级评价法、强迫分布法、关键事件法、成对比较法等是平衡计分卡与绩效管理项目中常用的几种方法，这几种方法可以结合起来使用。

关于绩效评估，还有一个重要问题是考核周期。一般说来，考核周期应该与被考核绩效计划相一致。但有时上级部门或相关利益部门为了检验绩效计划的进展情况，也会先期考核。一般说来，考核对象的层级越高，其绩效成果周期越长，越能显现出来，常规做法可以是高层以年度为周期，中层以季度为周期，基层以月度为周期。当然考核周期也应考虑成本和精力，应结合工作特点，以有利于发现问题和改进绩效为目的确定评估周期。

三　绩效激励

绩效评估结果的应用是绩效管理中核心问题，是绩效管理作用机制能否建立和发挥作用的重要环节与驱动因素。通过对平衡计分卡完成情况的考核，将绩效考核结果与奖酬挂钩，可以实现战略与激励的对接。事实上，平衡计分卡与绩效管理不是控制、约束员工的工具。科学完整的平衡计分卡与绩效管理系统归根结底是为激励并指导员工有效地执行组织战略而设计的。平衡计分卡与薪酬等绩效回报的连接之所以能起到对员工的激励作用，是因为它将员工的贡献与收获紧密地结合，而这些收获正是员工的追求和需要。

根据著名的马斯洛需要层次理论，员工的需要是多方面的，包括生存、安全、社会交往、自尊和价值实现等五个不同的需要层次。设计员工的回报也可以从这五个层次的需要上寻找解决方案，设计员工的收获并将其与员工的贡献——绩效相连接。这样做的真正意义在于，通过满足自身需要的驱动力，来调动员工工作的积极性与主动性，引导他们关注自身的工作绩效，从而促使组织战略目标的最终实现。

我们知道，在公共部门战略目标实现的过程中，员工工作的积极性与主动性是实现目标的一个重要驱动因素，而要想充分调动员工的积极性，就必须将员工的个人收入、回报与其工作绩效紧密结合在一起。也只有这样才能打破分配上的平均主义，才能将各级员工的个人利益与其对组织的贡献真正挂钩，才能充分调动员工共同主动实现组织战略的积极性。对于公共部门来说，其激励机制在许多方面可能与商业企业有很大的不同，比如在薪酬制定上，虽然都有一定的奖金发放，但金钱的奖偿有限，不可能有特别大的落差，但可以借助荣誉，比如匾额、徽章和证书等，也给部分员工出国考察学习和参加国际会议的机会①，把工作人员的成绩与晋升相挂钩是非常有效的激励机制。

平衡计分卡提供了一个考核员工工作与组织发展的大量绩效信息，可以根据这些信息，将员工的贡献和相关的激励制度联系起来，将平衡计分卡与薪酬等绩效回报连接起来，能充分调动员工工作的积极性与主动性。构建平衡计分卡与绩效管理系统时，将其与薪资、福利、奖金等物质激励措施紧密地结合起来，同时还可以将绩效成绩与任职资格认证、能力素质测评的结果结合起来，确定员工的晋升并制定关键职位的"接班人计划"。开始导入平衡计分卡的公共部门，切忌不可将设定的理想目标作为未达标员工工作不力的基准，必须将平衡计分卡置于非惩罚的环境中②，鼓励员工开拓和创新。

第三节　总结与思考

一　明确平衡计分卡绩效管理的目的和原则

平衡计分卡绩效管理体系不能解决公共部门管理中的所有问题，不能将

---

① 新加坡的一些公共部门实施平衡计分卡时的激励方法。

② Charlie Bennett, Origination and History of Balanced Measures Approach, Charlotte, NC. http：//govinfo. library. unt. edu/npr/library/papers/bkgrd/charlotte. htm.

其完美化、理想化，看成是包治百病的良药。构建时必须首先阐明其主要目的和功能，不要将那些不太相关或者根本就无关联的目的强加上去。平衡计分卡主要是围绕战略和公共部门的长远发展所开展的绩效管理方案，战略发展规划是核心。公共部门推行平衡计分卡绩效管理不是为了约束和考核员工，而是为了帮助每个员工提升自身绩效，进而使整个组织提高绩效，因此它应该着眼于在组织发展的同时使员工得到同步发展。

不同公共部门的实际情况存在很大差异，其绩效管理的原则不能生搬硬套，但还是有一些基本和通用的原则：比如"战略制导"原则、"分级管理原则"、"充分沟通原则"、"考核客观公正原则"，这里要特别强调沟通原则。充分沟通原则：在平衡计分卡与绩效管理实践中，充分沟通的原则应当体现在平衡计分卡与绩效管理流程的各个环节上，首先组织在制定平衡计分卡绩效计划时，就应当确保上下级沟通的充分性，只有这样才能使战略目标与绩效计划最终得到相关人员的理解和认同；在绩效的日常指导与反馈中沟通更显得特别重要，缺乏沟通的绩效指导与反馈存在没有实际意义；在绩效评估过程中，上下级员工之间也需要就考核结果进行必要的沟通，上级主管应当和下级员工分析绩效计划完成结果所产生的原因是什么，有利于总结经验，改正缺点，消除弊端；在最后的绩效激励上，沟通的作用在于真正发掘组织中每一位员工的真正需要，并将其与考核的结果相连接，以实现对他的激励，从而调动其完成绩效目标的积极性与主动性。

1999 年赫尔辛堡市开始实施平衡计分卡，在第一年里，赫尔辛堡市政府变革的过程有些摇摆不定，变革过程的转折点出现在 2000 年 6 月，沟通发挥了重要作用。当时召开了一次有八十多人参加的大型会议，参会人员几乎囊括了所有重要的政治家和政府公务员。大会的目的是沟通交流平衡计分卡这种管理工具，展示这项变革已经取得的成果，讨论如何才能促进城市管理水平的提高。在这个会议期间，市长形成了如何把平衡计分卡渗透到所有政府工作部门的十点建议。[①] 在这些建议的指导下，赫尔辛堡市的平衡计分卡项目得以成功推进。夏洛特市市政府负责人在总结实行实施平衡计分卡的经验时特别提到，高层的支持至关重要（是由其城市经理直接发起）；另一个经验是一项艰巨的工作（也遇到很多困难），需要时间和投入；最后特别强调了"沟通、沟通，再沟通"。

---

① ［美］罗伯特·卡普兰、戴维·诺顿：《战略中心型组织》，人民邮政出版社 2004 年版。

二　平衡计分卡绩效管理体系与行政文化和伦理

任何一种制度的成功实施，都必须考虑组织文化和人的因素。平衡计分卡导入公共部门绩效管理体系，必须关注平衡计分卡理念与公共部门的行政文化和伦理共生与协调。创新和建构新型的行政文化与伦理意义重大。

在组织文化层面，首先是必须关注企业文化与行政文化的不同，正如《戈尔报告》中所描述的，即使在美国，"并非所有人都欢迎成果指标，许多人不知道如何着手开发成果指标。公务员一般都不重视自己的工作成果，一方面他们早已养成了只看过程的习惯；另一方面，开发指标的确不是一件简单的事情。因此，他们倾向于衡量自己的工作量，而不是工作效果。他们相信，只要自己努力工作，就算是尽职尽责了。公共机构需要几年的时间才能开发出行之有效的成果指标和成果报告"①。其次必须关注不同国家行政文化的差异，由于政治信念不同，传统行政文化各异，在英美等国成功推行的一些制度在法德可能就要遇到阻碍，但在一些东方的国度如日本、韩国或中国却发现了它的生命力。尽管平衡计分卡具有很强的灵活性，因为它们本身就是立足于不同组织的使命和战略，必然会根据自身不同的运作特点和自身的组织文化设计独具特色的绩效管理体系，但加强对公私两种文化差异的以及不同国家行政文化差异的关注和思考，无疑有利于平衡计分卡理念与公共部门绩效管理制度的融合。

组织文化必然逐渐内化为组织成员思维模式和行为方式，内化为员工的工作理念和伦理。前面关于美国公共部门中公务人员的思维模式其实也说明了公共部门的行政伦理问题。以绩效理念为核心的任何绩效管理体系导入公共部门都必然要面对传统公共组织中的行政伦理问题。在公共部门实施平衡计分卡绩效管理模式必须引导公务人员关注发展战略和组织长远发展目标，引导公务人员不仅关注工作量和过程，注重态度与纪律，还要关注绩效和结果，要以公众为导向，满足利益相关者的期待和要求，最终实现公共组织的使命。

三　平衡计分卡绩效管理体系的维护与改进

根据公共部门外部环境及内部管理实践的变化并听取员工的反馈，定期

---

① Creating a Government That Works Better and Costs Less: Report of the National Performance Review, Washington, D. C.: U. S. Government Printing Office, 1993.

检讨、修正组织战略和绩效计划,当组织战略或结构变更的时候,平衡计分卡整个层面的目标以及相应的衡量指标也应随之重新进行调整,新一轮的平衡计分卡制定与实施再次启动。在制定过程之中,主管人员必须有充分的时间考虑平衡计分卡和战略、信息制度以及最重要的管理过程之间的形成和演变。制定平衡计分卡的过程,也就是绩效目标在组织中进行传播的过程,如果能够让各级员工参与到计分卡的制定上来,将有助于战略目标的推广和得到员工的认同。平衡计分卡的设计和实施是一个可以不断更新的动力学过程,平衡计分卡的内容会随着战略的发展和关键业绩要素的变化而变化。夏洛特市平衡计分卡也在不断发展中,夏洛特市在 2004/2005 财政年度对平衡计分卡进行了改进,重新命名了各个维度,使之与市政府内部日常使用的语言保持一致,将"内部业务流程"改为"经营业务",将"顾客"改为"服务顾客",将"财务"改为"资源管理",将"学习与成长"改为"员工发展",以更好地适应政府部门工作特点和日常工作交流。其战略主题也根据战略目标的实现程度进行着调整。

从绩效管理的角度来看,平衡计分卡对环境的适应性很好地满足了绩效管理灵活性的要求。绩效管理系统最重要的功能是绩效控制能力。绩效管理系统对组织活动过程中产生的信息进行收集、处理,不断调整、改进绩效管理系统的战略规划、绩效指标以及相应的激励机制,比如建立学习型团队、强化员工参与等,以确保组织在不断总结经验教训中改善绩效水平,达成预先设定的目标。由此可见,平衡计分卡绩效管理系统内部的功能模块会时常调整和改变,这些调整和改变可能是由于内部绩效水平出现偏差引起的,也有可能是外部环境的急剧变化引起的,从而引起组织愿景目标的相应调整和改变。因此,要不断收集相关绩效信息,及时对平衡计分卡绩效管理体系进行维护和改进。

第三部分

让平衡计分卡在中国
公共部门运转起来

第六章 中国公共部门平衡
计分卡的实践

平衡计分卡兴起于西方发达国家，发达国家绩效管理运动兴起的背景和原因与我国有着较大的差别，不同的国家文化、制度、政治、技术和地理都会对其产生一些影响，我们不能照搬；但是，各国面对的任务是基本一样的，行政发展所面临的许多问题也是共同的，理论和实践也有许多重合之处，东方和西方国家都在为改善政府绩效，提高政府能力而进行着大规模的政府改革。来自国际社会保障机构的报告称尽管各国的地理位置、政治信仰和人口构成各异，社会保障机构通过采用和实施完善的绩效管理手段，运营效果取得了很大的进步，而且可以看出，它们的实际操作模式基本一致。艾森哲公司（Accenture）代表国际社会保障协会（ISSA）开展了最初的研究，探讨绩效管理在提高效率和改善效果方面的性质和作用，发现多数机构追求的目标和遇到的障碍相似，通过采取绩效管理的办法都取得了一些进步，而且采用许多同样的手段来完成各自的任务。[①] 因为政府行为说到底是有一般性的或者是国际化的一般规律可循的，市场经济发达国家的政府已有一套科学的指标体系，反映犯罪率、失业率、公共秩序的保障和公共安全等，这些指标一经采用，就能够反映公众的根本利益、公众的所需和所想。尽管西方发达国家公共行政管理改革与我国公共行政体制改革所处的社会发展背景不同，但我们可以在改革中吸收和借鉴西方新公共管理的某些思想。这一点不论在理论上还是在实践上都是如此。因此，了解和吸取西方国家公共行政管理改革实践中成功的经验和做法，对我国公共行政管理改革的实践是有积极意义的。平衡计分卡在西方国家公

---

① 国际社会保障协会第 28 届全球大会报告三《通过社会保障管理部门的绩效管理创造价值》，2004 年 9 月 17 日。

共部门绩效管理中的成功实践，为中国公共部门进行绩效管理提供了很多有益启示。当我们在构建中国特色的公共部门绩效管理体系时，我们发现世界各国在公共行政管理改革中面临的许多问题都是共同的，这些共同点成为我们学习和应用平衡计分卡的典范。而且香港、台湾、澳门、深圳、青岛和黑龙江政府部门以及大量国有企业的实践也再一次向我们展示了平衡计分卡绩效管理体系的魅力，利用平衡计分卡来加强中国公共部门绩效评估和管理具有可行性。

第一节　中国香港公共部门平衡
计分卡的实践

一　香港邮政署借由平衡计分卡评估业务表现[①]

香港邮政于 1841 年成立，自 1995 年起改以营运基金方式运作，逐步由只专注内部运作的传统政府部门，转为高瞻远瞩、以客为尊、市场为本的机构，借由平衡计分卡思想，以顾客为导向，制定了非常明确的使命、愿景、价值信念和战略，并且有系统地传达至所有员工。香港邮政秉承精益求精的态度，为全港市民提供邮递服务，完成本身的社会责任。此外，香港邮政亦致力于满足本港商界的邮务需要，以合理和低廉的收费，提供可靠、高效率、贯通全球的邮政服务，履行对外的国际责任。香港邮政设有高度系统化和灵活的程序，制定每年业务规划（Annual Business Plan）和五年中期愿景规划（Five-year Medium Range Corporate Plan）。所有总监和经理都会根据 SWOT 分析法，合力制定战略，借以发展业务、改善客户服务、提高生产力、确保工作程序有效，以及发展更多的全新产品。此外，香港邮政已设有架构完善的程序，已制订、公布和部署行动计划，利用平衡计分卡评估业务表现，然后撰写报告，用以管理和改进组织绩效，赢得了客户和社会的称赞，取得了很好的效益。2004 年 5 月，第五届香港公务员顾客服务奖励计划颁奖典礼中，邮政署获"杰出顾客服务奖"冠军奖项。[②] 同年 6 月，香港邮政荣获 2004 年度香港管理专业协会优质管理卓越奖，并且是香港第一个获

---

① 本案例由作者根据 2004 年香港管理专业协会优质管理卓越奖评审委员会报告和香港邮政署的相关文件整理而成。

② 参见人民网 2004 年 5 月 24 日新闻。

此殊荣的政府部门。平衡计分卡理念对香港邮政署的成功起到了巨大推动作用。下面根据前文论述的公共部门平衡计分卡架构，分析香港邮政的成功经验。

二　基于使命和抱负的战略

（一）宣言、抱负、使命和信念

宣言：传心意　递商机。

抱负：成为香港公认出色的服务机构；成为全球公认卓越的邮政机关。

使命：建立一支尽心尽力且备受器重的工作队伍；时刻竭尽所能提供最佳服务令顾客称心满意；取得良好业绩，储备足够资源以投资未来；高瞻远瞩积极进取。

价值信念：处处为顾客及同事着想；奋发自强、同心同德、锐意创新、精益求精。

（二）战略

培养世界级人才。在以客为本及市场主导的机构文化中，通过人力资源管理策略，培训出一支精干积极的工作队伍。

处处以客为本的机构。通过顾客服务策略，令机构与顾客间的关系更加紧密，并且令顾客对服务更满意。

维持营利能力。集中于维持低成本业务，尽量减少互相补贴的情况，达到目标回报率并赚取资金以备日后投资。

维持竞争优势。为每项主要业务制定服务计划，尽量增强竞争优势并增加可盈利的业务。

商业化运作。推动香港邮政由政府部门转为以客为本的服务机构。

世界级资讯科技。制定综合的资讯科技策略，以支援业务需要并尽量扩大发展机会。

创新进取。研究新产品及服务，令业务更多元化，灵活变通，使业务能持续发展，与时并进。

首屈一指的邮政机关。尽量提高香港邮政在邮政机关当中的领导地位。

世界级设施。添置基础设备，快捷有效地提供优质服务。

现代化的商业管理制度。制定并推行最好的营运管理制度，以及适用于不同级别的衡量标准及问责制度。

三　香港邮政平衡计分卡结构分析①

（一）顾客和市场层面

香港邮政素以优质客户服务自豪，清楚地界定了不同的客户类别，配以合适的联系策略。为聆听客户的需要，香港邮政更采纳了不同的方针，包括对内和对外、主动和被动的方式。此外，香港邮政通过各种渠道，包括多达两千两百名兼任前线"推销员"的外勤邮政员，收集客户和市场资料。高级管理层定期造访主要客户，务求以身作则，与客户建立良好关系。以客为本的服务文化在香港邮政根深蒂固，以满足顾客的需求为先，致力做到超越顾客的期望。香港邮政承诺以客为本，为顾客提供准时、可靠、方便而又物超所值的专业服务。优质顾客服务之道是部门"将心比心顾客称心"服务文化的一部分，不但奉为圭臬，更全力实践，敢于不断设定更高的服务准则，挑战自我。

（二）内部业务流程

香港邮政根据平衡计分卡，为不同业务范畴制定了主要表现指标，用以监察日常运作和整体表现，同时会进行全面的比较调查，与本地和国际机构互相比较，以加强业务和改善服务素质。香港邮政设有成效显著的机制和完善的渠道，确保员工、供应商、业务伙伴和客户均能取得所需资讯。此外，机构的知识资料均经妥善管理，然后传达至所有员工，务求改善他们的工作能力。香港邮政更鼓励内部知识共享，并表扬在这方面表现出色的员工。

（三）学习和成长

香港邮政积极投资，以营造理想的工作环境、培养团队精神、表扬员工的贡献和成就，以及提供各方面的培训，务求建立一支精干尽心的工作队伍，为客户提供最佳服务。香港邮政更特别采取职责扩大、职位轮调和职务充实的方针，令工作更有趣味和意义。香港邮政还建立了"领导自我工作范畴"的文化，鼓励主管和经理担任"教练"的角色，悉心培训下属，成功提升员工士气。香港邮政自 1996 年起进行职员观感调查，并通过内部刊物《对同事的承诺》，让员工得知调查结果。

---

① 改编自 2004 年"香港管理专业协会优质管理卓越奖评审委员会报告"，2004 年 6 月。

（四）财务增长

香港邮政清楚界定了主要增值程序，辅以明确的增值方向——低成本、准时投递，以及方便可靠的服务。为监察运作程序的表现，香港邮政会有系统地检讨主要表现数据、程序数据及其他相关数字。香港邮政还采用一套以工作为本的成本计算制度，确定成本因素和可节省成本的目标范畴。这套制度亦有助于香港邮政摆脱以往成本较高的架构，争取全新的业务机遇。此外，香港邮政亦提倡"内部客户"的文化，制定了多项内部服务承诺，确保能为内部客户提供有水准的服务，最终令外部客户称过去四年，香港邮政一直名列全港最佳服务，令人留下深刻印象。

（五）相关服务绩效评价指标[①]

香港邮政在 2003—2004 年度表现卓越，大部分服务都取得达标和超标的成绩，例如：99.7% 的本地投寄信件可于投寄后下一个工作日送达收件人，超越服务承诺的 98% 目标，对世界各地的邮政服务供应者来说，这是最难达到的承诺之一。香港邮政共有 24 项服务承诺，都有明确的评价指标，其中 23 项都已达标或超过标准，只有一项略有欠缺。表 6—1 列举 4 个类别的 8 项服务作为参考。

表 6—1　　　　　　　　香港邮政相关服务承诺绩效指标

服务承诺	目标值	实绩
1　本地投寄信件于投寄后下一个工作日送达收件人	98%	99.7%
2　入口航空邮件抵港后两个工作日内送达收件人	99%	100%
3　非繁忙时间内顾客可在 10 分钟内获提供服务	98%	99.9%
4　柜位派发透过邮品订购服务所订邮品的工作于 15 分钟内完成	95%	100%
5　让顾客于特别邮票发行首日领取透过邮品订购服务订购的邮品	100%	100%
6　于收到海外邮购申请后 6 个工作日内寄出订购邮品	100%	100%
7　铃声三响即约 12 秒内接听热线电话	90%	96.5%
8　一个工作日内办妥特许邮递服务的申请	99%	100%

资料来源：《香港邮政年报》（2004）。

---

① 《服务承诺的表现》，《香港邮政年报》（2004）。

四 经验总结和展望[①]

相比其他城市，香港邮政的本地邮件翌日送达标准高达 98%，全球最高，同时邮费却是排在全球最低行列。香港邮政在员工培训和发展、客户服务和销售、生产力和优质服务，以及职业安全和保健方面屡获殊荣，反映了香港邮政根据平衡计分卡理念和内在的绩效驱动因素加强服务和管理取得了卓越绩效。成功经验可以概括如下：

（一）沟通。双向沟通，上下共识，香港邮政投入不少时间在内部沟通方面，务求同事对部门的宣言、抱负、使命和信念都有透彻的了解。香港邮政署长定期给同事发信，告知同事部门的最新动态。遇有重大事情，则会通过内联网通知同事。此外，为加强双向沟通，署长会亲自与员工以公开论坛的形式，讨论与部门息息相关的事宜。

（二）授权。授权员工，制定目标，香港邮政除了通过既定的咨询机制，如职员协会、工会及部门协商委员会等定期会议了解同事的需要外，部门亦开辟新途径，授权员工进行改善工作。部门成立了 23 支优质服务小组，成员来自各职级，负责在各自的工作环境内确定和发掘有待改善的服务。在各小组所属的范围内，成员便成为改善服务的主导者和专家，主动进行各项提升运作效率和服务水平的工作。

（三）重视信息。市场信息，主动接收，无论是在工作的时候，还是公余社交场合，员工都会主动收集与香港邮政息息相关的意见。为了更有效地运用这项宝贵的资源，在 2003 年 7 月成立了香港邮政"同心同德通风报信"情报网，鼓励员工收集市场情报，供管理层参考和评估。

（四）激励机制。香港邮政一直以来都收到大量市民来信赞许和感谢员工的服务，特别是赞扬他们待客细心，无微不至。香港邮政相信要表扬出色的员工，除了可在正式的绩效评核报告内反映，还有更多方法来表达。为此，推行了下列的嘉许措施：给表现卓越的同事颁发员工嘉许奖章和证书；邀请分科比赛得奖者参加"与署长共进早餐"的活动；邀请分科比赛中取得整体最佳表现的得奖者参加海外学习团。

（五）培训有道，潜能尽展。要做到产品及服务多元化，有赖部门为员工提供完善的训练，确保服务水平得以维持于高位。为此，部门为员工

---

① 《我们的团队、我们的社会责任、环保责任》，《香港邮政年报》（2004）。

安排多种训练课程，让他们具备推行新服务所需的知识和技能。更重要的是，这些课程向员工灌输勇于面对挑战的信念。年内举办的主要训练课程列举如下：为前线及主管员工而设的"顾客服务—Goal，Go，Gold"课程；为邮务员职系员工开设提升职业前途的才能拓展计划；为柜台主管人员而设的"门市业务管理证书"课程；供各职员报读的语文及电脑应用课程等。

（六）热心公益，创造价值。2004 年 2 月，香港邮政主动为政府一年一度的"旧书义卖活动"提供图书运送服务，把本港各处从市民募捐得来的书本运往铜锣湾中央图书馆。当年收集供义卖的书本共 210000 册，为香港公益金筹得 80 万元善款；香港邮政亦积极参与公益金举办的各项慈善活动，包括"雇员乐助计划"、"便服日"、"公益行善'折'食日"、"绿识日"，还有保良局的慈善步行活动；他们还关注伤残人士的需要，并在邮政局设备上加以配合。香港邮政还全力支持香港红十字会及其他慈善机构的赈灾行动，免费运送救援物资到受天灾影响的地区，如中国内地的四川、河南和甘肃等。

（七）提高环保意识，坚持可持续发展战略。自 1999 年落实环保政策以来，香港邮政一直以负责任的态度确保各项服务和运作程序均符合环保原则。不但遵守政府的环保条例，更主动提倡减少制造废物、节约能源以及废物循环再造，成为对社会有价值的组织。

展望未来，香港邮政提出将改进其平衡计分卡的以下几个方面[①]：

1. 业务流程改进

推出更新和更好的服务以刺激本地邮政速递业务。

借助香港国际机场空邮中心具备的世界级设施优势，推广香港成为地区邮件转运枢纽。

扩大特快专递服务网络至全球每个角落。

扩展特快专递限日派递服务至更多目的地。

扩展邮政汇款服务至 200 个国家的城市。

2. 顾客服务

重整客户关系管理系统以巩固与顾客的联系。

订立"爱与关怀日"，实践香港邮政"将心比心顾客称心"的服务文化。

---

① 《回顾、成就和展望》，《香港邮政年报》（2003—2004）。

推出专为邮品订购服务订户而设的全新奖赏计划。

3. 团队建设

制定未来发展策略大纲，清楚界定和阐述部门的策略和目标。

采用"平衡计分卡"，加强管理问责。

举办专为经理级人员而设的训练课程以增进他们的知识和技巧。

巩固部门的大家庭文化，鼓励同事互相扶持，深化团队精神。

第二节　中国台湾公共部门实施平衡计分卡研究

关于平衡计分卡应用于公共部门，中国台湾学者进行了大量研究，台湾当局公共部门也有很多实践探索，这些案例和做法为内地进一步实践提供了参考。本节重点讨论台湾当局公共部门绩效目标和指标的制定思路和方法。

一　中国台湾基层行政机构利用平衡计分卡理论实施绩效管理计划

为持续推动落实绩效管理制度，全面提升各级行政机关的施政绩效，台湾当局行政部门 2004 年 10 月 28 日颁布"行政院暨地方各级行政机关 1994 年实施绩效奖金及绩效管理计划"，目标在于建立一套客观而具有公信力的评比制度，作为待遇（奖金）分配的依据。建立绩效评比制度，主要是通过目标管理和平衡计分卡等管理工具，建构一套绩效管理制度，推动公共部门绩效提高。

台湾地区行政机关绩效管理制度主要是行政院研考会所侧重的"机关层次施政计划的绩效评核"，以及公务人员考绩法所侧重的"个人层次"的绩效考评，没有对于单位层次绩效的衡量规定。正因为欠缺这个承上启下的绩效考评的连接环节，使得每位公务员的日常业务与机关的施政计划（愿景、使命、战略）毫无关联，使得行政首长的施政理念或机关的施政计划成为高悬的目标，无法转换成行动方案。简言之，无法化战略为行动，致使施政绩效无法大幅提升。为了弥补行政机关考评制度与公务人员考绩制度间缺失的连接，部分行政机关根据卡普兰和诺顿的平衡计分卡理论，强调实施将战略转化成日常行动的绩效管理制度。在组织绩效目标金字塔之下，将各层次绩效目标间进行有意义的转化和连接，并辅以绩效指标衡量其绩效，使员工明确了解机关目标（施政计划）、单位目标及员工个人目标间的因果关系，使机关的施政计划（使命、愿景及策略）得以转化为机关内部单位及员工日常的业务，使得机关绩效得以持续提升。台湾地区的宜兰文化局、台南市安平区公所、桃园县芦竹乡公所等运用平衡计分卡之四维度（顾客、财务、内部流程、学习与成长），结合使命、愿景及各单位的绩效目标，实现了施政计划与单位绩效目标间的转化与连接①，成为台湾行政机构标杆学习对象。

　　宜兰县政府绩效管理制度，严格要求所属一、二级机关战略目标与其施政总目标（愿景）相连接，不符要求者退回修正，其目的就是要求各单位扣紧县政府施政总目标，确定本单位重点施政方向，凝聚同人共识。宜兰县政府施政总目标为：一是营造优质的环境，优质宜兰人；二是创造多元优质文化环境，建构本县文化发展长远蓝图。宜兰县文化局为了落实施政总目标，根据平衡计分卡理论，将宜兰县政府的施政总目标（年度施政计划）与文化局组织目标及文化局内部各单位目标转化与连接，基于其业务职能将其转化为文化局的机关目标：（1）落实文化产业化目标，促进本县观光及工商发展；（2）规划兴建重大文化设施，推广各项艺文活动；（3）充实图书馆特色馆藏，培养良好的读书风气，加强为民服务；（4）推广传统艺术之传承与创新，创建视觉艺术鉴赏空间等。以落实文化产业化目标，促进本县观光及工商发展的机关目标转化为例，该局将之转化为：（1）办理年度宜兰国际童玩艺术节；（2）办理欢乐宜兰年系列活动等二项单位目标。宜兰国际童玩艺术节从1996年创办以来，入园人数一直呈现倍数增长（28万、40万、60万、80万、89万），2004年更为宜兰创造了10亿—12亿元经济效益，活化了宜兰产业，带动了区域振兴发展。② 宜兰县政府的成功经验正是将平衡计分卡创始人核心理念进行实践，将机关施政计划通过各个层次的绩效目标间有意义地转化及连接，将地方行政首长的施政理念或竞选诺言，转化成内部单位及员工的日常业务。

---

① 参见"台湾1993年'行政院'人事主管会报中心议题：如何强化人力资源管理策略性角色"，2004年。

② 参见"台湾'行政院'暨地方各级行政机关2005年实施绩效奖金及绩效管理计划作业手册"，2004年。

二 台湾当局行政机构平衡计分卡制定方法和策略

(一) 使命、愿景和战略

台湾当局行政机关拟定使命和愿景的资料来源是(1)"总统"、"院长"重要谈话,"院长"交办或指示事项;(2)重要会议决议;(3)上级机关(首长)交办事项;(4)"政府公报",如"行政院"施政方针、"行政院"施政报告等;(5)组织法规;(6)学者专家学术研究报告;(7)民意调查。"行政院"实施绩效奖金制度之后,为建立一套可行的绩效评比或管理制度,私营企业运用于战略规划、使命和愿景形成的SWOT也被引进运用。关于战略规划的制定方法,参见台湾"'行政院'所属各机关中长程计划编审办法"[①]。

(二) 绩效目标

设定单位绩效目标的相关资料可从下列资讯获取:(1)施政计划(总目标);(2)组织愿景;(3)组织职能;(4)首长企图;(5)顾客期望。设定绩效目标应注意的原则:

1. 可测量性。绩效目标必须具有绩效值或目标值,绩效目标的要义就是通过目标值或绩效值来界定成果。设定绩效目标必须区分工作项目与绩效目标,单位绩效目标要显现绩效之提升,不宜以工作项目的方式陈述,如某单位以办理通关业务为绩效目标,不如以简化通关流程,将通关时间由平均3小时降至1小时为绩效目标更有助于绩效提升。

2. 具有关键性。每个单位目标均为数众多,但并非均足以列为绩效目标,在选定绩效目标时,应把握住重点,讲绩效的关键性的原则,应选择足以显现其重要性之业务设定绩效目标。选择关键性、重要性业务设定为绩效目标,以显现机关绩效的提升,如某部总务司绩效目标高达52项,且许多例行性工作,除造成额外文书作业负担,亦无助于机关重要绩效提升;设定之绩效目标数,应足以代表单位所有主要核心业务,不宜仅挑选少数较有把握达成之业务设定目标,建议应制定目标数下限,如业务单位至少应设定五项,行政幕僚单位至少应设定三项。

3. 目标应具挑战性。各单位得依据其业务性质展现其绩效目标之挑战

---

① 台湾2001年4月2日,"行政院"台九十研综字第0008620之一号令修正发布,"'行政院'所属各机关中长程计划编审办法"。

性，一般而言，可从下列两方面考量：一是创新性业务，例如本局兼职公教人员待遇管理系统，某农业局规划办理 2004 年花卉博览会均属创新性业务，挑战性较高；二是困难度较高之业务，困难度较高的绩效目标亦能展现其挑战性，行政幕僚单位往往疑虑其工作属例常性业务，与业务单位较具创新性业务相较，无法争取高分，唯例行性业务往往有极大改进空间，其目标之设定如足以显现其困难度及绩效之提升，亦能争取高分。举例如次：资讯室设定电脑及网路故障修复时间由平均 3 小时降至 20 分钟之困难度即明显比电脑及网路故障修复时间由平均 3 小时降至 1 小时高；秘书室设定的办理美化办公环境，同人满意度达 95％之困难度比办理美化办公环境，同仁满意度达 70％高。

4. 应符合可行性原则。应综合衡量时效，所需物力、人力等资源之配置，设定合适之目标。设定无法达成之目标或太容易达成之目标，都不可能提高组织绩效，例如地方政府教育局设定本年度内完成筹设二所大学之目标，因难度过高，如无法达成，其达成度分数恐将挂零；又如秘书单位设定依规定销毁档案，因不具任何挑战性，意义不大；各单位应注意目标可行性与困难度之平衡，并仔细评估目标可能达成之程度，如为便于达成而设定较为简单之目标，将使挑战性分数降低，且无法达成绩效管理提升机关施政绩效之意旨。

（三）绩效指标

绩效指标的制定由以下几点出发：一是与机关或单位日常业务活动运作有关的指标，如政风工作访查全年 180 件以上，实施公文电子交换制度，普及率达 60％等；二是改善服务品质方面的指标，如把受理违章建筑办理时间由原 6 天缩短为 4 天，提升厂商及机关对于采购争议处理成效满意度平均 70 分以上等；三是与战略目标有关的指标，如强化岛内投资环境，完成两个自由贸易港区设置审查，推动中医药科技发展，建立中医药对重要疾病的临床疗效评估模式，完成 5 项中医药执行临床试验研究模式等；四是与课责有关的指标，如全年度工程查核件数由 2004 年度之 100 件，增加至 150 件，增加 50％，加强取缔不法药物及广告，2004 年度查案率增加 10％等。

优良绩效指标必须与组织施政计划或策略目标的成效紧密联结，除需具备信度、效度之外，尚须符合所谓 SMART 的原则。

1. 具体明确（Specific）。具体告诉员工要完成什么。绩效指标的设定描述，一定要具体明确，避免不同层级员工针对相同绩效指标作不同的解读，甚至无法评核。例如，关税总局验估处对于查结案件，加强研析个案案情，缩短办理时间；积极控制办结件数，以期达到绩效目标的指标，可改为查结案件平均每案办结时间由 45.7 天缩短为 40 天，平均每案查结时间减少12.47％，提高结案效率，较具体明确。

2. 可以测量的（Measurable）。可以量化的指标，应该将其量度（measurement）表现出来，让员工知道如何衡量工作结果，如某机关制定2004 年度公文处理平均日数较 2003 年度进步为绩效指标，目标值确定为进步不好测量；又如某机关简化营利事业登记作业流程，指标制定为加速电脑化作业，缩短发证时效，显然无法测量，可改为加速电脑化作业，发证时效由 8 小时缩短为 4 小时以内。

3. 可以达到的（Attainable）。要在人力、成本及时效等前提下，设定具有复杂度、困难度及具有挑战性的目标，但也不要设定难以达成的目标。

4. 合适的（Relevant）。指标的设定应依所欲达成的策略目的及所欲创造的价值或所欲达成的效益，选用合适的绩效指标。例如，某县政府建设局绩效目标为改善渔港与渔村设施，就缩短鱼政登记作业流程，合适的指标为缩短作业流程时程，由十个工作日缩短为六个工作日；以成效性指标取代产出性指标，贴近机关策略目标的落实，例如某训练中心设定：（a）全年度开办 42 个职类，94 个班次，培训学员 4017 人（产出指标）；（b）辅导 500 位学员参加专案检定，合格率达 90％以上（成效指标）；（3）委托训练考照率达 70％，就业率达 41％以上（成效指标）。又例如某市民政课绩效目标为推动全民运动，达成强身强国之目标，2003 年度为办理 4 场次（产出指标），2004 年度订为经县府评列为绩效单位（成效指标），更有助于机关绩效的提升。

5. 有完成期限（Time-bound）。员工知道他应该在什么时间之前完成。比如，智慧财产局将推动保护智慧财产权行动年宣导计划定为该局的策略目标，其绩效指标定为 2002 年 7—9 月播出 30 秒广告 1554 档，广播剧 120 档，打进电话专访 16 次；2002 年 11 月前完成制播 91 单元宣传节目。制定完成期限又如于 2004 年 11 月 30 日前完成建立政府部门处理民间或企业之投资或法令障碍排除单一窗口雏形，以该目标及各项重要工作是否依期限达成完成期限评分。

（四）指标的类型

1. 产出的提升。如招训志愿工作者数由目前每年 100 人增加为每年 500 人，如辅导成立村（里），社区守望相助巡守队队数较上年度增加 2%，办理就业博览会及各项就业服务工作，参加人数由 1600 人增至 2200 人等。

2. 成本、人力以及物力等资源的降低。如本局公文邮寄费较上年度减少 100 万元，第一线人员由 50 人降为 40 人。如停车场委托经营，减少政府财政支出每年 290 万元，及节省人力 11 人，推动开源节流方案，预计节省贷款利息支出约 1 亿元，配合政府推行 E 化及公文无纸化政策，完成 2005 年度科技计划先期网络化作业前，网络化作业较传统公文传递，节省至少两天时间，纸张使用量减少 40% 以上。

3. 作业时间或程序的减少。例如办理核发建筑师证书工作日数由 8 天缩短为 4 天；办理完成土地征收案件之时间由土地征收条例规定的 165 日缩短为 135 日；退还地政规费作业程序，由原 6 道减为 2 道手续，时间由 7 日缩短为 1 小时，救灾、救护出勤速率：白天 60 秒，夜间 90 秒等。

4. 品质的改善。如机械故障率由每月 4 件减少为不超过 1 件，中小学午餐之厨工执照比率由 50% 提升为 75%。辅导所属机关获得“行政院”服务品质奖 2 项，当局行政法院撤销本部诉愿案件数占总案件数 5% 以下，中小学合格英语教师达 85%，较上年度增加 10%，制定任免调动标准作业程序 5 项，建立院内感染管制监控程序。

5. 满意度及认知普及率的调查。如办理员工旅游活动满意度达 85%，民众对警察整体服务满意度较上年提升 0.5%，民众对家庭暴力及性侵害防治观念认知普及率由 55% 提升至 60%。

第三节　平衡计分卡在深圳税务系统的实践

关于在中国公共部门推行平衡计分卡，税务系统走在了前列。深圳市国家税务局开创了平衡计分卡在税务行政系统应用的先河，在中国公共部门绩效管理中也具有开拓性。一些学者也应税务部门邀请，对平衡计分卡的应用进行研究，比如焦雅林所进行的《平衡计分卡在西安地税稽查系统中的应用》。[①] 作为一个沟通的工具，平衡计分卡帮助税务系统的每个工作人员将自己的工作与单位的战略目标联系起来，大大促进了税务部门工作作风的转变和工作效率的提高。下面是深圳市国家税务局平衡计分卡实践。[②]

根据国家税务总局提出的关于人事改革与创新的要求，深圳市国税局制定了税务人力资源精细化管理体系的实施思路，在总结了相关经验的基础上，使用平衡计分卡方式在计划征收局绩效考核项目中取得较好的效果。

一 平衡计分卡结构分析

财务维度。一方面通过量化三个指标实现税款征收量的最大化：一是税收征收量的最大，二是税收入库率的最大，三是税收征管效率的最大；另一方面是通过减少管理流程，提高管理效率，运用电子化考核流程控制绩效考核项目的成本。

顾客维度。明确顾客就是上一级（上一个流程）的操作者，建立了包括针对一线征收窗口设计的背对背的点击式纳税人电子评价系统、访谈式客户评价、调查式客户评价等一整套的客户评价体系，并按照不同的权重，以量化的手段体现顾客中心理念。

流程维度。首先要求考核流程电子化，通过 KPI（主要业绩指标）对考核流程中的工作内容进行量化，通过目标管理引导考核流程，以 ISO9000 规范考核流程，体现了"电子化手段，量化目标，目标引导，规范管理"；其次将考核由原来一年一次的考核转变为日常、季度、年度考核相结合的流程体系。

学习与文化维度。要求考核结束后，上级要与被考核者共同研究考核结果，提出下阶段的绩效改进办法；同时允许被考核者对不满意的考核结果提出申述，并建立起申述处理程序。在这次平衡计分卡推出以后，税务局要求上线前要认真地组织培训与学习，并专门成立系统上线工作组，答疑解惑，并对项目中存在的问题进行更进一步的改进。

---

① 参见《西安财经学院学报》2004 年第 3 期。

② 本案例改编自袁红兵、徐栋菁《平衡计分卡在深圳国税系统的实践》，《涉外税务》2004 年第 11 期。

二　平衡计分卡绩效管理系统的特征

深圳国税以平衡计分卡理论为指导，以明确岗位职责、分解责任、过程控制、考核奖惩、实施评价为重点环节，以落实管理责任和提高管理绩效为目标，通过推行绩效管理系统，建立起对税收管理全过程的监控，最大限度地提高了税收管理质量和效率。

（一）指标体系的建设是绩效考核系统的基础。包括客观量化指标（占总指标体系的80％）、客观参考指标和主观指标三大体系共18项，可通过每个人加权指标体系算出最终的考核结果。

（二）弱化"勤"的管理，加强能、绩评估。原因是"勤"作为工作人员最起码的要求已经体现在考勤系统中，不需另外考核。按照现代人力资源管理模式，由经验管理到科学管理再到文化管理的过渡，"勤"将越来越被弱化。

（三）建立顾客满意中心，导入"顾客满意度"。以机关服务基层、基层服务纳税人的服务要求，在"德"的考核中建立了客观量化的指标体系——"客户评价系统"。

（四）绩效考评流程包括准备、自评、分管领导评价、网上民主测评、面谈、申诉、公告等七项过程，其中申诉不是必经流程。

（五）考核者与被考核者之间以面谈形式互动，体现绩效考核的目的。通过每季针对考核结果的面谈，指出前段时间的不足，鼓励发扬优点和成绩，同时被考核者可以对考核结果提出不同意见，如双方不能达成一致可向上一级申诉。

（六）将以往的一年一次考核分解为按季考核，避免了考核走过场，减少了年终一次考核的工作量。新的考核体系将由日常考核、季度考核和年度考核联动起来，通过客观量化指标体系和平衡计分卡等客观可操作的系统自动算出考核得分，再通过网上投票系统和若干微调项目由系统最终计算出考核结果。

三　问题与思考

从目前看，深圳市国税局计划征收局绩效考核的开发，和原有的年度考核相比从内容、形式、理念、手段上都进了一步，但作为一个全新的工具，对于平衡计分卡的可行性、操作性、推广性，还需不断地进行新的探索、总结、检讨和改进。

（一）现代化人力资源管理建设的基础还很薄弱。工作分析及规范说明书未正式推出，主要根据 ISO9000 的岗责体系和现有的前台征收人员目标管理办法分析而来的目标量化指标缺乏科学性。

（二）量化指标少，二级 KPI 指标设定不够细化。量化指标不能完全反映各岗位工作人员的全部工作量，考核结果还不能客观、全面地对工作人员的工作能力、强度、效率作出准确评估。

（三）人员能力评估模型和能力与岗位相匹配的工作岗位分配导向缺失。计划征收局的工作人员的适用率为 65%（适用率＝适用技能/拥有技能），发挥率为 16%（发挥率＝耗用技能/适用技能），有效率为 60%（有效率＝有效技能/耗用技能），与其标准值 80%、60%、90%相距甚远。

（四）对工作人员所兼顾的工作岗位系数和岗位难度系数进行科学定量的分析与比较需要建立一个数学模型来实现。针对现实中出现的"多干多错，少干甚至不干反而没错"等现象，绩效考核项目需要将工作量和工作难度系数通过数学模型进行量化排序，通过绩效考核将工作量、工作难度准确地反映出来；同时还可以将不同层次的管理者所担负的工作任务、管理任务和管理连带责任系数统一起来，通过考核管理者管理岗位的数量、系数，将管理者的管理连带责任考核出来。

（五）绩效考核结果的运用缺乏完整的体系建设。针对绩效考核通常只局限在作为职务晋升的参考，而忽视其在引导税务工作人员提高绩效水平与增加创造价值方面的作用，建议通过绩效考核对于工作人员的贡献进行的评价和区分，进行价值的分配，包括物质激励、培训、晋升。

第四节　平衡计分卡在青岛创建高绩效机关中的运用

近年来，为贯彻落实科学发展观，加强党的执政能力建设和先进性建设，创建富有中国特色的高绩效党政机关，青岛市委、市政府一直在积极探索提高机关工作绩效的途径和措施。2005 年，在总结前些年推行绩效管理的基础上，开始将平衡计分卡这一符合科学发展观要求的最前沿的战略管理技术运用于创建高绩效机关，青岛市委市直机关工委机关自身率先实行平衡计分卡管理①，极大地推动了全市机关建设工作，这一做法受到中共中央组织部、美国哈佛大学商学院教授卡普兰博士的充分肯定和高度评价，被中央中直机关工委和国家机关工委评价为新时期加强机关建设的典范。

一　奠定推行平衡计分卡思想的认识基础

当前，在全球范围内，实施政府绩效管理成为重塑政府的首要目标和重要策略。在我国，随着管理理论与实践的发展，绩效管理理念与技术已经深入各级政府和部门，在加快推进政府建设和管理创新方面发挥了重要作用。

平衡计分卡作为当今最受欢迎的战略导向绩效管理工具，在世界各国的企业、政府和非营利组织中得到广泛推崇和应用。自 2002 年开始学习研究平衡计分卡以来，机关工委做了大量的知识储备和实践培训，对其认知程度越来越深刻，对其思想内涵领会得越来越深刻。

（一）学习研究

从 2002 年开始关注并组织部分机关干部（团队）学习研究平衡计分卡，认为从思想内涵来看，平衡计分卡的基本原理与科学发展观是一致的，坚持以人为本，注重均衡、协调、统筹的理念，契合了我国构建和谐社会的战略思想。

2004 年，深圳市委领导批示同意学习研究和引入平衡计分卡管理。

2005 年初确定"创建高绩效机关、做人民满意公务员"的机关建设目标，提出要以现代公共管理理念为导向，以平衡计分卡等先进工商管理技术和信息化手段为支撑。

（二）国外考察

2005 年以来，机关工委先后分四批组织青岛市高绩效政府考察团，分别到美国和加拿大、英国和法国、新加坡等发达国家、著名大学及研究咨询公司，考察它们的政府部门运用、研究平衡计分卡管理的情况。先后考察了美国的部分联邦及州政府部门、哈佛肯尼迪政府管理学院和乔治·梅森大学、

---

①　本节主要材料都来自青岛市直机关工委。感谢侯永平书记和他的团队为将平衡计分卡理念运用于中国政府机关所作的努力和卓越贡献。青岛的实践为在中国行政生态环境下导入平衡计分卡提供了语境和文化支撑，有很多启示和借鉴意义。

英国牛津郡和法国塞纳马恩省贸易发展局、新加坡警察部队和公积金管理局及新加坡 SQ 服务管理咨询中心等一批政府机构或组织。

（三）部署推动

一是青岛市委领导在 2005 年 3 月召开的全市机关建设大会上明确指出，要在党政机关推行平衡计分卡管理。青岛市高层领导的重视，为平衡计分卡的顺利推行奠定了坚实基础。二是向市直机关的党员干部特别是领导干部及负责机关建设工作的组织（人事）处长和机关党务干部，大量推荐有关平衡计分卡方面的书籍资料，培养广大党员干部运用平衡计分卡的意识，营造推行平衡计分卡的文化氛围。先后学习研究了《战略中心型组织》、《平衡计分卡在中国的战略实践》、《政府及非营利组织平衡计分卡》、《创建高绩效政府组织》等十余本书。三是 2006 年 2 月 28 日，在青岛市委、市政府制定印发的《关于深入开展"创建高绩效机关、做人民满意公务员"工作的意见》（青发〔2006〕7 号）中，明确要求："引入和施行以绩效管理为主，兼容目标管理、全面质量管理、标杆管理和平衡计分卡等先进管理手段和方法。"据北京大学、中国人民大学等国内权威专家学者和中央国家机关工委、人事部等政府高层官员评价，这是国内第一份将世界最前沿绩效管理理念和技术引入党政机关的地方党委政府文件，符合国际趋势和中国国情，走出了一条新时期加强党政机关建设的新路子。

（四）办班培训

一是先后四次举办平衡计分卡骨干培训班，重点培训各单位机关党委书记（单位行政副职）、组织人事处长（机关党委兼职副书记）、机关党委专职副书记和区市机关工委书记，共计有 1200 余人次接受培训。二是用三年时间对全市处级、科级干部进行了 MPA 核心课程大规模培训，现已基本培训完一遍。在培训中突出了平衡计分卡这一重点，先后有北京大学、人民大学、山东大学、中国海洋大学和青岛大学的教授讲述了平衡计分卡知识及应用，为推行平衡计分卡奠定了基础。三是组织两批干部到新加坡进行政府应用平衡计分卡专题培训。四是请新加坡 SQ 服务管理咨询中心的高级顾问来青岛介绍新加坡政府的平衡计分卡运用情况，并给予现场指导。

（五）邀请专家咨询研讨

邀请美国百略达集团（全球平衡计分卡协会所属公司）CEO，George McMillan、百略达集团亚太区总裁 MattTice、博意门公司（全球平衡计分卡协会亚太分会中国唯一分支机构）董事长 Irv Beiman 博士、博意门咨询公司总裁孙永玲博士、美国 Monitor 集团中国地区董事会主席 Hotard 先生、北京大学周志忍教授、人民大学董克用教授、清华大学焦宝文教授、国家行政学院王满船教授等专家学者来青岛咨询指导或研讨平衡计分卡的运用。

二　青岛市直机关工委实施平衡计分卡的过程分析

(一)　通过领导推动变革

1. 统一思想，全力推行。2005 年初，市直机关工委领导班子经过深入学习研究，一致认为平衡计分卡作为当今世界最先进的管理技术，对新形势下中国政府组织也非常适应，特别是在中国高层领导人的重要讲话及重要文献中已经将绩效管理提上议事日程，在充分借鉴平衡计分卡绩效管理理念的基础上融入中国文化背景及机关工委工作实际，有效贯彻落实了科学发展观，执行了机关工委的战略目标，实现战略绩效。领导班子认为必须突出六个方面的战略重点，即：大力加强党的执政能力建设和先进性建设，加快推进行政管理体制改革，强化绩效管理，深化机关文化建设，突出抓好机关处(科)室建设，大力推进机关信息化建设。在制定下发的中共青岛市委市直机关工委《关于深入开展"创建高绩效机关，做人民满意公务员"工作的实施意见》(市直党工〔2006〕8 号)文件中，提出引入平衡计分卡，推动创建高绩效机关。

2. 确立机关工委使命、愿景、核心价值观。

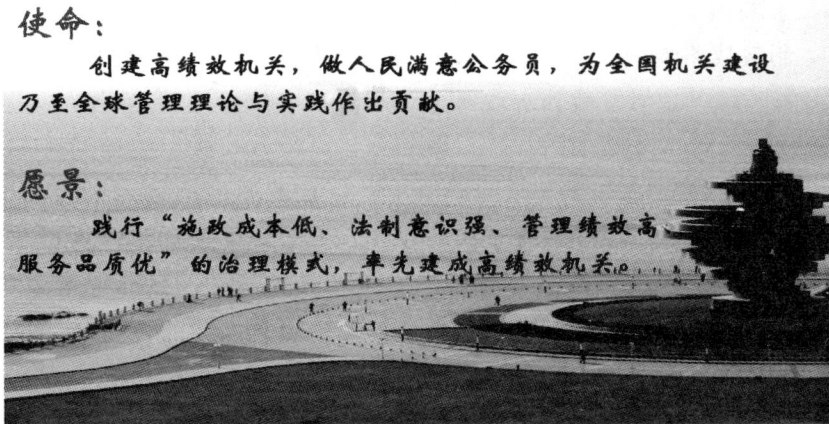

使命：
　　创建高绩效机关，做人民满意公务员，为全国机关建设乃至全球管理理论与实践作出贡献。

愿景：
　　践行"施政成本低、法制意识强、管理绩效高、服务品质优"的治理模式，率先建成高绩效机关。

核心价值观：

坚持公正(公平)、效率(效能)、效益(效果)、经济(成本)的"4E"价值取向。

不竭创新、求真务实、永争一流。

图6—1   青岛市直机关工委使命愿景和价值观

3. 加强资源配备，全力推进战略执行体系建设。在市委副秘书长、市直机关工委书记侯永平博士带领下，成立由一名副书记专职负责的平衡计分卡项目实施小组，并提供单独的办公室集中办公，加强资源配备，研究和推行战略执行体系建设。目前，机关工委的战略执行体系已日渐完善，并得到有效执行。今后两年，将继续加大各方面的资源投入。

图6—2为2005—2007年三年机关工委在推动战略执行体系建设方面，各项战略资源费用支出情况（包括办公设备、办公用品、书籍、聘请专家讲课、外出学习）。

（二）将战略转化为可操作的行动

1. 制定战略地图。在导入平衡计分卡初期绘制了战略地图。2006年9月，上海博意门公司总裁孙永玲博士亲临青岛，给予现场指导后，机关工委又进一步完善了战略地图。在"率先创建高绩效机关"战略目标的主导下，机关工委确立了六个方面的战略主题（在前面已阐述）。鉴于机关与企业在工作性质、目标导向等方面的差异，机关工委对四个维度进行了调整创新。党政机关工作的首要目的是为企业、基层、群众（即服务对象）创造良好的发展环境，所以将客户维度调整为服务对象，并将该维度放在第一位；党政机关加强绩效管理的目的在于提高工作业绩，而不单纯是实现"财务"或"成本控制"，所以将财务转变为工作业绩，并确定为第二维度；将第三、第四维度分别确定为业务流程、学习成长。所设置的四个维度，将战略目标层层分解，转化为可操作的具体行动。从战略地图来看，形成了战略目标明确，工作任务既有内在逻辑一致性又有协同兼顾的战略执行体系。

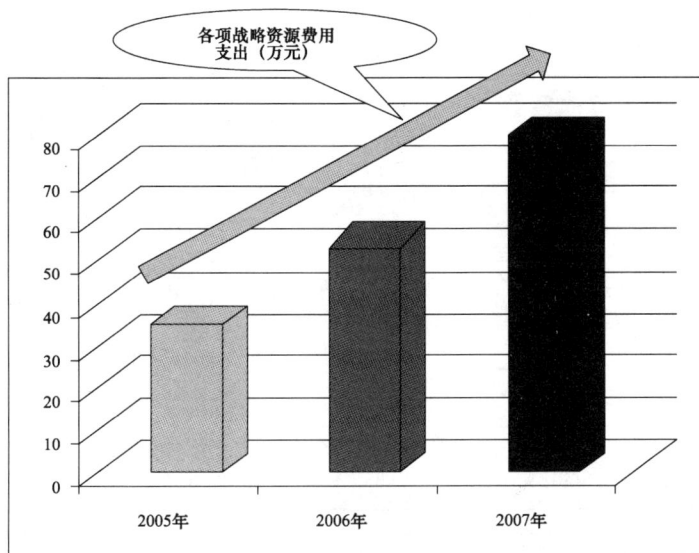

图6—2　机关工委推行费用支出情况

率先创建高绩效机关

使命：创建高绩效机关，做人民满意公务员，为全国机关建设乃至全球管理理论与实践作出贡献。
愿景：践行"施政成本低，法制意识强、管理绩效高、服务品质优"的治理模式，率先建成高绩效机关。
核心价值观：坚持公正（公平）、效率（效能）、效益（效果）、经济（成本）的"4E"价值取向，不竭创新、永争一流。

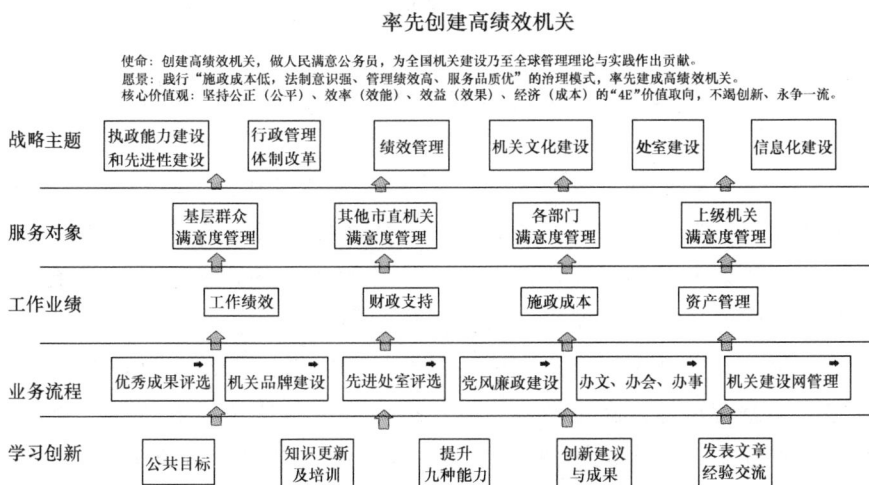

图6—3　机关工委战略地图

2. 确立行动方案。根据工委职能和各处室的工作职责，确定了各维度的目标、关键指标、指标值和关键流程等，分别设计了具体的量化考核指标和一些无法量化但可以考核的卓越指标，并据此确立了行动方案。

图6—4为市直机关工委平衡计分卡及行动方案。

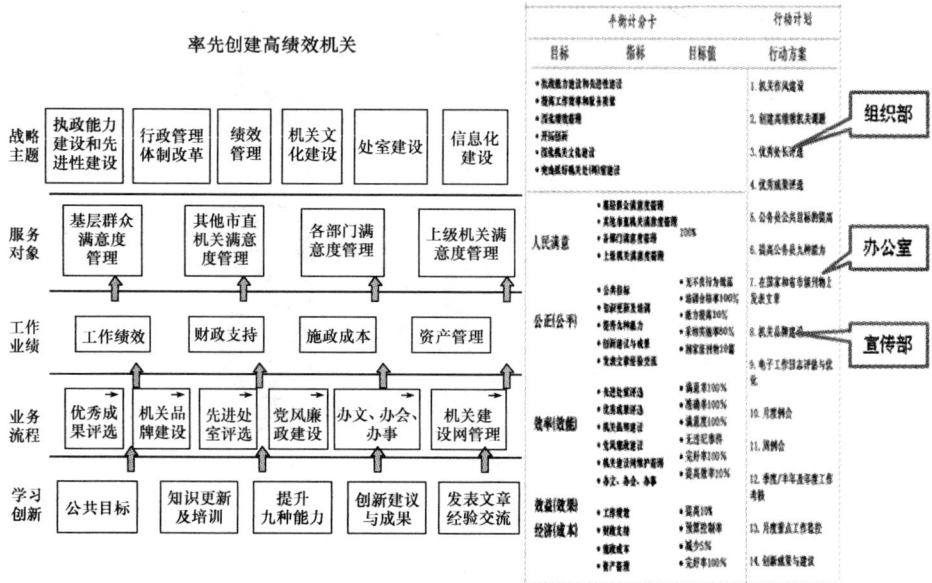

图6—4　市直机关工委平衡计分卡及行动方案

3. 设计指标。考虑到机关工作的特殊性，机关工委在设计和分解指标时将财务指标转化为业绩指标和成本指标，强调了服务对象、业务流程和学习成长方面的过程性指标，并分别设定了一些关键目标值。在成本控制方面，机关工委实行财务预批制度，各处室开销全部报分管领导审查，并由主要领导批准后，才列入财务开支。总起来看，分管领导的审查通过率约有85%，超额消费得到有效控制，实现了财务预算不超标。在服务对象维度，机关工委从上级领导、社会评议、市直机关各单位、区市工委及委内各部门几个角度设定了满意度指标；在工作业绩维度中，设定了工作绩效、资产管理、票据合规性指标；在业务流程维度中，根据工委、各处室及各岗位职责的不同，分别设定了具体的量化指标，如工委层面设定的指标是：优秀处长和优秀成果的评选、机关名牌评选、党风廉政建设；在学习成长维度中，重点考核每个公务员都需要提高的一些公共目标、知识培训及更新、提升九种能力、创新建议与成果、发表的文章与经验交流几个目标。个别处室无法设定量化指标的工作，则采取诸如在全国、省市取得的名次、获得的表彰、有关领导的表扬等形式进行考核，取得了较好的实施效果。

图6—5、表6—2为机关工委"工作业绩"维度中对施政成本指标的分解和工委计划预算控制表：

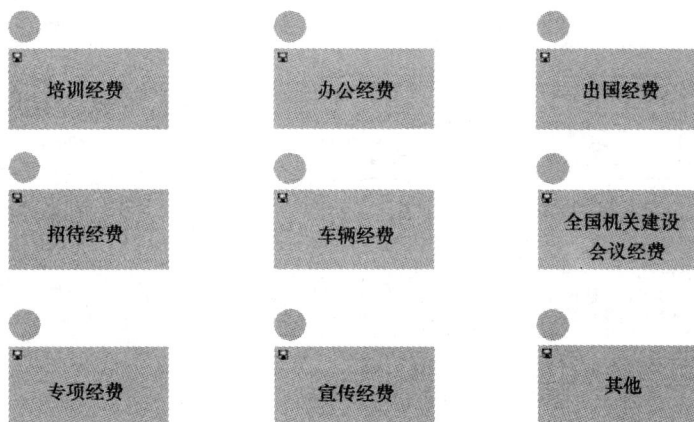

图6—5　施政成本指标分解

表6—2　　　　　　　　　工委计划预算控制表　　　　　　　　（单位：万）

项目名称	负责部门	总体目标值	1季度目标值	1季度实际值	2季度目标值	2季度实际值	3季度目标值	3季度实际值	4季度目标值	4季度实际值
培训经费	干教办	40	15	13	10		10		5	
办公经费	办公室	10	4	4	2		2		2	
出国经费		10			5		5			
招待经费	办公室	5	1	2.2	2		1		1	
车辆经费	办公室	6	1	2	2		1		2	
全国机关建设会议经费	组织部	15					15			
专项经费		80	20	20	10		30			
宣传经费	宣传部	60	15	14	15		15		15	
其他		70	10	10	30		20		10	

4. 根据战略重点，对行动方案进行排序。根据战略重点和年度工作重点，机关工委在行动方案中对每项工作进行优先排序，明确具体的完成时限。

图 6—6 为机关工委战略框架（包括战略目标、指标、行动方案排序）。

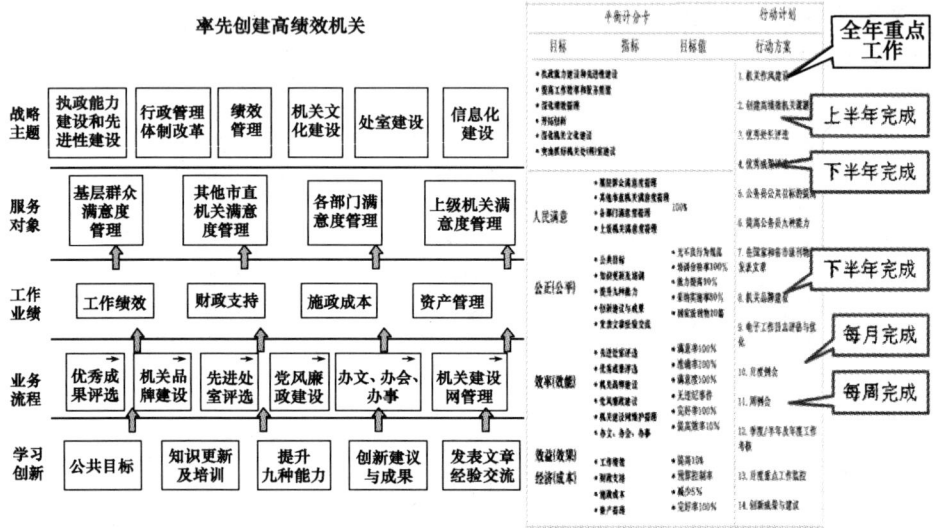

图 6—6　机关工委战略框架

5. 在行动方案中进行责任分解。机关工委对每项工作、关键业务流程都具体落实到了部门、岗位、个人，按照工作性质、往年经验、领导和基层群众要求规定了具体完成的时限，建立了流程预警机制，按时、按质完成的亮绿灯，无法按时完成的则亮红灯。对于亮红灯的个人，要分析原因，采取一些针对性措施。根据《公务员法》设立四个考核层次的要求，为了更好地监控指标的完成情况，还建立了指标考核预警机制，根据考核的具体情况，采取亮灯的形式对公务员进行管理，变单纯结果考核为兼顾过程考核，变年终一次性考核为日常工作表现的考核模式，因而取得了较好的管理效果。

表 6—3 为机关工委宣传部行动方案。

表6—3　　　　　　　　　　　　机关工委宣传部行动方案

平衡计分卡			行动计划	
目标	指标	目标值	行动方案	责任人
• 执政能力建设和先进性建设 • 提高工作效率和服务质量 • 深化机关文化建设 • 优秀成果评选 • 机关品牌创建 • 精神文明建设				
人民满意	• 基层群众满意度管理 • 其他市直机关满意度管理 • 各部门满意度管理 • 上级机关满意度管理	100％	1. 提高公务礼仪执行率 2. 优秀成果评选 3. 公务员公共目标的提高 4. 提高公务员九种能力 5. 在国家和省市级刊物上发表文章 6. 月度重点工作监控 7. 电子工作日志评估与优化 8. 月度例会 9. 周例会 10. 季度/半年及年度工作考核 11. 机关品牌建设 12. 创新成果与建议	李德星 赵　鹏 李德星 段永生 张砚博 孟孝吉
公正（公平）	• 公共目标 • 知识更新及培训 • 提升九种能力 • 创新建议与成果 • 发表文章经验交流	• 无不良行为规范 • 培训合格率100％ • 能力提高10％ • 采纳实施率80％ • 国家级刊物10篇		
效率（效能）	• 优秀成果评选 • 机关品牌建设 • 办文、办会、办事	• 满意率100％ • 准确率100％ • 满意度100％ • 无违纪事件 • 完好率100％ • 提高效率10％		
效益（效果） 经济（成本）	• 工作绩效 • 财政支持 • 施政成本 • 资产管理	• 提高10％ • 预算控制率 • 减少5％ • 完好率100％		

（三）将组织与战略相链接

1. 工作职责定位清晰。2005年以来，机关工委的工作职能已由单纯抓党建转为全面抓机关建设。工委下设九个处室，职责分工明确，根据"率先创建高绩效机关"的战略目标，各司其职，开拓创新。

图6—7为机关工委组织架构图和组织部职责定位：

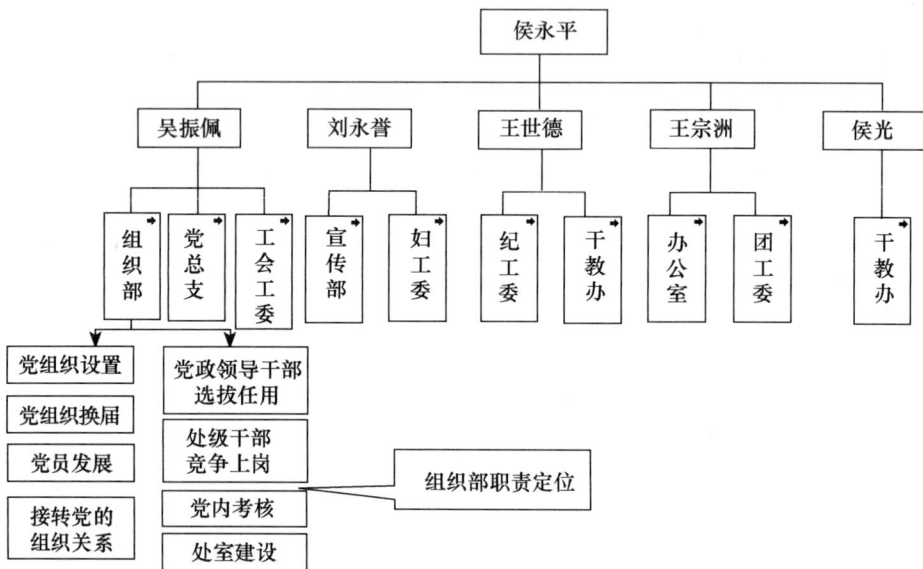

图6—7　机关工委组织结构图

2. 子战略与总体战略紧密相连。根据2007年机关工委的重点工作安排和指标分解，各处室都制定了本部门的工作重点和指标分解，指标落实到岗位、到个人，建立了从管理者到被管理者、从高层到基层、从组织到个人、上下目标一致的指标体系，从组织上、管理措施上、指标考核上保证了工委目标最终实现的可能性。

表6—4为2007年机关工委组织部的重点工作安排和指标分解。

3. 组织内部战略协同。在实现机关工委"率先创建高绩效机关"战略目标的过程中，各处室团结一致、齐心协力、相互协同、共同进步，有效地促进了全市机关建设工作的开展，使青岛市机关建设工作走在全国前列，获得了中央和省市委领导的表扬肯定，机关工委荣获"全国模范职工之家"、"全国'五四'红旗团委创建单位"、"省级文明机关"、"全省先进基层党组织"等称号，为优化发展软环境作出积极贡献。

表 6—4　　　　　　　　　　机关工委组织部重点工作安排和指标分解

部室年度重点工作	工作目标	工作安排（实现目标措施）	工作目标（工委内部考核指标）	卓越指标（市委目标绩效考核加分指标）	完成时限	责任人
市直机关党的建设	基层党组织班子自身建设、工作机制和业绩、发挥战斗堡垒和服务中心的作用、基层和群众反映，机关党员的政治素质、工作业绩、服务基层和群众、履行党员义务、思想和工作作风明显进步和提高，党组织、党员在创建高绩效机关工作中发挥保证、促进和模范带头作用，党执政的组织基础不断巩固	1. 组成重点课题组，深入研究科学发展观对机关党的建设提出的新要求，第三季度召开研讨会，形成总体报告	形成综合研究报告；获得市级以上党建研究评比三等奖以上等次	研究报告在省级以上报刊发表	2007.10	郑建明
		2. 完成中直党建研究会机关专委会部署的研究课题	按时完成研究课题	参加中直机关会议交流，研究报告在省级以上刊发	2007.10	郑建明
		3. 开展"回头"看，进一步建立健全和落实党员教育管理长效机制	进一步落实保持党员先进性长效机制		2007.12	李广政
		4. 组织举办市直机关党组织书记、副书记、专职副书记培训班和学习贯彻党的十七大精神读书会	进一步提高市直机关党组织专、兼职副书记的素质和业务能力	总结经验，在省级以上报刊发表宣传	2007.9	李广政 刘 军
		5. 督促指导市直机关党组织做好按期换届工作	已届满的机关党组织95%以上按期换届		全年	刘 军

续表

部室年度重点工作	工作目标	工作安排 （实现目标措施）	工作目标 （工委内部考核指标）	卓越指标 （市委目标绩效 考核加分指标）	完成时期	责任人
		6. 落实关于发展党员的有关要求，把好入党积极分子培训，党委审批前的预审等"关口"，确保发展党员质量	严格按规定程序做好发展党员工作；坚持质量标准，发展的党员符合党章要求		全年	李广政 刘　军
		7. 继续推行党支部建在处室、处长兼任党支部书记的基层组织建设模式	符合条件的单位90％以上推行这一措施	总结经验，在省级以上报刊登媒体宣传这一做法	全年	李广政 刘　军
		8. 做好评选市直机关先进党组织、优秀共产党员、优秀党务工作者的工作	起草评选文件，确保评选质量，六月底前完成评选表部署工作		6月底前	李广政

图 6—8 为举办全市机关大会时各部室之间的协同。

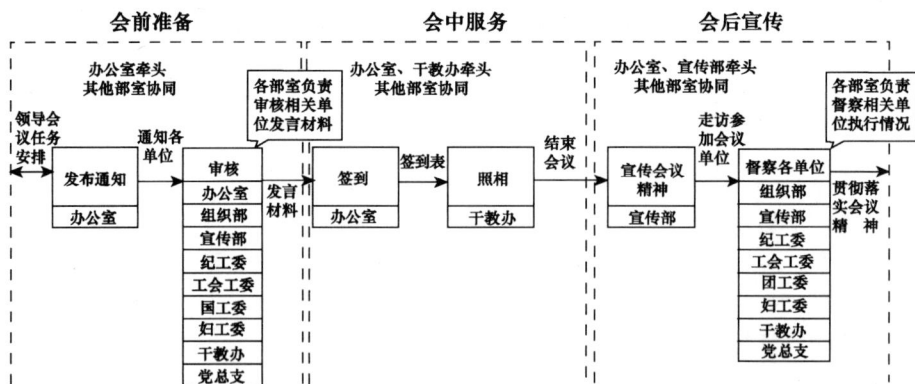

图6—8　部室之间的协同

4. 组织外部战略协同。主要是通过工委各处室与业务上级保持工作上的紧密联系来实现战略协同。比如，工委办公室主要与青岛市委办公厅在工作上保持紧密联系，工委组织部与市委组织部保持紧密联系，工委宣传部与市委宣传部保持紧密联系，纪工委与市纪委保持紧密联系，等等，同时由工委办公室牵头，与中央直属机关工委、中央国家机关工委和省直机关工委保持紧密联系，在与业务上级的协同中相互支持、协力共进、共同发展，取得了双赢的效果。

图6—9为机关工委各部室与上级部门的联系示意图。

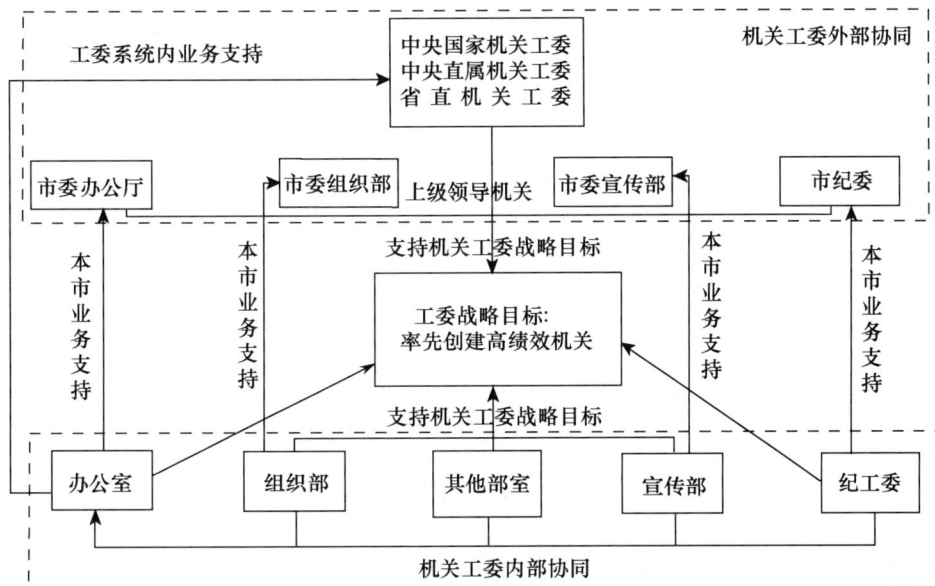

图6—9　机关工委各部室与上级部门的联系

5. 与利益相关者战略协同。为提高企业、基层、群众对机关工作的满意度，2006年机关工委指导青岛市社情民意调查中心，通过计算机辅助电话调查（CATI）系统，就青岛市中小企业对市直机关各单位工作的满意度评价进行了意见建议征询，分两次按比例抽样调查了1000家中小企业。从调查结果看，市直机关的工作得到了中小企业的广泛认可，总体评价满意度均达到86％以上。对履行职责、工作效率、服务态度等方面存在的问题，机关工委都转有关单位整改，并及时跟踪、协调、督察和问效。通过民意调查，有力推进了青岛发展软环境建设，是工委实现"率先创建高绩效机关"的战略举措。

（四）让战略成为每个人的工作

1. 个人工作重点与组织战略目标保持一致。在机关工委，每名工作人员都非常清楚地知道"率先创建高绩效机关"这个战略目标，而且把个人工作重点与组织战略保持一致已成为一种自觉行动。实际工作中，从工委领导班子成员到部长、一般工作人员均采用电子日志的形式，每天记录当天完成的工作情况，并且对照战略目标和战略重点，自觉检查当天的工作是否体现了"率先"和"高绩效"，将战略转化为每个人的自觉行动，而且能自我纠正工作偏差，使个人绩效与组织绩效保持一致，实现了个人工作重点与工委战略目标的紧密链接。

表6—5为组织部李广政的工作日志，体现了与组织部月度重点工作的紧密联系。

表6—5　　　　　　　　　　　个人工作日志

1	六月份工作日志				
2	组织部		李广政		
3	日期	星期	AM/PM	工作描述	备注
4	月度重点工作：市直机关党组织建设				
5	1	五	上午	与刘军、刘润生一起考察航海运动学校党委换届和成立纪委情况	完成
6			下午	处室例会，表彰通报起草、政工人事处长兼任副书记情况落实，党内考核意见定稿，老干部外出事宜	完成
9	4	一	上午	与科协服务中心广告部联系制度汇编	完成
10			下午	收集各位书记对党内考核意见修改情况，通知奥帆委同意成立机关党委	完成
11	5	二	上午	月工作例会	完成
12			下午	收集各部室对党内考核意见修改情况，通知航海运动学校进行换届选举，成立纪委	完成
13	6	三	上午	整理上报市委老干部局机关党委简要事迹	完成
14			下午	征求各位书记对增加上报市委表彰单位的意见，报市委组织部	完成

图 6—10 为机关工委战略目标（党组织建设指标）从上至下层层分解。

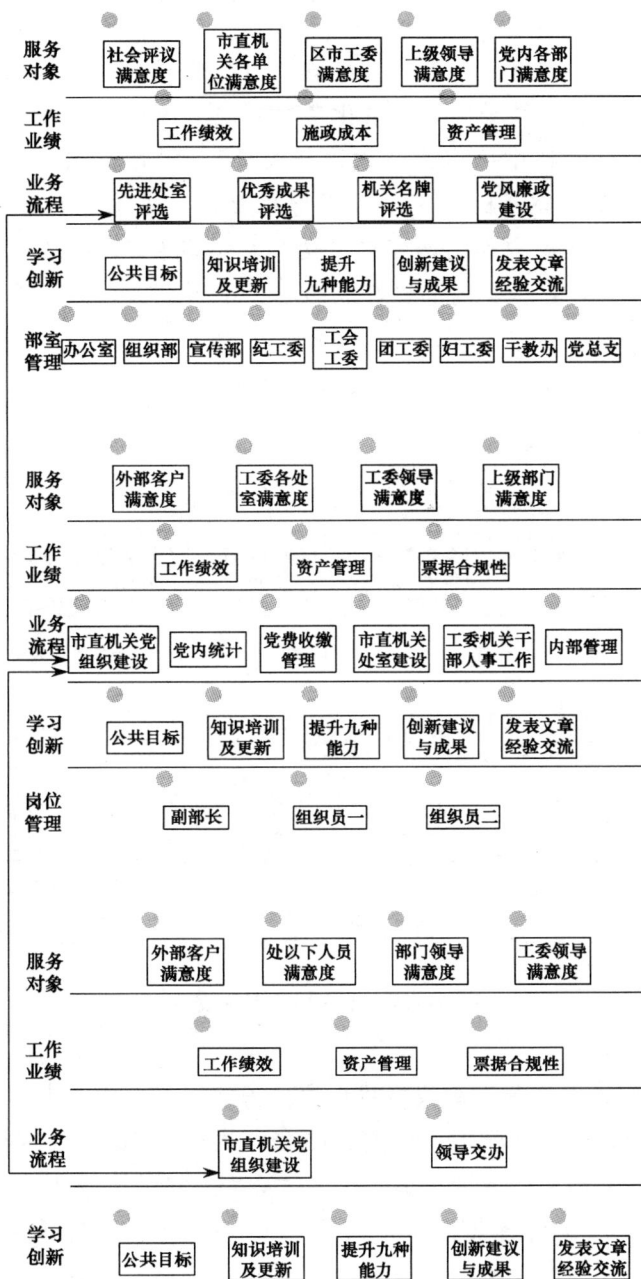

图 6—10　机关工委战略目标分解

2. 个人激励与组织战略目标建立关联。对公务员来讲，激励主要体现在评先树优、职务晋升、学习培训、奖励等方面，不同于企业的薪酬激励。市直机关工委非常注重工作人员的学习与成长。在激励措施方面，主要突出工作人员的业绩导向，经量化考核、民主评议后，业绩非常突出的工作人员在年终考核中确定为"优秀公务员"，同时在职级晋升、提拔使用方面给予优先考虑，极大带动了干部积极性。通过全体工作人员的努力，在全市绩效管理中连续两年被评为"优秀单位"，市政府给予一定的绩效奖金。这样，在机关内部更好地形成了干事创业、风正气顺的良好工作氛围。

图 6—11 为以亮灯颜色作为直观考核对各处室、部室内部个人的年度考核总计。

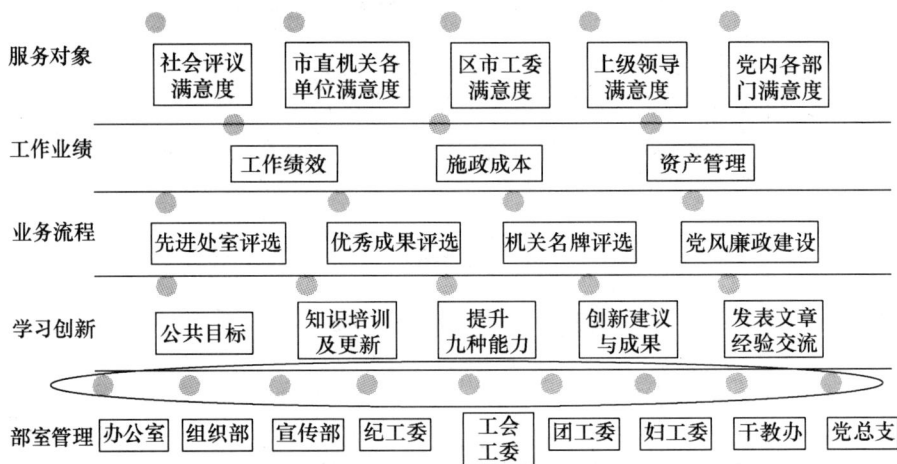

图 6—11　年度岗位考核表现

3. 个人能力发展与组织战略目标保持一致。机关工委非常重视工作人员的能力培养，注重在学习、研究、结合、执行、创新、协调、沟通、写作、演讲等九种能力的培养方面狠下工夫，鼓励工作人员在职学习，已有11名同志在职攻读管理类博士、硕士学位，并给每个人提供各种外出学习、交流的机会，以促进个人能力成长，着力建设一支政治坚定、业务精湛、作风过硬、人民满意的公务员队伍，为战略目标的实现提供坚强的人力保障。

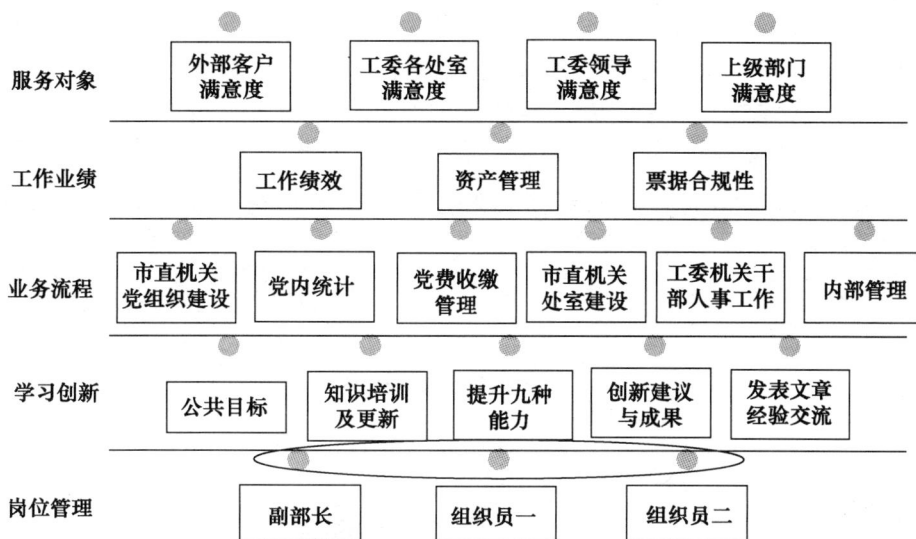

图6—12　年度考核工作日志

图6—13　在高绩效管理平台中提升九种能力的界面

图6—13为机关工委五年内高素质人才比例提升示意图。

（五）将战略变成持续的流程

1. 开发在线平衡计分卡系统。从2005年6月开始，机关工委与北京恳创科技有限公司合作，开发在线平衡计分卡管理系统，对战略执行情况全部实现动态化管理。当前，机关工委所有的日常管理、工作日志、公文流转、年终考核、战略重点进展情况等全部通过计算机网络进行，每一项工作进展情况大家都可以随时看到，便于全体工作人员掌握整体工作情况，也便于相互督促。在线平衡计分卡管理系统的成功实施，极大地提高了工作效率，降低了行政成本，开辟了党政机关加强绩效管理的新模式。

图6—14为与北京恳创科技有限公司合作的系统界面以及文档管理界面。

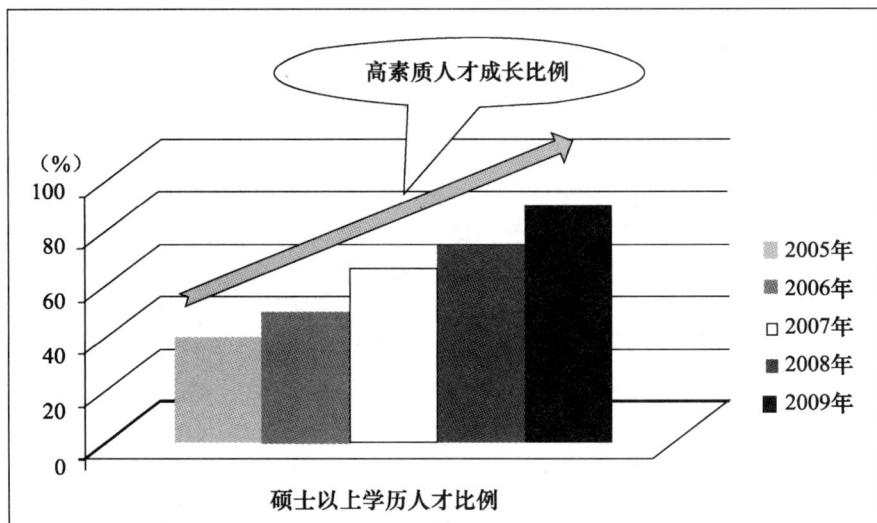

图6—14　提升能力平台示意图

2. 定期进行战略回顾。工委各部室每周召开工作例会，回顾总结本周工作，找出工作偏差，不断追踪反馈，并做好下周工作准备。在各部室每月四次周工作例会的基础上，机关工委每月召开一次全体人员工作例会，各部室汇报上月工作计划完成情况，围绕战略部署和当前重点任务作出下月的工作打算。工委主要领导侯永平博士再做总体工作点评，围绕工作职能和战略目标对工作重点和工作方向进行及时调整，使工委从领导班子成员到处室负责人、一般工作人员都能及时掌握工作动态，不断推进战略执行。

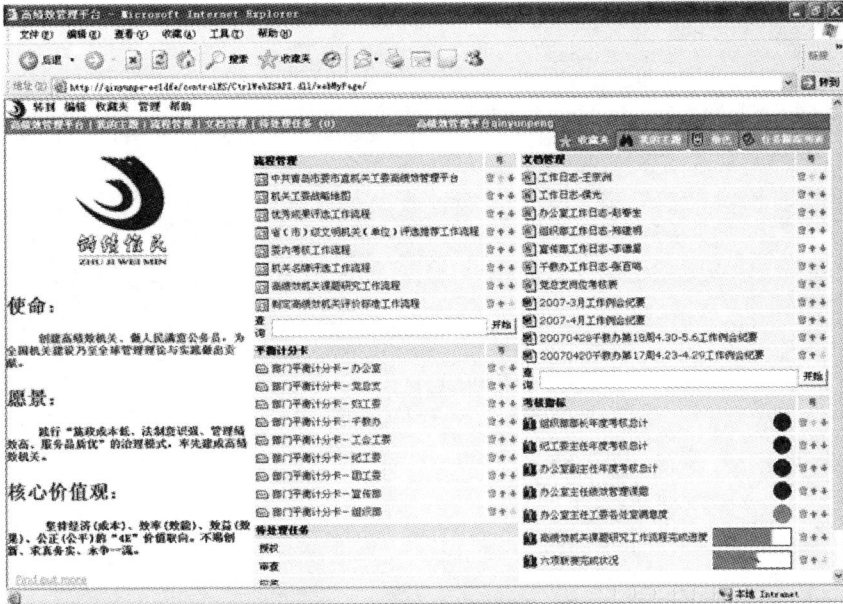

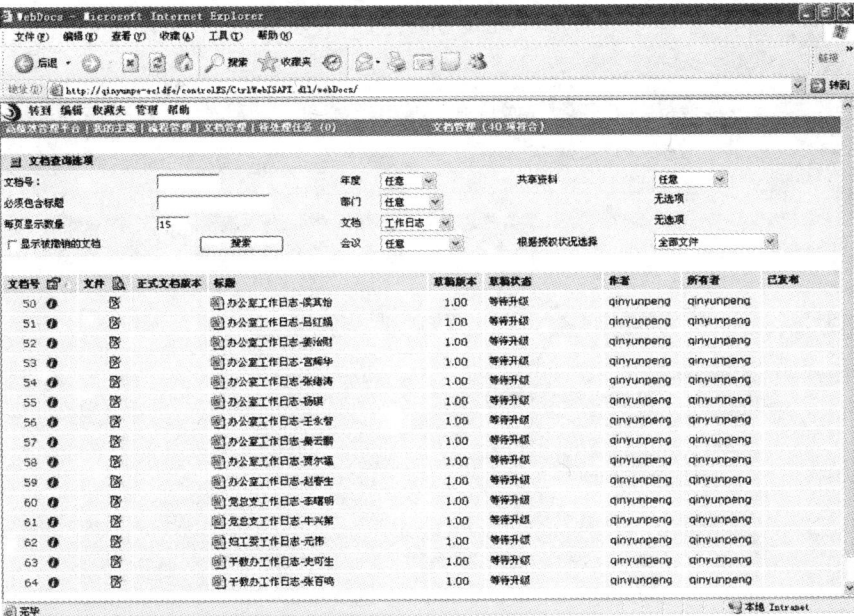

图 6—15　绩效信息管理界面

图 6—16、6—17 为工委文档管理平台月例会、周例会界面。

图6—16　工委月例会文档管理界面

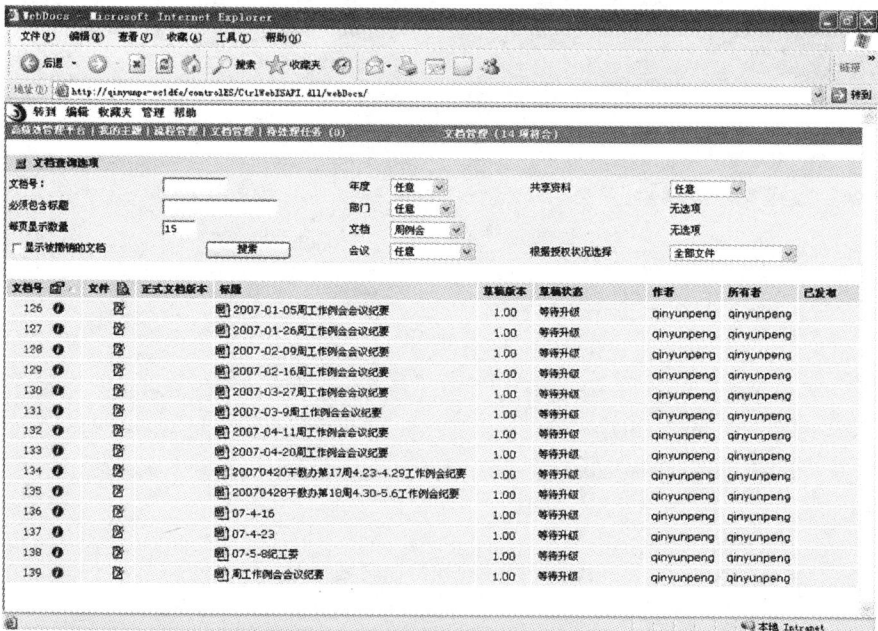

图6—17　工委周例会文档管理界面

3. 计划预算与组织战略保持一致。为保证机关工委战略目标的实现，机关工委在计划预算中对所需资源进行全面保障。包括，与新加坡 SQ 中心合作，加强对工作人员工作理念和服务心态的提升；外派考察团，到发达国家和地区进行政府绩效管理专题考察；购买大量绩效管理专业书籍；向市政府申请了专项经费，用于以平衡计分卡理念为核心的高绩效管理平台的应用开发，对确定的每项战略重点所需资金都予以保证。

图 6—18 为 2005—2007 年三年机关工委实施平衡计分卡的专项支出。

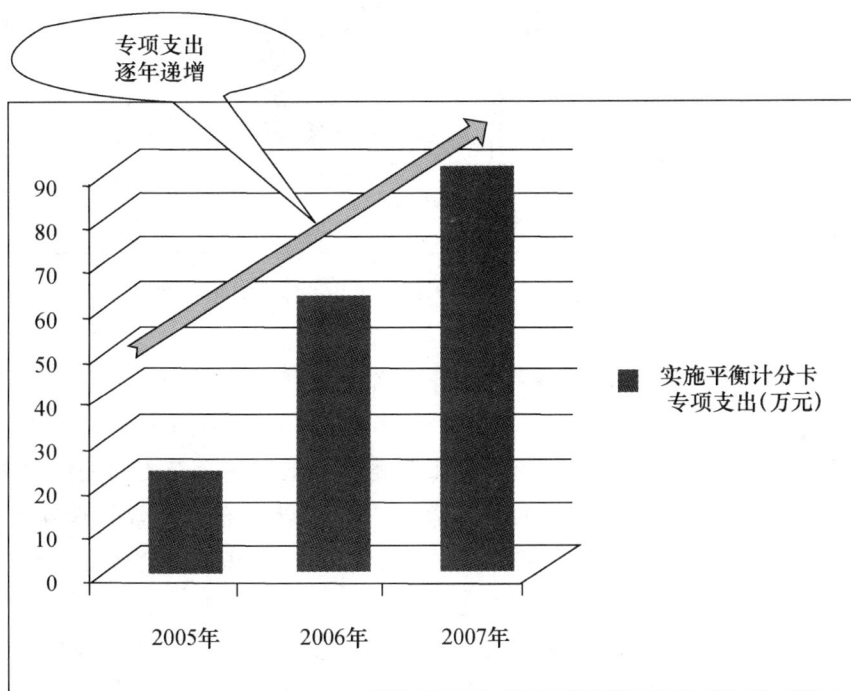

图 6—18　实施平衡计分卡专项支出

4. 人力资源规划和 IT 规划与组织战略保持一致。机关工委对人力资源和 IT 做了五年规划。在人力资源方面，通过在职学历教育和培训等方式，对全体工作人员进行平衡计分卡应用、公共管理、MPA 核心课程、经济、科技等方面知识的学习，力争在五年内使 90% 以上的工作人员成为专家型的机关干部。在 IT 方面，主要是不断深化完善在线平衡计分卡管理系统，根据工作新要求不断进行调整，在五年内建立一套成熟模型。

　　图6—19为机关工委培养专家型机关干部的五年规划。

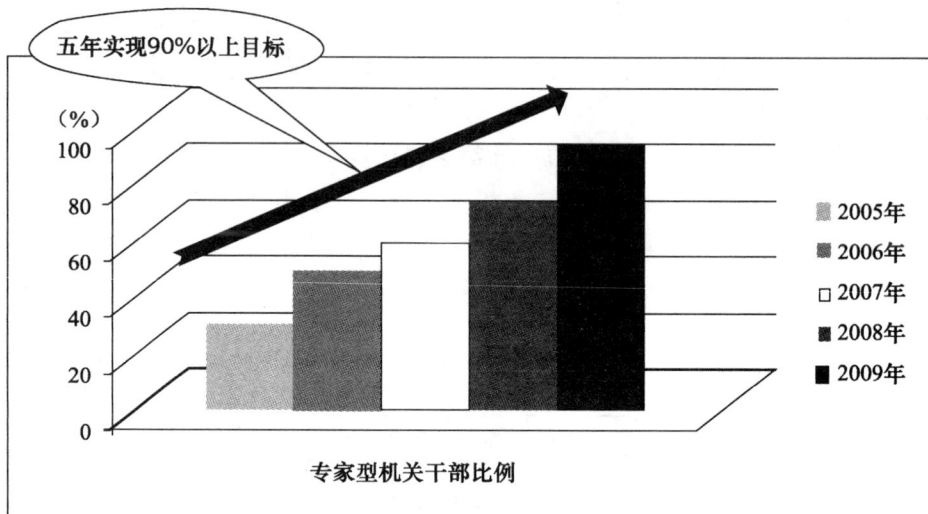

五年实现90%以上目标

（%）

100

80

60

40

20

0

■ 2005年

■ 2006年

□ 2007年

■ 2008年

■ 2009年

专家型机关干部比例

图6—19　机关工委培养专家型机关干部的五年规划

　　5. 建立知识管理系统。在高绩效管理平台中，机关工委专门设置了"文档管理"栏目，进行知识共享。在这个栏目下，可以调阅每个人、任何月份、任何年度的工作情况，也可以调阅工委的月工作例会纪要和处室周工作例会纪要，还可以调阅及时添加的平衡计分卡最新动态和绩效管理新知识，这样可以使每个工作人员掌握更全面的知识系统，更好地结合自己工作，推动战略执行。

　　图6—20为知识文档管理平台界面（可以按照年度、部门、文档、会议内容等进行文档搜索）。

　　6. 建立战略管理办公室。机关工委抽出四人，成立战略管理办公室（OSM），其主要工作职责是：设计并报告平衡计分卡指标；实施组织协同，确保各部室能与工委战略目标协同；定期安排实施平衡计分卡的回顾和学习会议；协助工委领导，调整年度工作目标和重点；与工委工作人员不断沟通，实现个人绩效与组织绩效的有效链接，向工委领导班子反馈战略执行情况。

图6—20　知识文档管理平台界面

图6—21为机关工委战略办公室职责分工图。

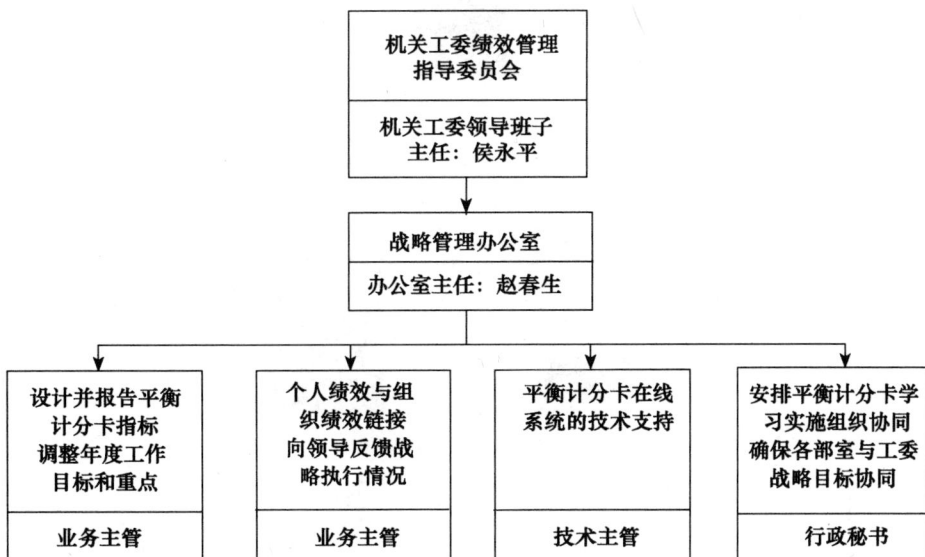

图6—21　机关工委战略办公室职责分工

三　运用平衡计分卡取得的成效

（一）行政成本下降，服务对象满意度显著提升

通过运用平衡计分卡，使全体工作人员增强节俭意识，对各项财务支出实行严格审批，行政成本明显下降，其中车辆费用年均下降 6%；93 个市直单位和 12 个区市对机关工委的工作非常满意，在 2006 年度市直机关社会评议中，机关工委满意度为 94.8%，位居全市第一；在机关工委业务职能由单纯抓党建转为全面抓机关建设后，服务对象增加了 15%。

图 6—22 为工委目前取得的战略执行成果示意图。

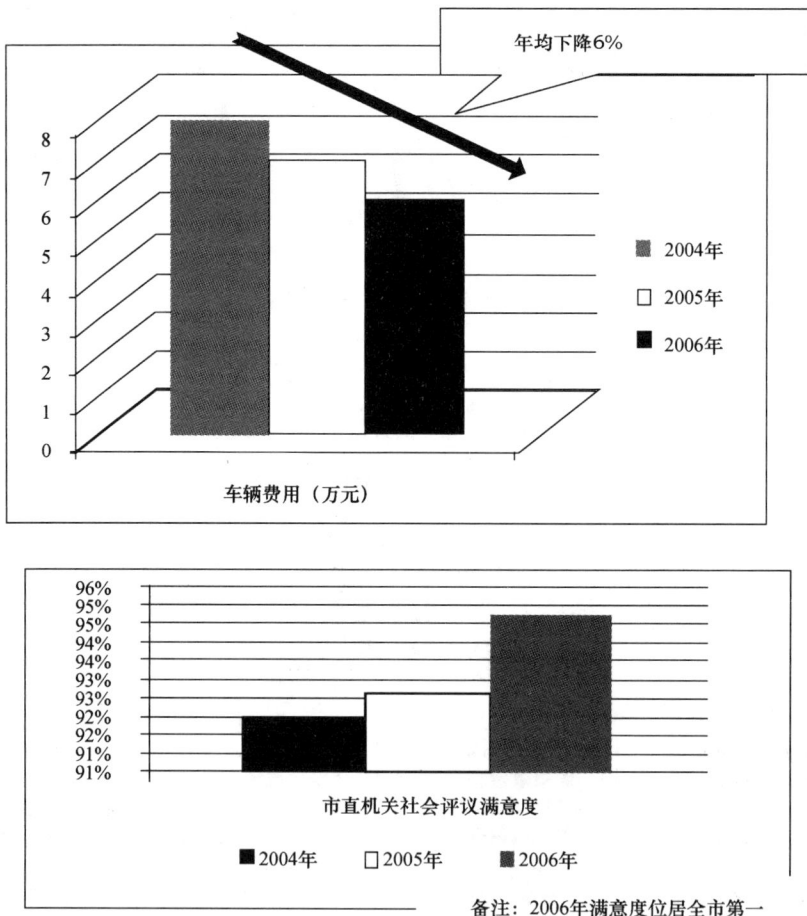

图 6—22　工委取得的战略执行成果

（二）推进行政效能环境改善

运用平衡计分卡以后，市直机关工委的战略目标非常明确，主要是围绕"率先创建高绩效机关"，在六个战略重点的框架下，着力推进"创建高绩效机关，做人民满意公务员"各项工作，使机关建设工作更好地围绕中心，服务大局，实现经济社会又好又快发展。避免了以前就党建抓党建，各项工作没有与战略目标有效链接的局面。同时，实施平衡计分卡，使市直机关工委的工作业绩突出，干部能力得到极大锻炼和提升，提拔和储备了一批市管干部，避免了领导者流失和无效领导。2006 年全市行政效能投诉机构共接听电话 10649 件（包括网上投诉和来信 548 件），属于受理范围的 1197 件，同比下降 15.8％。与前几年相比，投诉内容发生明显变化。以前投诉较多的是不依法行政、推诿扯皮、利用职权吃拿卡要等，而现在涉及居民生活质量、城市公共建设、投资环境等问题成为群众关注的重点。

图 6—23 为机关工委接到受理范围内的投诉变化示意图。

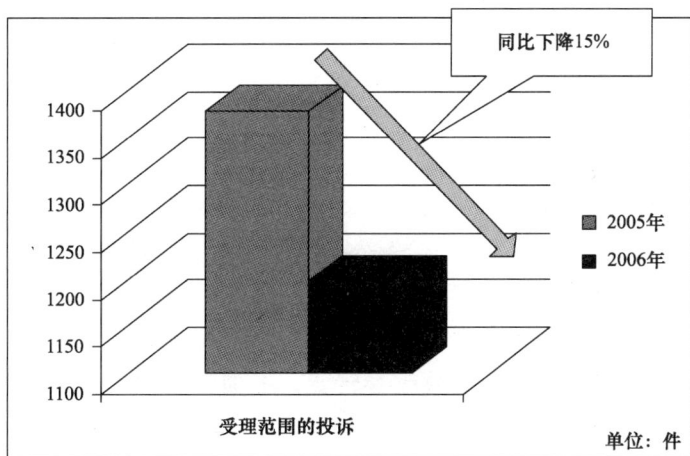

图 6—23　机关工委接到受理范围内的投诉变化

（三）青岛市直机关工委在国内外影响力显著提升

1. 在《人民日报》、《新华社动态清样》、《中国行政管理》、《紫光阁》、《中直党建》、《理论前沿》等中央媒体、刊物发表文章二十余篇，在中央政府门户网站、中国绩效研究网、全球平衡计分卡协会中国唯一分支机构网站发表文章 11 篇，在全国树立了加强机关建设的标杆。华建敏、虞云耀、黄燕明、张高丽等中央、省部级领导对机关工委的工作给予肯定和表扬，全国已有四十多个城市前来考察学习。

2. 广泛研讨。参加了"2006 年平衡计分卡协会亚太峰会（上海）"、"第三届中美公共管理国际学术研讨会"、"政府绩效管理国际研讨会"等国际性会议，平衡计分卡创始人、美国哈佛大学商学院教授卡普兰博士对其做法给予高度评价。2007 年 6 月在英国召开的绩效管理大会上，青岛市运用平衡计分卡创建高绩效机关的做法得到与会专家的一致好评，大会专刊给予专题报道。侯永平博士受邀在国内外研讨会上发表了十余次主题演讲，在市直机关和区市做了四十余场次专题辅导，并到河南等省外城市作专题报告。工委副书记和处室负责人在青岛市各级机关做了三十场次运用平衡计分卡提升绩效管理的专题讲座。

3. 中央直属机关工委研究室、中央国家机关工委研究室的领导，认为青岛市机关工委将抓机关党建拓展为抓以机关党建为"龙头"（根本）的全面的机关建设，特别是引入实施平衡计分卡等先进管理技术和方法，推进创建高绩效机关，是全国机关建设工作的典范。中央国家机关工委、国家行政学院将青岛做法专报中央和国家领导。

四　运用平衡计分卡的体会

运用平衡计分卡使机关绩效管理逐步实现了五个转变，这主要是：从重视绩效指标罗列到重视流程优化转变，更加注重指标设置的内在逻辑关系，强化了均衡、协调、统筹的理念；从追求过程控制到注重结果、兼顾过程转变，更加注重服务对象满意度，政府管理的每项具体细节都要坚持满意度标准；从强调绩效考核向强调绩效改善转变，更加注重绩效提升，而不再单纯就考核而考核；从关注公务员个体行为和态度，向关注党政机关的总体执政能力和工作效果转变，更加注重建设一支高素质专业化公务员队伍；从引入单一管理技术向实施对机关的综合治理转变，更加注重管理技术的综合运用。平衡计分卡的运用必将加快推动青岛市经济社会又好又快发展。

第五节　经验的总结和分析

一　港、澳、台地区的借鉴意义

中国的行政改革必然要学习和吸收西方先进的管理经验，但更要立足本国文化，才能创造属于自身的先进的公共管理体系。港、澳、台地区作为中国人的现代文明社会，对华人世界，特别是大陆的华人社会，具有独特的意义与价值。港、澳、台地区行政改革与发展因此成为中国行政管理现代化的一个重要实验室。港、澳、台地区的公共管理建立在这样的基础之上：一是中国人、中国文化占主导地位的社会；二是由于特殊的历史原因，它们当前的公共管理体系具有许多西方社会的特征，比如对公共服务的敬业精神、理性、高效、专业化、透明度、公平性等；三是它们在保留了许多中国传统文化精华的基础上，也成功学习了许多西方国家先进的管理理论和方法，已经实现了"国际接轨"，一定程度上实现了中西行政文化的交流、共存、和谐和互补。在公共管理领域，它们已经有了比较完善的制度和机制，许多操作性程序和规则可以直接为内地借鉴和移植。在"一国两制"架构下，中国大陆的公共管理现代化道路不会是，也不必是港、澳、台的道路，但它们的经验、成就甚至缺点和失误却是中国大陆在实现公共管理改革和发展现代政治文明过程中需要参考借鉴的。学习和借鉴它们公共管理改革中的经验教训，无疑可以减少大陆政府制度供给的学习成本。在公共部门导入平衡计分卡进行绩效管理，港、澳、台地区的经验和价值无疑是独特的，许多方面是可以直接采用的。大陆和港、澳、台地区间的相互学习，无疑将极大地促进中国公共管理的改革和发展。

澳门特别行政区政府 2003 年提出结合社会智慧及政府内部创意，致力健全法制，引入新模式，培训及借助电子技术，减少因官僚主义而引起的行政僵化，从而精简政府内部工作及对外服务的流程，理顺行政架构的职能，简化行政程序及优化架构两者相辅相成，整体提升行政管理的水平及效率。在陈述关于简化行政程序时提出，未来的主要政策及方向之一就是"在制度上进行革新，包括修订和草拟有关简化行政程序的法规，推动绩效评估计划及完善授权机制。绩效评估计划通过设置、推行及评估三个阶段，建立平衡计分卡制度，检测行政工作的效益"。[①] 为了实践、验证绩效评估对公共行政部门在服务对象、内部运作流程、员工学习与成长及财务四个方面带来的效益，澳门行政暨公职局于 2004 年中旬试行平衡计分卡，明确其策略目标、绩效评核指标、量度方法及汇报机制等，以便于试行期间吸取相关的实务操

---

① 参见澳门行政法务范畴 2003 年度施政方针执行情况的总结报告，简化行政程序（三），2004 年。

作经验作为日后检讨和推广的依据。通过设置、推行及评估三个阶段，积极建立平衡计分卡制度。设置阶段的主要目标是建立整个平衡计分卡的流程、整体目标及开展策略；在推行阶段将就各项策略的开展工作，作出指导并提供有关的培训课程，以便对设置阶段制定的各个目标进行修正及观察各项策略的执行情况；在评估阶段则提交总结报告，提出有关的改善措施供日后跟进。试行绩效评估的工作完成后，行政暨公职局还将总结及检讨推行平衡计分卡的经验，制作可行方案，向公共部门推广。同时亦会就行政程序、架构设置及职能整理方面的相互配合进行研究，为优化服务质素及简化行政程序等方面的指引予以进一步的充实。除了从政府内部考虑有关简化行政程序的政策措施外，还积极听取社会上的意见，从市民的角度更客观科学地制定及落实相关政策。有关计划于 2004 年 7 月份正式开展，于 2005 年总结及检讨效益，以研究在其他公共部门推行的可行性[①]，提出在其他公共部门推行的具体方案，并提供有关的培训课程。

二　中国公共部门平衡计分卡理念萌芽的提炼与总结

尽管在中国公共部门推行平衡计分卡进行绩效管理和评估的改革和探索实践资料还很有限，但平衡计分卡征程已经开始，深圳国税和青岛市直机关工委的平衡计分卡实践已经带给我们很多的思考和启示。事实上，就参照企业管理，以企业家精神改革政府而言，一些地方政府在这方面已"先行一步"，宁波保税区、青岛市四方区城管行政执法局、黑龙江牡丹江海林市等都进行了有益尝试。特别是海林市在中组部领导人才考试与测评中心、省委组织部、牡丹江市委组织部的直接领导下，在专家的指导下，2008 年重新调整完善了平衡计分卡体系，修改完善了《基于平衡计分卡的战略管理实施办法》，并组织试点单位试运行，通过实行试点单位目标指标进展情况的月报制，领导与下属的工作完成情况月沟通反馈，绩效数据的按期收集，初步建立起层级管理模式，下一步将在全市范围内推行平衡计分卡这一先进管理工具。试点工作得到了中组部领导的认可与好评，做法与经验分别在人民网、中组部《领导干部考试与测评工作通讯》、《黑龙江日报》上刊载，并被指定在"全国高绩效机关（政府）暨城市核心竞争力论坛"上作典型发言。

---

① 参见澳门特别行政区 2004 年度施政方针执行情况报告：行政法务范畴过去五年，包括 2004 年度施政方针的执行情况的总结报告。

国内的成功实践，为开展绩效评估、开创公共部门绩效管理新局面提供了宝贵的经验，许多公共部门开展的学习型组织建设、战略管理导向、流程再造、服务型政府建设、绩效评估指标设计等许多实践和探索与平衡计分卡战略管理的思想是完全一致的，许多改革几乎就是对平衡计分卡内部流程、顾客服务、学习创新等维度不同层面的探讨。从改革的内容上看，对于组织绩效管理来说，平衡计分卡并不是一个全新的思想，它的很多原理一直在公共部门不同程度地实践着并发挥着积极的作用，平衡计分卡只能说更为系统，应该说更具使命感和战略导向而已。比如江苏省推行公务员绩效考核指标体系。按照科学发展观和正确政绩观的要求，结合江苏实际，开发"公务员绩效管理系统"，研究建立绩效管理体系框架和规程，开发绩效管理适用技术，为江苏省行政机关引入绩效管理机制，建立绩效管理制度，制定公务员绩效考核指标体系（包括标准）提供理论、技术和方法支持。① 四川省成都市以建设"规范化服务型政府"为契机，实施"政府流程再造工程"，聘请专家学者优化服务流程，简化办事手续，缩短办事时限，提高公共部门绩效。该市工商、公安、卫生、新闻出版、农牧、酒类专卖六个部门的行政审批事项，全部按再造流程网上审批，在群众和公务人员之间筑起了反腐败的"防火墙"，行政审批办理时间缩短 50％以上。1994 年以来，山西运城坚持实施的"新效率工作法"，就是一个量化考核指标体系，就是一种绩效考核管理办法。它将公共部门和公务人员的职责、目标、绩效分解为若干个项目，能量化的量化，不能量化的等级化，对党政办公系统的办文、办事、办会进行连续性的动态考核，大大提高了办事效率，通过推行承诺服务制、首问责任制、责任追究制，将新效率工作法量化考核向与群众生产生活直接相关的公共部门拓展，对 22 个部门的经济指标完成、主办业务时效、值班达标率、会议组织达标率、工作情况报送达标率五项指标进行量化考核，并组织全市百家重点企业开展了投票评议活动。加快绩效管理量化考核系统化、科学化进程。2003 年，北京市委提出的深化干部人事制度改革，其关键是推进干部管理从职务管理为主转向以职责管理为中心，建立完善干部考核评价机制。根据岗位职能和职责，建立干部岗位职责标准和考核评价指标体系，依据岗位职责标准，运用主体明确、各具特色的评价方法，建立部门主导与机构配合相联系、上下定性评价与统计定量评价相融合、内部评价与外部评

---

① 江苏省人事厅：《贯彻省委全会精神，提高人事部门行政能力》。

价相统一的多元化绩效评价管理体系，引导干部有效地履行职责。[①] 青岛市政府通过学习和借鉴海尔的管理经验和理念，改革政府管理、经营政府的探索，2004 年 5 月 18 日，青岛市委督察室在全国党政机关中第一次通过了 ISO9000 质量管理体系认证。青岛市委督察室参加由人事部下属的人事科学研究院承担的《中国地方政府绩效管理研究》课题，其企业化管理改革成为研究的试验田之一。厦门市思明区政府与厦门大学合作，研究开发了《公共部门绩效评估管理系统》，通过计算机网络对区直 22 个部门进行评估考核，收到了明显效果。另外大连市等城市政府经营城市的做法，杭州市将竞争机制引入政府内部管理，实行并联式审批的做法等，都取得了较好的成效。

中国许多公共部门长期以来推行的目标责任制也为平衡计分卡的导入奠定了一定基础，作为机关内部的一种管理技术，目标管理的特点是组织目标的分解并落实到各个工作岗位，目标完成情况考核也相应针对各个工作岗位，但这与以组织为单位的目标设定和绩效评估有着明显的不同。随着行政管理体制的改革和完善，目标管理的思路和原则逐渐得到扩展，发展到面向行政首长的目标责任制。由于行政首长的目标责任与所在政府层级或部门的目标责任基本一致，对行政首长目标完成情况的考核实际上等同于组织绩效的评价与考核。换言之，组织绩效评估作为目标责任制的一个环节，随着目标责任制的广泛实施而应用到各个政府层级、政府部门和政府工作的诸多领域。这与平衡计分卡制定绩效目标和制定指标的方法就基本一致了。

---

① 中共北京市委组织部：《以职责管理为中心的干部管理方式的新探索》，《北京日报》2005 年 2 月 21 日。

第七章 将平衡计分卡嵌入中国公共部门的管理变革中

　　抛开传统和现实空降导入任何管理制度都注定要失败。平衡计分卡绩效管理体系必须与中国的相关制度变革有机结合，逐步导入。根据平衡计分卡主要原理，要在中国公共部门导入平衡计分卡，必须使平衡计分卡与公共部门绩效管理的进程相一致，必须与中国的财务（财政预算和会计制度）改革相联系，必须与中国创建学习型政党、社会和创建学习型机关的活动相联系，必须与中国行政管理流程改造和行政运行机制改革联系起来，必须与创建服务型政府的实践以及与中国干部人事制度改革联系起来。因为这些改革和进程，不仅帮助公共部门树立新的绩效管理的理念，也在很大程度上帮助中国的公共部门在顾客服务、内部流程、学习与成长和财务等方面确立新的目标和观念；反过来，如果能够在这些变革过程中导入平衡计分卡体系作为评估和管理工具，必将大大促进中国公共部门这些方面的改革，引导公共部门以绩效为导向，创新管理模式和管理方法，完成公共部门职能，实现公共部门的神圣使命。

第一节 平衡计分卡与创建"顾客"导向的服务型政府

一 服务型政府模式导入了"顾客"理念

　　在经济全球化和区域经济一体化背景下，政府公共部门的基本运行方式、政府公共部门与市场和社会公众之间关系的基本定位正在发生变化。政府公共部门与社会公众之间的关系由管理者与被管理者之间的关系演变为公共服务的提供者与消费者、顾客之间的关系。也就是说，社会公众成为政府服务的对象，是公共服务的"消费者"和"顾客"，公共行政由"管制行政"

转向"服务行政"。这样，行政机关就需要重新界定职能，突出公众至上，服务至上；公共行政的目标应由单一地追求行政效率发展到全方位追求社会公平、提高效率和服务质量、加强公共责任和提高社会公众的满意度。也就是说要以"顾客"为导向，构建服务型政府，确立服务行政的理念，不断提高行政绩效和服务水平。以戴维·奥斯本、特德·盖布勒为代表的企业家政府理论提出了"顾客导向"的政府再造策略，希望政府能向企业学习，视公众为政府服务的顾客，制定顾客驱使政府的制度，视顾客为关怀的对象，以顾客的需求为行为指南，并以顾客满意为衡量公共服务质量的标准，使政府自觉、高效地为顾客服务。

创建服务型政府，强化服务意识，就要找准服务对象和尊重服务对象，这个对象就是人民群众，接受服务的人民群众就是这个政府公共组织的顾客。要以成功商业企业对待顾客的理念服务人民群众。既然政府服务的宗旨是禀承人民意志，最大限度地满足人民的需求，保护人民的合法权利，政府服务必然体现"以民为本，以客为尊"的原则，以人民诉求为导向，真正做到"想人民所想，急人民所急"，也就是说要在以公众的期望决定策略设计的蓝图；以公众的需求决定服务的内涵与方式；以公众的满意度衡量政策执行的成效；以公众的评价决定政策变迁的方向。①

创建服务型政府，必然要制定各种服务标准。20世纪末多数尝试政府再造的国家和地区都是通过制定政府标准或顾客服务计划来提升政府服务品质的。政府部门制定服务计划一方面是为了促使公务员明确工作目标、程序，向公众提供规范化的服务，并作为绩效评估的依据，更重要的是有利于公众明了政府的服务品质的承诺，以便监督和维权。政府公共部门要提高服务，有关服务的运作状况、服务成本、服务品质标准及管理机构的信息就要完整、确切，具体内容应包括本部门的机构、职责、权限、工作流程、程序规范、服务表现标准。另外，服务型政府还要建立政府服务回应系统，针对公众的需要或意见，作出回应与承诺。同时要建立行政过失的补偿机制，确保公众对服务不满意时能得到某种形式的赔偿，同时也要提供公众参与监督的方式、投诉途径与方法，并及时作出反馈，完善包括独立审查在内的行政申述程序。政府要把听取群众意见作为工作的重要内容，作为政府制定相关工作计划的依据，这样才会赢得人民群众的信任和

---

① 参见姜晓萍《论"服务型政府"的基本内涵》，《四川行政学院学报》2004年第2期。

支持。服务型政府还要求改进政府服务的方法、手段，追求公平与高效的统一。随着社会经济的发展和现代资讯技术的发达，民众对政府服务品质的要求越来越高，他们不仅需要政府提供高效、快捷的服务，而且需要公平、透明的服务。故政府职能转变不仅要实现由管制向服务的转变，而且要实现服务方式的人性化、多样化与服务手段的现代化，使公众对政府服务有选择的空间，有拒绝的权利，从而弱化政府行政的强制性，保障公民能平等地接受政府的服务，因为违背被服务者的意志去推行"服务"，往往会使服务变成强迫，不经被服务者同意而承担服务，哪怕再"全心全意"，也不免使服务变成压制。由此可见，服务型政府其实就是为政府和公共部门导入了"顾客"的理念。

服务型政府顾客导向还体现在评估过程中广泛的公民参与，公民成为绩效评价的主体。发达国家组织绩效评估中的公民参与既表现在绩效指标设计的外向特征和多样化的公民满意度调查，又表现为民间组织对公共部门绩效的独立评价和审视。改善政府绩效管理的一个有效途径是引入公民参与机制。政府绩效就应以顾客为中心、以顾客的需要为导向，树立公民取向的绩效观。改进政府绩效管理必须取得民众的关注与参与，民众的关注与参与必定能有效地改进政府绩效管理。

服务型政府的这些理念其实就是在政府公共部门导入了顾客的概念。政府公共部门创建服务型政府的过程，也为设计平衡计分卡顾客维度的绩效目标和绩效指标，以及围绕服务顾客而需要落实的其他几个维度的指标提供了参考和借鉴，可以说，服务型政府建设是导入平衡计分卡绩效管理体系的一个契机。

二　平衡计分卡绩效管理体系将促进服务型政府建设

平衡计分卡绩效管理是为了实现公共部门的使命和战略目的，而公共部门使命和战略目的是以为它所服务的顾客为中心的，顾客维度被置于平衡计分卡的四个维度首位。在全心全意为顾客服务这一点上，平衡计分卡理念与服务型政府是一致的。

平衡计分卡可以帮助政府公共部门从广大人民群众中发现他所服务的对象——顾客，服务型政府的建设是一个具体的实践过程，而人民群众是一个宽泛的政治概念，服务于人民是一个政治信念，任何一个政府机构都不可能为全体人民群众提供实实在在的公共服务，所以服务对象都是有限的，必须发现这些服务对象，满足他们的需求。

平衡计分卡四个指标体系的设立可以提高政府公共部门提供服务的能力和绩效。平衡计分卡是以服务顾客为核心构建的绩效管理体系，其财务维度的指标是服务于顾客的物质基础，学习与成长指标是为了帮助公务人员掌握本领，掌握各种信息，心情愉快地服务于顾客，内部流程是为了克服传统行政管理模式中的缺陷，更合理高效地提供服务。所以平衡计分卡绩效管理体系服务顾客的能力和绩效提高有了内在的关联（参见图7—1所示）。

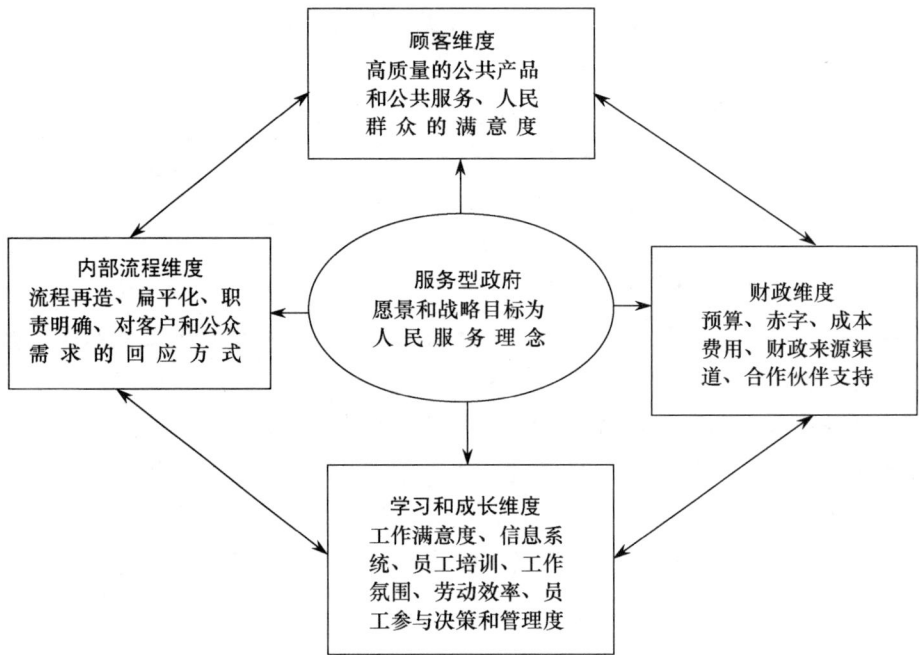

图7—1　服务型政府平衡计分卡设计基本框架

同时平衡计分卡体系还大大促进了创建服务型政府的责任机制。分级制定平衡计分卡将服务顾客落实到每个公务人员，同时授权他们更好地回应顾客需求，提高了他们的责任感和使命感，平衡计分卡要求将财务预算与绩效和顾客满意度挂钩，使得公共部门和公务人员不敢懈怠，不断提高服务水平，满足顾客需求，以进一步获取财政支持。

平衡计分卡还能确保服务型政府建设的方向，平衡计分卡体系来自组织设立的使命，以实现组织发展的愿景为目标，所以在服务顾客的实践中，也能够防止服务型政府建设偏离这个政府组织成立的初衷，防止政府公共组织滥用财政资源，或借服务之名，而行管制之实，侵犯公民个人或相关组织的权益。

第二节　平衡计分卡与预算会计制度改革

一　公共部门的财务问题与绩效管理

任何绩效管理体系，如果没有准确的财务信息做衡量基础，其绩效信息都要大打折扣，绩效的评估和改进只能是一种假设。财务层面的指标对于任何组织来说都不外乎收入和支出两条线，对于大多数公共部门来说，收入和支出核心是财政预算，集中体现在会计信息和资料上。所以，健全而透明的预算管理和会计制度建设将成为良好的公共部门进行绩效管理的基石。

20世纪70年代以来，世界各国政府财务相继出现了一些棘手的共性问题：一方面政府预算长期恶化，长年财政赤字，负债金额庞大。高额赤字和债务，制约了政府追求经济绩效最大化和保证社会稳定目的的实现，限制了政府部门适应经济全球化的能力；另一方面，政府部门缺乏责任及绩效考评机制，公共资源管理效率低下，政府信息不透明导致公众对政府部门的信任度降低。上述问题引发了OECD（经合组织）国家对财政预算管理体制的改革，以绩效管理为框架、预算以全部成本为依据、投入与产出绩效并重、明确各部门的责任和义务成为改革的基本思路与方向。政府这种试图将预算与业绩、责任结合在一起的管理框架，引发了权责发生制预算和会计改革。自从20世纪80年代中期以来，已有二十多个OECD成员国在预算与政府会计中全部或部分地引入了权责发生制，并取得了一定的成效，权责制预算与政府会计将逐步成为当前及今后一个时期各国预算编制及政府会计改革的发展方向与主流趋势。[①]

在传统的公共管理体制下，开支是按收付实现制会计基础如实记录的，政府开支是否遵守授权和法律法规要求是受托责任的首要问题。现金制的实质是将政府支出总量同收入总量相配比，这种形式的配比对于计

---

① 参见李雄飞《OECD国家权责发生制预算和政府会计改革探悉》，《企业经济》2003年第2期。

量、比较和评估绩效几乎没有实际意义；相比之下，引入权责制的突出优点在于强调将特定产出的预算确认与资源耗费的期间进行配比，并可提前确认导致未来现金开支的政府承诺。两者之间的这一差异也是形成"支出"和"费用"（成本）概念差异的根源：支出反映"所得到"的物品或服务的市场价值，费用反映的是为生产政府产出"所消耗（使用）"的资源价值。绩效（产出与成果）与成本的直接配比为绩效导向的管理模式奠定了基础。如果离开了权责制基础，那么强调产出和绩效的公共管理模式是难以实行的，对于控制绩效和成本而言，能够在资源用于生产产品和服务时确认费用的预算方法最为有效，而绩效与成本的直接联结是绩效导向管理模式的基础。从这一意义上讲，权责制是能够比现金制更好地解决绩效管理问题的一个理想方法。在公共部门引入权责制可从三个方面支持全面的绩效导向的管理改革：体现分权、更强调绩效管理的受托责任制度；鼓励以竞争和更加商业化的方式提供产品与服务；鼓励更有效的资源管理，特别是对长期资产的管理。①

　　概括地讲，公共部门的目的不是为了营利，而是为社会提供服务，政府产生、运转的基础是建立在受托责任上的，其受托责任不仅仅局限于当期的预算收支，而应当对整个财务收支情况及财务状况承担受托责任，所以围绕预算收支的财会制度成为反映公共部门绩效管理的重要方面。由于绩效与成本的直接联结是绩效导向管理基础，权责制的引入，使得在政府预算和报告中确认与计量和特定产出、成果相关联的成本信息成为可能，从而对支持绩效导向的管理模式起了重要的支持作用。权责制预算拨款提供了支出机构和政府部门在特定财政年度内发生的成本，从而提供了与私人部门收益表相似的完整的绩效信息。权责制预算和会计改革从根本上改变了预算管理的理念和模式，势必将绩效管理推进到一个崭新的阶段。同时权责发生制的理念与平衡计分卡中财务目标的设定思想一致，也为平衡计分卡的导入创造了条件。

二　平衡计分卡与权责发生制预算会计制度②

　　平衡计分卡的导入，使财务层面的指标将成为公共部门绩效管理的重要

---

　　①　参见王雍君《权责发生制与政府预算管理改革》，《财政研究》2002 年第 3 期。

　　②　鉴于中国公共部门的经费来源主要是财政预算或政府拨款，而且所有的公共部门预算方式基本相似，本节将通过探讨政府部门的预算管理改革来说明整个公共部门情况。

方面，要把财务指标作为改进公共部门绩效管理的一个层面，所以在公共部门导入平衡计分卡进行绩效管理，必然要分析公共部门的预算和会计制度，不了解其预算和会计过程，设定的任何财务考评指标都是不现实的；同时也必须将平衡计分卡与公共部门的预算和会计制度的变革过程相结合，否则平衡计分卡绩效管理体系很快就会成为无源之水。

从前面章节的分析中，我们知道，在私营企业中，财务指标是平衡计分卡四个维度的核心，是结果指标、滞后指标，财务目标是企业战略和使命的核心。而在公共部门平衡计分卡绩效管理体系中，财务增长不是绩效管理的目标和结果，财务收入来自事先确定的财政预算，所以财务成为完成其使命和战略的前提条件。其内在逻辑要将财政预算与其他几个维度的指标挂钩，依靠有限的财政资源，支持其他几个维度绩效目标的完成，从而实现公共组织的使命和战略。财务方面主要强调支出与绩效结果的关联和受托责任。在当今经济全球化的大背景下，政府受托责任的具体内容与形式发生了根本性的变化。是关注现金流以做到切实遵守预算，还是注重资源及其使用以提高效率和效果，这种由不同的公共管理理念决定的会计目标差异，必然导致不同的会计技术选择，更直接地说，它决定了政府会计方法基础的选择。从现金制转向权责制不仅是应用于公共部门的会计惯例的技术性变化，更是政府预算管理改革的内在组成部分，对支持预算管理理念和模式的变革起了重要作用。另一方面，预算管理方面的变革也为权责制的引入提供了强大的动因和新的应用平台。

公共部门平衡计分卡四个层面绩效指标的内在逻辑和因果链，使得其财务指标在评价组织绩效管理过程中带有了明显的权责基础。权责发生制基础提供了这样一些可能：真正超越现金流概念，在全面受托责任基础上实施预算管理；真正以竞争性方法去实现既定的绩效目标；更有效率、更有效果地进行资源管理；更科学、更合理地进行长期战略决策，以增强政府的持续运营能力，完成公共部门使命，这正是平衡计分卡所强调的预算管理理念。一般地讲，平衡计分卡主张政府管理的资源配置应该与管理人员的业绩和效果联系起来，在对财力和物力的控制上强调采用根据效果而不是根据投入来拨款的预算制度。即按使命作预算；按产出作预算；按效果作预算；按顾客需求作预算。

三　平衡计分卡与中国的预算会计制度改革

(一) 我国预算会计制度问题分析

中国公共部门会计现在实行的是收付实现制，现实地看，收付实现制政府会计基础所反映的受托责任狭窄，提供的财务信息有限且相关性较差，收付实现制是以会计期间款项的实际收付为基准确定收入和费用，其"支出"常常不能正确反映当期业务活动所支付的代价，不能真实、准确地反映政府部门和行政事业单位提供公共产品和服务的成本耗费；在现金支付时，确认支出，但支出后形成的资产在目前我国的预算会计（指总预算会计）中得不到反映。它虽然客观如实地记录了现金流量，却没有反映政府掌握的公共资源存量，也就无法确认当期业务所消耗的存量资源。[①] 另一方面也低估了当期的财政支出，虚增了国家可供支配的财力资源，不利于国家下一年度的预算编制，不利于公共资源的管理使用；收付实现制会计只对支付款项的物资入账，而在实际操作中，资金支付与物资到达往往不一致，故容易造成物资入账不及时，管理混乱，资源浪费严重。其具体表现有[②]：由于收付实现制会计基础本身的局限性，难以提供符合公共管理发展要求的相关财务信息，不能显示财务状况及财务绩效的全貌，低质的财务信息又导致低水平的财务管理和预算管理。

中国现在实行的预算模式为"部门预算"，即政府财政根据政府对各职能部门的要求，对它们完成职能给予一种财力确认和支出。但目前还不是真正意义的部门预算，还没有细化，部门预算改革与国库单一账户改革进展还不协调。预算虽有总额控制，但在具体运作中随意性却很大，使用财政资金时，还不能做到"买醋的钱就不能打酱油"，权责关系缺乏联系且混乱，在某一领域可能由于一时的投入（大量的人财物）而显得绩效较高；而有些领域却因为没有经费投入而停滞不前，政府不作为现象严重，总体看来，财政预算绩效普遍不高，存在问题很多。对预算管理采取投入预算管理模式。在这种模式中，政府预算编制、执行、考核、评估和报告都以预算投入为基础，支出控制机构对预算投入实施控制，政府部门和支出单位被严格要求对

---

① 参见陈纪瑜、陈友莲《我国政府预算与会计引入权责发生制的思考》，《财经理论与实践》（双月刊）2003 年第 3 期。

② 参见陈胜群《政府会计基础比较研究——传统的收付实现制与崛起的权责发生制，孰优孰劣?》，《会计研究》2002 年 5 月。

预算投入负责。部门、支出单位和政府整体预算所关注的都是投入信息：资金用于什么项目，每个规定的项目支出的金额应该是多少，定员定额标准是多高等。投入预算管理模式造成了公共财政领域中的"公共悲剧"[①]。由于预算（支出）请求、考核、评估和报告都不与支出绩效相联系，每个支出部门和单位都极尽所能争夺预算投入，并尽量在规定的有效期内花光，谁也没有节约和有效使用财政资源的动机；其次，在投入型预算管理模式下，由于财政资源分配和再分配并不存在绩效基准，那些缺乏绩效的机构和项目仍然有很高的概率获得资源。由于不衡量效果，所以也就无效果可言，并且在很多情况下，效果越差，得到的投入反而越多。例如当治安工作不利，犯罪率上升时，维持治安的部门通常会得到更多的拨款。从宏观上看，国家的稀缺财政资源的相当一部分长期滞留在低效益的用途上，例如哗众取宠的政绩工程，而国家政策目标中那些具有更高优先等级的项目，比如基础教育和卫生保健却无法获得足够的资金；再次，在投入型预算管理模式中，由于对预算资源的投入受到严格管制，支出使用者缺乏管理的自主性和灵活性，他们只须对投入负责而不必对产出和成果负责；支出控制者需要的是确保支出使用者服从与预算过程相关的规则，而不是要求实现所要求的绩效，事实上根本就不存在计量和考核绩效的尺度和标准。缺乏管理和自主性进一步削弱了政府的财政绩效，并使管理者和决策者对支出、机构和人员的考核与评估变得十分困难。

（二）以平衡计分卡体系引导我国预算会计制度变革

为了更全面地反映政府的绩效和成本，我们应该在政府预算中实行部分的权责发生制会计，并建立政府财务状况报告制度。政府财政报告不仅报告本年度的预决算情况，还要报告政府的财务状况，包括固定资产状况权益和负债状况等。各部门的预算也应同时包括本部门的财务状况，这样才能更全面地反映政府各部门的真实绩效。而且在推行部门预算的过程中，很多地方和部门进行了比较彻底的清产核资，这为使用权责发生制会计打下了一定的基础。借鉴国际经验有选择地进行权衡取舍，循序渐进地实施相关改革，局部性地引入权责制确认和计量财政交易是可行的和必要的，特别是考虑到财政绩效欠佳、财政风险和可持续性发展问题日益突出时，尤其如此。平衡计

---

① Salvatore Schiavo-Campo and Daniel Tommasi: *Managing Government Expenditure*, Asian Development Bank, 1999.04.

分卡的出现，为政府公共部门提供了一个绩效权责确认的工具，有利于把握完成绩效目标需耗费的成本，为权责制的预算和会计制度改革推行提供了有力支持。

事实上，我国转向全面的产出预算制度的条件尚未成熟，转向完全的权责制基础也是如此。目前仍要做好投入法的预算管理，以加强预算支出管理为重点，进一步提高预算编制的科学化和规范化程度，强化预算约束，加强对财政资金的管理，同时，尽快建立科学、合理的财政支出绩效评价体系。① 财政支出绩效评价在国内还是一项新工作，这方面的研究和试点也是刚刚起步，还有大量的未知领域有待探索。广东省去年提出了"大力推行财政支出绩效评价制度"②，开始了我国财政支出绩效评价的试点工作，做法是希望以省属项目支出为突破口，全面带动其他支出绩效评价工作的开展。财政支出的评价问题，是公共部门财务指标最为重要的内容，它决定了公共部门资源的使用方向和方式，科学的财政支出评价体系，将正确引导公共部门的管理方式和管理理念，提高政府管理效率、资金使用效益和公共服务水平。从操作层面上讲，财政支出绩效评价体系，不仅是对财政支出使用情况进行评价和监督，它的根本意义更是以财政支出效果为最终目标，考核政府的职能实现程度，也就是考核政府提供的公共产品或公共服务的数量与质量。从社会公众的角度看，在推行财政支出绩效评价之后，其对公共服务的质量与成本的关注将得到更好的满足，有理由预期能享受更优质的公共服务。但由于财政支出是以社会效益为主的，而社会效益的量化，一直是财政核算中长期解决不了的技术性难题，如：计算各项指标与绩效目标的具体相关系数，判断某项投入或产出对最终成果的贡献率等，目前我国都缺乏这方面的经验。加上制度基础的不完善，可能导致指标的滥用，带来与指标设计初衷相反的效果。财政支出绩效评价体系涉及的内容多、范围广，评价体系的推行还需要各部门的配合，评价内容中各部门的绩效目标、绩效指标合理与否尤为重要，绩效评价的最终落脚点也是通过各项绩效指标的评价来评价绩效目标的实现程度，从而确定与各部门及与各项目相适应的预算。客观地说，对财政支出绩效进行评价的确是一个非常复杂的问题，财政支出本身的类别太多，既

---

① 楼继伟：《为建立绩效预算体系夯实基础》，《中国财经报》2004 年 6 月 30 日。
② 《大力推行财政支出绩效评价制度》，《羊城晚报》2004 年 3 月 22 日。

包括直接的、有形的、现实的支出，也包括间接的、无形的、预期的支出；支出效益既要考虑政治效益、经济效益，也要考虑社会效益。如何在对财政支出科学分类的基础上，建立规范的评价流程、合理的评价体系、科学的评价标准和评价方法，涉及很多技术因素。政府部门平衡计分卡绩效管理体系的出现，为构建中国的财政支出评价体系提供了一个可操作的工具。

与权责制预算和会计改革的目标和取向一致的平衡计分卡绩效管理体系能够对政府提供的产品、服务与成本、费用进行配比，使政府的业绩透明化，有利于社会公众和立法机关评价公共部门履行职能的状况以及它们的工作效率，它提供了一个立足战略和未来发展，以绩效考评为目标的管理信息系统，有利于建立一个健全透明的政府预算和会计体系，进而达到实现公共资源优化配置、控制财政支出、有效评价政府绩效、防范财政风险和提高政府持续发展能力的目标，对提高我国政府竞争力有十分重要的意义。要提高公共部门的服务质量，最根本的要求是使这些部门承担管理受托责任，平衡计分卡绩效管理体系，正是明确了政府部门承担相应的责任和使命，形成与私人部门信息系统中相同的激励机制。公共部门具有非营利的特点，其收入主要来自财政预算且变化相对不大，公共部门平衡计分卡绩效管理中的财务指标以及它所联系的其他几个维度指标，其实就构成了财政支出的绩效评价体系。

第三节　平衡计分卡与创建学习型组织

一　学习型组织的特点

学习型组织概念的发展是逐渐演化的，根源于组织学习。"组织学习"是相对"个人学习"而言的，是在个人的基础上进行的，但是，它的目标更明确，即使个人学习和组织的战略目标相一致，强调学习属于组织行为，促进组织的变革和发展。所谓学习型组织，是指通过培养弥漫于整个组织的学习气氛、充分发挥员工的创造性思维能力而建立起来的一种有机的、高度柔性的、扁平的、符合人性的、能持续发展的组织。

学习型组织的主要特点：学习型组织成员拥有一个共同的愿景，组织由多个创造性个体组成。组织的共同愿景来源于员工个人的愿景而又高于个人的愿景。它是组织中所有员工共同愿望的景象，是他们的共同理想。它能使不同个性的人凝聚在一起，朝着组织共同的目标前进。在学习型组织中，团体是最基本的学习单位，团体本身应理解为彼此需要他人配合的一群人。组织的所有目标都是直接或间接地通过团体的努力来达到的；学习型组织善于不断学习。这是学习型组织的本质特征。主要有四点含义：一是强调"终身学习"。即组织中的成员均应养成终身学习的习惯，这样才能形成组织良好的学习气氛，促使其成员在工作中不断学习；二是强调"全员学习"。即组织的决策层、管理层、操作层都要全心投入学习，尤其是经营管理决策层，他们是决定组织发展方向和命运的重要阶层，因而更需要学习；三是强调"全过程学习"。即学习必须贯彻于组织系统运行的整个过程之中。强调学习与工作密切结合，强调边学习边准备、边学习边计划、边学习边推行，要求理论联系实际，根据日常工作中出现的问题展开学习讨论，以便取得积极效果；四是强调"团体学习"。重视个人学习和个人智力的开发，更强调组织成员的合作学习和群体智力（组织智力）的开发。把个人的职业发展和组织的发展战略、对社会所付的责任有机结合起来。有了统一的目标和共同意愿，又有系统的教育和学习体制，其总体效果在数量上和质量上都要大大超过个人学习的效果；学习型组织建立新的学习模式，重视开发系统思考能力，帮助组织领导和其他成员重新审视组织价值观念和文化，更全面地分析组织内部和外部的环境，促进组织持续发展和创新，使组织具备不断改进的能力，提高组织的竞争力。学习型组织在"个人和团队"学习的基础上，结合具体组织的文化和发展战略，确定学习方针、途径和过程，提高全体员工的素质。学习型组织运用各种教育手段促进知识共享。学习型组织通过保持学习的能力，及时铲除发展道路上的障碍，不断突破组织成长的极限，从而保持持续发展的态势。

圣吉在《第五项修炼》中指出，学习型组织的建立与发展需要具备五项新技术，并把这五项新技术称为五项修炼。第一项是自我超越，第二项是改善心智模式，第三项是建立共同愿景，第四项是团队学习，第五项是系统思考。

学习型组织作为一种新型的管理理论，它适用于各种组织。它不仅有助于企业的改革和发展，而且对其他组织的创新与发展也有启示。学习型组织的基本理念，不仅有助于企业组织的改革和发展，而且对其他组织的创新与发展也有启示。许多西方国家也都提出了类似"学习型政府"这样的政府革新计划。新加坡、瑞典和芬兰等在这方面进行了有益的尝试，取得了一些经验。新加坡用它指导政府管理，提出要建成学习型政府。日本用它指导城市管理，提出要把大阪政府建成学习型城市。[1] 2003 年 2 月，OECD 在巴黎举办了以"学习型政府：中央政府的知识管理"为主题的研讨会。[2]

二　中国公共部门创建学习型组织的实践

党的十六大报告中提出了"形成全民学习、终身学习的学习型社会，促进人的全面发展"，第一次把创建学习型社会当做全面建设小康社会的奋斗目标提出来。《中共中央关于加强党的执政能力建设的决定》强调"营造全民学习、终身学习的浓厚氛围，推动建立学习型社会"，"重点抓好领导干部的理论与业务学习，带动全党的学习，努力建设学习型政党"。在党中央的积极倡导、推动下，中国的公共部门积极开展创建学习型组织的活动。对学习型政党、学习型政府、学习型社团的研究方兴未艾。

上海市已明确提出了创建学习型城市和争做学习型市民的纲领性文件；山西着力创建学习型机关，明确学习内容，严格学习制度，提高了各级党政机关的办事效能和执政水平。[3] 为全面加强教育部机关干部的能力建设，为教育事业的改革和发展提供有力的组织保证和人才支持，教育部党组织在部机关开展学习型机关创建工作，并专门印发了《关于建设学习型机关的意见》。[4] 同济大学用它指导学院管理，提出要把函授和继续教育学院建成一流的学习型学院。为了深入贯彻落实党的十六大精神和"三个代表"重要思想，全面提高职工队伍素质，推动全社会"形成全民学习、终身学习的学习型社会"，全国总工会、中央文明办、国家发展和改革委员会、教育部、科技部、人事部、劳动和社会保障部、国务院国有资产监督管理委员会、全国工商联决定联合在全国职工中开展"创建学习型组织，争做知识型职工"的活动，并于 2004 年 1 月，联合印发《关于开展全国"创建学习型组织，争

---

①　江泽民：《全面建设小康社会　开创中国特色社会主义事业新局面——在中国共产党第十六次代表大会上的报告》，2002 年 11 月 8 日。

②　OECD, Symposium on the Learning Government: Managing knowledge in Central Government.

③　《山西积极创建学习型机关》，《人民日报》2004 年 10 月 20 日，第四版。

④　马思援：《教育部创建学习型机关》，《中国教育报》2004 年 4 月。

做知识型职工"活动的实施意见》①，各地创建学习型政府和社区的实践活动蓬勃开展。

总体说来，根据学习型组织的特点，构建学习型政府，政府官员和公务员应该养成良好的学习习惯，坚持不断学习和终身学习是迈向学习型政府的第一步。真正的学习型政府能够妥善管理政府机构庞大的知识和信息，并能够顺利实现政府机构内知识的创造、传播和转化。政府知识管理的最终目是提高政府创新能力和行政效率。总的来说，学习型政府的实现可分为三个层次：①政府官员和公务员具备良好的知识结构、学习意识和学习能力；②政府机构具有浓郁的学习氛围，能够提供畅通的学习渠道，知识在机构内部能够顺利传播、复制和增加（知识在流动中增加并不断被利用和转化为现实的生产力）；③政府机构具有较高的组织学习能力和组织智商，组织内成员的个体学习能够推动和帮助其他成员学习并形成互动，组织作为一个整体能够带动内部成员学习并帮助他们获取知识和运用知识。

然而，创建学习型政府的进程并不是一帆风顺的，在实践过程中也出现了很多问题，许多部门仅仅注意到了学习，加强了员工的业务培训，开展了一些读书活动，上升到组织和团队学习层面的活动很少，也很少将学习与组织战略、愿景、系统思考的能力建设结合起来，五项修炼技术成了一个概念，学习型组织效用无从发挥，组织的发展变革停滞不前，迫切需要新的工具和方法来帮助组织推进学习型组织创建和实现其功能和作用。

三　以平衡计分卡模式实现学习型组织变革

正如圣吉在《变革之舞》（The Dance of Change）一书中所提出的，组织无法落实学习型组织变革的原因很多，其中一个重要的因素是：学习型组织的五项修炼与日常的例行管理工作缺乏实际的关联。他认为要落实学习型组织的变革，变革的行动应该与实际的工作目标与流程结合在一起，也应该与绩效改善的工作结合在一起。平衡计分卡是将组织愿景/战略转换为组织行动并成为加强绩效管理的利器，学习型组织的实践毫无疑问可以通过五项修炼与平衡计分卡的整合运用，从而落实在组织的日常运作之

①　全国总工会：印发《关于开展全国"创建学习型组织，争做知识型职工"活动的实施意见》的通知，总工发［2004］2号。

中；平衡计分卡的四个维度之一就是学习与成长，这个维度的设立在于学习在组织成长中的重要意义，在这里，我们不难为学习型组织和平衡计分卡找到联系。

建立"共同愿景"修炼活动产生的组织共同愿景可以作为平衡计分卡战略和愿景的核心基础，当一个组织团队有了属于自己的愿景之后，就可以开始根据这个共同愿景发展出一系列的发展战略，并以此为基础发展出联系学习与成长、内部流程、顾客与财务等四个维度的内容与方向。应用战略分析方法SWOT，呈现出组织目前经营管理的现实，将现实和愿景作比较，以它们之间的差距作为"自我超越"修炼所必要的"创造性张力"，这个"创造性张力"也就成为平衡计分卡中员工学习/成长构面的动力来源。"自我超越"的修炼，本质上就是所谓的终身学习，但这种学习是有目的的学习，有企图的学习，而不是毫无目标的终身学习，它是为了达成组织的理想与目标而从事的学习。接着，可以将自我超越的终身学习与平衡计分卡的学习/成长构面连接起来，通过这种方式，将学习型组织五项修炼的运作范围推展延伸到组织的战略层次上面，让战略的发展不再只是高层主管的事项，而是真正根植于组织内每位员工的理想与共识。这样的运作方式，对平衡计分卡各个维度活动的推广与沟通，不但会有很大的帮助，而且对组织战略的落实也有推动作用。我们已经将学习型组织与平衡计分卡的应用，做了一个完美的搭配与整合。

组织要推动学习型组织的变革活动，一般会从五项修炼中的核心修炼系统思考下手才行。这正是平衡计分卡体系中组织使命、愿景、价值和战略的形成过程所采用的方法。平衡计分卡四个维度与系统思考及SWOT现况分析的连接，可以视为整个系统中知识管理的方面。平衡计分卡四个维度的绩效衡量数据可以作为系统思考与SWOT分析的主要素材，这些素材经过学习型组织五项修炼的精炼过程之后，会自然而然地内化为组织的内隐知识，这个精炼的内隐知识就是组织最宝贵的智慧财产。通过这样的平衡计分卡的架构连接，我们为组织建立一个具备自动回馈能力的内部管理机制，在面对瞬息万变的外在环境时，可以快速的回应，而这样一个组织，才是所谓最有弹性、最有活力与最具竞争力的学习型组织。

学习型组织的缔造不应是最终目的，重要的是通过迈向学习型组织的种种努力，引导出一种不断创新、不断进步的新观念，从而使组织日新月异，不断创造未来，这正是平衡计分卡体系中设置学习与成长维度的思想基础。

构建学习型组织的过程，与平衡计分卡的构建过程是一致的，是相辅相成的，学习型组织的创建活动，必然有利于在组织中导入平衡计分卡绩效管理体系。

中国公共部门创建学习型组织的活动和实践过程，不仅大大强调了学习创新理念，也构建了学习与发展的评价体系。反过来，平衡计分卡将帮助公共部门落实学习型组织的目标和方向。根据前面的分析，及时导入平衡计分卡理念进行绩效管理，不仅能够检验学习的成效，更为主要的是它可以确保将组织的学习围绕组织的战略目标，确保组织实现使命和愿景。

第四节　平衡计分卡与政府流程再造

一　流程再造的基本理论

流程再造理论是美国学者在 20 世纪 90 年代中期提出的组织发展理论。1993 年，美国学者哈默和钱皮在《改造企业——再生策略的蓝本》[①] 一书中提出了流程再造概念。他们认为流程再造是对企业的业务流程作根本性的思考和彻底重建，其目的是在成本、质量、服务和速度等方面取得显著的改善，使得企业能最大限度地适应 3C 即以顾客（Customer）、竞争（Competition）、变化（Change）为特征的现代企业经营环境。其基本内涵是：（1）充分利用信息技术，注重信息技术和人的有机结合，重新设计业务流程。利用信息技术协调分散与集中的矛盾，将串行工作流程为并行工作流程，尽可能实现信息的一次处理与共享使用机制。（2）建立面向流程的扁平化的组织结构，压缩管理层级，缩短高层管理者与员工、顾客的距离，更好地获取意见和需求，及时调整经营决策，改变职能导向下层次过多、效率较低的弊端。（3）运营机制以流程为主，以顾客为导向，突出全局最优，而不是局部最优。（4）人员按流程安排，不是按职能安排，实施团队式管理。（5）沟通突出水平方向，而不是垂直方向。[②]

流程再造不是对现有流程细枝末节的修改，而是在打破原有的工作规则下的重新设计，其重要原则是对流程的整合与简化。流程再造理论不仅在国

---

① Michael Hammer & James Champy, *Reengineering the Corporation*, Harper Business, 1993.

② 葛元力：《流程再造理论在税收管理领域的应用》，玖玖税网 2004 年 6 月 23 日。

内外企业中有成功实践，一些西方国家也将这一理论引入政府行政管理实践中，从 20 世纪 80 年代开始，英、美等西方发达国家为迎接新技术革命和经济全球化的挑战而掀起的新公共管理运动，其中一个非常重要的方面就是对政府工作流程进行梳理、规范、优化。

二　政府业务流程再造的方法和作用

传统的公共部门业务流程是建立在传统的组织结构基础上的。传统的组织机构多数按职能部门划分，组织结构一般是等级的层级结构，这样的组织结构便于控制和计划，但部门间沟通不畅，造成了很多问题。政府机构的业务（政务）一般被分解为由基层工作中采集业务资料、进行汇总、逐级分析决策、制定相应的政策法规，最后再反馈到基层采取行动措施等几个流程阶段。由于以前的技术不能实现整个业务条块的联网，整个业务数据流程不得不按地理位置和人力分配被分割在多个部门，从一个部门转到另一个部门，增加了交接环节和复杂程度，而且在传统的业务流程中，相同的信息往往在不同的部门都要进行收集、存储、加工和管理，很多单位甚至建立专门的部门，收集和处理其他部门产生的信息，存在很多重复性的劳动[1]，造成资源大量浪费。另一方面，因为机构庞大，一个流程涉及若干职能部门，随着政府管理服务范围的拓展，专业部门持续扩大，而且因为层级繁多，不可避免会造成某些环节脱离公众，高层决策者往往听不到直接的来自公众的声音，听到的常常是经过层层传递失真了的声音。在传统行政组织结构中，本位主义严重，管理存在真空地带。职能部门的划分使各部门将工作重心放在个别作业的效益提升上，只对自己的上级负责，无人对流程负责，各职能部门关注自身的利益，而忽视整个组织的使命，职能部门的利益和个体的短期利益可能凌驾于组织发展目标之上，机构整体机能趋于退化，整个组织的效率低下、效能弱化。

反思传统行政组织业务流程的弊端，运用网络信息技术摒弃以任务分工与计划控制为中心的工作流程设计观念，打破行政组织内部传统的职责分工与层级界限，实现由计划化、串行化、部门分散化、文件式工作方式向动态化、并行化、部门集成化、电子化工作方式的转变，建立以解决问题为目的的业务流程模式，改进公共管理的质量，提高公共服务的效率。政务流程再

---

[1]　吴江：《电子政务与政府创新》，温州市政府网站 2004 年 3 月 22 日。

造通常要遵循三项原则：（1）把政府部门的决策、管理和日常事务工作分开。政府部门要专注政府决策和管理的功能，把日常事务工作外包给第三方去做；（2）对政府业务流程进行清理、整合，废除原来工作流程中那些对满足社会要求没有贡献的非增值环节，并对清理后的流程通过合并等方法予以简化，同时使某些流程并行进行；（3）使政务流程柔性化，建立异常处理机制，制定应急预案。①

一般说来，公共部门的业务流程再造包含以下几个步骤：（一）前期准备。政务流程再造带来的将是政府结构的变化和权力的转移，与高层领导的大力支持密切相关。首先，需要高层领导认识到流程再造的重要性，并给予足够的支持。其次，需要宣传动员，让组织成员对即将发生的改变有心理准备并由各部门选出重要代表组成再造小组；还要寻找合适机会，确认各项作业流程亟须改进之处，评估本机构信息技术的能力和需要，决定要再造的流程；最后要拟定和执行再造计划。（二）分析和审视现有流程。调查了解现有的工作流程，并加以分析，发现现有流程中的阻碍、破坏机构整体效率的机制、活动和环节。（三）构建新的流程体系。分析原有流程之后，接下来就是重新设计流程，以达到减少中间环节、缩短流程、提高效率的目的。为有效实现新流程的构建，必须开发及建设新信息系统，重建人事与组织，重点在于如何顺利构建新的组织架构。推出新流程原型，让机构高层领导了解新流程的特征、作业过程、工作设计、信息系统构架及设备标准，此外，政务流程再造还要与公众和利益相关者进行沟通。（四）评估与反馈。在实施新流程后，评估效率与得失并收集反馈的信息也是十分重要的方面，还应针对反馈持续改进流程。评估内容包括新流程表现、信息系统表现及工作效率。流程表现评价指标主要有提供服务的时间、成本、公众满意度、协调与决策的质量。②

业务流程再造使得政府的业务活动更精简、更有效和更合理，对信息技术更"友好"，更适合于在一个现代信息技术的环境下运行，更能充分发挥现代信息技术的潜力，使政府管理效率的提高取得了非常显著的效果。政务流程再造是一种系统的、综合的提高政府绩效的方法，政务流程再造必将导

---

① 金江军：《开展政务流程再造 促进电子政务深入》，电子商务和电子政务，企业信息化论坛，http://www.e-works.net.cn/，2004 年 9 月 17 日。

② 关于流程再造的步骤，参考了吴江教授《电子政务与政府创新》一文中五步走的策略。

致政府管理的变革，在变革中不断整合政府管理功能，从而不断提升政府管理效能。

三　中国政府业务流程再造的基本内容

流程的跨部门特性和信息技术的穿透时空功能，要求我们改变传统的管理理念、工作机制和运作方式，以流程管理信息系统为依托，以主流程整合各个子流程，并建立与之相适应的运作方式、控制体系、绩效管理体系，营造规范高效、具有持续改革能力的运行环境。变任务式分项处理事务为按活动单元集中处理事务，变一点对多点的管理服务为点对点的管理服务，变信息的部门间传递为流程的环节间传递，变纵向层级控制为主为横向过程控制为主。不论哪一环节接收工作任务信息，相关工作即会通过流程启动。从大的方面讲，政府工作流程一般说来应包含以下七个方面：

一是健全完善民主科学的决策机制和流程。把政府的管理、决策与事务性工作分开，强化了政府管理与决策的作用。应充分发挥中介组织和专家的作用，建立健全政府行政决策咨询机制，实行重大决策的咨询、论证和责任制，完善重大决策的规则和流程。行政机构及其组成部门可根据需要组建若干决策咨询机构，决策咨询机构由专家学者及企业界等社会各界人士组成，在行政决策酝酿、调查研究与方案起草完善过程中广泛收集、征询多方意见。关于具体的决策程序，以广州市政府《关于加快政务信息化建设，优化运行机制，提高政府机关工作效率的工作方案》为例，为完善政府的决策机制，实现政府决策科学化提出了四条建议[①]：依法确定本级政府及其职能部门的审批权限。结合正在进行的审批制度改革，进一步明确什么事项应由职能部门审批，什么事项应由市政府审批，什么权限可以下放；完善市政府决策性会议运作制度。进一步明确市政府全体会议、市政府常务会议、市长办公会议和市政府工作会议的议题范围和议事规则。明确市政府公文审批权限。根据市长、副市长、秘书长和副秘书长的工作分工和职责，界定市政府领导在正常程序和应急程序下审批公文的权限；改变现行公文呈批办法。按照界定的公文审批权限，实行逐级领导审批负责制。

---

① 文件编号：穗府办［2003］20号，颁布日期：2003年5月14日，实施日期：2003年5月14日。

二是改进和完善政府协作机制。健全政府部门间的联席会议制度。跨部门的行政决策和执行工作，一般不再另设议事协调机构。应由主管上级领导牵头，由主办部门负责跨部门的决策研究和执行的实施。主办部门具有协调权，同时承担相应行政决策与执行的责任，解决责任不清、相互扯皮、决策与执行效率低下等问题。

三是改进和完善政府内部运行机制。提高政府的工作效率和效能，必须首先建立起科学、规范、协调、高效的政府内部运作机制。探索引入市场机制，提高政府服务质量，降低行政成本。推行目标管理责任制，建立健全科学合理的政府绩效目标体系及绩效评估、测评、审计制度。积极探索部门预算与部门绩效考核挂钩、部门占有公共资产与部门绩效考核挂钩的新机制。以往，衡量绩效的标准是工作时间或工作量。实际上，这种衡量标准是不尽合理的，因为其绩效与整个流程的绩效是不成正比的。为此，要进一步完善现有的工作制度，优化工作程序，创新工作机制[①]：明确公文和信息处理每个环节的时限，提高公文流转和信息传递速度。规定公文入口、登记、分送、拟办、部门承办、领导审核、批办、校对、印发等环节的办理时限，分别规定平件、急件、特急件的办理时限；建立健全应急机制。制定适用于工作日八小时以外、周末、节假日的紧急公文和信息处理办法，以及应对紧急事项和突发事件的快速反应和处置程序；加强跟踪督办，建立健全政务运作的全程监控机制。运用信息技术建立起自动记录跟踪、提醒办理和催办的全程监控系统。建立市政府重要决策、重大事项的立项督办和反馈制度以及重点公文的跟踪督办制度；全面修订市政府会议、公文、公务活动、政务宣传报导、信息报送与反馈的制度和程序。

四是构建系统控制体系，强化内部管理。流程再造后，组织机构、工作职责都发生了根本性变化。管理层级减少，部分事务性审批环节简化，有的事前审批改为事后强化管理等，此时，强化对内对外的管理和监控是关键。一是分析控制。对内，通过程序检测，人工提取分析，定期发送结果，监控考核兑现，同时反复检测分析，跟踪监控整改情况，规范、制约操作行为和执法行为。二是标准控制。运用知识管理理论，集中专家智

---

① 参见：（二）优化程序，创新机制，进一步提高政府机关的工作效率。广州市政府《关于加快政务信息化建设，优化运行机制，提高政府机关工作效率的工作方案》，2003 年 5 月。

慧，制定规范而又可以通俗化解读的作业标准体系，明晰作业权限、内容、方法、时限和流向，实现显性知识和隐性知识共享。三是智能控制，就是利用计算机系统对一些行政行为进行自动控制。将一些作业标准、程序，特别是其中的一些核批标准通过计算机固化设定，拒绝违规的操作行为、执法行为，同时自动记录过程，明晰责任流转，减少过程中的人为因素影响，制约了受理、核批事务集中办理可能带来的随意性，强化计算机智能控制。四是流程控制。也就是流程之间的关联控制。流程再造后，流水线式的作业模式，将流程中上下活动单元之间、上下环节之间的承接关系、递延顺序和时间质量等要求寓于工作流程中，形成了互相协作、互相牵制的格局。五是柔性控制。根据管理活动的实际情况和需要，组成临时性的组织，对行政管理活动的某一阶段或某一部分进行检查，以查找、纠正工作中的不足所形成的控制。①

五是强化对政府行政的监督制约机制。应设立一定的机制监督与制约政府机构和政府官员的行为。政府行政监察、经济审计部门与纪检部门、人大机关建立联席会议制度，积极推进政务公开，充分发挥社会各界对政府各部门的监督作用。建立若干社会性的监督委员会。积极发挥新闻舆论对政府行为的监督作用。通过一系列监督机制，真正做到有权必有责，用权受监督，侵权要赔偿。有两项工作很重要：一是落实岗位责任制，建立办理时限承诺制。进一步明确政府部门及工作岗位的责任，对办文、办会、办事每一个环节的办结时限作出承诺。二是实行效能考评制和责任追究制度。②建立对政府职能部门效能考评的体系，制定各部门及工作岗位的责任追究制度。②要制定周密、合理、客观的绩效指标，抓好量化实绩评价，强化绩效管理，做到多讲结果、少讲过程，多讲成效、少讲原因，建立一套内容齐备、操作科学、体系完善、具有我国特色的绩效评价机制。督促检查是推进工作落实的有力手段。有些工作落实不够，除了本身的原因外，还有督查不力的原因。要在切实加强督察制度建设的同时，结合实际，认真探索和建立一套更加切合实际的督察工作运行机制，特别是要进一步完善领导抓落实的责任制，从机制上保证重大决策、重要工作部署落

① 参见葛元力《流程再造理论在税收管理领域的应用》，玖玖税网，2004 年 6 月 23 日。
② 广州市《关于加快政务信息化建设，优化运行机制，提高政府机关工作效率的工作方案》，2003 年 5 月。

到实处。

六是创新服务形式和制度。不少单位采取有效措施，普遍推行了首问责任制、一次告知制、服务承诺制、限时办结制、责任追究制，把制度建设作为治本之策。以简政放权为契机，改进和创新服务方式，不少地方的行政服务中心（大厅），集中政府各职能部门联合办公，将几十个单位和几百项行政审批与服务项目进驻同一个地方，为投资者和群众提供"一条龙"服务，实行"一门受理，并联审批，一口收费，限时办结"，工作效率和工作透明度大大提高。

七是建立流程管理信息系统，拓展信息增值应用空间。信息化建设与行政管理改革是相互依存、互为前提的，流程再造以信息化建设为基础，也开辟了以流程为导向加快信息化建设的思路。信息化是流程再造的直接动力，也是实现流程再造目标的重要手段。可以说，没有信息化，流程再造是不完整的，甚至是不可能的；没有流程再造，信息化是不彻底的，也不可能实现真正意义上的信息化。建立流程管理信息系统是世界范围内实行成功再造的通行做法。目前实施的电子政务已经全面介入政府部门的主流业务，如财政部门的预算编制、海关部门的电子报关等，这是具有战略意义的重大改变，我国一些电子政务建设水平走在全国前列的地方已经初步取得了一些进展，例如，《中华人民共和国行政许可法》于 2004 年 7 月 1 日起开始施行，佛山市信息化工作办公室以此为契机，依托行政服务中心，与市机构编制办公室一起研究利用电子政务的手段对政府现有的一些业务流程进行重组。从 2003年 1 月 1 日起，海南省海口市在各区政府、市政府直属单位之间停止发送纸质公文，全面实施电子公文传输交换。这一电子政务的推行，不但节约了大量的办公经费，更大大提高了政府行政效率，由此创造了更多的间接效益，在整体上促进了政治、经济和社会的进步。四川省成都市以建设"规范化服务型政府"为契机，实施"政府流程再造工程"，聘请专家学者优化服务流程，简化办事手续，缩短办事时限，提高公共部门绩效，该市工商、公安、卫生、新闻出版、农牧、酒类专卖率先启动了规范化服务型政府的试点工作，通过开展电子政务建设服务于政府内部的流程再造，突出其作为公共部门的服务效用[①]，行政审批办理时间缩短 50% 以上。可以预见，随着电子政务的深入开展，政务流程再造的事例会越来越多，政务流程再造理念会越来

---

① 徐马陵：《成都信息化并不休闲》，《每周电脑报》2004 年 7 月 7 日。

越深入人心。

四 以平衡计分卡推进内部流程再造

在管理实践中，流程再造最大的挑战是如何将新的流程规则真正地落实到组织的运作中去。利用平衡计分卡原理，一方面，将流程再造与绩效管理结合起来，会大大提高流程再造的成功性；另一方面，良好的内部业务流程和流程再造，不仅是平衡计分卡绩效管理体系的重要内容，也为平衡计分卡的实施创造了条件。政府内部流程再造过程中，在业务链条即"服务链"中，每一个利益相关者不再是以往的官员身份，而是以服务的"提供商"和服务的"接受者"的身份出现，他们彼此之间是"客户"的关系。这条服务链的终点是公众，即公众是政府部门共同服务的最终客户。[①] 这与平衡计分卡构建内部流程的思路完全一致，平衡计分卡的内部流程正是根据目标客户的需求来设计的。

平衡计分卡帮助改善内部运营流程，体现在它是一个有效的绩效管理工具。平衡计分卡的很多指标来自流程指标的推导，当确定出组织的战略重点和目标后，你就要寻找驱动战略重点与目标实现的关键流程绩效。从本质上说，组织作为一个投入产出的载体，是通过内部运作即流程来实现价值增值的。所以最终驱动战略重点与目标实现的关键内部驱动要素必然体现在组织的几个重要的流程上。进行流程的再造和优化，必须分清流程，才能找到对比的依据。公共部门也不例外。

平衡计分卡要求根据内部运营设置考核指标。在设计绩效指标时，可以根据各个流程的时间、成本、风险控制、数量与质量等几个维度来确定相关的流程绩效指标，选择那些能直接驱动战略目标的内部运营主要方面作为绩效管理监控点，通过指标的分解，将这些内部运作关键控制点的责任落实到与其相关的部门与员工，并通过日常的指导与反馈、考核机制来引导组织的各个部门与员工的行为，引导他们执行新的流程规则。由此可见，通过平衡计分卡的实践，能够驱动组织的员工自觉地去实现内部运营改善的目标，确保内部运营管理的变革落到实处。同时流程优化的意义不仅仅体现在内部运营指标的设计上，平衡计分卡还可以帮助发现内部流程后面的驱动要素，先是进行全面的流程分析，推导出流程指标后，将各个

---

① 王树文、李青：《政府改革与政府流程再造》，《理论学刊》2004 年第 12 期。

流程指标罗列出来，将其和战略重点或目标一一对应，然后通过流程的优化，可以实现流程对战略重点与目标的有效驱动，从而确保战略实现。根据平衡计分卡理论，当我们找出驱动战略实现的关键流程后，就可以制定出流程优化的实现步骤。

第八章 反思与展望

第一节 反思：需要克服的困难

一 对平衡计分卡绩效管理体系的反思

平衡计分卡是把组织的长期战略和短期行动联系起来的先进的绩效管理工具，是以战略管理为导向的。但不是所有的组织都适合采纳平衡计分卡系统作为绩效管理工具，在引入平衡计分卡时必须审视自己的现状和需求。相当多的公共部门目前尚未形成战略管理的自觉意识和既定管理制度和流程，勉强引入平衡计分卡可能会因为组织战略的频繁变化导致其名存实亡。平衡计分卡的测评指标来源于组织的战略目标和未来发展，在实施平衡计分卡之前应该有自己一套完善的战略规划体系和明确的发展战略。相对于传统的绩效管理工具，平衡计分卡涉及的管理范围比较大、所需的时间较长、实施起来具有挑战性。实施平衡计分卡的另一个重要前提是组织必须具有已经基本成型的基础管理，包括人力资源管理、战略管理、管理体系、质量管理、营销管理等，总之组织的基础管理水平越高，实施平衡计分卡的成效才会越显著。

平衡计分卡的应用需要组织具有一定的评估基础和评估能力。评估基础需要组织战略、业务流程、组织结构、岗位职责等具备基本的合理性，并且能够被明确说明，良好的评估基础将使组织容易确定科学的指标体系进而使推行实施平衡计分卡成为可能。评估能力主要是指评估数据管理能力，包括在数据生成、收集、处理、分析报告等工作上所能承担的工作量和复杂程度。评估能力越高，就越能够支持战略性的绩效管理；反之，也许会由于评估能力的限制而只能暂时性地选择针对个人绩效的评估和管理。评估能力不是一个独立的方面，它与评估基础有很大关联。在运营流程、组织结构还没有理清的情况下，不仅难以生成有价值的绩效数据，而且对数据收集也会造成很大的困难，更勿论绩效数据的评估和处理。这些都会在一定程度上制约平衡计分卡在组织绩效管理中的应用。

对于平衡计分卡的认识与应用有不少误区，平衡计分卡常常被当做一项人力资源部门的项目，而不是一个贯穿组织上下的管理变革项目；"重评估，轻战略管理"，"重四大层面的形式平衡，轻其内在的因果关联"等问题经常存在。作为一个战略管理和执行的工具，只关注短期目标的组织导入平衡计分卡意义不大。每个组织的计分卡都应是独一无二、具有自身特色的，如果盲目地模仿或抄袭其他部门则不但无法达到绩效管理的目标，反而会影响对自身业绩的正确判断或评价。平衡计分卡的四个层面之间环环相扣，要提高财务层面的绩效首先必须改善其他三个层面；而要改善就必须在资源上有所投入，所以实施平衡计分卡先浮现的必然是成本而非效益。

平衡计分卡崇尚的是良好的参与气氛和便捷的沟通渠道，否则它所倚重的四个层面的各个关键成功因素及其背后的驱动因素很难被识别出来并加以应用。在平衡计分卡的实施过程中，组织内部经常性、有效的沟通是至关重要的。比如在传递组织发展战略目标时，管理层必须能够向员工阐明组织的发展策略并取得员工的认同；在制定绩效计划及开展具体工作之前，管理层必须与员工讨论并达成共识；在评估员工的绩效时，上司必须就员工的实际工作表现共同进行检讨交流并取得下属的谅解才能使下属信服。有效、畅通的内部沟通机制是绩效管理不可或缺的一部分，没有有效的沟通就不可能达到绩效管理应有的效果。另一方面，组织绩效目标的实现需要充分调动员工参与制定和使用平衡计分卡的积极性，必须将计分卡的实施结果与奖励/激励机制挂钩，促使每个员工使用计分卡，使每个人的工作更具有方向性，专注于在各自的工作上为组织战略目标作出贡献。从目前的公共部门看，这两方面都存在不少缺陷。表8—1是台湾学者吴安妮等人总结的实施平衡计分卡可能遇到的一些问题。[①]

---

① 吴安妮、周齐武、施能锭：《探索实施平衡计分卡可能遭遇的问题》，《会计研究月刊》2001年第183期。

表 8—1　　　　　　　　　　　组织实施平衡计分卡可能遇到的问题

问题层面	问题描述
1. 经营管理权之易手问题	(1) 购并后强调成本减少策略，因而舍弃均衡计分卡制度； (2) 将均衡计分卡制度与错误的策略画上等号，在舍弃旧策略的同时，也舍弃均衡计分卡制度； (3) 前后经营者之管理风格不同，导致对均衡计分卡制度的观念无法一致
2. 设计问题	(1) 衡量指标过少，无法取得绩效驱动因素及其欲达成的结果间之均衡； (2) 衡量指标过多，无法辨识出少数关键的指针； (3) 设计计分卡时，未能清楚明确地阐述策略，演变成只在设计 KPI 计分卡或是利益关系人计分卡而已； (4) 未能将事业单位及服务部门与公司之整体策略相结合
3. 流程问题	(1) 缺乏高阶管理者的承诺； (2) 太少人参考； (3) 均衡计分卡停留在高阶层，未向下推动； (4) 发展过程太长，视均衡计分卡为只做一次的技术； (5) 视均衡计分卡为一项信息系统项目； (6) 雇用经验不足的顾问； (7) 只为了奖酬发放而推动均衡计分卡制度

资料来源：吴安妮、周齐武与施能锭（2001）。

从绩效管理的实践来看，尽管平衡计分卡还有很多不完善的地方，如确定目标与绩效指标之间方式—结果关系的相关程序和方法在文献中没有详细的论述；虽然很大程度上肯定了绩效目标值的设定对于平衡计分卡实施的关键作用，相关文献却没有对如何设定目标值进行详细论述；奖惩结构也没有得到应有的重视；管理信息系统和反馈机制的建立也一带而过，但是不能否认，平衡计分卡强调了战略目标和绩效指标的有机联系，同时也关注了组织战略计划各项内容完成情况的测量评估。因此，平衡计分卡是一种功能强大的管理工具，具有广阔的发展前景，而所有那些没有详细探讨过的问题，也为进一步的理论研究指出了方向。

二　我国公共部门开展绩效管理的问题分析

平衡计分卡是一种科学的战略性的绩效管理方法，但毕竟不是在中国本土产生，这些方法的一些应用条件、评估理念、操作方法同中国的现实情况存在一些偏差。中国公共部门组织形式、内控方式及现行的管理状况、运作特点以及管理理念等具体因素都决定了不可能完全照搬这些方法。科学的方法并不意味着必然的成功实践，必须将它置于整个中国公共部门管理的大环境下进行分析，寻找其切入点，为其营造适宜环境，夯实相关制度基础。

客观上说，政府的产出难以量化也是绩效管理实施不尽如人意的一个重要原因。绩效管理的一个重要前提就是必须将所有绩效都以量化的方式呈现，再据此进行绩效管理。此项做法在私人部门基本不构成太大问题。政府的绩效管理远比私营部门复杂，因为它要面临如何将公共服务量化的问题。由于行政组织是一种特殊的公共权力组织，所生产出来的产品或服务是一些“非商品性”的产出，它们进入市场的交易体系不可能形成一个反映其生产机会成本的货币价格，这就带来对其数量进行正确测量的技术上的难度。此外，政府缺乏提供同样服务的竞争单位，因此就无法取得可比较的成本与收益数据。绩效管理项目目标缺乏准确性。许多公共项目表述过于笼统，所反映的公共项目目标含糊而不具体，而且，公共项目目标隐含有价值判断和政治因素，很难形成社会全体成员的一致看法。公共项目决策者出于政治上的原因，往往故意把目标表述得模糊不清。这些都给评估测度标准的选择带来混乱，造成衡量评估项目目标实现程度的困难。

与发达国家的实践相比，我国的公共组织绩效评估起步晚、规范化程度不够，在实践中一些问题和难点还亟待破解。随着我们逐步向社会主义市场经济过渡，政府整体的行为价值选择正在发生变化，其所担负的社会角色也在发生转变，因而相应的政府行为目的、绩效评估标准也必须作出适应性的调整，以满足市场经济发展的需要。而且，由于我国行政体制改革的整体滞后和转型中行政管理工作的纷繁复杂，许多政府部门的绩效管理依然因循计划管理的传统模式，没有作出实质性的转变。比如当前公共部门绩效管理注重组织活动的数量和规模，忽视这些活动产生的实际效果；注重投入，忽视产出，特别是在公共产品的产出难以衡量的情况下更是如此；上级对下级的控制着眼于过程而不是结果，评价工作人员看重是否遵守规则，忽视业绩和对组织的贡献等。导致目前政府绩效管理的标准在客观实在性、整体统一性和正确导向性上出现了严重的扭曲，背离了市场条件下政府行为的价值选择要求。[①] 具体说来，主要表现为：

（一）对绩效管理认识不到位，缺乏对"顾客"的关注

管理者认识上有误区，没有把绩效管理看成是一项全局性的、战略性的工作，看不到绩效管理对工作的推动性，把考核当成一种形式主义的事务来运作，把绩效管理当做一种惩罚机制而抵制，绩效管理作为一种公共管理工具未能被政府管理部门有效地利用。在社会资源有限、社会分层明显、利益殊异，尤其是在社会急剧变化、社会问题凸显的条件下，应该建立社会各界对于政府部门、官员施政表现的评价共识，这不仅是社会利益之所在，也是政府得以扩大其社会认同的重要前提。[②]

评估以官方为主，多是上级行政机关对下级的评估，缺乏社会公众参与，自己评定自己。这样的考核体系只会形成唯上不唯下，政绩不是为了广大的人民群众而做，而是为了个别的领导和上级所做，为自己的私利而做，特别是在地方，绩效考评的内容比较随意，通常以上级主管单位的意志为基调，往往是上级单位一张口，就把某项工作作为考核的内容。在考核的过程中，长官意志往往起到了决定性作用，被考核对象的业绩和行为表现，往往取决于领导个人的价值判断，部门领导的个人好恶可以影响到考核结果。有时主管对考核的部门本身缺乏了解，意见来自部门负责人，没有直接的双向的互动，考核的反馈仅仅体现为结果的告知，体现在奖金的刺激性上。在政府机构内部，绩效审计作为绩效评估的重要方面，还没有破题，对各级政府组织的成本收益分析评估机制没有建立起来。而外部的中介组织评估、公众评估、专家评估等体系不健全，在评估过程中多具有封闭性、神秘性，缺乏舆论监督和社会监督，群众参与的积极性越来越低。

（二）缺乏制度和法律规范，支持系统不健全

政绩管理和考核多处于自发状态，没有专门的制度和法律规范作为保障。从整个国际政绩考核体系来看，各国都以法律形式确定下来。我国政

---

①　尹廷：《当前地方政府绩效管理与政府行为价值选择的扭曲》，《天中学刊》1999 年第 6 期。

②　周凯：《构建科学的政绩考核体系》，《学习时报》2005 年 3 月 7 日。

府组织绩效评估分散在多种管理制度中，由此带来了评估内容和侧重点上差别大，评估标准不统一，评估程序和方法不一致等问题，构成了公共组织绩效评估科学化的障碍，影响了评估在实践中的效果。考核程序没有规范化，因而评估的结果很难做到客观、公正，甚至流于形式。绩效管理过程缺乏支持环节。绩效管理是一个消费资源的过程，需要投入相当数量的人力、物力、财力和时间，由于评估工作及其价值尚未引起足够的重视和认同，没有纳入制度化轨道，国家没有单独的评估经费拨款，评估费用大都是摊入具体的公共项目中，致使评估的资金投入不足，影响绩效管理的进展。同时也忽视其他环节的支持作用，激励机制有限，平均主义的薪酬制度产生形式主义的绩效考核，与考绩评人、选人、用人相结合，与组织发展、个人奖惩、业务成就、收入报酬相结合的机制难以推行，有的采用平均主义和轮流坐庄来异化考核激励机制的作用，隔开了考核和激励、激励和发展的有机联系，就事论事，缺乏整体战略规划，宣传力度不够，没有发挥积极性。考核的内容体系虽已经过发展和完善，但就具体考核项目而言，还没有制定出各个层面干部的考核内容体系和项目规定，对于组织的使命和职能完成情况缺乏关注。而在西方及一些发展程度较好的国家，政府各层级和部门的岗位职责规定得非常明确、具体。缺少工作岗位分析，岗位职责不明确，进行横向对比的参照简单、主观性强，难以进行规范化管理。

（三）缺乏科学系统的理论指导，实践中具有盲目性

缺乏科学的理论指导，没有充分利用现代先进的管理理论与方法，致使绩效管理在实践中有很大盲目性。对干部的考评多采用综合评价的方法进行，即先确立考核对象、个别谈话、考核部门提出考核记评办法，再就是上级部门评价、同级评价，最后组织部门负责统核。[①] 有的部门采用看似民主的方法进行考评，以群众来考核群众，所谓"从群众中来，到群众中去"的思维，没有专业性的绩效管理指导，甚至用年度评优的形式来代替绩效管理。但随着时代的发展，这种方法已显出很大的弊端，在科学性及准确性方面存在明显的不足。大多采用定性而较少采取定值、定量的评估方法，一般也只能根据考评者的自身的经历、文化素质、资历和工作历程，凭着主观印象对被考核者作出评价，缺乏全面的评估，评价结果往往弹性很大，导致结

---

① 周凯：《构建科学的政绩考核体系》，《学习时报》2005年3月7日。

果片面化。评估内容不全面，没有建立科学的评估指标体系。绩效考核的指标不完善、内容界定模糊，考评内容局限于德、能、勤、绩及部门的经济贡献程度和完成任务情况，以及其他员工的印象和看法。有时片面地将经济业绩等同于政绩，将经济指标等同于政府绩效的评估指标；指标是定性的，用主观性评语、缺乏针对性、专业化的绩效考核文本来指导本组织的绩效考核工作，绩效指标难确定，由于缺乏有力的量化指标的证据，考核结果成为陪衬和参考，绩效评估难以推进，非量化标准导致评价不明确，信度与效度不明显。未建立有效的结果反馈体系，个人不明确部门的具体要求，部门不明确组织的愿景要求，绩效指标缺乏组织职能和使命的关联，内容没有和绩效改进结合。

综上分析，要想在中国公共部门导入平衡计分卡加强绩效管理进程，还必须继续营造开展绩效管理的环境，夯实开展绩效管理的制度基础。

加强政府绩效管理，就要转变观念，建立民本主义的绩效观念，强化绩效意识、服务意识，并促使组织成员参与绩效改进；要通过制度创新，借鉴先进的经验和方法，在我国建立有效的政府绩效管理体系，考核政府在社会管理中的业绩、效果、效益及其管理工作效率和效能，建立科学的方法、标准和程序，对政府机关的业绩、成就和实际工作作出尽可能准确的评价，在此基础上对政府绩效进行改善和提高。要大力促进绩效管理的制度化、法制化，建立多重绩效评估体制；政府绩效管理作为一种集成管理方法，必须符合组织的发展战略和使命目标。当前我国正处在行政管理体制改革深化的关键时期，按照转变职能的目标模式"经济调节、市场监管、社会管理、公共服务"，围绕政府管理的市场取向，定位好自己的角色和职责。同时，引入企业精神和竞争机制，着力打造灵活高效、依法行政、廉政勤政、持续创新、富有责任感的政府组织，并以此为目标来构建我们绩效管理的新模式。

绩效管理在公共部门管理中占有十分重要的地位，但实施却较之企业部门有难度。公共管理部门尤其是其中的政府部门要获得绩效管理的成功，必须努力创造出下列实施绩效管理的必备条件：第一，组织领导必须对绩效管理的价值有足够的认识和重视，必须对组织实施绩效管理积极支持；第二，必须具有制定绩效指标的专业性人才；第三，选择合适的绩效管理工具，作为一个完整的管理过程，要有明确的绩效目标、绩效规划和绩效衡量指标，还要有绩效规划落实的责任机制和反馈机制，形成绩效激励和改进机制。

第二节　展望：抓住机遇　勇于实践平衡
计分卡绩效管理体系

一　绩效管理是中国公共部门改革的新的价值取向

政府是否高效运作，一直是判断一个公共管理体系是否优良的标准，也是判断政府是否负责任的标准。因为，政府机构是整个社会管理的中枢系统、协调系统和控制系统，整个社会的生产效率均与政府机构运转效率紧密相关，因此，建立一套理性、精干、高效的政府行政机构被视为现代文明社会发展的重要标志。20 世纪 90 年代初以来的政府机构改革主要是为适应社会主义市场经济发展的需要。但由于没有制度上的保证，效果并不明显。党的十六大报告和十六届三中全会决定提出，要进一步转变政府职能，改进管理方式，提高行政效率，降低行政成本，形成行为规范、运转协调、公正透明、廉洁高效的行政管理体制。在当前世界经济、科技发展速度日趋加快，竞争日趋激烈的背景下，为适应社会未来发展趋势，我国政府机构改革的目标不仅是转变职能，而且还要提高效率。中国是发展中国家，其经济体制正经历着从计划经济向市场经济的转轨。随着全球一体化的发展趋势，如何进一步发挥政府在完善我国社会主义市场经济建设中的作用，政府如何运用市场的方法来管理公共事务，提高公共行政服务的质量和效率，实现公共行政管理的现代化，这是摆在国人面前现实而又紧迫的问题。

世界经济论坛每年都要发表全球竞争力报告，其中公共部门质量是其三大指标之一。随着我国市场经济体制的日臻完善，公共部门的绩效高低已成为检验一个地方、一个区域核心竞争力强弱的重要标志。与之相适应，构建科学完善的公共部门绩效管理体系，对公共部门的业绩、成就和实际工作作出尽可能准确的考评和管理，是我们面临的新课题。政府绩效与政府管理模式所奠定的制定基础之间有着必然的联系，显然这种联系是影响和阻碍政府绩效改进和测量的一个重要原因。因此，应该改进我国当前的公共管理体制，包括人事管理体制，引入成本效益核算理念，实施持续的绩效与成本核算管理。在公共项目的绩效管理方面，关键问题是制定组织和个人的绩效标准和指标体系，用以测量政府在实现既定目标时所取得的进展情况以及个体成员的绩效。通过衡量公共项目绩效，可以促成和影响一个组织的行为，使公共政策切实可行，是防止政府行为扭曲的有效手段。而且，通过实施绩效管理，为政府部门引入激励约束机制、解决逆向选择和道德风险提供了一个基础。

高效率和高绩效意味着公共部门能够充分地利用各种资源实现管理的目标，意味着公共部门和公共管理者要重视金钱的价值（符合经济的原则）、重视时间的价值（符合效率原则）、重视结果的价值（符合效能的原则）、重视服务的价值（公民满意原则）。在政府成本一定、决策正确的情况下，其运作效率越高，政府价值就越高。要建立效率政府，首要的是要建立起公共管理的绩效管理制度（设立绩效目标、进行绩效考评、建立绩效诱因机制等），促进政府管理绩效的提高。除此之外，采取具体配套措施，比如，精简机构、整合流程等，从而为绩效管理提供环境基础与制度保障。当前我国正在推进的机关效能建设以及用正确的政绩观衡量领导干部和公共部门管理对推进公共部门绩效管理具有重要意义。

公共部门绩效，是当今各国行政管理中普遍关心的重点问题。绩效管理作为一种改进和评价政府绩效的实用性管理工具，已引起世界各国政府的普遍关注，并开始逐渐引入到我国行政管理的实践当中。在中国公共部门，并非没有绩效管理，我们通常所说的"政绩"考核和"政绩"评估，"看政绩用干部"等相关管理制度其实就是绩效管理制度。政绩从字面上看就是政府绩效，由于中国传统的公共部门都具有政府机构性质，即使现在，由于几乎所有的公共部门负责人都来自行政系统，属于行政序列的干部，所以政绩考核在中国经常就是对公共部门绩效的评估和考核，是对公共部门所创造的业绩与所获得的效益所做的评估和管理。当前全国范围内所开展的树立正确政绩观的活动，其实就是对公共部门绩效评估和管理的反思和创新活动，中国的公共部门改革有了更为明确的新的价值取向。

二　中国公共部门绩效管理变革需要战略思维

平衡计分卡是以战略为中心的，在中国传统的行政管理中很少提及战略问题，很多人对平衡计分卡在中国的引进提出质疑。实际上，随着市场经济的发展和行政体制改革的深化以及政府职能的转变，我国的公共管理者与西方同行遭遇着类似的困境和面临着相同的挑战，我国公共部门也迫切需要战略思维。中央提出的科学发展观，其实就是对中国发展问题的战略性思考。经济发展了并不意味着解决了所有发展问题，很多问题反而更突出了，阻碍了经济发展，必须从正确的角度思考我们以前的政策和遇到的问题。2003 年 3 月 21 日，温家宝总理主持召开国务院第一次全体会议时就提出，新一届政府要有新气象、新面貌，关键在三个方面下工夫，其中实现科学民主决策就是重要的一个方面。与之相配套，公共部门的决策者也亟须更新管理知识，提高管理水平，更加关注战略管理、领导艺术和政策分析。

加入 WTO 后，在当今复杂多变的国际关系中，中国各级政府部门需要有战略眼光，不仅要站在中国看世界，更要站在世界看中国，切实提高对国际重大问题的战略思维能力和超前认识水平，要抓住世界变化带来的机遇，更加主动地走向世界，推动本地区、本部门的发展。经济全球化、世界政治多极化和经济与社会信息化三大趋势相互渗透、相互制约，对世界经济、政治、文化、科技、军事等将产生重大影响。为此必须加强对重大问题的战略性思考和研究，学会敏锐地观察世界政治、经济、社会生活中的各种变化，主动采取应对的战略措施。

从政府内部决策来看，在计划经济时期所形成的传统行政管理模式对绝大多数公共部门没有提出明确的战略思考要求，因为那个时期的决策权特别是战略决策权在中央，下面主要是执行的问题，各级公共组织普遍缺乏战略思维。改革开放以后，随着权力的下放，各级组织权、责、利的明晰，决策也出现了新的特点，其中很大的变化是由集中统一决策发展为层次化的各级决策，各级领导者拥有了越来越多的决策权。决策必然涉及全局性的战略思考，这样，各级公共部门及其领导干部的战略思维能力就成为一个现实的问题。① 特别是随着改革进入攻坚阶段，改革任务的艰巨性，涉及利益关系的复杂性，引发的社会矛盾的多样性都日益凸显出来。中国社会的经济成分、利益主体、社会组织和生活方式都呈现出多样化的趋势，许多体制上深层次的矛盾进一步暴露，解决问题的难度也越来越大。比如收入分配调节问题；建立和完善社会保障体制问题等，这些既是我们工作中面临的具体问题，又是关系改革能否进一步推进的战略问题。要解决这些问题，靠就事论事的事务主义是不行的，靠拍脑袋想当然的经验主义也不行，中国公共部门比以往任何时候都更需要战略思维。同时，随着改革的进一步推进，我国也将进入

---

① 李一平：《领导干部战略思维研究》，《江南社会学院学报》2002 年第 3 期。

全面建设小康社会和加快推进现代化的新的发展阶段。可以这样说，我国面向 21 世纪的根本问题是发展，当前我们所进行的经济结构的战略调整，国有企业的改革和发展，西部大开发战略都是我国发展战略的一部分。在完成这些预期的战略目标的过程中，有一系列重大问题需要我们去研究和解决。如：农业结构调整任务艰巨，加入 WTO 有机遇更有挑战，生态环境和人口问题制约着经济和社会的发展，维护社会政治稳定等，如果不对这些事关全局的重大问题进行战略性思考，无疑会影响这些战略目标的实现。有的地方今天确定这样一种发展战略，明天因为某种原因又确定另一种发展战略，使战略决策起不到应有的作用。如前些年一些地方在寻找经济增长点上所反映出来的问题，我们经常可以看到一些地方今年把某某作为经济基础增长点，明年又把别的作为经济增长点，一年一个花样。没有战略重点，怎么可能获得长远发展呢？

在个人层面上，由于种种体制和认识方面的原因，在当前的干部队伍中，有很多人存在经验主义、事务主义和地方主义的倾向，整天埋头具体工作，很少静下心来考虑一些长远性的问题，急功近利，甚至回避矛盾，搞一时的所谓政绩。实际上我们日常工作中的一些问题，在决策中造成的一些失误，往往都与这些倾向有关。高明的领导者应该是战略管理的实践者，在实践中却有这样一些领导者，他们缺乏战略思维，领导工作是"脚踏溜冰鞋"，溜到哪儿算哪儿，只看上级脸色行事，满足于完成上级交派的任务，得过且过，下属职员就更不用说了。

战略在两个层面上影响着公共部门改革，首先，不同的组织战略要求不同的组织活动，进而影响组织职能体系构建。例如，在 SARS 爆发后，面对恶性传染性疾病的极大危害和深远影响，我国各卫生防疫体系的组织结构发生了明显调整，迅速对先前分散管理的各卫生防疫站、各疾病预防机构进行有效整合，成立了由各地卫生行政机关直接指挥的统一的疾病预防与控制中心，卫生防疫系统内职能职权体系也随之进行调整。其次，战略重点的改变会引起公共部门工作重点的变化，进而使得部门内各机关与职务在整个公共部门体系中的重要程度发生改变。美国"9·11"事件后成立的美国第一大部——国土安全部，就是美国国家安全战略调整的直接结果。我国入世后裁撤对外经济贸易合作部而成立商务部，其实就是我国适应 WTO 规则而进行对外贸易战略调整的结果。

从全球范围来看，各国公共部门的战略无论内容还是侧重点正发生着巨大的转变，公共部门的战略重点已经不再是对社会的管制与监控，而是进行协调并且面向社会提供公共服务。在中国，公共部门战略管理的研究刚刚开始，要实现富有成效的战略管理需要各方面为之付出不懈的努力，中国正处于公共部门转轨和深化改革之际，为实现公共部门的持久健康发展，加强战略管理和战略思维，探索科学化、民主化的决策机制，是新形势下各级政府面临的必然选择。

平衡计分卡不仅是一种战略思维，也是组织实施战略的有力工具，平衡计分卡必然将成为中国公共部门战略管理的有效工具。

三　科学发展观和政绩观呼唤新型的绩效管理体系

以科学的发展观和正确的政绩观为指导，研究建立科学完善的公共部门绩效管理考核评价体系，既是一个重大的理论问题，又是一个很强的实践问题。绩效评估是公共部门绩效管理最大的"瓶颈"，也是一个世界性的难题。西方新公共管理改革运动的经验和成果，科学发展观和正确政绩观的提出，各地公共部门的实践和探索，为我们开展绩效评估，开创公共部门绩效管理工作新局面提供了前所未有的机遇，科学的发展观和正确的政绩观呼唤新型的绩效管理体系。

树立新的科学发展观和正确的政绩观与平衡计分卡绩效管理的基本理念"不谋而合"。[①] 从前面的分析和论述中，我们了解到，平衡计分卡是一种科学的绩效管理和评估体系，是围绕组织使命，以实现组织发展战略为导向的管理工具。从总体上看，我国当前倡导的坚持以人为本，全面、协调、可持续的科学发展观，就是中国政府部门当前的历史使命；积极倡导树立正确的政绩观，用全面的、实践的、群众的观点科学评价政绩来落实科学发展观，其实就是用健全的公共部门绩效评估和管理体系，来保证实现公共部门的使命。我们不难从中看到平衡计分卡的影子。"五个统筹兼顾"就是围绕实现全面、协调和可持续发展这个历史使命所提出的战略主题，它既是新的科学发展观的核心，也是中国政府部门平衡计分卡的逻辑起点和核心。中国政府部门的平衡计分卡应该围绕实现全面、协调和可持续发展这个历史使命而设计其绩效评价指标。

与科学发展观和正确政绩观相联系的一系列思想，也为我国政府公共

---

① 胡玉明：《平衡计分卡是什么》，中国财政经济出版社 2004 年版，第 195 页。

部门创建平衡计分卡提供了理论指导。为落实科学发展观，中国政府提出了创建服务型政府的目标。服务型政府就是顾客导向，接受服务的人民群众就是中国政府公共部门的"顾客"。"执政为民"是政府的神圣职责。中国各级政府部门是否真正做到"立党为公，执政为民"，是否最大限度地实现人民的愿望、满足人民的需要、维护人民的利益就是顾客维度所要评价的政绩，"人民群众的满意度"就是重要的绩效评价指标；"以人为本"是科学发展观的核心和基础，坚持以人为本，树立全面、协调、可持续发展的发展观，促进经济社会和人的全面发展，就是学习与成长维度关注的问题。无论是经济发展还是其他方面的发展，最终都要体现在人的发展上。促进人的发展，与推进经济社会发展互为前提，人越是全面发展，一个国家创造财富的能力越强，由此带来的物质文化财富增加，又进一步推动人的全面发展，从而形成经济社会和人的发展之间的良性互动；坚持以人为本，要求各级政府部门要站在全局和战略的高度，以观念创新为先导，创建学习型的政府部门。在"实现全面、协调和可持续发展"这个使命和"五个统筹兼顾"这个战略指导下，就必须构建"廉洁、高效、经济"的政府机构和公共部门，以最优的工作流程和内部运行机制，实现全心全意为人民服务的宗旨。换言之，中国政府部门应苦练内功，加强内部运作才能保证各级政府部门牢固树立和认真落实新的科学发展观，树立正确的政绩观。如何管好、用好人民群众赋予的掌握和控制社会公共资源的权力，把"权为民所用、情为民所系、利为民所谋"的原则，落实到经济社会发展中去，管好钱，用好钱，并提供高附加值的服务，向全体人民群众提交一份"满意"的财务答卷。

各级政府部门职能各异，各个维度的绩效评价指标自然各不相同，不能一概而论。但各个部门学习落实科学发展观和政绩观的过程，就如同分级制定平衡计分卡。实际上，平衡计分卡为落实科学发展观和政绩观提供了一个效果监测机制，因为平衡计分卡是围绕组织使命，立足公共部门的长远发展，所解决和管理的是公共部门战略性的问题，必然与科学的发展观相一致；平衡计分卡围绕战略问题所设计的指标体系，不仅明确了创造政绩的方向，也提供了一个创造正确政绩的机制。而且在公共部门内部，为考核公务人员提供了职责明确、奖罚分明的考核管理平台。

四　当前政府部门实践平衡计分卡的有利条件

（一）平衡计分卡符合中国的传统文化

平衡这一概念数千年来已经深深植根于中国的文化之中。中国人历来就很讲究阴阳相济、音声相和、前后相随，推崇的都是辩证平衡之道。出于辩证，止于平衡，平衡复以平衡，遂成中庸。因此，平衡计分卡在中国有着丰厚的文化基础，而这是决定着平衡计分卡这一当今世界最为先进的管理工具能否在中国生根、发芽、开花、结果的关键所在。

（二）平衡计分卡符合科学发展观和构建和谐社会的要求

科学发展观是全面、协调、可持续的发展观。平衡计分卡的核心理念在于谋求组织发展的平衡性和可持续性，它是一种多元化、多层面、多视角、多维度的平衡理念和模式，是化战略为行动的有效的管理工具，是完全符合科学发展观要求的。

构建社会主义和谐社会的关键，是要实现人与社会、人与自然、人与自身三个方面的和谐。而平衡计分卡将组织使命、愿景、战略、执行与每个人自我价值的实现紧密相连，上下沟通，协调一致，从而营造和谐的氛围，达到和谐的目的。

（三）平衡计分卡可以在政府机关管理中发挥重要作用

平衡计分卡可以做到：阐明战略并达成共识；在整个组织中沟通战略；把部门和个人的目标与组织的战略相连；把战略目标与长期的目标和近期的目标相连；确定并协调战略行动方案；进行定期和系统化的战略研讨；实现资源共享。

推行平衡计分卡，可以使政府机关的管理实现五个转变：

1. 从重视绩效指标罗列到重视流程优化转变；

2. 从追求难以衡量的结果要求向追求更加明确具体的过程控制转变；

3. 从强调绩效考核向强调绩效改善转变；

4. 从关注公务员个体行为和态度，向关注党政机关的总体执政能力和工作效果转变；

5. 从引入单一管理技术向实施对机关的综合治理转变。

五　政府机关推行平衡计分卡的思路和方法

学习借鉴青岛市直机关工委和黑龙江海林市试点推行平衡计分卡的经验

和体会，在中国公共部门践行平衡计分卡，可以从以下几个方面着手。

（一）科学运用平衡计分卡的总体思路

政府机关以使命为导向，以战略为核心，以服务对象为重点（顾客至上），以内部业务流程为关键，以学习与成长为基础，以绩效预算为保证，从实际出发，遵循战略中心型组织五项原则，抓住"关键绩效、关键流程、关键能力、关键评价"这四个关键，层层构建起适合机关、部门、处室和个人特点的平衡计分卡，建立平衡计分卡导向的战略管理模式，保证组织总体战略目标的实现。

（二）坚持战略中心型组织五项原则

1. 高层领导的支持与推动；

2. 阐明并传达战略；

3. 组织的整合与统一；

4. 将战略变成每个人的行动；

5. 持续的工作流程。

（三）突出目标设置和分解这一重点，并做到

1. 一致性：是指目标的设置必须体现上下级协调、整体与局部统一、长短期兼顾、目标与使命相符。

2. 挑战性：就是目标的设置让组织或个人感到经过努力可以实现，"跳起来能够摘到桃子"，从而激发和调动其工作的积极性，持续地、较高水平地发挥其潜能。

3. 重点性：目标项目设置的核心是抓住全局工作的重点，分清主次，符合实际，挖掘潜力。在数量上不宜过多，形式上不能太繁杂，避免使目标承担者无所适从，人力、物力难以顾及，影响重点目标的实施。

4. 可操作性：用 SWOT 分析法，使目标既明确、具体、量化，便于操作，又符合客观实际和主观能力，切实可行。

5. 公开性：制定目标要以各种形式向服务对象公开，直接接受他们的监督和考核。

（四）解决好关键指标设置这一难点

1. 设置关键指标，应遵循 SMART 原则，即：

S——Specific 具体的，简洁的；

M——Measurable 可以度量的；

A——Attainable 经过努力可实现的（具有挑战性）；

R——Relevant 关联的；

T——Time-bound 有时限的。

2. 指标的筛选标准：

（1）战略沟通——此指标是否能帮助决策者了解战略执行的绩效情况，并且能把结果向工作人员沟通？此指标是否驱动所期望的行为？选择的绩效指标是否充分聚焦于战略？

（2）有效性——所选择的绩效指标是否可量化？指标业绩提高能否有可量化的目标值来体现（清晰地表达所期望的业绩）？

（3）更新频率——此指标能否重复收集？能否定期收集更新（比如，每月、每季度）？是按月更新还是按季度更新更有意义？如何掌控每个周期？

（4）数据收集——在您所属的工作范围内，随着时间的推移，您这样的绩效指标是否可靠？此指标数据来源是否客观、可靠，数据收集成本是否过大？

（5）责任制——此指标是否能起到鼓励和规范责任的作用？通过"层层分解"等手段，团队能否为绩效指标建立责任制？

（五）三个必备条件，四项保障措施

1. 三个必备条件

（1）高层推动和参与。高层领导直接推动和参与平衡计分卡的设计和运用，是项目成功的最重要的条件。

（2）良好的文化氛围。只有具备一个鼓励和提倡学习的文化，对新的管理工具和最佳实践抱着一种开放的态度去看待和学习，同心协力，密切配合，才能取得项目的成功实施。

（3）一定的投入（时间、人员、财力等资源）。平衡计分卡项目的实施需要在时间、人员和财力上有一定的投入。这样不仅效果更好，同时能起到知识传递和学习的作用。

2. 四项保障措施

（1）流程保障——设计合理的战略管理流程是战略动态化和持续化管理的前提。因此，要通过对流程的梳理、再造和优化，将战略管理流程中的节点工作设计到日常管理工作中，使之形成一项固定的管理工作，并注意解决流程穿越的障碍。

（2）人员保障——成立战略管理办公室。战略管理办公室既承担战略制定的责任，同时又关注和跟踪战略执行的评估和调整。

（3）制度保障——将战略管理工作形成相应的制度，通过制度去规范每个工作人员的行为。

（4）IT保障——有效的信息架构，将有效提升战略管理的效率，缩短战略管理人员的行政时间，提高整体工作绩效。

（六）具体实施程序步骤

推行平衡计分卡，应该按照"先理论、后实践，先战略、后计划，先换脑、后行动，先简单、后复杂，先管理、后技术，先试点、后推广"的原则实施。具体实施程序为：

第一步：深入思考组织的使命、愿景和价值观。

使命的陈述是建立平衡计分卡的起点，使命的陈述应该把握：体现组织存在的核心目的；就像指引前进的指南针，应该折射出组织努力的方向；简单明了，激发变革，具有长期性，易于理解和沟通。

价值观是独特的组织文化，是组织的深层次信仰，是指引组织的永恒原则。价值观应该支持使命，并组织实现组织目标。

愿景描绘出了在未来一个阶段内组织的发展目标；愿景要与使命相一致；使命和价值观是不变的，但愿景可以改变。愿景具有为组织提供指示、创造积极的压力、强化领导力和组织内外部的协调与合作的作用。

第二步：提出战略和战略主题。

战略，可以定义为组织在认识其发展环境和实现使命过程中所接受的显著优先权。这里的"显著优先权"意味着组织着力实现使命的总体方向。战略，贯穿于平衡计分卡始终，把顾客、流程、员工学习成长和财务这些看似不相干的因素联结成一个有机的整体。战略给组织的使命、价值观和愿景带来了生机，但是单靠战略无法改造组织。战略只有通过平衡计分卡的维度目标与指标设计，使战略转化为战略执行，成为组织的行动与结果。战略主题是为组织创造价值的少数关键内部流程的有机组合。

第三步，构建战略地图。

平衡计分卡的战略地图，是以图表方式展现平衡计分卡四个维度主要绩效目标的一页文件，战略地图的目标是组织战略之旅的地标。

第四步：制定实现目标值的行动方案。

行动方案描述了实现目标值的步骤、流程、项目和计划。也可以说是将目标值转化为现实的方案。

第五步：分级制定平衡计分卡。

即在组织的各个层次自上而下逐级制定平衡计分卡，直至每一个人，使组织的上下级协调一致，给所有工作人员提供机会，展示他们的日常工作如何为组织的长期目标作出贡献，从而确保平衡计分卡的效果最大化。

在逐级制定、实施平衡计分卡的基础上，还要做到使平衡计分卡与组织的人力资源和 IT 系统链接起来。与能力发展联系起来，可以使每个工作人员不仅明确和重视自己的平衡计分卡目标，还关注与战略执行有关的关键能力；与薪酬联系起来，可以激励全体工作人员共同实施组织战略目标；与 IT 系统联系起来，可以使高层管理者轻松跟踪组织绩效，调整战略，确保组织目标的实现。同时，还要持续地对流程加以改进、再造。

六 黑龙江省海林市推行平衡计分卡流程图表演示

2006 年年初开始，黑龙江海林市在中组部领导人才考试与测评中心、省委组织部、牡丹江市委组织部的直接领导，以及在专家的指导下，开展了《中澳合作平衡计分卡"中国化"模式完善与推广项目》试点。经过两年多的研究探索，取得了较好的成效。2008 年重新调整完善了平衡计分卡体系，修改完善了《基于平衡计分卡的战略管理实施办法》，并组织试点单位试运行，通过实行试点单位目标指标进展情况的月报制，领导与下属的工作完成情况月沟通反馈，绩效数据的按期收集，初步建立起层级管理模式，下一步将在全市范围内推行平衡计分卡这个先进的管理工具。

海林市委、市政府认为引入平衡计分卡，对科学发展观在党政机关的高效落实，具有绩效管理、监控和考评的工具价值。在充分调研的基础上，他们将"贯彻落实党的路线方针政策，全心全意造福海林人民"作为使命，将"学习创新、艰苦创业、团结务实、民主廉政"作为核心价值观，将"到2011 年，实现全市经济总量倍增，省内位次前移，人民生活殷实和谐"作为愿景，结合海林市经济和社会各方面的发展，提炼出"经济建设"、"社会建设"、"文化建设"等方面的战略主题，并以此为基础，依照平衡计分卡的四个维度和利益相关者理论，创建了海林市委市政府战略地图、平衡计分卡，在全市战略地图和平衡计分卡基础上，还分级（乡镇）、分部门（环保局、发改局等）制定了战略地图和平衡计分卡。为了将绩效管理落实到实处，还制定了个人平衡计分卡和指标行动方案，指标进展情况监控表，绩效考核量表等。这与本书的所倡导的理念和构建绩效管理体系的方法具有一致性，现以图标举例演示，供读者学习研究。

（一）海林市委市政府战略地图、平衡计分卡

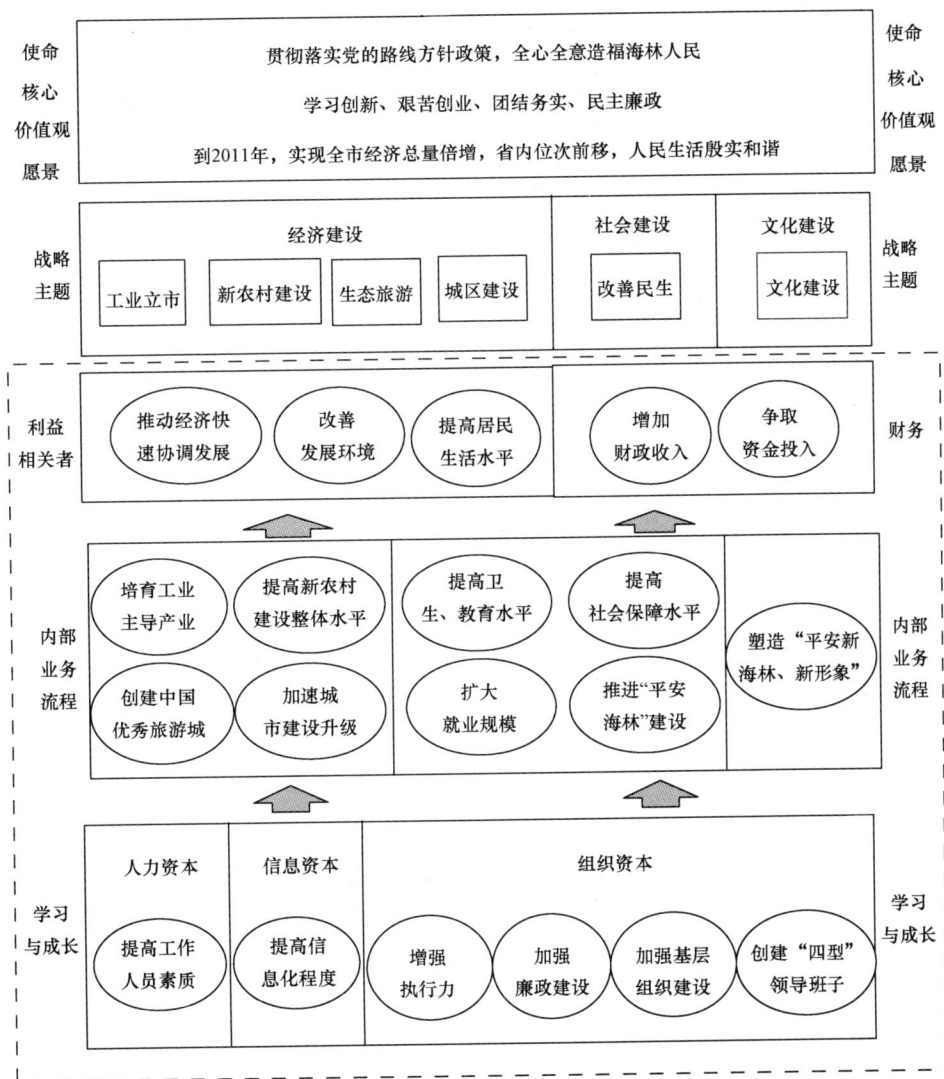

使命 核心 价值观 愿景	贯彻落实党的路线方针政策，全心全意造福海林人民 学习创新、艰苦创业、团结务实、民主廉政 到2011年，实现全市经济总量倍增，省内位次前移，人民生活殷实和谐	使命 核心 价值观 愿景

战略 主题	经济建设	社会建设	文化建设	战略 主题
	工业立市 ｜ 新农村建设 ｜ 生态旅游 ｜ 城区建设	改善民生	文化建设	

利益 相关者	推动经济快速协调发展 改善发展环境 提高居民生活水平	增加财政收入 争取资金投入	财务
内部 业务 流程	培育工业主导产业 提高新农村建设整体水平 提高卫生、教育水平 提高社会保障水平 塑造"平安新海林、新形象" 创建中国优秀旅游城 加速城市建设升级 扩大就业规模 推进"平安海林"建设		内部 业务 流程
学习 与成长	人力资本 信息资本 组织资本 提高工作人员素质 提高信息化程度 增强执行力 加强廉政建设 加强基层组织建设 创建"四型"领导班子		学习 与成长

图 8—1　黑龙江省海林市委市政府战略地图

表 8—2   **黑龙江省海林市委、市政府平衡计分卡**

层面	目　　标	指　　标	目标值	责任部门
利益相关者	推动经济快速协调发展	地区生产总值增长率	15％	发改局
		固定资产投资增长率	30％	发改局
		外贸进出口总额增长率	50％	经济局
		万元地区生产总值能耗降低率	4％	发改局
		私营企业户数增长率	20％	工商局
	改善发展环境	服务对象满意度	92％	
	提高居民生活水平	居民对生活质量满意度	92％	
		城镇居民人均可支配收入增长率	16％	发改局
		农民人均纯收入增长率	12％	农　委
财务	增加财政收入	全口径财政收入增长率	30％	财政局
		地方财政收入增长率	21％	财政局
	争取资金投入	向上争取资金总额	7900 万元 4800 万元	财政局 发改局
内部业务流程	培育工业主导产业	木材加工量	158000 立方米	开发区
		清洁能源装机容量	45.5MW	发改局
	提高新农村建设整体水平	"牧菌菜"收入占农民人均纯收入比重	38％	农　委
		农村基础设施建设投资额	8000 万元	农　委
	创建中国优秀旅游城	中国优秀旅游城创建	达标	旅游局
	加速城市建设升级	城市建设投资规模	7.8 亿元	建设局
	提高卫生、教育水平	卫生、教育支出增长率	10％	财政局
		急诊急救绿色通道 24 小时通畅率	100％	卫生局
		高中阶段毛入学率	82.5％	教育局
		普通本科以上上线人数	900 人	教育局

（二）分级制定平衡计分卡（以发改局和环保局为例）

表 8—3 　　　　　　　　**黑龙江省海林市发改局平衡计分卡**

战略主题		发展规划　项目建设　经济体制改革				
层面	目　标	指　标	目标值	行动方案	备注	
利益相关者	C1：推动经济快速协调发展	※地区生产总值增长率	15％	FGJZK－C1－01		
		※固定资产投资增长率	30％	FGJZK－C1－02		
		※万元地区生产总值能耗降低率	4％	FGJZK－C1－03		
	C2：提高居民生活水平	※城镇居民人均可支配收入增长率	16％	FGJZK－C2－01		
	C3：规划、协调、指导经济体制改革	※改制企业覆盖率	100％	FGJZK－C3－01		
	C4：建成项目	※2008 年重点项目年度计划完成率	100％	FGJZK－C4－01		
	C5：重点产业	※2008 年重点产业年度计划完成率	100％	FGJZK－C5－01		
财务	F1：争取资金投入	※向上争取资金总额	4800 万元	FGJZK－F1－01		
内部业务流程	I1：指导编制行业发展规划	※编制沿边开放建设规划	完成	FGJZK－I1－01		
	I2：做强清洁能源产业	※清洁能源装机容量	4.5 万千瓦	FGJZK－I2－01		
		※热能项目开发进度	完成地热评估	FGJZK－I2－02		
	I3：分析经济运行形势	※国民经济运行情况报告	1 次/季	FGJZK－I3－01		
	I4：审批、核准、备案限额内的投资项目	※项目审批、核准、备案条件	符合	FGJZK－I4－01		
	I5：做好竣工项目验收	※国投项目验收覆盖面	100％	FGJZK－I5－01		
	I6：呈报限额以上的投资项目	※项目呈报条件	符合	FGJZK－I6－01		
		※项目呈报时限	2 个工作日	FGJZK－I6－02		
	I7：建设海林市煤电化基地	※牡市煤电化基地子园区	进入	FGJZK－I7－01		
	I8：提出经济体制改革遗留问题处理意见	※案件办结率	60％以上	FGJZK－I8－01		
	I9：加大招商引资力度	※创意包装千万元以上项目个数	200 个	FGJZK－I9－01		
		※续建 1000 万元以上项目个数	16 个	FGJZK－I9－02		

续表

战略 主题	发展规划　项目建设　经济体制改革				
层面	目标	指标	目标值	行动方案	备注
学习 与 成长	L1：提高全员综合 素质	※参加主管部门组织培训 次数	2次/年	FGJZK－L1－01	
	L2：加强信息化建设	※计算机配备率	100%	FGJZK－L2－01	
	L3：创建"四型" 领导班子	※"四型"领导班子	达标	FGJZK－L3－01	

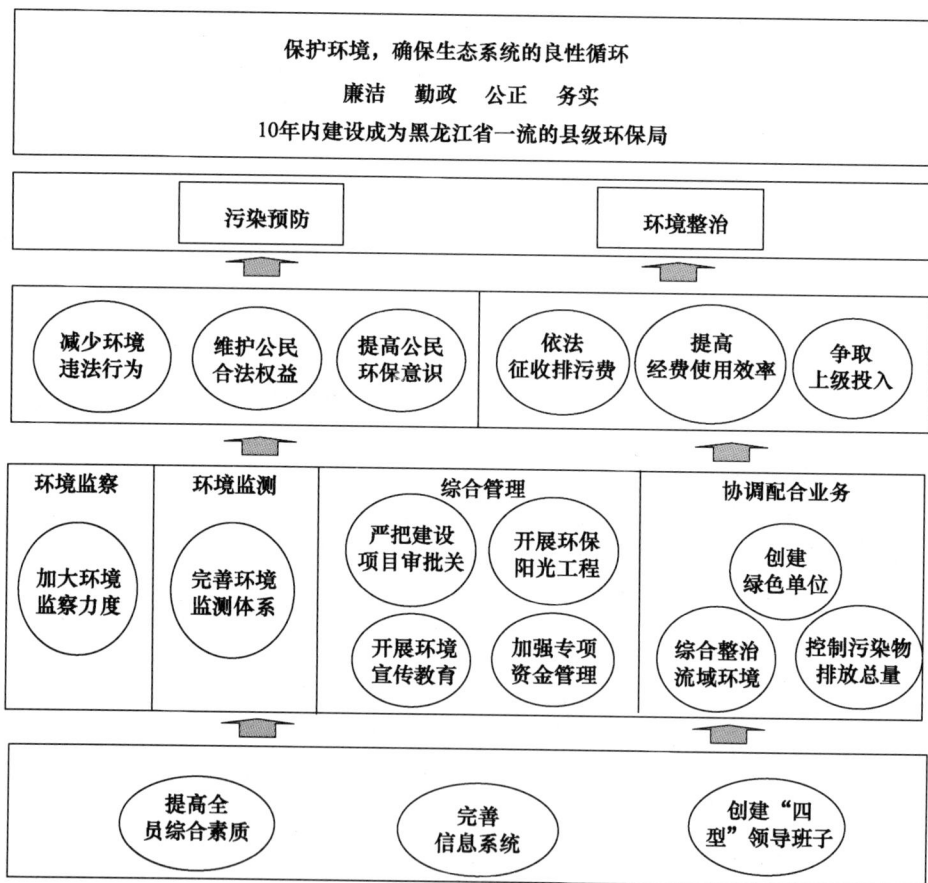

保护环境，确保生态系统的良性循环

廉洁　勤政　公正　务实

10年内建设成为黑龙江省一流的县级环保局

污染预防　　环境整治

减少环境违法行为　维护公民合法权益　提高公民环保意识　依法征收排污费　提高经费使用效率　争取上级投入

环境监察　环境监测　综合管理　协调配合业务

加大环境监察力度　完善环境监测体系　严把建设项目审批关　开展环保阳光工程　创建绿色单位　开展环境宣传教育　加强专项资金管理　综合整治流域环境　控制污染物排放总量

提高全员综合素质　完善信息系统　创建"四型"领导班子

图8—2　黑龙江省海林市环保局战略地图

（三）个人平衡计分卡和绩效考评表

表8—4　　　　　　　　　　个人平衡计分卡

（陈广胜个人计分卡）

职位名称	局长	职位编号	83—102—01
姓名	陈广胜	所属单位（部门）	发展和改革局
直接上级		市委、市政府	
主管（分管/协管/协助）工作		海林市风能开发办公室、工业能源办	

层面	目　标	指　标	目标值	行动方案
利益相关者	C1：完成市委、市政府的各项工作目标	※确保市委、市政府各项工作目标完成率	100%	FGJJZ—C1—01
财　务	F1：向上争取资金	※争取资金数	4800万元	FGJJZ—F1—01
内部业务流程	I1：建设海林市煤电化基地	※争取进入牡丹江市煤电化基地子园区	进入	FGJJZ—I1—01
	I2：指导编制行业发展规划	※编制沿边开放建设规划	完成	FGJJZ—I2—01
	I3：加强生态环境治理	※污水处理厂建设进度	投入使用	FGJJZ—I3—01
	I4：列入国家资源枯竭型城市	※力争列入国家资源枯竭型城市	争取	FGJJZ—I4—01
	I5：做强清洁能源产业	※确保风能装机容量	4.5万千瓦	FGJJZ—I5—01
学习与成长	L1：提高自身业务能力	※培训考试成绩	90分以上	FGJJZ—L1—01
		※参加组织部的培训次数	1次/周	FGJJZ—L1—02
	L2：提高协调沟通能力	※组织协调能力	良好	FGJJZ—L2—01
	L3：创建"四型"领导班子	※"四型"领导班子	达标	FGJJZ—L3—01
	L4：培育团结、务实的组织文化	※工作任务按时办结率	100%	FGJJZ—L4—01

业务副局长个人计分卡

职位名称	副局长	职位编号	FJZYW
姓名	关志宏	所属单位（部门）	环保局
直接上级	环保局局长		
主管（分管/协管/协助）工作	主管环保局业务工作分管监察大队、监测站、业务股		

要素层面	目标	指标	目标值	行动方案
利益相关者	减少环境违法行为	环境违法案件发生数	≤7 件	A（B）－FJZYW－C1－01
财务	依法征收排污费	排污费征收额	90 万元/年	B－FJZYW－F1－01
		排污费征收率	95％	B－FJZYW－F1－02
内部业务流程	加大环境监察力度	工业污染源治理率	95％	B－FJZYW－I1－01
		"三同时"制度执行率	100％	A－FJZYW－I1－02
	完善环境信访体系	信访案件结案率	≥90％	B－FJZYW－I2－01
	完善环境监测体系	监测设备配备率	22％	A（B）－FJZYW－I3－02
	严把建设项目审批关	新建项目审批率	80％	A－FJZYW－I4－01
		竣工项目验收率	50％	A－FJZYW－I4－02
		违规审批发生数	0	A－FJZYW－I4－03
	控制污染物排放总量	污染物排放总量削减量 COD	632.79 吨	B－FJZYW－I5－01
		污染物排放总量削减量 二氧化硫	38.8 吨	B－FJZYW－I5－02
	开展环保阳光工程	七项制度等规定的执行率	100％	FJZYW－I6－01
学习与成长	提高个人综合素质	综合测试合格率	100％	FJZYW－L1－01
	完善电子信息系统	完善环境基础数据库	完成年度任务	A（B）FJZYW－L2－01
	创建"四型"领导班子	制定制度完善程度	85％	FJZYW－L3－01

表 8—5　　　　　　　　　　**个人计分卡和行动方案**

业保股股长个人计分卡　　　　　　　　　　　环保局业务股长指标行动方案

职位名称	业务股股长	职位编号	YWGGZ
姓名	庞天峰	所属单位（部门）	环保局综合业务股
直接上级	分管业务副局长		
主管工作	负责污染控制、项目审批、自然生态等方面工作		

层面	目标	指标	目标值	行动方案
利益相关者	提供优质的环保咨询服务	提供技术咨询可靠率	100%	A(B)-YWGGZ-C1-01
	预防环境违法行为发生	环境影响评价数量	10个	A(B)-YWGGZ-C2-01
内部业务流程	严把建设项目审批关	建设项目现场勘查率	100%	A-YWGGZ-I1-01
		竣工项目验收会议组织率	100%	A-YWGGZ-I1-02
		项目审核违规数	0	A-YWGGZ-I1-03
	综合整治流域环境	饮用水源地水质达标率	100%	B-YWGGZ-I2-01
		莲花湖自然保护区环境指标达标率	100%	B-YWGGZ-I2-02
	控制污染物排放总量	合理制定年度污染物削减计划	完成	B-YWGGZ-I3-01
	开展环保阳光工程	违反七项制度投诉数	≤1	YWGGZ-I4-01
学习与成长	提高个人综合素质	参加综合测试合格率	100%	YWGGZ-L1-01
	完善信息系统	环境基础数据库建设情况	完成年度任务	A(B)-B-YWGGZ-L2-01

合理制定年度污染物削减计划

指标行动方指标编码：B-YWGGZ-I3-01

合理制定年度污染物削减计划：是指按照《牡丹江市环保局2008年节能减排工作方案》的要求，在充分摸清掌握海林市污染物排放的总量、规律、特点的基础上，结合实际情况制定出切实可行的工作方案并组织实施，确保完成牡丹江市下达给海林市的节能减排指标。为了完成此项工作，应当着重做好以下工作：

一、计算海林市2006—2008年所排放的化学需氧量增减情况，包括工业化学需氧量增减情况和农业化学需氧量增减情况。

二、计算海林市2006—2008年所排放的二氧化硫减情况。

三、确定节能减排项目，包括海林市污水处理厂、柴河林海纸业有限公司废水循环利用项目、江头村秸秆汽化项目、耐力木业锅炉锯末喷燃项目。明确责任单位、责任人、完成时限。

四、督促企业及时按规范施工，在施工和运行过程中做好现场监察。

五、及时准确收集佐证材料，做好验收工作。

业务副局长个人计分卡

职位名称	
姓名	
直接上级	
主管	
层面	目标
利益相关者	减少环境违法行为
财务	依法征收排污
内部业务流程	加大环境监
	完善环境信
	完善环境监
	严格建设项
	控制污染物总量
	开展环保阳
学习与成长	提高个人综
	完善电子信
	创建"四型

业务副局长指标进展情况监控表

填报单位（部门）：环保局

序号	目标	指标
1	减少环境违法行为	环境违法案
2	依法征收排污费	排污费征收
3		排污费征
4	加大环境监察力度	工业污染源
5		"三同时"
6	完善环境信访体系	信访案件结
7	完善环境监测体系	监测设备配
8	严格建设项目审批关	新建项目审
9		违ами审批发
10		
11	控制污染物排放	控制污染物排放总量削
12	总量	放总量削减量
13	开展环保阳光工程	七项制度等
14	提高个人综合素质	综合测试合
15	完善电子信息系统	完善环境基
16	创建"四型"领导班子	制定制度完

分管领导：　　　　签批日期：

关志宏同志绩效考核量表

职位编号	职位名称	姓名	所属部门
FJZYW	分管业务副局长	关志宏	环保局

层面	考核指标		目标值	权重	周期	主体	完成情况	打分	得分
利益相关者	环境违法案件发生数		≤7件	10	1年	局考核小组			
财务	排污费征收额		90万元库	5	1年	局考核小组			
内部业务流程	工业污染源治理率		95%	10	1年	局考核小组			
	"三同时"制度执行率		100%	10	1年	局考核小组			
	信访案件结案率		≥90%	5	1年	局考核小组			
	新建项目审批率		80%	5	1年	局考核小组			
	污染物排放总量削减量	COD	632.79	10	1年	上级环保局			
		二氧化硫	38.8吨	10	1年	上级环保局			
	七项制度等各种规定执行率		100%	5	1年	局考核小组			
学习成长	综合测试合格率		100%	5	1年	局考核小组			
	完善环境基础数据库		完成年度任务	5	1年	局考核小组			
	制定制度完善程度		85%	5	1年	局考核小组			
其他	完成污染源普查		555家	10	1年	局考核小组			

被考核者签字：	直接上级签字：	合计
单位盖章：	签字日期：　　年　月　日	

表 8—6　　　　　　　平衡计分卡指标进展情况监控表

填报单位（部门）：

序号	目标	指标	目标值	累计完成值	比目标值（%）	考核周（月、季、半年、年）	工作进度	领导意见

分管领导：　　　　签批日期：　　　　　　　　责任人：　　　　　　填报日期：

结　　语

中国公共部门改革呼唤科学的绩效评估和管理体系的建立。我们要抓住落实科学发展观和正确政绩观这一最大的机遇，积极导入平衡计分卡理念，尽快建立健全公共部门绩效管理的目标体系、方法体系和责任体系，真正解决好衡量政绩这一重大的理论和实践问题。平衡计分卡能否在中国各级政府部门得到有效运用还取决于中国政治体制改革、政府职能转变和行政观念的转变，但是，不管怎么说，树立新的科学发展观和正确的政绩观确实为平衡计分卡在中国政府部门的运用提供了良好的契机。党中央和国务院强调要用正确的政绩观保障科学发展观得到落实，就要着眼于建立健全领导干部政绩的考评和管理体系，靠机制和体制发挥作用，这是树立正确的政绩观所必须解决的核心问题。而平衡计分卡绩效管理模式正是这样的一种机制。科学发展观立足于长远发展，是一种战略性的发展观，中国公共部门在制定发展规划时经常不知如何下手，不知如何平衡长远的发展导向与近期的发展目标，基于平衡计分卡绩效计划制定流程正好提供了这样的一种方法和理念，不仅帮助制定了战略性的绩效目标，还有相应的考评指标和行动方案，从而将科学的发展观落实到政府绩效计划中，通过整个绩效管理流程使得绩效计划得以执行，从而将科学发展观落实到政府的实际工作中，为落实科学发展观和正确政绩观提供了一种机制。立足于中国具体国情，在中国各级政府部门创造性地推行平衡计分卡有助于各级政府部门牢固树立和认真落实科学的发展观，从而形成正确的政绩观。

从另一个角度看，"绩效"用于对政府行为效果的衡量，包含政府在社会经济管理活动中的业绩、效果和效率，是政府能力的基本体现，是政府在行使其职能、实现其意志过程中体现出的一种综合能力。从前面章节的分析中，我们知道，平衡计分卡绩效管理体系不仅可以嵌入中国公共部门的改革中，比如服务型政府建设、创建学习型组织、政府流程再造以及权利责任机制构建中，而且可以大大促进这些变革的实现，由于这些改革进程的发展和变化，政府基于未来发展能力、回应公众需求能力以及应对各种复杂局面的能力将大大提高，平衡计分卡绩效管理体系势必成为全面提升政府能力的有力工具。

应当说，绩效管理体系是公共管理改革和发展的强大"助推器"。绩效管理应该作为重要内容和举措落实到我国下一轮深化行政管理体制改革方案中。我们应该抓住机遇，勇于实践，努力营造良好的内外部环境，为平衡计分卡绩效管理体系在我国公共部门运转起来并借此将公共部门改革推向深入创造条件。我们期待着平衡计分卡绩效管理方法和理念在未来中国的公共部门改革和发展过程中创造辉煌。

政府部门绩效评估研究报告①

绩效评估是现代政府管理的前沿课题。20 世纪 80 年代中期以来，西方国家为应对科技进步、全球化和国际竞争的环境条件，解决财政赤字和公众信任问题，普遍实施了以公共责任和顾客至上为理念的政府绩效评估。有的国家将这一举措作为政府改革的突破口。

随着我国体制改革的不断深化，政府绩效评估作为行政管理制度创新和有效管理工具，越来越受到重视。认真研究、制定全面科学的政府绩效评估体系，构建以正确政绩观为导向的绩效管理模式，是在政府行政管理中贯彻落实科学发展观的需要。

本报告简要阐释了政府绩效评估的基本理念和功能，论述了我国政府部门进行绩效评估工作的现实意义，梳理总结了我国各地绩效评估实践活动，力求在借鉴国内外相关理论和成功经验的基础上，为我国政府部门开展绩效评估工作提供方向性的、可操作的实施意见。

一　政府绩效评估的基本理念和功能

政府绩效，在西方也被称为"公共生产力"、"国家生产力"、"公共组织绩效"、"政府业绩"、"政府作为"等，其字面意义是指政府所做的成绩和所获得的效益的意思，但其内涵非常丰富，既包括政府"产出"的绩效，即政府提供公共服务和进行社会管理的绩效表现，又包括政府"过程"的绩效，即政府在行使职能过程中的绩效表现。政府绩效还可分为组织绩效和个人绩效，组织绩效包括一级政府的整体绩效、政府职能部门绩效和单位团队

---

① 这是本人执笔的中国行政管理学会课题研究报告。该报告得到了国务委员兼国务院秘书长华建敏同志的充分肯定，并被批转到国家发改委、监察部、中编办、人事部、审计署、国家工商总局、财政部和国务院行政改革部际联席会议综合组，成为国家行政改革的重要参考文献。课题组组长为龚禄根同志。

绩效。

现代政府管理的核心问题是提高绩效。要提高绩效，必须首先了解和评估现有绩效水平，要应用科学的方法、标准和程序，对政府及其部门的业绩、成就和实际工作作出尽可能准确的评价，在此基础上对政府绩效进行改善和提高。

政府绩效评估具有计划辅助、预测判断、监控支持、激励约束和资源优化等多项功能，通过评估绩效，改进激励机制、竞争机制、监督机制、责任机制，属于政府运行机制优化的范畴。从系统组织整合理论角度看，这种运行机制的优化可以在一定程度上弥补一些管理体制方面的缺陷。政府绩效评估是以提高政府公共管理和公共服务能力而采取的以公共责任和顾客至上为理念的政府改革策略，是持续改进和提高政府部门绩效的新的管理理念和方法，是当今许多国家实施政府再造、落实政府责任、改进政府管理、提高政府效能、改善政府形象的一个行之有效的工具。

有什么样的考核评估制度，就有什么样的政府行为。我国一些地方盲目攀比、大搞形象工程、搞花架子、做表面文章以及片面地追求 GDP 的增长等问题屡禁不止的重要原因，与传统的绩效考评导向不无关系。"科学发展观"和"正确政绩观"的提出标志着我国政府绩效管理理念的巨大变革。如何将科学发展观真正落实在政府的日常行动中，如何用正确政绩观引导政府管理和创新，不仅需要对政府官员进行思想教育，更需要进行制度上的设计。在新的历史时期，对政府绩效进行评估是整个政府管理创新的一部分，关系到政府职能和运行机制的转变，有利于提升政府管理能力，提升管理水平，提高政府效能；建立在科学发展观念上的新的政府绩效评估制度，要求从根本上规范政府行为、改进政府官员行事准则和工作方式，从而推进政府管理改革和创新，推动经济和社会协调发展；政府绩效评估是政府绩效管理的核心，对于深化干部人事制度改革和加强党风、政风建设，对于弘扬求真务实精神和密切"党群"、"干群"关系意义重大；政府绩效评估有助于法治政府、责任政府、服务政府的建设，进一步提高政府的行政能力，为经济社会发展注入新的活力和持久的动力。正是从这个意义上，政府绩效评估体系被认为是"新一轮政府创新的驱动器"。

二　国外政府绩效评估的发展趋势和难点

英国政府绩效评估始于 1979 年的"雷纳评审"。雷纳评审是对政府部门工作特定的调查、研究、审视和评价活动，评审的重点是政府机构的经济和效率水平。后来，政府机构内部的评审又发展到由社会参与的评估，评估内容侧重公共服务和质量，评估结果公开并直接向公民和服务对象负责。"雷纳评审组"对各部门的工作效率逐个进行评审，主要考虑该部门"目前干了什么，干这些事有没有必要，这些事是怎么干的，能不能减少环节，降低开支，提高效率"。评审结果证明，政府工作有许多可以改进的地方。比如在"干什么"方面，财政部设立的计算机中心，主要职能是推广应用计算机，现在计算机已经普及化了，这个机构就没有必要存在了。在怎么干方面，强调必须讲效率、讲成本。如农业部一个研究所，自己饲养做试验用的小白鼠，过去从来不计算成本。经过评审，每只成本达 35 英镑，而市场价格只用 3 英镑，而且服务周到，饲养小白鼠就没必要了。1986 年，英国政府各部门为评估拟定的绩效示标总数为 1220 个，1987 年这一数字上升到 1810 个，1989 年绩效示标总数达到 2327 个，此后基本上稳定在这一水平。

美国自 1978 年的卡特政府以来，历任总统都很关注政府部门的绩效管理问题，政府绩效评估甚至成为克林顿政府行政改革的主导思想。美国联邦政府制定了《国家绩效评估报告》，国会通过了《政府绩效和结果法》（详细内容参见附录），将政府绩效评估制度化、法定化，使其不因行政首长更迭而发生变化。《政府绩效和结果法》要求所有联邦机构制定五年战略规划，明确各自的使命和长期工作目标；制定年度绩效计划，明确为实现长期目标采取的重大措施和绩效测量标准；提出年度绩效报告，评估各自的绩效状况并向国会和公众公开。布什政府于 2003 年开始推行部门绩效"报告卡"制度，围绕组织绩效的主要方面，设立绩效基准和等级评估标准（绿色代表良好，黄色代表一般，红色代表不佳），以一种类似危机管理的方式展示公共责任，激起媒体、国会、公众的兴趣，关注等级并加以评论。

在英、美的带动示范下，公共组织绩效评估在其他国家得到广泛应用。荷兰新市政管理法要求对地方当局的工作绩效进行评估，以提高效率和服务质量；澳大利亚的公共组织绩效评估与具体的改革计划和措施融为一体，成为政府行政改革的一个重要组成部分。据经济合作与发展组织统计，公共组织绩效评估在丹麦、芬兰、挪威、新西兰、加拿大等国家都得到广泛应用。亚洲是从20世纪90年代开始，日本、韩国等国家先后引入类似政府绩效评估的"行政评价"、"制度评估"。鉴于许多国家政府对绩效评估的迷恋，西方学者宣称"评估国"正在取代"行政国家"。

从发达国家的实践情况看，当代公共组织绩效评估体现出以下主要特点和发展趋势：

（一）绩效评估的制度化

绩效评估成为对政府机构的法定要求。美国、荷兰、日本等国家都制定了相关法律（日本为《政府政策评价法》）。英国和澳大利亚等国家主要以管理规范的形式，使组织绩效评估成为重大改革方案的组成部分，凭借最高行政首长的政治支持和主管部门的预算配置权来推进组织绩效评估。为了有效实施法律和制度，多数国家还确定了独立机构，负责对绩效评估工作进行指导、督促和协调，并有选择地独立对一些部门的绩效进行评估，避免部门自我评估可能产生的"报喜不报忧"和评价失准现象。比如，英国的审计办公室负责中央政府机构的绩效评估，审计委员会负责地方政府的绩效评估。在美国，联邦政府的管理与预算局审批各部的年度绩效计划，总审计署自主选择项目或活动，独立对政府机构进行绩效评估，并向国会和公众公布评估结果。日本内阁会议制定的《关于推进中央省厅等改革的基本方针》中将总务省的行政监察局改为行政评价局，赋予其可以超越各府、省的界限，行使包含政策评价职能在内的行政评价和检查职能。

（二）绩效评估的规范化

政府部门的职责和工作性质千差万别，为了进行科学的绩效评估，必须提炼出基本规范。国外大多用"4E"作为总要求来建立公共组织绩效评估规范和标准体系，即经济（Economic）、效率（Efficiency）、效益（Effectiveness）、公正（Equity）。在此基础上，各国制定了相对比较具体的评估指标体系。如美国总统管理和预算办公室提出的行政部门的"通用衡量标准"，制定了相关绩效基准和等级评估标准。英国财政部发布了《中央政府产出与绩效评估技术指南》。绩效评估内容、方法、程序正在逐步规范。

（三）绩效评估中的公民导向

绩效评估是一种推动公共部门承担责任的有效机制，因此，坚持公民导向成为政府绩效评估实践中的重要发展趋势。政府绩效评估强调以人为本，以公民为中心，以满意为尺度。公民是政府所进行的公共管理和公共服务的最终承接者，对政府绩效最有发言权，公民参与原则是绩效评估的基本原则。具体做法有，在绩效示标设计上体现外向特征和多样化的满意度调查，民间组织对政府部门进行独立评价和审视等。

绩效评估在很多国家政府改革中已经发挥了重要的作用，但是由于绩效评估是世界公认的难题之一，在实践中，遇到的困惑和问题也不少。首先，绩效是一个内涵十分丰富的概念，它包括了效率、效益、产出、行为、表现、成就、责任、回应、公平、顾客满意度等，对如此丰富的内涵进行评估是一项十分复杂和艰难的工作；其次由于政府职能在不同层次、不同地区和不同部门差异较大，而且政策目标具有多元性，或与政治相关、或与管理效率相关、或与政府责任相关，是极其复杂、模糊甚至是相互冲突的，要把这些法定的职能和目标转化成具体的、清晰的、量化的、广为接受的、可考核的目标难度不小；再就是由于政府部门主要是通过公共财政资源的支持，向社会提供公共物品和公共服务的部门，而公共物品和公共服务的非竞争性、非排他性、非营利性、公共垄断性、效益的滞后性以及信息的非对称性，使得获取准确的政府绩效信息难度不小。所以各国政府绩效评估的理论研究和实践探索仍在继续进行之中。

三　我国地方政府开展绩效评估的现状和问题

我国对政府绩效评估工作，起始于干部人事制度。带有法规性质的文件有 1949 年的《关于干部鉴定工作的规定》，1964 年的《关于科学技术干部管理工作条例试行草案》，1979 年的《关于实行干部考核制度的意见》，1984年的《关于逐步推行机关工作岗位责任制的通知》，1993 年的《国家公务员暂行条例》。这些文件和法律是我国规范干部业绩考核的重要依据，为政府组织绩效考核从理论和实践上积累了一些经验。

在新的形势下，随着党中央提出科学发展观和正确政绩观，各地政府和部门积极探索绩效评估，形成了各具特色的模式。大体可以概括为以下几种方式：

（一）与目标管理责任制相结合的绩效评估

目标管理是我国开展得最广泛的绩效管理方式。绩效评估在我国部分地方政府早期实践中是与目标管理结合在一起的，特点是将组织目标分解并落实到各个工作岗位，目标完成情况考核也相应针对各个工作岗位进行评估。山东省潍坊市在开展目标绩效管理过程中，积极探索建立科学有效的领导体制和工作机制，提出了以科学发展观为指导，依靠目标绩效管理提高政府行政能力，实行全员目标、全员责任、全员考核。把目标的提报、形成、下达、分解，执行过程的督察、监控、分析，目标实施结果的考核、评估，目标绩效结果的评价、反馈，实行全过程、系统化管理。在提高政府效能、改善公共管理与服务方面发挥了重要作用。山西省运城市和福建省漳州市等地方政府开展了类似的绩效评估试验。随着行政管理体制改革的深入，绩效评估作为目标责任制的一个环节，开始应用到政府部门，便逐步取代了原来的目标管理。

（二）以改善政府及行业服务质量，提高公民满意度为目的的政府绩效评估

如福建省厦门市实施的民主评议行业作风的办法，上海市开展的旅游行业和通信行业行风评议，青海省、江西省进行的通信行业行风评议，河北省组织的司法和行政执法部门评议，江苏省无锡市试行的律师行业评议等。这些都是以提高行业服务质量和水平为目的的绩效评估活动。山东省烟台市率先试行的社会服务承诺制，广东省珠海市、江苏省南京市、辽宁省沈阳市、湖南省湘潭市、河北省邯郸市等地开展的"万人评政府"活动，由社会对政府部门进行评估，结果向社会公布，也属于这一类。

（三）专业职能部门开展的政府绩效评估

如审计部门进行的管理审计、效益审计，人事部门在国家公务员考核中加入的量化评估内容，组织部门对领导班子的考核中引入的绩效考核等，这一类绩效评估的重点是促进专业领域中组织和个人绩效的提高。政府业务主管部门对所属组织绩效管理设定评价指标体系，如卫生部为医院设立的绩效评估体系，教育部门为普通中小学全面实施素质教育建立的评价体系，财政部等部委联合推出的企业绩效评价体系，科技部制定的高新区评价指标体系等，也可以归入此类。

（四）以效能监察为主要内容的绩效评估

效能监察主要是针对国家行政机关和公务员行政管理工作的效率、效果、工作规范情况进行监察，实际上是国家纪检监察部门依照法律、法规和有关规章对政府部门绩效进行的评估活动。福建省、吉林省、重庆市等在全省（市）行政机关开展了行政效能监察工作，北京市海淀区，江苏省苏州市、扬州市，山东省枣庄市，河南省安阳市等地都颁发了开展效能监察的文件和工作细则。全国最早开展效能监察的福建省，已经由省效能办牵头于 2004 年开始对福建省 23 个政府部门和 9 个设区市政府的绩效进行评估。有的地方在科技、金融、商业、邮电、卫生等系统开展了效能监察。

（五）与政务督察相结合的绩效评估

山东省青岛市围绕经济、政治、文化和社会四个方面的建设，将督察工作与政府绩效管理有机结合，构建了绩效导向的督察推进体系。该模式运用督察体系及平衡计分卡，确立政府各个部门的组织使命、核心价值观、愿景目标及战略选择，以绩效示标的形式将城市发展战略量化分解落实到各个区市和相关的职能部门，并从顾客服务、内部流程、效率效益和学习成长四个维度测量、监控，改善党委和政府的绩效。

（六）由"第三方"专业评估机构开展的政府绩效评估

如甘肃省政府委托兰州大学中国地方政府绩效评价中心对所辖市（州）政府和所属部门进行的绩效评估，被媒体称为"兰州试验"，备受政府、学术界和社会的关注。北京市有的区（县）政府委托国内著名咨询机构零点研究咨询集团开展的政务环境绩效评估，也属于这一类。

（七）引入通用模型进行的绩效评估

国家行政学院在研究欧盟成员国使用的多种绩效评估模型的基础上，结合我国国情，构建了中国通用绩效评估框架（CAF）。CAF 模型包括了促进和结果两大要素，共九大标准，其中领导力、人力资源管理、战略与规划、伙伴关系和资源、流程与变革管理属于促进要素；员工结果、顾客/公民结果、社会结果和关键绩效结果属于结果要素。九大指标下又包括 27 个次级指标。CAF 模型在哈尔滨铁路检察院和厦门市思明区政府进行试点，初步取得效果。人事部中国人事科学院课题组的研究成果也属于此类。还有不少政府部门，运用企业和国外政府绩效管理理论和方法，如平衡计分卡、关键绩效指标法、全面质量管理、标杆管理，摸索出各具特色的绩效评估模式，比如深圳市国税局和南京市地税局将平衡计分卡理论引入绩效评估和管理中，取得明显成效，引起了广泛关注。

我国政府绩效评估工作特点是立足于解决问题，针对性强，发展势头猛，创新点多，但从总体而言，无论在理论还是在实践上都还不成熟，处在起步探索阶段。在实践力度和效果上都存在不足，发展不平衡。主要问题有：

一是绩效评估工作基本上处在地方政府自发状态，缺乏相应法律和制度做保障，缺乏激励机制和长效机制，实践中存在盲目性。没有统一规划，不能在政府系统全面推行；没有建立起战略规划、绩效计划和绩效报告等制度框架，绩效评估的随意性很大；缺乏统一的领导机构和绩效标准，部门各自为政，无法进行部门或地区间的比较评估。

二是没有建立科学的评估指标体系，片面将经济业绩等同于政绩，评价工作绩效不是按业绩和对组织目标和使命的贡献，多是看是否严格遵守规则，是否迎合了上级机关的意图，公众和行政相对人的参与度有待提高。

三是理论引导力度不够，对政府部门绩效评估缺乏深入研究，目标界定不清，评估标准比较单一，指标设置过于笼统，评估方法不够科学，评估手段落后，评估结果缺乏实质性应用。有的领导干部对绩效评估认识不到位，对绩效评估重视不够，甚至有抵触情绪，致使绩效评估工作停滞不前。

四是有的地方工作中存在形式主义，把评估活动当做"政绩工程"、"面子活"，空头支票多，抓落实少，虎头蛇尾多，善始善终少，不能变压力为动力，推动政府职能和作风转变；绩效评估也有缺位、错位、越位的问题，许多大检查、大评比不仅没有取得效果，而且使这种检查、评比成为基层单位的一种负担，直接损害政府形象。

四　进一步推进绩效评估工作的基本设想

当前我国正处在深化行政管理体制改革的关键时期，引入政府绩效评估机制有助于推动体制改革和管理方式创新。建议抓住有利时机，全面推进绩效评估工作。

（一）制定绩效评估的指导性文件，逐步实现制度化和法制化

绩效评估在落实科学发展观和正确政绩观以及在政府管理改革和创新中具有重要作用，考虑到各地政府和部门在绩效评估过程中出现的种种困难和问题，建议由国务院制定颁发关于开展政府绩效评估的《指导意见》，整合中编办、人事部、监察部、财政部、审计署等部门相关职能，完善中国现存的绩效评估和管理制度。在现有制度框架内，研究如何使编制部门的机构设置和三定方案，财政部门的预算编制，审计部门的管理审计和效益审计，监察部门的效能监察，督察部门的督促检查，人事部门的公务员

考核以及组织部门的领导干部考察相结合，在此基础上拟定我国政府部门实行绩效评估的策略、步骤和措施，构建政府绩效评估和管理体系的基本框架。

目前我国绩效评估立法的时机尚不成熟。但是，制定统一的绩效评估方面的政策措施的条件已基本具备。一是自中央提出科学发展观和正确政绩观以来，国务院在《国务院工作规则》等重要文件中对绩效评估提出了要求，温家宝总理在政府工作报告和讲话中多次提到要"研究建立中国的政府绩效评估体系"；二是地方政府开展绩效评估活动已具有相当规模和基础，不少省、市发布文件推行这一制度，在实践中积累了较丰富的经验，比如福建省委省政府印发了《关于开展政府及其部门绩效评估工作的意见》；三是有可资借鉴的国际经验。

《指导意见》可以考虑包括以下几个方面的内容：（1）开展政府绩效评估对于改善政府管理，推动社会发展，建设民主政治，体现服务民众，推进行政体制改革等的意义和联动作用；（2）开展政府绩效评估的指导思想和原则，包括政府公共部门绩效评估的总体部署和战略规划；（3）开展政府管理绩效评估的范围和主要内容；（4）政府绩效评估指标体系的构成和评价标准；（5）政府绩效评估的方法和步骤，包括绩效计划、绩效信息获取和绩效评估报告等；（6）政府绩效评估的组织、领导和工作机构，包括实施机构、运行机制、评估主体的选择等；（7）政府绩效评估配套制度，包括统计制度、财务制度、政务公开制度、绩效信息领导责任制和绩效报告制度等。

（二）建立科学的绩效评估体系，实现绩效评估的长效化

绩效评估是一项系统工程。要使绩效评估形成长效机制，必须建立科学合理、结构完整、功能配套、操作易行的评估体系。这一体系既要关注政府绩效的总体部署、战略目标和规划，又要选择适当的绩效评估模式，体现分部门、分项目、分层次、分地区特点，还要建章立制，建立绩效评估报告制度、问责制度、奖惩制度等。绩效评估体系具体应包括：评估指标体系、评估方式体系、评估程序体系、评估组织体系、评估制度体系、评估信息系统等。政府绩效评估体系的设计从长远看应致力于建立一套开放性和竞争性的公共资源配置机制，通过有效的绩效信息的提供，引导公共资源的有效配置和合理流动，从预算的高度约束和提高公共财政资源的配置效率和利用效率，推动公共管理型和服务型政府的建设进程。

（三）发挥专业评估和研究机构的作用

绩效评估是一项专业性强、技术含量和规范化程度高的工作。为了保证评估机构独立工作，免受被评估的政府机关干扰，保证评估结果真实可信，有必要逐步形成相关的独立评估机构。美国为推动政府机构绩效评估，在国家绩效评荐小组下设了专门的绩效评估研究组，定期发布研究报告，总结各地绩效评估实践活动并提供技术上的指导。美国的锡拉丘兹大学坎贝尔研究所自 1998 年以来就与美国《政府管理》杂志合作，每年对各州或市的政府绩效进行评估并发布评估报告，引起政府和公众广泛关注。我国是否可以考虑在中国行政管理学会和地方行政管理学会、相关研究机构和高校中成立由各方面专家组成的绩效评估机构？专业评估机构接受评估主体的委托，对政府绩效进行准确、客观、公正的评估。专业评估机构也可以为各级政府和部门开展绩效评估提供智力支持，同时在评估人才培养方面，高校和科研部门还要发挥积极作用。

（四）立足国情，渐进推行

由于各国的政治文化背景、经济发展水平、国内主要矛盾、政府管理能力等方面存在较大差异，因而对如何界定政府部门绩效还存在着管理理念、管理制度和管理方法上的巨大差异，其关注点和研究的角度也有很大不同。中国政府开展绩效评估必须立足国情，深入研究，渐进推行。要根据我国政府管理的历史传统、实际能力和制度环境等实际情况，提出政府绩效评估稳妥可行的实施方案，选择恰当的评估范围，在充分论证和试点的基础上，分步骤、有重点地实施。在制定绩效指标体系时，要按照政府的职能进行分类设计，经济发展与社会管理并重，管制职能与服务职能兼顾，近期要突出寓管理于服务之中，远期侧重服务职能；坚持定量指标与定性指标并重，侧重定量指标；客观指标和主观指标同时并举，客观指标优先；既要防止设计过简，又不要搞得过繁；要注重指标的可操作性，难易适中，先易后难，不求尽善尽美，只求可行有效。就全国范围来看，要大体区分东、中、西部地区在实施中不同水平和进度的要求。就一个地区来说，其各个地方在实施中也要允许差别，体现差别。从行政层次上说，中央、省、市（地）、县（市）、乡（镇）五级政府机构，各个层次的绩效指标要有区别。要选择比较贴近实际、贴近社会、工作比较具体的部门，先行开展政府绩效评估工作。在同级政府机构中，要选择易于进行量化评估的部门或单位（如卫生、环保部门等），以便从中取得经验，带动一般。

总结各地政府和部门那些科学化、公正化、操作性强的方案和举措，形成标杆，在一些比较成熟的部门和单位进行标准化绩效评估和管理试点，并逐步在面上推行。

2006 年 3 月 14 日

执笔人：张定安

武汉市绩效管理暂行办法

第一章　总则

第一条　为认真做好全市绩效管理工作，特制定《武汉市绩效管理暂行办法》（以下简称《办法》）。

第二条　本《办法》所称绩效管理，是指为实现市委、市政府确定的经济、政治、文化、社会建设战略目标和年度工作任务，依照市级绩效管理责任单位的职能和工作责任，对其实施的管理制度。

第三条　本《办法》的适用对象和范围：纳入市级绩效管理的责任单位。

第四条　市绩效管理工作领导小组是全市绩效管理工作的领导机构。其主要职责是：

（一）审定全市绩效管理指标体系，确定年度工作任务。

（二）研究决定和协调解决绩效管理工作中的重大问题。

（三）审定绩效管理相关考评办法。

（四）组织年度绩效考核评比及相关工作。

第五条　市绩效管理工作领导小组下设办公室（以下简称"市绩效办"），中共武汉市委督察室、武汉市政府目标管理办公室承担办公室的职能，具体负责全市绩效管理日常工作的组织、联络和综合协调。

第六条　承担绩效管理专项指标考核任务的相关部门（以下称"专项考核部门"）在市绩效管理工作领导小组的领导下，做好专项绩效指标的考评工作。

第七条　承担全市第三方评估工作的相关部门在市绩效管理工作领导小组的领导下，做好第三方评估工作。

第二章 绩效指标的制定、下达和调整

第八条 指标和指标值的制定。年度绩效指标和指标值的制定采取自下而上、自上而下、科学论证、民主集中的办法，按下列程序进行：

（一）指标和指标值的拟定。各绩效责任单位根据市委、市政府和上级主管部门的总体要求，突出单位主要职能，结合各单位年度主要工作任务，拟定年度工作绩效指标草案。

（二）指标和指标值的审核。市绩效办根据职能对绩效指标草案进行具体协调、综合汇总，报请市委、市政府分管领导审阅后，形成年度指标预案。年度指标预案经市绩效管理工作领导小组审议后，形成年度指标方案。

（三）指标和指标值的确定。年度绩效指标方案提交市长办公会、市委常委会审定后，由分管市领导与各绩效责任单位主要负责人签订《关键职责和绩效考核指标责任书》。

第九条 指标和指标值的下达。全市《关键职责和绩效考核指标责任书》以绩效管理工作领导小组名义汇编后予以下达。

第十条 指标和指标值的调整。年度绩效指标一经确定，一般不予调整。绩效指标或指标值确需调整的，依照以下方式进行：

（一）在指标实施过程中，确因不可抗力因素影响，需作调整的，由绩效责任单位提出书面报告，报市绩效管理工作领导小组审定。

（二）市委、市政府和上级部门提出的新增绩效指标，由市绩效管理工作领导小组予以下达。

第三章 绩效指标的实施和监管

第十一条 各绩效责任单位是绩效指标实施的责任主体。

（一）各绩效责任单位的主要负责人为本单位绩效管理工作第一责任人，负责组织分解落实市委、市政府下达给本单位的各项绩效指标任务。

（二）各绩效责任单位应建立制度健全、责任明确、措施具体的绩效管理责任制，并明确承担绩效管理工作的责任部门和人员。

（三）各绩效责任单位应根据签订的《关键职责和绩效考核指标责任书》，制定本单位绩效指标分解落实、考核和奖惩办法。

（四）各绩效责任单位应根据要求，定期以书面形式向市绩效办反馈绩效工作进展情况。

第十二条 市绩效办负责对全市绩效指标的运行情况实施监督管理，并督促各专项考核部门做好相关绩效指标的监管工作。绩效指标的监管主要采取日常跟踪、专项检查、半年抽查等方式，以日常跟踪为主。

第十三条　建立绩效管理工作通报制度。市绩效办对各绩效责任单位绩效管理工作的进展情况、经验和做法以及存在的问题及时予以通报。

第十四条　建立绩效管理工作协调制度。市绩效管理工作领导小组及其办公室应及时对指标执行过程中存在的问题进行协调。凡绩效指标实施过程中出现的问题，涉及两个或多个部门的，由主办单位与协办单位协商解决；经协商后不能达成一致的，由主办单位提出书面申请，报请市绩效管理工作领导小组研究解决。

第四章　绩效考评和计分

第十五条　责任分工。

（一）绩效考核实行市绩效管理工作领导小组领导下的分工负责制，坚持公开、公平、公正的原则，根据日常管理的情况进行考核。市绩效管理工作领导小组负责组织对各绩效责任单位的绩效管理工作进行全面考核评价。市绩效办、各专项考核部门和第三方评估单位分别按各自职责实施考核。

（二）各考核部门按照责任分工，及时制定相关指标的具体考核办法，经市绩效管理工作领导小组审定后印发实施。各专项考核部门原则上不组织各类绩效指标的年终检查活动。确有必要的，报请市绩效管理工作领导小组同意后，统筹安排。

第十六条　对各责任单位的年度综合考核结果，采用百分制形式予以评价。各绩效责任单位绩效管理工作的最终得分为关键业绩指标得分、领导评分、受奖加分和减分的总和。其计算公式为：关键业绩指标得分 ＋ 领导评分 ＋ 受奖加分（或减分）＝ 年度绩效考核综合得分。

第十七条　关键业绩指标的考核。主要包括专项部门考核、第三方评估、检查组考核三个方面的内容，考核评价结果以百分制得分体现。

（一）专项部门考核。应包括对各绩效责任单位绩效指标执行情况的综合评价内容。由考核部门加盖公章后，于次年元月 10 日前书面反馈给市绩效办。

（二）第三方评估工作。按照《市委办公厅、市政府办公厅印发〈关于在绩效管理中实施第三方评估的意见〉的通知》（武办发〔2006〕18 号）文件规定执行。

（三）检查组考核。各绩效责任单位对照年度绩效指标进行认真总结，形成书面自查报告，于次年元月 10 日前送市绩效办。自查报告应包括年度绩效指标执行情况、主要特点和做法等内容。在各绩效责任单位自查的基础上，于次年元月中旬，由市绩效管理工作领导小组组织对 108 家市级绩效责任单位绩效指标完成情况进行全面检查。

第十八条　领导评估。

（一）市领导对分管的绩效责任单位的满意度进行评分。评分分为优秀、良好、合格、较差四档。被评为优秀的单位计 10 分，被评为良好的单位计 8 分，被评为合格的单位计 6 分，被评为较差的单位计 2 分。

（二）市领导评估工作由市绩效办负责组织实施。

第十九条　受奖加分标准。

（一）凡绩效责任单位综合工作和单项工作受到国家级表彰的（以文件、奖状、奖牌、证书为准，下同），分别加 3 分、1 分，同项分别受到各级表彰的，按"就高不就低"的原则加分一次（下同）；凡绩效责任单位综合工作和单项工作受到国家各部委办或省委、省政府表彰的，分别加 0.3 分、0.1 分，其中单项工作受到国家各部委办或省委省政府表彰的，加分累计不超过 1 分（国家级除外）。

关于综合与单项奖励的区别，由市绩效办会同有关单位认定。

（二）表彰结果适用于当年度加分。如获表彰时间晚于当年绩效管理年终评比表彰时间，且累计加分未达到规定的最高值，可顺延一年使用。

（三）年终考评所有加分累计不得超过 5 分（含顺延在内）。

（四）各绩效责任单位到年终时应将当年的受奖情况送市绩效办，经市绩效管理工作领导小组审定、公示后，予以加分。

第二十条　减分标准。

（一）凡违反党风廉政建设、计划生育、安全生产、信访稳定、社会治安综合治理、食品安全等规定，并造成重大社会影响的，将实行减分；减分办法按市纪委（监察局）、市人口和计生委、市安监局、市信访局、市综治办、市食品药品监督管理局的考评细则执行。

（二）每一单项工作的减分分值最高为 10 分。

（三）对其他特定情况需要减分的，由市绩效办提出并报请市绩效管理工作领导小组审定后执行。

第五章　年终评比和奖惩

第二十一条　各绩效责任单位的评比和奖惩，按年度考核分值，分类、分级依规定进行。

（一）绩效责任单位的评比，原则上分为四类：行政区域类、经济发展管理类、社会管理与公共服务类、综合管理类。

（二）考评等级和比例。根据年度绩效考核结果，按分类进行综合得分排序，每类从高到低分为 A 级（优秀单位）、B 级（良好单位）、C 级（合格单位）、D 级（不合格单位），确定各绩效责任单位的考评等级。A 级按占比 10％，B 级按占比 35％ 的原则予以确定。A 级、B 级、D 级单位确定后，其他责任单位的考评等级为 C 级。

（三）D 级单位的确定。凡分类排序为最后一名和违反党风廉政建设、计划生育、安全生产、信访稳定、社会治安综合治理、食品安全等任何一项规定的，即为 D 级单位。

第二十二条　先进个人的评选。先进个人由各绩效责任单位推荐产生。

（一）评选名额。各区为 6 名；其他绩效责任单位编制数在 50 人以下的评 1 名，51—100 人的评 2 名，依此类推，编制数在 1000 人以内的最高不超过 5 名，超过 1000 人的名额为 6—8 名。

（二）先进个人中副局级以上领导干部的评选。被评为 A 级的绩效责任单位，其党政主要负责人为当然的先进个人；被评为 B 级的绩效责任单位，可评选 1 名副局级以上领导干部为先进个人；被评为 C、D 级的单位，副局级以上领导干部不参加先进个人的评选。

（三）副市级以上领导干部不参加评选。

（四）推荐的先进个人中，副局级以上领导干部须送市纪委、市委组织部审核。

第二十三条　根据年度考评结果和市纪委、市委组织部审核的意见，由市绩效办提出被定为 A、B、C、D 级的单位和副局级以上领导干部先进个人的建议名单，经市绩效管理工作领导小组审核同意后，报请市长办公会和市委常委会审定。

第二十四条　经市长办公会和市委常委会审定的 A、B 级单位名单，在《长江日报》、武汉电视台等主要新闻媒体上公示。对社会各界反映的有关问题，市绩效办将会同有关部门认真核实。凡情况属实的，经市绩效管理工作领导小组研究后，取消相关责任单位的评先资格。

　　第二十五条　对评定为 A、B 级的单位和先进个人，由市委、市政府进行通报表彰。

　　第二十六条　对评定为 A、B、C 级的单位，在编人员每人足额发放一个月的工资（以下简称为"奖励工资"）。对评定为 D 级的单位，其领导班子成员扣发奖励工资，其他工作人员扣发 50％ 的奖励工资。另外，凡被评定为 A、B 级的单位，在足额发放奖励工资的基础上，增发年度绩效先进奖（年度绩效先进奖的额度根据当年财政情况确定）；其中被评为 A 级的绩效责任单位增发 1 倍的年度绩效先进奖。

　　第二十七条　实行领导干部绩效考评结果备案管理。对被评为 A 级单位和 D 级单位的领导班子成员，由组织人事部门负责填写《领导干部绩效考评结果备案表》，作为干部使用的依据之一。

　　第二十八条　对当年被评为 D 级单位的党政主要负责人实行诫勉谈话；对连续两年被评为 D 级单位的党政主要负责人实行离岗培训，对其领导班子成员实行诫勉谈话。

第六章　附则

　　第二十九条　本《办法》由市绩效办负责解释。

　　第三十条　本《办法》自公布之日起实行；《武汉市目标管理暂行办法》（武办发〔2003〕23 号）同时废止。

深圳市政府绩效评估指导书（试行）

按照中共深圳市委、市政府《关于印发〈深圳市 2006 年改革计划〉的通知》（深发〔2006〕5 号）要求，深圳市政府绩效评估系统（以下简称"评估系统"）已于 2007 年 3 月 30 日投入试运行，我市政府绩效评估工作正式启动。《深圳市政府绩效评估指导书（试行）》（以下简称"指导书"）和《深圳市政府绩效评估指标体系（试行）》（以下简称"指标体系"）旨在通过对各区人民政府、市政府直属各单位和有关专项工作进行全方位、多元化的综合评估，提高行政效率，改善行政管理，强化行政监督，促进勤政、善政、廉政和依法行政，促进法治政府、服务政府、责任政府、效能政府、廉洁政府建设。

一 指导思想

政府绩效评估工作以邓小平理论和"三个代表"重要思想为指导，以树立和全面落实科学发展观与正确的政绩观为目标，促进社会主义和谐社会建设，形成行政绩效外部监察与健全内部管理有机结合的监督管理机制，突出工作实绩评价，规范行政机关内部的工作责任闭合环路，建立科学、合理、刚性和便于操作的综合绩效评估体系和方法，努力加强政府自身建设，推动行政管理体制创新。

二 基本原则

绩效评估工作遵循以下基本原则：

（一）坚持科学发展观和正确政绩观的原则。

（二）坚持实事求是、客观公正的原则。

（三）坚持依法、公开、公平和效率的原则。

（四）坚持注重结果导向、实现持续改进的原则。

三　组织机构

成立深圳市政府绩效评估委员会（以下简称"市绩效评估委"），许宗衡市长任主任，刘应力常务副市长、李平秘书长任副主任，成员由高国辉副秘书长和市发展改革局、监察局、财政局、人事局、审计局、统计局、法制办等部门行政首长组成。

市绩效评估委下设办公室（以下简称"市评估办"），具体负责政府绩效评估的日常工作及市绩效评估委交办的其他事宜；综合掌握全市政府绩效评估工作动态，调查研究工作中的新情况、新问题，组织协调全市绩效评估宣传工作；受理和调查处理对政府绩效评估工作的投诉。市评估办设在市监察局，市监察局局长任主任。

被评估单位应建立相应的绩效评估组织机构或指定专门部门负责此项工作，并明确专人与市评估办对口联系。

四　评估对象

第一阶段的绩效评估工作将在市贸工局、教育局、公安局、司法局、劳动保障局、国土房产局、建设局、规划局、交通局、农林渔业局、卫生局、环保局、工商局、质监局、食品药品监督局、城管局16个市政府直属单位和6区政府试行。

五　评估内容

（一）从行政业绩、事务性行政效率、执行力建设、行政成本四个方面共24个子项对市政府直属单位进行综合评估。

1. 行政业绩分为五个评估子项，主要是对市政府直属单位履行职责和完成年度重要工作、政府重大投资项目、计划外任务的情况，改革与创新能力等进行评估。

2. 事务性行政效率分为四个评估子项，主要是指行政机关办理、管理日常事务性工作的效率，包括行政审批、办文时效、对议案提案建议和信访投诉事件的处理等。

3. 执行力建设分为12个评估子项，主要是指落实上级任务的能力，包括督察督办、政风行风、政令检查、效能监察、廉洁状况、重大事故问责、财经责任问责、基本建设投资情况和决算审计情况、电子政务应用、行政复议及诉讼、行政执法情况等。

4. 行政成本分为三个评估子项，主要是指行政机关实施行政管理行为所占用和消耗的费用情况，包括部门预算支出，财政绩效检查评价，财政财务收支的真实性、合法性和效益等。

（二）从经济调节、市场监管、社会管理、公共服务四个方面共 42 个子项对各区政府进行综合评估。评估子项包括居民生活、经济效益、循环经济、行政执法、公共安全、社会公平、环境保护、计划生育、基础设施、科技教育、信息服务、社会保障等。《效益深圳统计指标体系》、《和谐深圳指标体系》、《深圳市民生净福利指标体系》、《深圳现代化指标》和《深圳循环经济综合评价指标体系》中的重要指标也列入对各区政府的绩效评估内容。

对市政府直属各单位的评估内容和评估方式逐步成熟后，将延伸覆盖区政府各职能部门，并考虑以对各区职能部门的评估之和作为对各区政府评估结果的重要组成部分。

（三）以重大工作（以市委、市政府文件形式明确的工作）为主线，对市委、市政府年度重要工作、省级以上重要工作完成情况进行专项评估。

六　评估方法

（一）绩效评估工作分为内部评估和外部评估。

1. 内部评估。被评估单位实时将工作完成情况、年度绩效报告报市评估办，市评估办组织对绩效报告情况、重大任务执行情况等进行检查和评估。

2. 外部评估。市评估办组织人大代表、政协委员、特邀监察员，邀请评估专家，委托第三方咨询机构对被评估单位的绩效报告及实际执行情况进行评估。通过对随机抽取的公众代表、服务对象等开展满意度调查，采集对被评估单位的评价意见。

（二）绩效评估采用"P（Point，点）L（Line，线）S（Side，面）评估模型"。"点"是以实际工作进度的点与计划工作进度的阶段目标点进行"差距比较"。"线"是以被评估单位当前的工作情况与历史工作情况进行"趋势比较"，或对多家被评估单位进行"高低比较"。"面"是对多家被评估单位共同完成重大任务的"合力评估"，注重评估共同任务的完成效果。

（三）评估项分为共性、个性和专项三类。共性评估类在被评估单位之间进行横向比较，个性评估类对被评估单位自身的历史情况进行纵向比较，专项评估类对某专项工作进行独立评估。

七　工作步骤

(一)制定方案。各被评估单位根据本指导书要求,结合本单位职能和年度工作任务,认真细化指标体系"行政业绩"中"履行职责"、"完成年度重要工作"、"政府重大投资项目"、"完成计划外任务"等评估子项的阶段性目标及约束性指标,并对其他评估子项提出本单位的责任目标,制定本单位年度绩效评估工作方案,报市评估办审核。

(二)审定评估内容。召开市绩效评估委会议,对被评估单位报送的工作方案和评估内容进行集中审定并批复施行。

(三)实施评估。数据采集责任部门、被评估单位和各区政府分别按照指标体系的要求,落实有关市政府直属单位、本区和专项工作的评估内容的责任制,加强协调督办,随时收集评估内容中有关目标任务的进展、完成情况和相关评估结果的数据,并通过评估系统网上实时报送。次年初,被评估单位向市评估办报送年度绩效报告。市评估办根据指标体系的要求,在被评估单位报送的数据和年度绩效报告的基础上,组织检查与评估。市评估办定期或不定期组织或委托第三方组织实施外部评估。

(四)报告编制。市评估办综合分析被评估单位的绩效评估结果,于次年编制上年度深圳市政府绩效评估报告。

八　评估结果

评估结果以"红、黄、蓝、绿"4色区域表示。绿色表示绩效良好,属于良好区域。蓝色表示绩效存在少量问题,但可自我整改和完善,属于正常区域。黄色表示绩效存在较多问题,或经过多次整改效果仍不明显,属于预警区域。红色表示绩效存在严重问题,属于危险区域。

市评估办对被评估单位和专项工作的绩效进行全方位评估,每半年或不定期编制评估报告,报市政府审定后对外公布。绩效评估的分析结果可用于检验是否实现预期管理目标,并作为各级领导决策、政策调校、推进政府体制改革、促进被评估单位自我改进、制定财政预算、绩效奖励、行政问责的重要依据。

九　实施要求

(一)高度重视。开展绩效评估工作是市委、市政府作出的重要决定,各单位要高度重视，加强领导，强化责任意识，积极探索创新，建立新型绩效评估机制，促进和谐深圳效益深圳、现代化国际化城市和国家创新型城市建设。

（二）讲求实效。绩效评估工作要与市委、市政府的重大工作、重大政策、重大改革、重大投入和被评估单位的职能紧密结合，切实促进政府各项战略决策和工作措施的落实，确保政府管理科学规范、透明高效。

（三）加强保障。被评估单位要切实加强对本单位绩效评估工作的保障，提供必要条件，确保评估工作顺利、有序开展。

深圳市政府绩效评估指标体系（试行）

一　职能部门

序号	评估项	评估特征	评估子项	评估细项	细项描述	评估方式	评估项类别	数据采集责任部门
1	行政业绩	主要是指政府行政机关向公众提供的服务水平情况、对社会所要求的行政管理目标的实现状况、履行职责情况、	履行法定职责	履行法定职责情况（一般性职责）	各项法定职责	部门绩效报告－＞评估办及第三方评估意见	共性＋个性	被评估部门及市评估办
			完成年度重要工作	独立承担或牵头的市委、市政府年度重要工作完成情况	计划阶段目标点及约束性指标	（阶段目标点及约束性指标的量化评估）＋（部门绩效报告－＞评估办及第三方评估意见）	个性	被评估部门及市评估办
				独立承担或牵头的省级以上重要工作完成情况	计划阶段目标点及约束性指标	（阶段目标点及约束性指标的量化评估）＋（部门绩效报告－＞评估办及第三方评估意见）	个性	被评估部门及市评估办

序号	评估项	评估特征	评估子项	评估细项	细项描述	评估方式	评估项类别	数据采集责任部门
		政策制定水平与实施效果情况、管理经济效益及社会效益等。参照白皮书有关内容制定	政府重大投资项目	政府重大投资项目完成情况	计划阶段目标点及项目建设目标	（阶段目标点及约束性指标的量化评估）＋（部门绩效报告－＞评估办及第三方评估意见）	个性	被评估部门及市评估办
			完成计划外任务	临时性、指令性任务情况	计划阶段目标点及约束性指标	（阶段目标点及约束性指标的量化评估）＋（部门绩效报告－＞评估办及第三方评估意见）	个性	被评估部门及市评估办
			改革与创新能力	经市改革办认定的年度改革计划的完成情况	年度内改革方案的立项、论证、实施和效果评价等情况	以获得国家、省、市嘉奖、专家评估、社会评价为依据，进行综合考核，以市改革主管部门组织认定结果为准	共性、个性	市改革办

续表

序号	评估项	评估特征	评估子项	评估细项	细项描述	评估方式	评估项类别	数据采集责任部门
2	事务性行政效率	指行政机关办理日常事务性工作的办事效率、管理效率	行政审批	行政审批按时办结率（%）	依照《深圳市行政审批电子监察办法》的规定，并根据"行政审批电子监察系统"每月绩效结果直接导入评估	各行政审批部门横向比较	共性	市监察局
				行政审批提前办结率（%）		各行政审批部门纵向比较	个性	市监察局
				行政审批绩效排名结果		各行政审批部门横向比较	共性	市监察局
			办文时效	政府公文办理时效	市委市政府联合发文、市政府发文、市政府办公厅发文中明确要求答复时限的公文办理情况	各部门办理时效情况横向比较	共性	市政府办公厅
			对人大、政协的议案提案处理	对人大建议和政协提案的按时处理率（%）	在规定时间内完成的件数/转到本职能部门受理的件数	对有人大建议和政协提案的多家部门横向比较	共性	市人大办公厅市政协办公厅
				人大代表、政协委员对本部门受理的建议和提案处理情况满意率（%）	人大代表、政协委员认为结果满意的件数/转到本职能部门受理的件数	对有人大建议和政协提案的多家部门横向比较		

续表

序号	评估项	评估特征	评估子项	评估细项	细项描述	评估方式	评估项类别	数据采集责任部门
			对信访、投诉事件处理	对信访、投诉事件的按时处理率(%)	在规定时间内完成的件数/转到本职能部门受理的件数	对被信访和投诉的多家部门横向比较	共性	市信访办
3	执行力建设	主要是指落实工作任务的能力，包括廉洁、勤政、高效、制度和公务员队伍建设情况、政务公开、依法行政等方面	督察督办	领导交办任务完成情况	市政府办公厅督察室发出的《督察催办通知》	各部门横向比较	共性	市政府督察室
			政风行风	民主评议政风行风情况	民主评议政风行风专项报告及量化测评表	各部门横向比较	共性	市政府纠风办
			政令检查	政令执行检查情况	政令执行情况专项报告	各部门横向比较	共性	市监察局
			效能监察	重大投资项目效能监察情况	重大项目效能监察专项报告	各部门横向比较	共性	市监察局
			廉洁状况	公务员违法违纪情况	略	各部门横向比较	共性	市监察局
			重大事故问责	重大事故责任追究情况	略	各部门横向比较	共性	市监察局
			财经责任问责	执行财经法规责任追究情况	依照《深圳市政府部门行政首长财经责任问责暂行办法》的规定	各部门横向比较	共性	市财政局

序号	评估项	评估特征	评估子项	评估细项	细项描述	评估方式	评估项类别	数据采集责任部门
			基本建设投资情况	部门基本建设投资完成情况（%）（分各个项目说明）	项目累计已完成的投资额（万元）/项目累计已下达的投资计划数（万元）	本部门纵向比较	个性	被评估部门
					项目累计已完成的投资额（万元）/项目总投资规模（万元）	本部门纵向比较	个性	被评估部门
			基本建设竣工决算情况	项目竣工决算情况及核减率（分各个项目说明）	是否完成竣工决算	本部门纵向比较	个性	被评估部门
					竣工决算审计核减率（%）	本部门纵向比较	个性	被评估部门
			电子政务应用	政务信息网上公开情况	按照《深圳市政府信息公开规定》进行网上公开的情况	各部门横向比较	共性＋个性	市政府办公厅
				政务信息资源共享情况	执行《深圳市政务信息资源共享管理暂行办法》情况	各部门横向比较	共性＋个性	市监察局

续表

序号	评估项	评估特征	评估子项	评估细项	细项描述	评估方式	评估项类别	数据采集责任部门
				网上申请、网上查询行政审批实现率(%)	可网上申请的行政审批项目数/被评估部门行政审批项目总数	各部门横向比较	共性+个性	市信息办
					可网上查询结果的行政审批项目数/被评估部门行政审批项目总数	各部门横向比较	共性+个性	市信息办
				在线处理的行政许可实现率(%)	实现在线处理的行政许可项目数/被评估部门行政许可项目总数	各部门横向比较	共性+个性	市信息办
			行政复议及诉讼	行政复议纠正率(%)	行政复议纠正件数(包括撤销、变更、确认违法的件数)/行政复议总件数	本部门纵向比较	个性	市法制办
				行政诉讼的败诉率(%)	行政诉讼败诉件数/行政诉讼总件数	本部门纵向比较	个性	市法制办

序号	评估项	评估特征	评估子项	评估细项	细项描述	评估方式	评估项类别	数据采集责任部门
			行政执法	行政执法结案率（％）	行政执法结案件数/行政执法立案数（行政执法立案数包括行政检查、行政强制措施、行政处罚、行政强制执行的件数）	本部门纵向比较	个性	被评估部门
				行政执法错案率（％）	被追究行政过错的案件数/行政执法立案数（行政执法立案数包括行政检查、行政强制措施、行政处罚、行政强制执行的件数）	本部门纵向比较	个性	被评估部门
4	行政成本	主要是指行政机关实施行政管理行为所占用和消耗的费用情况，包括政府工作	部门预算支出（人员支出＋公用支出＋项目支出）	部门年度实际预算支出情况（％）	本年度实际预算支出/上年实际预算支出	本部门纵向比较	个性	市财政局
				部门年度实际支出情况（％）	部门年度实际支出/部门预算数	本部门纵向比较	个性	

续表

序号	评估项	评估特征	评估子项	评估细项	细项描述	评估方式	评估项类别	数据采集责任部门
		人员的工资及福利支出、行政设施支出、日常行政费用支出、监管情况等	公用支出＋项目支出	基本支出比例情况（％）	基本支出（人员支出＋公用支出）/总支出（人员支出＋公用支出＋项目支出）	本部门纵向比较	个性	
				公用支出情况（％）	实际公用支出/公用支出预算数	本部门纵向比较	个性	
				人员支出情况（％）	实际人员支出/人员支出预算数	本部门纵向比较	个性	
				项目支出情况（％）	实际项目支出/项目支出预算数	本部门纵向比较	个性	
			财政绩效检查评价	500万以上绩效检查评价结果（不含基建项目）	项目绩效检查评价报告	本部门纵向比较	个性	市财政局
			财政、财务收支的真实、合法和效益	财政、财务收支审计、绩效审计及经济责任审计结果	审计报告	本部门纵向比较	个性	市审计局

二　区政府

序号	评估项	评估特征	评估子项	评估细项	评估方式	评估项类别	数据采集责任部门
1	经济调节		居民生活	人均可支配收入（元/人）	与本区历史情况及与其他区情况量化比较	个性、共性	区政府
				城镇居民恩格尔系数（％）	与本区历史情况及与其他区情况量化比较	个性、共性	区政府
				在岗职工平均工资水平（元/月）	与本区历史情况及与其他区情况量化比较	个性、共性	区政府
			经济效益	人均GDP（美元）	与本区历史情况及与其他区情况量化比较	个性、共性	区政府
				每平方公里土地产出GDP（亿元）	与本区历史情况及与其他区情况量化比较	个性、共性	区政府
				万元GDP能耗（吨标准煤）	与本区历史情况及与其他区情况量化比较	个性、共性	区政府
				万元GDP水耗（吨）	与本区历史情况及与其他区情况量化比较	个性、共性	区政府
				全社会劳动生产率（元/人）	与本区历史情况及与其他区情况量化比较	个性、共性	区政府
			循环经济	工业固体废物综合利用率（％）	与本区历史情况及与其他区情况量化比较	个性、共性	区政府
				工业用水重复利用率（％）	与本区历史情况及与其他区情况量化比较	个性、共性	区政府
				再生资源回收利用率（％）	与本区历史情况及与其他区情况量化比较	个性、共性	区政府

续表

序号	评估项	评估特征	评估子项	评估细项	评估方式	评估项类别	数据采集责任部门
2	市场监管		行政执法	制售假冒伪劣商品查处率（%）	与本区历史情况及与其他区情况量化比较	个性、共性	区政府
				违法抢建查处率（%）	与本区历史情况及与其他区情况量化比较	个性、共性	区政府
				无照经营查处率（%）	与本区历史情况及与其他区情况量化比较	个性、共性	区政府
				药品安全抽样合格率（%）	与本区历史情况及与其他区情况量化比较	个性、共性	区政府
				主要农产品质量安全监测超标率（%）	与本区历史情况及与其他区情况量化比较	个性、共性	区政府
3	社会管理		公共安全	每万人刑事案件立案数（件）	与本区历史情况量化比较	个性	区政府
				每十万人安全事故死亡率（%）	与本区历史情况量化比较	个性	区政府
				交通事故死亡率（十万分之一）	与本区历史情况量化比较	个性	区政府
			社会公平	政府科学民主决策率（%）	与本区历史情况及与其他区情况量化比较	个性、共性	区政府
				城镇居民基尼系数	与本区历史情况及与其他区情况量化比较	个性、共性	区政府
			环境保护	财政性环保投资经费占财政支出比例（%）	与本区历史情况量化比较	个性	区政府
				空气综合污染指数	与本区历史情况及与其他区情况量化比较	个性、共性	区政府
				城市污水集中处理率（%）	与本区历史情况及与其他区情况量化比较	个性、共性	区政府
				生活垃圾资源化率（%）	与本区历史情况及与其他区情况量化比较	个性、共性	区政府
				生活垃圾无害化处理率（%）	与本区历史情况及与其他区情况量化比较	个性、共性	区政府

序号	评估项	评估特征	评估子项	评估细项	评估方式	评估项类别	数据采集责任部门
			计划生育	户籍人口政策内生育率（%）	与本区历史情况及与其他区情况量化比较	个性、共性	区政府
4	公共服务		基础设施	财政性公共基础设施建设支出占财政支出比例（%）	与本区历史情况量化比较	个性	区政府
				人均住房使用面积（平方米/人）	与本区历史情况量化比较	个性	区政府
				人均公共图书馆馆藏图书（册/人）	与本区历史情况量化比较	个性	区政府
				人均公共绿地面积（平方米/人）	与本区历史情况量化比较	个性	区政府
				公共交通分担率（%）	与本区历史情况量化比较	个性	区政府
			科技教育	财政性教科文卫体支出占财政支出比例（%）	与本区历史情况量化比较	个性	区政府
				人均受教育年限（年）	与本区历史情况量化比较	个性	区政府
			信息服务	政府公共服务上网率（%）	与本区历史情况及与其他区情况量化比较	个性、共性	区政府
			社会保障	社会保障和就业支出占财政支出比例（%）	与本区历史情况及与其他区情况量化比较	个性、共性	区政府
				社会保险综合参保率（%）	与本区历史情况及与其他区情况量化比较	个性、共性	区政府
				劳务工医疗保险参保率（%）	与本区历史情况及与其他区情况量化比较	个性、共性	区政府

续表

序号	评估项	评估特征	评估子项	评估细项	评估方式	评估项类别	数据采集责任部门
				劳务工工伤保险参保率（%）	与本区历史情况及与其他区情况量化比较	个性、共性	区政府
				年末城镇登记失业率（%）	与本区历史情况及与其他区情况量化比较	个性、共性	区政府
				零就业家庭户数（户）	与本区历史情况及与其他区情况量化比较	个性、共性	区政府
				人均预期寿命（岁）	与本区历史情况及与其他区情况量化比较	个性、共性	区政府

三　专项工作

序号	评估项	评估特征	评估子项	评估方式	评估项类别	数据采集责任部门
1	市委、市政府年度重要工作完成情况	分解重要工作的计划阶段目标点，与实际进度进行量化评估，并对最终完成情况与约束性指标进行量化评估；对无约束性指标的直接通过评估办及专家意见进行评估	计划阶段目标点及约束性指标	（阶段目标点及约束性指标的量化评估）＋（部门绩效报告－＞评估办及第三方评估意见）	专项	被评估部门＋评估办
2	省级以上重要工作完成情况		计划阶段目标点及约束性指标	（阶段目标点及约束性指标的量化评估）＋（部门绩效报告－＞评估办及第三方评估意见）	专项	被评估部门＋评估办

杭州市政府绩效综合考评发展情况①

一 杭州综合考评的发展历程及主要内容

杭州综合考评是指杭州市委、市政府按照"创一流业绩、让人民满意"的宗旨，对市直单位通过社会评价、目标考核和领导考评进行的综合性考核评价。杭州综合考评 2005 年以前由市级机关目标责任制考核和社会各界参与的"满意单位不满意单位评选"两部分组成；2005 年，增加了"领导考评"，并正式使用"综合考评"这一名称。其发展主要经过了以下三个阶段：

一是前综合考评时期（1992—2000），为单一目标考核阶段。1992 年，在邓小平发表南方谈话的背景下，杭州市在市直单位推行了目标管理责任制，一方面确保市委、市政府提出的各项目标任务的全面完成；另一方面，通过实施考核奖励，激发广大机关干部的工作积极性。

二是综合考评初步发展时期（2000—2005），为目标考核、社会评价双轨并行阶段。2000 年，市委、市政府为解决制约杭州发展两大瓶颈之一的发展环境问题，在市直单位开展了根治机关"四难"综合征（门难进、脸难看、话难听、事难办）、转变机关作风的"满意单位不满意单位"评选活动，致力于改善发展软环境。这一时期，市级机关目标责任制考核和满意单位评选由分设于市政府办公厅的市目标办和市直机关党工委的市满意办分别组织实施，虽然在考核、评价结果上双方互为折分，但各自在对方考评总分中所占的分值很小，相互之间基本起不到什么影响，结果的公布和奖惩的实施也都是完全分开的。

三是综合考评深化发展时期（2005—2007 年 10 月），为综合考评模式正式确立、发展、深化阶段。为了整合各类考评资源，全面、准确地反映和评价市直各单位的工作实际，探索建立符合科学发展观要求的考核评价体系，

---

① 本资料由杭州市综合考评委员会办公室伍彬主任提供。

2005 年下半年，市委、市政府成立专门课题组，经过反复调研论证，决定将目标考核、"满意不满意单位"评选（社会评价）进一步结合，同时增设领导考评，对市直单位实行"三位一体"的综合考核评价，并正式采用了"综合考评"这一名称。2006 年 8 月，市委、市政府又决定，将原来分设的三个非常设机构——市目标办、市满意办、市效能办的职能进行整合，成立杭州市综合考评委员会办公室，作为市考评委的常设办事机构，机构级别为正局级。

目前，杭州综合考评的基本做法是：

1. 考评内容。杭州综合考评由社会评价、目标考核和领导考评三大部分组成，是三位一体的有机整体。综合考评基本分值设定为 100 分，其中社会评价 50 分，按比例随机抽取市民、企业、市党代表、市人大代表、市政协委员、专家学者等 9 个层面的 1.5 万投票人员，对市直单位进行满意度评价；目标考核 45 分，主要是考核市直单位职能目标和共性目标的完成情况；领导考评 5 分，由市四套班子领导和法、检两长对市直单位的总体工作实绩进行评价；另设置创新创优目标，为综合考评加分项目，实行绩效评估。

2. 考评对象。为市直各部、委、办、局及市直有关单位。根据市直单位的工作职能、性质的不同，分类进行考评，设置了不同的考评内容、分值权重、评选系数等，以使各类单位在相对公平的起跑线上进行竞争。

3. 考评程序。采用"考评结合、同步进行、综合评定"的方法，按照目标设置、目标下达、日常督察、目标考核、领导考评、社会评价、数据汇总、等次确定、结果公布、奖惩实施十个基本环节进行。每年所有单位的综合考评排位在媒体上公布，同时实施经济奖罚措施以及对未达标末位单位进行领导班子的调整。

4. 组织实施。成立了由市委、市政府领导担任主任、副主任的杭州市综合考评委员会，负责对综合考评统一领导。具体组织实施工作由市考评办负责。

二　杭州综合考评取得的成效及其创新

开展综合考评是杭州市委、市政府在新的历史条件下加强和改进政府工作，实行科学执政与民主执政的一项重大的创新举措。实施综合考评以来，杭州机关作风越来越好，干部服务意识和能力越来越强，政府效能越来越高，党群政群干群关系越来越密切，人民群众对政府工作的满意度越来高。实践证明，综合考评已成为转变机关作风的"撒手锏"，破解民生问题的"指挥棒"，促进科学发展的"助推器"，引领创新创优的"方向标"，为杭州经济社会发展和构建和谐社会注入了强劲动力。

1. 引导机关"眼睛向下"，较好地解决了对上负责与对下负责的统一。在杭州综合考评的实践中，突出了公民导向，市民能够有序参与城市公共管理和对政府工作的监督，并拥有最大的评判权，从而有效地推动机关各部门克服"官本位"、"眼睛向下"思想，树立"以人为本"的理念，不断增强服务意识，改进工作作风，提升整体效能，做到"对上负责"和"对下负责"相统一。

2. 注重"内外结合"，较好地解决了以往考评以内部控制为主、缺乏外部评价和监督的问题。通过对两种考评模式的整合，既保证了内部组织考核的有效性，同时又通过民情民意表达渠道的制度化建设，进一步提升了综合绩效考评的公信度，较好地解决了"自上而下"考评的信度缺失和"自下而上"评价的效度缺失问题。从综合考评指标体系构成来看，目标考核侧重的是组织的定量分析和绩效评估，弥补了社会评价中存在的信息不够对称等问题；社会评价侧重的是群众的定性分析和满意评价，可以弥补量化指标考核的不足，使综合考评更加全面、科学、准确。

3. 形成了"压力机制"，为机关加强自身建设、改善政府服务和公共治理、营造良好的发展环境提供了强大的压力和动力。综合考评发现问题，产生竞争，带来压力，激发动力。综合考评采用"淘汰制＋达标制"，通过多年来的调整和优化，把激励机制和约束机制有机地统一起来，使压力和动力相辅相成，促进市直单位不断创新创优，改善服务水平，提升综合绩效，从而优化了杭州市的发展环境。

七年来，通过实行持续的考评，有效地转变了机关作风，增强了市直单位的责任意识、服务意识和前列意识，从而大大改善了杭州的发展环境，促进了经济社会又好又快的发展，民生问题也在一定程度上得到有效破解，各方受益显著：

1. 百姓受益。综合考评为发现并解决民生问题提供了一种有效的工作机制。2002 年，在对社会各界提出的意见建议进行梳理、归纳的基础上，发现了七个具有普遍性的民生问题（包括困难群众生产就业难、看病难、上学难、住房难、行路停车难、清洁保洁难、办事难），由此，杭州市在全国率先系统地提出了破解事关人民群众最关心、最直接、最现实的"七难问题"

的工作目标。2006年度，通过社会评价意见梳理，发现人民群众对"食品药品安全"和"生态环境保护"新的"两难"关注度较高，因此，市委、市政府在2007年度扩大了"七难"的内涵，形成了"7＋2"的"破七难"新框架。多年来，杭州市通过"评判—整改—再评判—再整改"，持续加以改进，取得了明显的成效。在2005年、2006年的全国性调查中，杭州市两次成为人民幸福感最高的城市。

2. 企业受益。综合考评有效地改善了政府服务和公共治理，优化了发展环境，为企业创业提供了良好条件，大大降低了企业的商务成本。杭州市已连续三年被世界银行评为"中国城市总体投资环境最佳城市"第一名，连续四次被《福布斯》杂志列为"中国大陆最佳商业城市"榜首。2006年度世界银行《中国城市竞争力报告》中一项重要指标"全年企业与政府主要部门打交道的天数"，杭州只有8.1天，而排名前10%的城市平均为36天，排名后10%的城市平均为87天。

3. 机关受益。通过对市直单位实行综合考评，转变了机关作风，提升了机关工作效能，真正做到奖勤罚懒、褒优贬劣，创新受到鼓励，先进得到表彰。人民群众对市直单位的平均满意度逐年上升，党群、政群和干群的关系日益密切，政府的公信力大大提高。

杭州综合考评的一个鲜明特色，就是公民导向，注重绩效。通过多年的实践，在多方面做了卓有成效的探索和创新：

一是初步形成了一套与民主执政要求相适应的工作理念和方式。杭州市开展的综合考评活动，坚持公民导向，采用比较科学的方法和规则，广泛收集各界群众对政府施政的意见和建议，对市直单位的工作进行统一的全方位的考核评价。本年度考评中收集到的意见和建议，经认真梳理后，与对全市工作的通盘考虑，一起成为市委、市政府确立下一年度施政方针和内容，以及制定市直部门工作目标的依据；市直部门完成这些目标的情况被纳入年度目标考核，并接受人民群众的评判。人民在评判的同时，又向政府表达出新的利益诉求，政府不断接受人民新的利益诉求，不断接受人民重新评判。政府与人民之间这种经常的、制度化的、平等的互动，已成为市委、市政府及政府各部门开展工作和权力运行的基本方式。这种把代表人民利益、回应人民要求、向人民负责的现代政府施政理念制度化、操作化的做法，是建设有中国特色的社会主义民主的重大实验。

二是在打造政府主导的公民参与网络方面迈出了重要的一步。通过多年的实践，杭州在综合考评中逐步形成了一个稳定的、开放的、覆盖全市的公民参与网络。在每年的社会评价中，市民代表的确定，是统计局按照《统计法》要求经计算机筛选而成的民情调查户。具体方法是：1. 市民代表来自全市所有的街道、社区，市民代表的年龄、性别、职业不受限制；2. 市民代表由住址（门牌号码）选定，代表家庭的所有成员可以协商来填写选票，如果这一户家庭的人都不愿填写，可以委托他人填写（也允许放弃），但必须反映这户家庭的真实意愿；3. 以 50 名市民代表为一个单位，委托社区组织市民代表投票并表达意见建议。

三是在政府部门绩效考评方法上提出了一系列创造性的举措。1. 对市直各单位依据工作性质加以分类并设定不同的评选系数；2. 依据信息对称原则，界定三类考核的不同主体和考核的具体内容并规定不同权重；3. 在社会评价中，按照适宜度原则确定考评主体，并对不同考评主体规定不同的评价权重；4. 用科学抽样方式确定市民和企业的参评人员和单位，对除市民和企业之外的参评主体实行人员选择和投票结果统计的两次 80% 抽样；5. 动态设置达标线；6. 在综合考评中，专门设置了创新创优目标，各部门自愿申报，由专家组独立进行绩效评估，进行加分或倒扣分。

这些方法较好地解决了不同部门之间工作绩效的可比性问题，缓解了考评主体在知识和信息上的不对称，限制了可能的策略行为，把领导评价和群众评价、定性评价和定量评价、科学评价和民众感官度评价以及考核与评比有机地统一起来；同时，较好地解决了政府部门创新和绩效之间平衡的问题，引导政府部门在注重绩效的前提下进行创新。通过几年的实践，杭州形成了一套比较客观、公正、科学和可操作的公共部门综合绩效考核方法，填补了一项国内的空白。

四是创新综合考评工作体制，基本实现了考评工作的制度化、规范化、专业化。杭州市专门设立了高规格的综合考评常设机构，整合了目标管理、满意单位评选、效能建设"三办"职能，对机关效能、绩效考评从体制、机制上进行了创新，在全国属于首创。

杭州综合考评的实践和探索，产生了广泛的社会影响：

第一，市民普遍支持。每年社会评价中，由市民代表填写的问卷回收率都超过 99%，市民代表发表的意见和建议都占意见总数的 80% 以上，说明参与评价政府是人民群众普遍认同的一种政治参与方式。七年来，共有 89867 人次参加了社会评价活动，共提出了 44750 条（经梳理后）意见和建议，这些意见得到政府的积极回应和有效解决，大大提高了人民群众民主参与的热情和信心，增进了人民群众和政府之间的信任与合作，是建设和谐社会的宝贵财富。

第二，国内媒体高度关注。包括中央电视台、人民日报、浙江日报等在内的媒体都对此做了报道。2004 年 10 月 8 日央视《新闻会客厅》还专访了时任杭州市委副书记的朱报春。

第三，示范带动作用明显。杭州综合考评对浙江省及全国许多地方开展同类活动起了带动、示范作用。中央组织部多次听取汇报并予以肯定；2001年，南京借鉴杭州的做法，在全市范围开展"万人评议政府"活动，影响很大；2006 年底，陕西借鉴杭州市综合考评的做法，成立了省综合考评办公室，并在全省范围推开。

第四，引起海内外关注。今年在杭举办的"绩效评估和政府创新国际研讨会"上，与会专家对杭州综合考评模式给予了充分肯定，境内外十多家新闻媒体对会议的召开进行了采访报道。

三　杭州市继续探索和坚强政府绩效考核工作

2008 年 9 月 10 日下午，市考评办召开 2008 年度市直单位工作目标进展情况检查组全体会议，布置 2008 年度市直单位工作目标进展情况抽查有关工作。这次抽查工作是在前期各单位自查的基础上，由市考评办牵头，市委督察室、市政府督察室及各系统牵头单位组成三个检查组，于 9 月 16—25日对市劳动保障局等 26 家单位开展抽查。抽查的主要内容是市委办公厅、市政府办公厅《关于对 2008 年市委、市政府重点工作进行责任分解和督促检查的通知》（市委办发〔2008〕27 号）、市考评办印发的《2008 年度市直各单位工作目标》（杭考评办〔2008〕10 号）和 2008 年度杭州市直单位创新创优目标（杭考评办〔2008〕9 号、杭考评办〔2008〕11 号）确定的工作目标和创新创优目标任务的分解落实和进展情况，重点检查市直各单位一类目标、二类目标和创新创优目标的进展情况。抽查主要通过听取各单位重点工作情况汇报，询问有关情况和问题，调阅相关台账，并根据需要实地察看有关项目工程进展情况等方式进行。今年对市直单位工作目标进展情况的检查采取了一些新举措，如：对被检查单位已完成的工作目标，实行"现结现报"制度，在各单位自评基础上，检查组进行考核打分，年底对该项目标不再进行考核检查。同时还将对社会评价意见整改情况进行检查等。

2008年10月15日上午，市委组织部、市考评办联合在市政府第三会议厅召开深化"树创"活动、加强社会评价意见整改工作会议，会上，市物价局、市环保局、市城管执法局、市工商局、市食品药品监管局等五家单位，围绕今年以来的整改工作和下一步工作打算，做了交流发言。

王金财副书记在讲话中指出，做好社会评价意见整改，是市直单位综合考评的重要环节，是争创满意单位的重要前提，也是各级党委、政府坚持"以人为本、以民为先"，学习实践科学发展观的重要内容。市直单位结合深化拓展"树创"活动，切实加强领导班子思想政治建设，狠抓社会评价意见整改，强化了以人为本理念，弘扬了求真务实作风，体现了敢于负责精神，提高了开拓创新能力，取得了积极成效。

王金财副书记强调，深入抓好社会评价意见整改，直接关系到综合考评的结果，关系到市直单位在群众中的口碑与形象，关系到"树创"活动的实际成效。做好这项工作，既有现实意义，更有长远作用。当前，各单位的整改工作并不平衡，进展有快有慢，还存在不容忽视的问题。为此，在下一步工作中，必须做到"四个坚持"：

一是坚持发扬民主抓整改。各单位要牢固树立"发展为了人民、发展依靠人民、发展成果由人民检验"的理念，继续深化整改工作，不断提高"解决率"、"见效率"和"满意率"。要认真组织开展"民主促民生"活动，运用党政、市民、媒体"三位一体"的以"民主促民生"工作机制，通过民主恳谈会、民主听证会等形式，充分发扬民主，争取群众支持，广泛听取群众对整改的意见建议，优化整改方案，提高整改成效，真正让广大群众满意。

二是坚持突出重点抓整改。各单位要围绕解决人民群众最关心、最直接、最现实的利益问题这个重点，按照省委提出的"增加感情、解决问题"的要求，结合深化整改工作，帮助群众解决生产生活难题。要结合社会评价意见，进一步拓宽"破七难"的内涵，不断出台新举措，实现新突破。当前，各单位要对261项重点整改目标进行再检查、再落实。市考评办、市"树创"办要加大对重点目标整改情况的督察，确保时间到点、整改到位。

三是坚持克难攻坚抓整改。当前，经济社会发展中出现了一些新情况、新问题。各单位要以更加坚定的决心、更加开阔的视野、更加有力的措施、更加有效的办法，克难攻坚，逐个破解。同时，还要特别关注影响基层工作、影响企业发展、影响社会稳定的有关问题，及时化解矛盾，促进社会和谐。

　　四是坚持开拓创新抓整改。要结合解放思想大行动，更新理念、拓宽思路、创新方法，以意见整改推动面上工作。要结合经济社会发展的形势，对社会评价意见进行再梳理、再分析，增强解决问题的前瞻性。要从创新体制机制入手，探索以整改促工作的长效机制，力求在根本上解决问题。要认真研究市场经济条件下的新情况、新问题，提高依法办事和创业创新两种能力，以意见整改的实际成效，检验领导班子思想政治建设的成果，推动学习实践科学发展观活动。

福建省关于开展政府及其部门
绩效评估的工作方案①

为深入开展政府及其部门绩效评估，推进政府管理创新，促进海峡西岸经济区建设，根据省机关效能建设领导小组第十二次会议精神，在总结 2006 年工作经验的基础上，紧密结合实际，不断深化完善，注重实际效果，特制定 2007 年度政府及其部门绩效评估的工作方案如下：

一　指导思想

开展政府及其部门绩效评估工作，要以邓小平理论和"三个代表"重要思想为指导，全面落实科学发展观，以推进海峡西岸经济区建设为主线，认真落实"重在持续、重在提升、重在运作、重在实效"的实践要领，运用评估机制，检验工作绩效，促进各级政府及其部门改进管理方式，强化绩效理念，提升工作实效，提高履职力、执行力、公信力，为推进我省经济又好又快发展和社会全面进步提供有力保障。

二　评估范围

2007 年政府及其部门绩效评估除继续在设区的市政府和省政府组成部门开展外，将评估范围扩大到省地税局、环保局、体育局、物价局、工商局、海洋与渔业局、质量技术监督局、食品药品监督管理局、旅游局等与群众生产生活密切相关的省政府直属机构，其他省政府直属机构也要开展绩效自评。省委各部门、省法院、省检察院和人民团体要参照开展。各设区市要在县（市、区）和设区市政府部门全面推开绩效评估工作。各县（市、区）要

---

①　本文摘取了福建省 2007 年度政府及其部门绩效评估的工作方案，供大家学习研究。

在乡（镇）政府和县直部门积极开展绩效评估试点。

三　评估内容

2007 年政府及其部门绩效评估的主要内容，总体上仍然按照省委办公厅、省政府办公厅《关于开展政府及其部门绩效评估工作的意见》（闽委办〔2004〕52 号）中确定的四个方面的内容来把握，即：贯彻落实中央和省委、省政府重大决策部署的情况、本年度工作任务的完成情况、维护群众切身利益的情况、政府及其部门自身建设情况。

具体内容在考核指标和公众评议项目中体现。

四　评估方法

今年，绩效评估继续采用指标考核、公众评议和察访核验相结合的方法进行。

（一）指标考核

为保持绩效评估指标体系的连续性和稳定性，发挥长效导向作用，根据省机关效能建设领导小组第十二次会议提出的"科学简便、务实管用、大局稳定、局部调整、滚动发展"的原则，作适当调整，突出反映科学发展观的要求，体现政府及其部门的职能职责。

1. 设区市政府绩效评估的指标设定，根据中央和省委、省政府对今年工作的具体部署，进行相应调整和完善，取消、合并一些指标，增加反映行政成本、行政效率的指标，共设可持续发展、现代化进程、和谐社会构建、勤政廉政等四个项目 28 个指标（见附表 1）。

指标考核着重当年发展水平、参照历史状况、考虑对全省的贡献进行，考核结果以综合指数与综合分数体现。综合指数反映各设区市的进步程度，按照"自己与自己比"和"与全省各设区市平均发展水平比"分别占 60％和 40％进行合成。综合分数用功效系数法计算。

2. 省政府组成部门和直属机构绩效评估的指标设定，仍由业务工作实绩和行政能力建设两个部分组成（见附表 2）。业务工作实绩主要反映部门履行职责，贯彻落实中央和省委、省政府重大决策部署，完成年度工作任务，服务发展、有效作为的实际成效。具体指标由各单位根据"三定"方案确定的部门职责，突出海西发展大局，突出省第八次党代会和十届人大五次会议通过的《政府工作报告》确定的目标任务，以省政府分解的年度工作任务和本

附表1　　　　省政府组成部门和直属机构绩效评估指标考核表

项目	一级指标	年度工作目标	评估办法
业务工作实绩60分	由被评估单位负责设置。内容要突出海西发展大局，突出省第八次党代会和十届人大五次会议通过的《政府工作报告》确定的目标任务，以省政府分解的年度工作任务和本单位年度工作计划为重点，设定能够体现部门职能、能够反映当年本部门工作绩效的关键业绩评估指标15项	由被评估单位根据所设定的一级指标，制定相应的年度工作目标。年度工作目标必须有工作数量、工作质量、工作进度以及预期效果的具体要求	每项一级指标从三个方面进行评估：一是该项指标对应的年度工作目标在工作数量、工作质量、工作进度以及预期效果方面的实现情况；二是该项指标与往年工作相比进步、创新、发展的具体表现；三是该项工作在全国同类工作中的地位及特色
行政能力建设40分	一　科学民主行政（10分）建立科学、民主决策机制，健全决策规则和程序，完善专家咨询、社会公示、听证和跟踪反馈、责任追究制度；坚持和完善政务公开制度，实行透明行政	由被评估单位制定具体年度工作目标	抽查当年本单位出台的重大决策和重要决定的相关资料，评估科学民主行政机制和制度建立及执行情况
	二　依法行政（10分）执行相关法律法规，落实依法行政实施纲要，建立健全行政许可相关配套制度；行政决策、行政处罚合法、适当；建立和严格实行行政过错责任追究制度	由被评估单位负责制定	1. 抽查相关资料，评估相关法律法规的贯彻执行情况；2. 参照有关执法机构日常工作检查情况进行评估
	三　高效行政（12分）机关管理各项制度健全，工作运转规范有序。建立必要的特事特办应急处理机制；各项工作限时办结，特别是对公文办理、公文运转、跨部门的文件会签要有明确的时限要求	同上	抽查文件档案，评估办事办文效率情况

续表

项目	一级指标	年度工作目标	评估办法
	四　廉洁行政（8分） 认真落实党风廉政建设责任制，领导班子成员廉洁从政；党风廉政建设各项任务落实，机关工作人员遵纪守法	由被评估单位负责制定	1. 领导班子成员出现违法违纪问题被立案查处的每起扣3分； 2. 责任制内容不落实，发现有突出问题的1起扣1分； 3. 本级机关工作人员和下属单位领导班子成员出现违法违纪问题被立案查处的每起扣2分，下属单位工作人员出现违法违纪问题被立案查处的每起扣1分（发现问题，自行查处的酌情扣分）

单位年度工作计划为重点，自行提出能够反映当年部门工作绩效的关键业绩评估指标15项。行政能力建设部分，仍设科学民主行政、依法行政、高效行政、廉洁行政四个一级指标。

附表2　　　　　设区市政府绩效评估指标考核表

考核内容	序号	考核指标	方向	标准值	权数	数据采集责任单位	数据采集配合单位
可持续发展（31）	1	GDP增长率	＋	前三年平均值	6	统计局	
	2	财政发展指数	＋	前三年平均值	4	财政厅	
	3	全社会固定资产投资增长率	＋	前三年平均值	4	统计局	
	4	非国有经济比重	＋	前三年平均值	3	统计局	海　关
	5	人口发展指数	＋	上年值	3	计生委	统计局
	6	环境质量指数	＋	上年值	6	环保局	建设厅
	7	能源消耗指数	－	上年值	4	统计局	经贸委

续表

考核内容	序号	考核指标	方向	标准值	权数	数据采集责任单位	数据采集配合单位
现代化进程（24）	8	城镇化水平	＋	2000年值	2	统计局	
	9	第三产业发展指数	＋	前三年平均值	4	统计局	
	10	工业增加值增长率	＋	前三年平均值	4	统计局	
	11	工业经济效益指数	＋	上年值	4	统计局	
	12	科技进步指数	＋	上年值	4	科技厅	
	13	外贸发展指数	＋	前三年平均值	3	外经贸厅	
	14	验资口径实际利用外资增长率	＋	前三年平均值	3	外经贸厅	
和谐社会构建（29）	15	新农村建设指数	＋	上年值	3	统计局	调查总队
	16	城镇居民人均可支配收入增长率	＋	前三年平均值	3	调查总队	
	17	农民人均纯收入增长率	＋	前三年平均值	3	调查总队	
	18	教育发展指数	＋	上年值	4	教育厅	财政厅
	19	公共卫生发展指数	＋	前三年平均值	4	卫生厅	财政厅
	20	社会保险综合完成参保率	＋	上年值	3	劳动与社会保障厅	
	21	城镇登记失业率	－	上年值	2	劳动与社会保障厅	
	22	社会安全指数	＋	上年值	4	安监局	公安厅
	23	社会治安满意率	＋	前三年平均值	3	综治办	
勤政廉政（16）	24	依法行政水平	＋	上年值	5	法制办	省高院
	25	行政办事效率	＋	当年值	3	效能办	
	26	行政成本增长率	－	上年值	3	财政厅	
	27	信访工作效率	＋	上年值	3	信访局	
	28	行政违纪违法人员比重	－	上年值	3	监察厅	人事厅

指标考核采取联合抽查评估的方式进行。"业务工作实绩"和"行政能力建设"分别占 60% 和 40%。

（二）公众评议

1. 对设区市政府绩效评估的公众评议委托国家统计局福建调查总队具体实施。参加公众评议的人员为人大代表、政协委员、企业经营者、城镇居民、农村居民。针对不同群体设置不同的测评表和问卷调查表。每个设区市全年调查样本量为 1000 个。公众评议的样本采取分层次、多阶段、等距离的方法随机抽取，同时兼顾地理分布的均衡性和经济有效性，以保证样本有较好的代表性。

2. 对省政府组成部门和直属机构绩效评估的公众评议委托省统计局社情民意调查中心具体实施。参加公众评议的人员为省人大代表、省政协委员、相关部门和基层单位、管理相对人和服务对象。针对不同对象设置不同的测评表和问卷调查表。每个单位的调查样本量不少于 200 个。公众评议以计算机调查系统的电话访问为主、面访为辅的方式进行。在各部门提供的基本样本框内，采用分层配额、随机抽样方法，兼顾地理分布的均衡性和经济有效性，按一定的百分比抽取评议样本。

3. 公众评议每年开展两次，即中期评议和年终评议，中期评议的样本量可适当缩小，评议方法不变，中期评议的分值占评议总分值的 30%。

（三）察访核验

察访核验工作，由省效能办牵头，组织察访核验小组具体实施。通过到机关暗访、听取汇报、查看资料、现场调查等形式，不定期开展，重点察访核验制度落实、工作作风、工作效率、履行职责等方面的情况。

（四）结果汇总

1. 设区市政府绩效评估结果汇总公式：

指标考核得分×60%＋公众评议得分×40%－察访核验扣分（最高扣 3 分）

2. 省政府组成部门和直属机构绩效评估结果汇总公式：

联合抽查评估得分×50%＋公众评议得分×50%－察访核验扣分（最高扣 3 分）

根据汇总结果，按照闽委办〔2004〕52 号文件精神，评估结果以优、良、一般、差四个等次表示。设区市政府绩效评估结果 85 分（含 85 分）以上的为优，76—84 分为良，60—75 分为一般，59 分以下的为差。省政府组成部门和直属机构绩效评估结果 90 分（含 90 分）以上的为优，76—89 分为良，60—75 分为一般，59 分以下的为差。

（五）结果运用

根据省委办公厅、省政府办公厅《关于开展政府及其部门绩效评估工作的意见》和省机关效能建设领导小组有关会议精神，对省政府组成部门、直属机构和设区市政府绩效评估的结果，将以省委办公厅、省政府办公厅名义进行通报。绩效评估结果抄送组织部门，作为评价政府和部门及其领导人工作实绩的重要依据。具体办法由省委组织部牵头，省人事厅、省效能办配合制定。

五　工作步骤

（一）制定方案。各设区市和省直各部门要制定本年度本地区本部门的绩效评估方案。8 月 15 日前报省效能办备案。

（二）绩效总结。年底省直各单位要根据工作方案，按照工作程序和基本要求对本单位各项工作任务完成的实际成效进行分析和总结。绩效总结材料于今年 12 月底前报省效能办。

（三）开展公众评议。公众评议分别于 7 月和 11 月组织开展。公众评议结果分别于 8 月底和 12 月底报送省效能办。

（四）开展明察暗访。明察暗访工作由省效能办牵头，有关部门配合，年内不定期组织开展。

（五）开展联合抽查评估。对省政府组成部门和直属机构指标考核的联合抽查评估于次年 1 月底前开展。对设区市政府指标考核的联合评估于次年 1、2 月开展，2 月底将联合评估情况报省效能办。

（六）综合汇总。省统计局负责牵头汇总各设区市政府指标考核及省政府组成部门、直属机构公众评议情况，国家统计局福建调查总队负责汇总设区市政府公众评议情况，报省效能办。省效能办在此基础上综合指标考核、公众评议、察访核验结果，汇总省政府组成部门、直属机构和设区市政府绩效评估的情况，报省机关效能建设领导小组审定。

六　组织领导

绩效评估工作在省委、省政府的领导下，由省机关效能建设领导小组负责，省效能办牵头，会同省直有关部门具体实施。调整充实绩效评估人员库人员，并吸收部分专家学者和社会各界代表参加，保证绩效评估工作的专业化、规范化和制度化。每年绩效评估工作从评估人员库中抽取部分人员组成工作小组具体实施。

省直各有关单位和各设区市政府要切实加强对绩效评估工作的组织领导，行政主要领导负总责，办公室（厅）牵头，人事、机关党委、监察、统计、效能等相关部门配合，建立健全工作机构，明确专人具体负责，确保绩效评估工作顺利开展，取得实效。

七　几点要求

1. 提高认识。开展政府及其部门绩效评估是省委、省政府的重大决定，是贯彻落实科学发展观的重要举措，是推进政府管理创新的有益探索。各级各部门要进一步提高对绩效评估工作重要性的认识，把它作为行政管理的一项基本制度，认真落实。要树立正确的绩效评估价值观，把绩效评估的过程作为自我诊断、自我发现、自我改进提高的过程，深入查找工作中的薄弱环节和存在的问题，分析原因，提出对策，加以解决，促进绩效不断提高。

2. 认真实施。各级各部门要围绕职能职责，紧密结合实际，认真制定本地区本部门的绩效评估方案，按时向省效能办报备。要从行政管理的要求出发，组织人员，精心研究，选择能够准确反映本地区和本单位工作绩效的关键业绩指标，科学合理确定发展目标，努力建立以结果为导向、以实绩为核心的绩效评估指标体系。

3. 注重实效。要把绩效评估与政府及其部门的职能工作、中心工作紧密结合，通过绩效评估促进职能职责的发挥和工作目标的实现，促进省委、省政府各项工作部署的落实，促进各项工作的有效开展。要克服功利思想，力戒形式主义，反对弄虚作假。对在绩效评估工作中弄虚作假的，要严肃追究单位领导和有关责任人的责任。

参考文献

中文部分

专著

1. 〔美〕保罗·尼文：《平衡计分卡：经营战略时代的管理系统》，胡玉明译，中国财政经济出版社 2003 年版。

2. 毕意文、孙永玲：《平衡计分卡：中国战略实施》，机械工业出版社 2003 年版。

3. 〔美〕戴维·奥斯本、特德·盖布勒：《改革政府——企业精神如何改革着公营部门》，译文出版社 1996 年版。

4. 〔美〕帕特里夏·基利：《公共部门标杆管理》，中国人民大学出版社 2002 年版。

5. 〔美〕彼得·F. 德鲁克：《管理——任务、责任、实践》，中国社会科学出版社 1980 年版。

6. 〔美〕戴维·奥斯本：《摒弃官僚制——政府再造的五项战略》，中国人民大学出版社 2002 年版。

7. 〔美〕史蒂文·科恩：《新有效公共管理者》，中国人民大学出版社 2001 年版。

8. 〔美〕史蒂文·科恩：《政府全面质量管理》，中国人民大学出版社 2002 年版。

9. 〔美〕盖伊·彼得斯：《政府未来的治理模式》，中国人民大学出版社 2001 年版。

10. 〔澳〕欧文·休斯：《公共管理导论》，中国人民大学出版社 2001 年版。

11. 〔美〕戴维·罗森布鲁姆：《公共行政学：管理、政治和法律的途径》，中国人民大学出版社 2002 年版。

12.［美］乔治·弗雷德里克森：《公共行政的精神》，中国人民大学出版社 2003 年版。

13.［美］赫伯特·西蒙：《管理行为：管理组织决策过程研究》，北京经济学出版社 1988 年版。

14.［美］詹姆斯·Q.威尔逊：《美国官僚政治》，中国社会科学出版社 1995 年版。

15.［美］凯瑟琳等：《迎接业绩导向型政府的挑战》，张梦中等译，中山大学出版社 2003 年版。

16.［美］彼得·德鲁克：《公司绩效测评》，李焰等译，中国人民大学出版社 1999 年版。

17.［美］罗伯特·巴可沃：《绩效管理》，陈舟平译，中国标准出版社 2000 年版。

18.［美］彼得·德鲁克：《21 世纪的管理挑战》，生活·读书·新知三联书店 2000 年版。

19. 张成福：《中国政府形象战略》，中央党校出版社 1998 年版。

20. 张成福、党秀云：《公共管理学》，中国人民大学出版社 2001 年版。

21. 张康之：《寻找公共管理的伦理视角》，中国人民大学出版社 2002 年版。

22. 张康之：《公共管理伦理学》，中国人民大学出版社 2003 年版。

23. 毛寿龙：《中国政府功能的经济分析》，中国广播电视出版社 1996 年版。

24. 陈振明：《公共管理学——一种不同于传统行政学的研究途径》，中国人民大学出版社 2003 年版。

25. 宋世明：《西方国家行政改革述评》，国家行政学院出版社 1998 年版。

26. 于军：《英国地方政府行政改革研究》，国家行政学院出版社 1999 年版。

27. 宋世明：《当代国外行政改革比较研究》，国家行政学院出版社 1999 年版。

28. 刘旭涛：《政府绩效管理：制度、战略与方法》，机械工业出版社 2003 年版。

29. 陈庆云、王明杰:《电子政务行政与社会管理》,电子工业出版社 2002 年版。

30. 钱 江:《高绩效的政府管理》,新华出版社 2003 年版。

31. 王继承:《绩效考核操作实务》,广东经济出版社 2003 年版。

32. 张建国等:《绩效体系设计:战略导向设计方法》,北京工业大学出版社 2003 年版。

33. 林泽炎:《3P 模式——中国企业人力资源管理操作方案》,中信出版社 2001 年版。

34. 刘占书:《效能监察文件选编》,中国方正出版社 2003 年版。

35. 邢俊芳等:《最新国外绩效审计》,中国审计出版社 2001 年版。

36. 宋世明:《西方国家行政改革述评》,国家行政学院出版社 1998 年版。

37. 国家行政学院编译:《西方国家行政改革述评》,国家行政学院出版社 1998 年版。

38. 卓越:《公共部门绩效管理》,福建人民出版社 2004 年版。

39. 〔美〕罗伯特·S. 卡普兰、戴维·P. 诺顿:《综合计分卡》,王丙飞、温新年、尹宏义译,新华出版社 2002 年版。

40. 〔美〕罗伯特·S. 卡普兰、戴维·P. 诺顿:《战略中心型组织》中译本,人民邮电出版社 2004 年版。

41. 〔美〕罗伯特·卡普兰、戴维·诺顿:《平衡计分卡——化战略为行动》,刘俊勇、孙薇译,广东经济出版社 2004 年版。

42. 〔瑞典〕尼尔斯—约兰·奥尔韦、卡尔—约翰·彼得里、简·罗伊、索非耶·罗伊:《使平衡计分卡发挥效用——平衡战略与控制》,裴正兵译,中国人民大学出版社 2004 年版。

43. 秦杨勇:《平衡计分卡与绩效管理——中国企业战略制导》,中国经济出版社 2005 年版。

44. 卓越:《公共部门绩效评估》,中国人民大学出版社 2004 年版。

45. 〔美〕保罗·R. 尼文:《政府及非营利组织平衡计分卡》,胡玉明等译,中国财政经济出版社 2004 年版。

46. 胡玉明:《平衡计分卡是什么》,中国财政经济出版社 2004 年版。

47. 林俊杰:《平衡计分卡导向战略管理》,华夏出版社 2003 年版。

48. 王雍君:《公共预算管理》,经济科学出版社 2002 年版。

49. 张建国、徐伟：《绩效体系设计战略导向设计方法》，北京工业大学出版社 2003 年版。

50. 张康之：《公共行政中的哲学与伦理》，中国人民大学出版社 2004 年版。

51. 彭国甫：《地方政府公共事业管理绩效评价研究》，湖南人民出版社 2004 年版。

52. 赵国良、王佩瑄：《发展观 政绩观 人才观 群众观干部读本》，红旗出版社 2004 年版。

53. ［英］鲍博·哈维德：《绩效评估》，陈历译，长春出版社 2004 年版。

54. ［美］马克·莫尔：《创造公共价值政府战略管理》，清华大学出版社 2003 年版。

55. 袁岳、周林古等：《零点调查 民意测验的方法与经验》，福建人民出版社 2005 年版。

56. 汪玉凯：《公共管理与非政府公共组织》，中共中央党校出版社 2003 年版。

57. 安迪·尼利、克里斯·亚当斯、迈克·肯尼尔里：《超越平衡计分卡》，李剑峰等译，电子工业出版社 2004 年版。

58. 刘占书：《效能监察文件选编》，中国方正出版社 2003 年版。

59. 邢俊芳、陈华、邹传华：《最新国外绩效审计》，中国审计出版社 2001 年版。

60. 唐任伍：《儒家文化与现代经济管理》，经济管理出版社 2003 年版。

61. 财政部财政科学研究所《绩效预算》课题组：《美国政府绩效评价体系》，经济管理出版社 2004 年版。

62. 乔治·弗雷德里克森：《公共行政的精神》，张成福等译，中国人民大学出版社 2003 年版。

63. ［美］马克·G. 波波维奇：《创建高绩效政府组织》，孙宪遂、耿洪敏译，中国人民大学出版社 2002 年版。

64. 竺乾威：《公共行政学》，复旦大学出版社 2000 年版。

65. ［英］简·莱恩：《新公共管理》，赵成根等译，中国青年出版社 2004 年版。

66. 朱立言：《中国 MPA 简明知识读本》，中共中央党校出版社 2004 年版。

67. 王璞：《事业单位管理咨询事务》，中信出版社 2004 年版。

68. ［英］诺曼·弗林：《公共部门管理》，曾锡环等译，中国青年出版社 2004 年版。

69. ［美］阿里·哈拉契米：《政府业绩与质量测评——问题与经验》，张梦中等译，中山大学出版社 2003 年版。

期刊资料

1. 刘元我：《管理人员绩效评估的初步探索》，《心理学探新》2000 年第 1 期。

2. 臧乃康：《政府绩效复合概念与评估机制》，《南通师范学院学报》2003 年第 3 期。

3. 周志忍：《公共组织绩效评估——英国的实践及其对我们的启示》，《新视野》1995 年第 5 期。

4. 张康之：《论政府的非管理化——关于"新公共管理"的趋势预测》，《教学与研究》2000 年第 7 期。

5. 程红：《经济全球化过程中各国公共行政改革与我国的回应》，《福建行政学院学报》1992 年第 2 期。

6. 徐双敏：《我国实行政府绩效管理的可行性研究》，《中国政法大学学报》2003 年第 5 期。

7. 陈光：《浅谈机关效能建设》，《福建行政学院学报》2003 年第 2 期。

8. 王兴喜：《论政府机关的效能问题》，《华东经济管理》2002 年第 2 期。

9. 卓越、郑云峰：《21 世纪行政发展的新亮点——福建省厦门市思明区开展公共部门绩效评估的探索》，《中国行政管理》2003 年第 2 期。

10. 刘旭涛：《行政改革新理念：公共服务市场化》，《经济论坛》2004 年第 3 期。

11. 贺新宇：《政府体制创新与公共管理职能重塑》，《中国行政管理》2003 年第 6 期。

12. 方正松：《西方发达国家公共管理改革借鉴》，《湖北经济学院学报》2003 年第 9 期。

13. 唐钧：《提升政府绩效：行政改革新取向》，《领导之友》2004 年第 2 期。

14. 卓越：《公共部门绩效评估初探》，《中国行政管理》2004 年第 2 期。

15. 蔡立辉：《西方国家政府绩效评估的理念及其启示》，《清华大学学报》2003 年第 2 期。

16. 陈文标、郭武燕：《基于平衡计分卡的绩效管理系统构建》，《科技与管理》2004 年第 3 期。

17. 詹向晖：《基于平衡计分卡的组织绩效评价》，《中国人力资源开发》2004 年第 5 期。

18. 吴建南、郭雯菁：《绩效目标实现的因果分析：平衡计分卡在地方政府绩效管理中的应用》，《管理评论》2004 年第 6 期。

19. 杜世成：《建立绩效管理新机制提高地方党政执政能力》，《中国行政管理》2005 年第 2 期。

20. 姜晓萍、刘汉固：《建设"服务型政府"的思路与对策》，《四川大学学报（哲学社会科学版）》2003 年第 4 期。

21. 何颖：《建设服务型政府的几点思考》，《青海社会科学》2004 年第 5 期。

22. 金竹青：《流程再造思想对传统官僚治组织的挑战》，《中国人民大学学报》2000 年第 3 期。

23. 姜晓萍：《论"服务型政府"的基本内涵》，《四川行政学院学报》2004 年第 2 期。

24. 张康之：《论公共管理中的服务价值》，《中共福建省委党校学报》2003 年第 4 期。

25. 刘旭涛、许铭桂：《论绩效型政府及其构建思路》，《中国行政管理》2004 年第 3 期。

26. 成元君：《论政府绩效评估的"目标替代"》，《改革与发展》2004 年第 6 期。

27. 刘继东：《美国联邦政府推行绩效预算的历程及启示》，《管理现代化》2004 年第 5 期。

28. 马介强：《平衡计分卡：定量化的战略绩效管理工具》，《企业人力资源管理》2004 年第 1 期。

29. 孙亮万：《平衡计分卡绩效管理体系的建立》，《管理视野》2003 年第 19 期。

30. 李艳华、刘红颖：《平衡计分卡领跑绩效管理》，《企业管理》2004 年 4 月。

31. 乔廷夫：《平衡计分卡应该缓行》，《企业管理》2004 年第 5 期。

32. 丁晓筠：《平衡计分卡在非营利组织中的运用》，《事业财会》2004 年第 5 期。

33. 刘亚林、刘一凡：《平衡计分卡在公共部门管理中的运用》，《人力资源》2004 年第 6 期。

34. 史清山：《平衡计分卡：战略化的绩效管理》，《中国教育与经济论坛》。

35. 雷玉霞：《浅谈建立科学高效的绩效管理体系》，《科技创业月刊》2004 年第 7 期。

36. 黄万华、陈伟：《浅析影响公共行政支出绩效管理的因素及对策》，《社会研究》2003 年 10 月号。

37. 安鸿章、葛峻峰：《全方位解析平衡计分卡》，《中国人力资源开发》2004 年第 9 期。

38. 孙永玲：《如何成功运用平衡计分卡》，《企业研究》2003 年第 4 期。

39. 江积海、宣国良：《如何使用平衡计分卡》，《企业研究》2003 年第 12 期。

40. 柳春鸣：《十问平衡计分卡》，《企业研究》2003 年第 12 期。

41. 王光远：《试论管理审计中的平衡计分卡》，《财会月刊》2002 年 11 月号。

42. 邓仕仑：《试论建设服务型政府的价值理念与模式》，《国家行政学院学报》2005 年 1 月号。

43. 赵路、朱正威：《我国公共部门实行目标管理的问题及对策》，《理论导刊》2004 年 2 月号。

44. 孙秀艳：《我国建立服务型政府理论研究述评》，《中共福建省委党校学报》2004 年第 9 期。

45. 陈纪瑜、陈友莲：《我国政府预算与会计引入权责发生制的思考》，《财经理论与实践》第 24 卷，第 123 期。

46. 杨华斌：《西方公共部门管理中的顾客导向及对我国的借鉴意义》，《党政干部论坛》2001 年第 5 期。

47. 黄林华、顾聂良：《以人为本：现代公共服务型政府的价值尺度》，《理论探讨》2004 年第 3 期。

48. 《以行政管理流程再造为重点温州确立"效能革命"四大目标》，

《领导决策信息》。

49. 王树文、李青：《政府改革与政府流程再造》，《理论学刊》2004 年第 12 期。

50. 刘文俭、王振海：《政府绩效管理与效率政府建设》，《国家行政学院学报》2004 年 1 月号。

51. 吴建南、阎波：《政府绩效：理论诠释、实践分析与行动策略》，《西安交通大学学报（社会科学版）》2004 年第 3 期。

52. 朱火弟、蒲勇健：《政府绩效评估研究》，《改革》2003 年 6 月号。

外文部分

1. Ammons，D. , 1995. Overcoming the Inadequacies of Performance Measurement in Local Government：The Case of Libraries and Leisure Services. *Public Administration Review* (Vol. 55，No. 1) .

2. Boschken，H. , 1994. Organizational Performance and Multiple Constituencies. *Public Administration Review* (Vol. 54，No. 3) .

3. Caiden，N. , 1998. Public Service Professionalism for Performance Measurement. *Public Budgeting & Finance* (Vol. 18，No. 2) .

4. Cavalluzzo，K. , C. Ittner, and D. Larcker. 1998. Competition，Efficiency，and Cost Allocation in Government Agencies：Evidence on the Federal Reserve System. *Journal of Accounting Research* (Vol. 36，No. 1) .

5. Chesley，J. , and M. Wenger，1999. Transforming an Organization：Using Models to Foster a Strategic Conversation. *California Management Review* (Vol. 41，No. 3) .

6. Coe，C. , 1999. Local Government Benchmarking：Lessons from Two Major Multigovernment Efforts. *Public Administration Review* (Vol. 59，No. 2) .

7. Dobbs，M. , 1994. Continuous Improvement as Continuous Implementation. *Public Productivity & Management Review* (Vol. 18，No. 1) .

8. Durst S. , and C. Newell，1999. Better，Faster，Stronger：Government Reinvention in the 1990s. *American Review of Public Administration* (Vol. 29，No. 1) .

9. Few, P., and A. Vogt, 1997. Measuring the Performance of Local Governments in North Carolina. *Government Finance Review* (August).

10. Foltin, C., 1999. State and Local Government Performance: It's Time to Measure Up! *The Government Accountants Journal* (Vol. 48, No. 1).

11. Friedman, C., 1997. Fair and Equitable Treatment: A Progress Report on Minority Employment in the Federal Government. *Review of Public Personnel Administration* (Vol. 17, No. 4).

12. Gearhart, J., 1999. Activity Based Management and Performance Measurement Systems. *Government Finance Review* (Vol. 15, No. 1).

13. Geiger, D., 1998. Practical Issues in Managerial Cost Accounting. *The Government Accountants Journal* (Vol. 47, No. 2).

14. Gordon, G., 1996. Reengineering Management Controls to Improve Operations. *The Government Accountants Journal* (Vol. 44, No. 4).

15. Hatry, H., 1999. Mini-Symposium or Intergovernmental Comparative Performance Data. *Public Administration Review* (Vol. 59, No. 2).

16. Hedley, T., 1998. Measuring Public Sector Effectiveness Using Private Sector Methods. *Public Productivity & Management Review.* (Vol. 21, No. 3).

17. Jordan, M., and M. Hackbart, 1999. Performance Budgeting and Performance Funding in the States: A Status Assessment. *Public Budgeting & Finance* (Vol. 19, No. 1).

18. Kaplan, R., 1998. City of Charlotte (A). *Harvard Business School Publishing*. Boston.

19. Kaplan, R. and D. Norton, 2000. The Strategy-Focused Organization. Harvard Business School Publish Press. Boston.

20. Kline, J., 1997. LocalGovernment Outcome Based Performance Measures and Customer Service Standards: Has Their Time Come? *Government Accountants Journal* (Vol. 45, No. 4).

21. Kloot, L. and J. Martin, 2000. Strategic Performance Management: A Balanced Approach to Performance Management Issues in Local Government. *Management Accounting Research.* (Vol. 11, No. 2).

22. Melders, J., and K. Willoughby, 1998. The State of the States: Performance-based Budgeting Requirements in 47 out of 50. *Public Administration Review* (Vol. 58, No. 1).

23. Miller, J., 1999. Transforming Government for Its Customers. *Quality Progress* (Vol. 32, No. 8).

24. Nick, S., 1996. Contracting Out by Government Agencies. *Australian Accountant* (Vol. 66, No. 1).

25. Nyhan, R., and L. Martin, 1999. Comparative Performance Measurement. *Public Productivity & Management Review* (Vol. 22, No. 3).

26. Osborne, D., 2001. Paying For Results. *Government Executive*. (Feb).

27. Paula, K., and J. Vogt, 1997. Measuring the Performance of Local Governments in North Carolina. *Government Finance Review* (August).

28. Poister, T., and G. Streib, 1999. Performance Measurement in Municipal Government: Assessing the State of the Practice. *Public Administration Review* (Vol. 59, No. 4).

29. Rhona, F., 1996. FEI's Committee on Government Liaison. Financial Executive (Vol. 12, No. 2)。

30. Robert, K., 1999. City of Charlotte (A). *HBS Case Study*.

31. Robert, K., 1999. City of Charlotte (B). *HBS Case Study*.

32. Robert, K., 1999. United Way of Southeastern New England (UWSENE), *HBS Case Study*.

33. Stone, W., and G. George, 1997. On the Folly of Rewarding A, While Hoping for B: Measuring and Rewarding Agency Performance in Public-Sector Strategy. *Public Productivity & Management Review* (Vol. 20, No. 3).

34. Streib, G., and Poister, T., 1999. Assessing the Validity, Legitimacy, and Functionality of Performance Measurement Systems in Municipal Governments. *American Review of Public Administration* (Vol. 29, No. 2).

35. Syfert, P., N. Elliott, and L. Schumacher, 1998. Charlotte Adapts the "Balanced Scorecard". *The American City & County* (Vol. 113,

No. 11）.

36. Turney，1992. Common Cents-the ABC Performance Breakthrough.

37. Tyndall，G.，1992. Logistics，Edited by B. J. Brinker in Handbook of Cost Management. *Boston：Warren，Gorham & Lamont.*

38. Wholey，J.，1999. Performance-Based Management. *Public Productivity & Management Review* （Vol. 22，No. 3）.

39. Sanda S. Lang，"Balanced Scorecard and Government Entities". Management June 2004.

40. Michaline Dobrzeniecki，Gerald （Jake） Barkdoll，"Adapting the Balanced Scorecard to Federal Government Agencies"，PA TIMES August 2004.

41. Phillip L. Streit，"DoD Financial Indicators DoD Financial Management Balanced Scorecard"，Workshop Reports PDI 2004.

42. ASPA's Center for Accoutability and Performance （CPA），Performance Concepts and Techniques Measurement，3rd Edition.

43. Louise Kloot and John Martin，"Strategic performance management：A balanced approach to performance management issues in local goverment"，Management Accounting Research 2001.

44. Teresa Dickinson and Siu-Ming Tam，"Measuring client servicing in the Australian Bureau of Statistics （ABS） -a balanced scorecard approach"，Statistical Journal of the Uinted Nations ECE 21 （2004） 7—16.

45. Paul R. Niven John Wiley & Sons，"Balanced Scorecard Step-by-Step for Government and Nonprofit Agencies （Book）"，EBSCOhost Page 1of 3.

46. Jason Keith Philips，"An Application of the Balanced Scorecard to Public Transit System Performance Assessment，" Transit Performance Assessment.

47. Rodney Mcadam and Timothy Walker，"An Inquiry into Balanced Scorecards within Best Value Implementation in UK Local Government，" Public Management.

48. William N. Zelman，George H. Pink，and Catherine B. Matthias，"Use of the Balanced Scorcard in Health Care，" Journal of Health Care Fi-

nance/Summer 2003.

49. John Griffiths，"Balanced Scorecard Use in New Zealand Government Departments and Crown Entities，" Research & Evaluation.

50. Zoe Radnor，Bill Lovell，"Defining，justifying and implementing the Balanced Scorecard in the National Health Service，" International Journal of Medical Marketing Vol. 3，174—188.

51. Suzanne J. Piotrowski，David H. Rosenbloom，"Nonmission-Based Values in Results-Oriented Public Management：The Case of Freedom of Information，" The Case of Freedom of information.

52. Dale Quinlivan，"Rescaling the Balanced Scorecard for Local Government，" Professional Perspectives.

53. Paul Arveson，"The Convergence of Strategy，Performance and Enterprise Architecture in the US Federal Government，" Performance Reference Model.

54. Robert S Kaplan，"Balance without profit，" Finanial Management January 2001.

55. Yee-Ching Lilian Chan，"The benefits of balance，" CMA MANAGEMENT 2003December/January.

56. Alexander Kouzmin，Elke Loffler and Helmut Klages，Nada Korac-Kakabadse，"Benchmarking and performance measurement in public sectors Towards learning for agency effectiveness，" Article View.

57. Kaplan，R. S.，and Norton，D.，(1996b)，'The Balanced Scorecard：Translating Strategy into Action'，Harvard Business School Press. Kaplan，R. S.，and Norton，D.，(2000)，'TheStrategy-Focused Organization：How Balanced Scorecard Companies Thrive in the New Business Environment' Harvard Business School Press.

58. Kaplan，R. S.，and Norton，D.，(1992)，'The Balanced Scorecard-Measures That Drive Performance'，Harvard Business Review，January-February，pp. 71—79.

59. Kaplan，R. S.，and Norton，D.，(1993)，'Putting the Balanced Scorecard to Work'，Harvard Business Review，September-October，pp. 134—147.

60. Kaplan，R. S. ，and Norton，D. ， （1994）， 'Devising a Balanced Scorecard matched to Business Strategy'. Planning Review，September-October.

后　记

本书是在本人的博士论文基础完成的。尽管 2005 年 6 月已经完稿并通过答辩，但成书却晚了整整四年。四年来，本人不断学习，积极探索，不断将自己的研究成果与一些地方政府管理创新活动相结合，参与了十几个地方政府（部门）绩效评估和管理研究咨询工作，积累了丰富的实际操作经验，也验证和修正着自己构建的绩效管理体系，自己撰写的多篇关于推进政府绩效管理工作研究报告得到了国务院主管行政改革领导的批示；四年来，中国的行政改革取得了很大进展，政府绩效管理也于去年首次写入党的全会文件，写入总理政府工作报告，今年初，国务院已经将推进政府绩效管理工作交由监察部负责，可以说中国公共部门绩效管理整体推进工程已经启动，本人为能够参与这个工程感到骄傲。

在书稿即将完成之际，我的心情无法平静，从开始选题到博士论文完成，从课题研究到书稿完成，有多少可敬的师长、同学、同事、朋友给了我许许多多的帮助，是他们的鼓励和帮助让我克服了一个个的难题，在这里请接受我诚挚的谢意！

首先感谢导师张康之教授的精心指导。作为全国行政管理专业唯一的长江学者，张老师治学严谨，学识渊博，思想深邃，视野开阔。跟随导师，耳濡目染，潜移默化，不仅掌握了基本的思考问题方式和通用的研究方法，还接受了全新的思想观念，树立了较高的学术目标。没有导师的指导和帮助，这本书是不可能完成的。导师严于律己、宽以待人的崇高风范，朴实无华、平易近人的人格魅力，以及他的学术抱负和所取得的理论成就，都是我终生学习的榜样。

我的硕士导师孙柏瑛教授继续在学习和生活中给予指导和帮助，孙教授不仅提供了许多资料，还帮助我分析研究问题的思路，使我深受启发，获益匪浅。感谢张成福教授多年来对我学习和学术研究的教诲和点拨，正是他旁征博引的精彩演讲、充满智慧和幽默的谈吐以及探微知著的学术洞察力引导我跨入了行政学科的大门，更忘不了他对我工作和生活的支持和帮助。

我还要特别感谢我的工作单位中国行政管理学会的领导郭济会长、龚禄根常务副会长和高小平副会长兼秘书长，是他们的远见卓识和无微不至、感人至深的人文关怀，让我获得了一次次难得的学习和提高自身科研能力的好机会，在论文的写作过程中，他们还为我出国查找资料创造条件，而且本人的论文选题也立项为本单位课题，给予大量时间进行研究和写作。几年来，学会领导积极引导，委以重任，使得本人有幸承担了国务院办公厅、北京市政府、哈尔滨市政府、唐山市委等单位领导委托的课题研究工作，增长了见识，提高了能力，收获了成功，感谢单位领导的支持和帮助。高小平副会长和鲍静主编对于论文和书稿的写作给予了许多直接指导，在此深表感谢。

本书写作过程与本人承担的"北京市市级国家行政机关绩效管理体系构建"研究进程基本一致，本书的一些思想也源于与北京市政府督察考核办公室所组织成的联合课题组的内部交流和讨论。感谢北京市政府办公厅吴大仓副主任、市政府督察室高飞主任，市人事局张志伟局长、程静副局长、高永辉处长，监察局张厚崑局长、杨小兵副局长、庄杰副主任，感谢他们的信任支持和智慧分享。

感谢我的母校兰州大学地方政府绩效评价中心包国宪主任的厚爱和支持，感谢中国社会科学出版社的郭晓鸿编辑，没有他们的帮助，这本书不可能与读者见面。

谨以此书献给全国各地的"绩效迷"，献给我们政府绩效管理研究会的各位领导和朋友，感谢你们的关心、支持和鼓励！

张定安

2009 年 3 月 4 日

国务院机关事务管理局